保德銅貝

中山國遺址出土的銀貝、金貝

利底亞琥珀銀

利底亞琥珀金

楚國「郢爯」金版

空首布

三孔布

麟趾金

馬蹄金

裹蹏金

半兩

五銖

四出五銖（背）

白金三品（龍幣）

白金三品（馬幣）

白金三品（龜幣）

漢佉二體錢（廿四銖）

漢佉二體錢（六銖）

建中通寶

大曆元寶

一刀平五千

「元」字錢

「中」字錢

「淳化元寶」金幣

高昌吉利

粟特開元（撒馬爾罕徽記）

粟特開元（布哈拉城徽）

粟特青銅錢（烏佐格王）

粟特青銅錢（元）

日月光金

日月光金（帶齒輪）

突騎施錢

回鶻錢

大觀通寶

風花雪月

純熙元寶

策妄阿拉布坦

噶爾丹策零

阿古柏金幣

乾隆通寶（滿文葉爾奇木）

永曆通寶（行書）正面

永曆通寶（行書）背面

永曆通寶（篆書）

漳州軍餉

穆清金寶

穆清銀寶

貞觀寶錢（西夏文錢）

狀元及第

乾隆寶藏

唐代船型銀鋌

「承安寶貨」銀錠

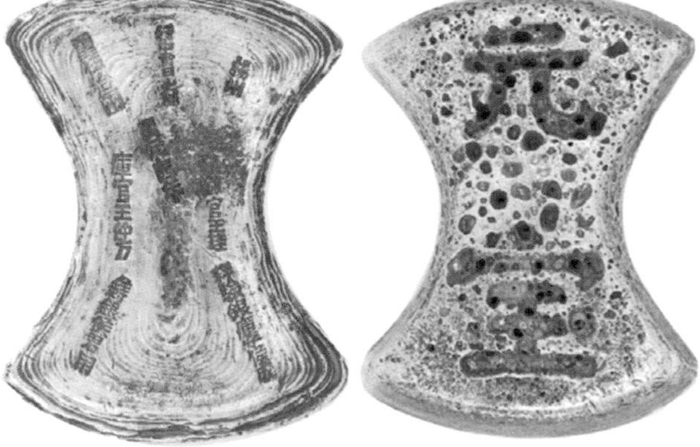
揚州元寶

楊國忠進獻五十兩銀鋌

光緒銀錢（背五分）

道光通寶銀幣

足銀壹錢

重五兩的小銀錠

金花銀錠

光緒天罡

光緒元寶（七錢三分）

西班牙本洋

墨西哥鷹洋

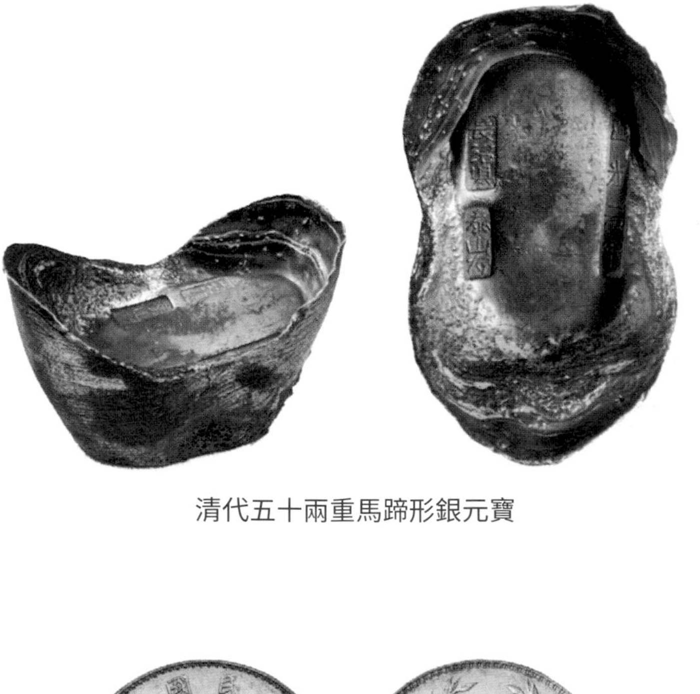

清代五十兩重馬蹄形銀元寶

袁大頭銀幣

餉金一錢

餉金二錢

餉金五錢

色章果木

船洋

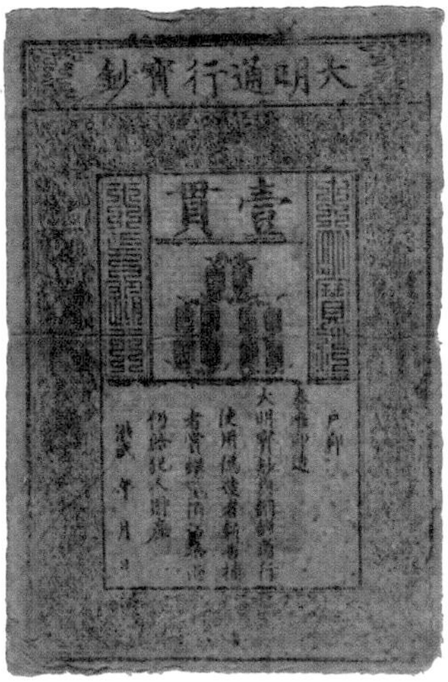

大明寶鈔

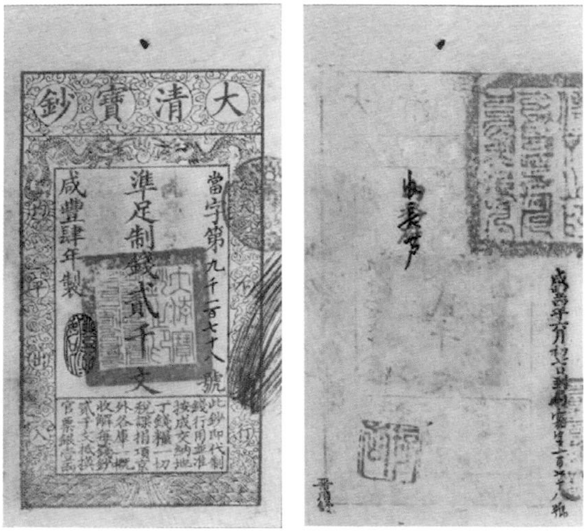

大清寶鈔

「關金券」

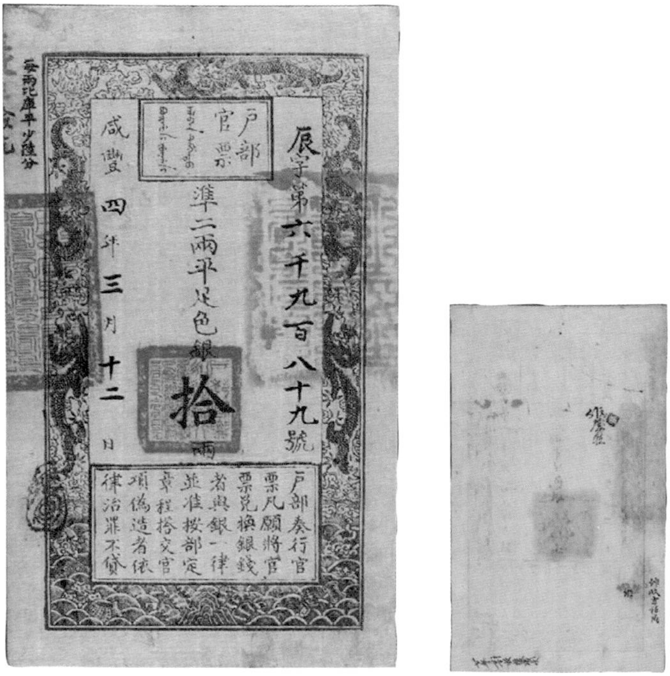

戶部官票

「法幣」

第一套人民幣

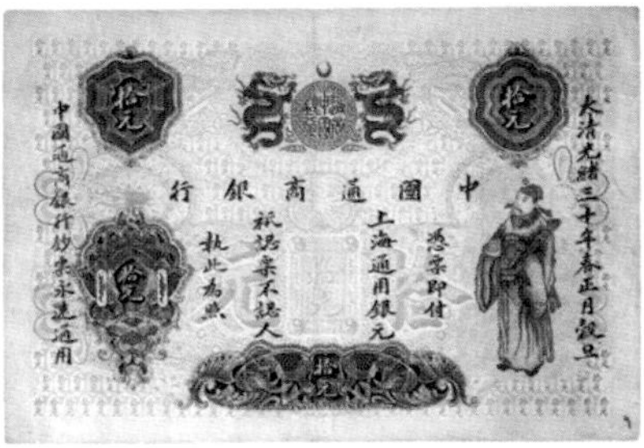

中國通商銀行兌換券（銀圓票）

中國通商銀行兌換券（銀兩票）

鑄幣三千年

50枚錢幣串聯的極簡中國史

王永生【著】

目次

第三章　唐通寶錢制的創立及影響

第四章　兩宋複雜且繁盛的錢幣文化

推薦序
經濟是解析歷史的好方法

「故事」網站專欄作者　金老ㄕ

缺乏錢財是所有罪惡的根源。

——美國作家馬克・吐溫（Mark Twain）

最早閱讀中國歷史，我先是被王侯將相等英雄人物吸引，然後以「道德」以及「才智」作為品評判斷的依據。比如說，和珅是清朝歷史上著名的大臣，當然，所謂的有名是指他的貪汙。所以當我看到他受到乾隆皇帝的重用，「和珅既貪又奸，敗壞朝政，乾隆皇帝耽誤玩樂而專用奸臣，如此君臣搭檔，無怪乎清朝盛極而衰了」。然後隨著閱歷增多，我發現自己早期的想法……大錯特錯！

要說和珅僅是因為能獲得乾隆歡心就可以掌握大權，不妨拿同時期的另一名人做為對比，也就是超重量級才子——紀曉嵐。紀曉嵐與乾隆皇帝關係也非常緊密，甚至紀曉嵐還稱呼乾隆皇為「老頭子」，還硬拗成「萬歲長壽為『老』、萬物之首為『頭』、聖人之稱為『子』」，讓乾隆樂到翻天。可乾隆完全沒讓紀曉嵐參與國家決策，還曾對紀曉嵐劈頭痛罵：「你對我來說就像個小丑，天下大事哪由得你談論！」

所以真正讓和珅執掌權勢的關鍵，還是在於他不可替代的能力，也就是搞錢的手段。乾隆在位期間發動十次大戰，而且搞了眾多國家工程（比如修《四庫全書》），這無一不花錢，但和珅就是有辦法讓國庫補充急需的現錢。以後勤供應來看，乾隆的盛世偉業與和珅密不可分，所以兩人的關係可以比擬為現代企業中的擴張型執行長以及能湊齊資金的財務長。但正因乾隆巨大的財政支出，迫使和珅用立即見效但破壞民間的市場機制，以及政界的舊有規則，不但使得和珅在乾隆死後被迅速清算，也使得後來的清朝政府無法善後已經疲軟的經濟。

當然，以上言論並非為人開脫，而且我也想強調「個人皆有所選擇」，所以不同人在同一種狀況可能會有不同結果。但即便個人會有所差異，許多情況下，人與人的所思所想卻差距不大，所以我現在讀史的一些心得會傾向認為：「與其只用會隨著時間而變化的道德觀去剖析過去，不如找尋現在與過去都必須面對的現實問題，反而更有機會還原當時人的處境以及想法。」那什麼是現在與過去都會面對的問題？我想其中之一，那就是「錢」吧。

西方經濟學的經典著作《國富論》曾提到：「我們不能藉著肉販、啤酒商或麵包師的善行而獲得晚餐，而是源於他們對自身利益的看重。」簡單來說，人的行為，絕大多數的動機在於維持自己生存以及獲得利益，所以我們工作乃至政府施策的目的，可以簡單粗暴地歸納為：賺錢養活自己。

正因經濟是人從古至今的共同需求及行為，許多歷史上的大事件都可以從經濟去切入，而且往往會發現當時人物的決策相當合理（但結果卻不一定正確，正如「投資風險有賺有賠」是一樣的道理），我們也與遙遠的古人產生一種近在咫尺的連結。

所以近幾年來，我個人對經濟史產生不少興趣。但很遺憾的是，對我這純學歷史的人來說，經濟學問實在非常複雜（複雜到現在銀行打來的投資推薦我是一律拒絕，因為我實在搞不懂他們在說啥），更遑論我要去接觸歷史上的經濟活動，那還需要克服對古代字句的解釋。因此，聽到出版社可以讓我觀看一本關於中國經濟史的書籍，我自然是相當振奮，而書中則以經濟行為中最明顯的載體——錢，來釐清不同時代下的社會演變。

比如在漢字中，很多與錢財相關的字都帶有「貝」字邊，像是：財、貨、寶、買、賣。這是因為最初的「錢」，就是使用貝類，其原因是：大小均勻可按枚計數、堅固耐久又便於保存、攜帶運輸方便。以至於貝少就成為地位低下的「賤」，與貝殼分離就變成窮困的「貧」字。不過既然我們現在叫「錢」，非常明顯的，就是因為人類改用金屬來鑄幣，這一方面象徵人類鍛造技術的進步，另一方面也是當時經濟還比較原始，需要有貴重物品來做為保證。

而等到經濟行為更加進步，還有商業範圍開始擴大時，沉重的金屬幣逐漸跟不上商業的活絡，於是「紙鈔」這個劃時代的發明開始出現。不過紙鈔在最初其實也備受考驗，像是馬可．波羅從中國的元朝返回義大利威尼斯時，向當地總督展示價值二百兩白銀的紙鈔，結果總督一把火燒掉，還冷冷地回覆：「怎麼會有人把錢打造的如此脆弱？」甚至中國政府把紙鈔收歸國家發行後，屢屢玩出惡性通膨的招數，導致人民壓根兒就不想用紙鈔，明朝的官員寧願倒退回領物資，都不願意領取紙鈔。

總之，透過「錢」本身，我們可以看到朝代興衰、技術革新、社會變革……這些極為龐大的資訊，如今卻形成手中理所當然的交易媒介，相信對於有志於研究歷史的讀者，將會有啟發性的收穫，同時也對當今會有更多了解，我想這會是一種莫大的樂趣。

第一章

貨幣的起源及統一

中國古代的貨幣起源於商代中期，統一於秦朝。本章分三個專題，分別論述了貨幣的產生、璀璨的先秦貨幣以及秦統一貨幣。

中國古代最初充當一般等價物的商品，外來的交換品是海貝，內部可以讓渡的財產不是大多數國家所使用的家畜，而是青銅製作的鏟形農具。這一方面反映了中國古代貨幣經濟的早熟，另一方面說明了中國古代貨幣文化根植於農耕文明的特點。金屬鑄幣雖然最遲在商朝中後期就已經產生，但是貝幣直到春秋戰國時期才逐漸被青銅鑄幣替代，最後統一於秦半兩錢。

中國古代貨幣文化獨立發展，自成體系，源遠流長而未曾間斷，內涵豐富且博大精深。秦滅六國後，將各種原始形態的錢幣統一於圓形方孔的半兩錢式樣下，使中國貨幣的形態從此固定下來，延續使用兩千多年直至清末，並影響到周邊一些國家及地區，形成了東方錢幣文化體系，影響深遠，意義重大。半兩錢是中國貨幣發展史上的第一個里程碑。

1 抱布貿絲：貨幣的起源

「錢幣」作為退出流通領域的貨幣，不僅是收藏、鑑賞的藏品，更是歷史進程的實物見證和文化的載體。一枚錢幣雖然很小，但是它所承載、記錄、包含的內涵卻豐富多彩。

一、錢幣是文化的載體、歷史的見證

首先，錢幣上有法。歷朝歷代不管是哪個政權，在錢幣的鑄造、流通、回收，以及防偽、打假等方面都制定了相關的法律。特別是從北宋發明使用紙幣以後，歷經金元兩代，直至明清兩朝，有關防偽打假的條文，都直接印在了紙幣上，記錄了中國古代貨幣立法的演變軌跡。

其次，無論是鑄造銅錢還是印刷紙幣，為了保證品質，滿足流通的需要，使用的一定是當時最成熟的技術。而從防私鑄以及防偽造等方面考慮，所採用的技術又必定是當時最先進的。因此，可以說一部錢幣史從一個側面反映了中國古代的金屬冶鑄史、造紙史和印刷史。同時，因為錢幣上都鑄有文字，因此，一部錢幣史所呈現的也是一部古文字的發展史以及書法的演變史。

最後，更為重要的是錢幣不同於一般的物品，它是社會產生重大變革或發生重要事件的產物和象徵。因此，可以說任何一枚錢幣的鑄造都有其特定的歷史背景和原因，同時也對社會政治、經濟和文化等諸多方面產生了重要的影響。每一種錢幣總是在繼承原有錢幣的基礎上有所發展，既有歷史的延續性又具有鮮明的時代性。這種時代性從唐朝開始，因為年號錢的鑄造，而使得錢幣與歷史發展的進程變得更為緊密。因此，也可以說一部錢幣史所串聯的就是一部古代政治史。透過這一枚枚的錢幣，我們就可以把中國的歷史串聯起來。

可能有人會問，人們有時用「錢幣」，有時又用「貨幣」。「錢幣」與「貨幣」之間有什麼區別嗎？

實際上，「錢幣」通常是指退出流通的貨幣，錢幣與貨幣就像一枚硬幣的正反兩面，本質上是一回事。「錢幣」因為退出了流通，所強調的是其文化屬性；「貨幣」因為還在流通使用中，更多體現的是它的經濟屬性。因此，本書中我將主要使用「錢」或「錢幣」一詞，有時候根據敘述或語境的需要，也會使用「貨幣」，或是交替使用。

二、古代有關「錢」的記載

中國最早使用的是什麼錢呢？錢幣到底是什麼時候開始出現的？它的出現又意味著什麼呢？

說到「錢」，大家似乎都不陌生，因為日常生活中我們每個人都會用到它。但是，如果要問「錢」最早是何時出現的、如何產生的、最初的式樣又是怎樣的，可能大多數人對此並不清楚。這些看似簡單的問題，實際上並不容易回答上來。

一方面因為這是個有關政治經濟學的理論問題，回答它需要一定的專業知識；另一方面則是因為在中國古代的文獻中，有關貨幣起源的記載，既簡單、零散，又相互矛盾，不但沒有說清楚「錢」的來歷，反而給它籠罩了一層神祕的面紗。比如：

司馬遷在《史記・平準書》中說：「虞夏之幣，金為三品，或黃，或白，或赤；或錢，或布，或刀，或龜貝。」意思是說有虞氏和夏代的時候，使用的貨幣，有黃、白、紅三種顏色，式樣有鏟形、刀形以及龜殼和貝殼。

西漢昭帝時期桓寬編撰的《鹽鐵論》中則記載說：「夏後以玄貝，周人以紫石，後世或金錢、刀布。」意思是說夏代用玄貝做貨幣，周代用紫石做貨幣，後來就用金錢或是刀布做貨幣。

到了東漢，歷史學家班固對上述記載首先就表示懷疑，他在《漢書・食貨志》中說：「凡貨，金、錢、布、帛之用，夏、殷以前其詳靡記云。太公為周立九府圜法……」他講到貨幣的起源時，就直接從太公（姜子牙）立九府圜法說起，對於周代以前的貨幣則以「其詳靡記」一筆帶過。

但是，到了宋末元初，歷史學家馬端臨在《文獻通考》中又明確記載：「自太昊以來，則有錢矣。太昊氏、高陽氏謂之金，有熊氏、高辛氏謂之貨，陶唐氏謂之泉，商人、周人謂之布，齊人、莒人謂之刀。」這裡馬端臨雖然說得都很具體，但是並未注明出處，實際上都是他自己的理解和猜測。

受此影響，後世的文獻在講到貨幣的起源時，基本上就形成了兩種觀點：一種根據班固在《漢書》中的記載，認為所謂神農氏、高辛氏、黃帝、夏禹、商湯、周武王曾經鑄錢以通交易的記載，屬於後人杜撰，既不可能亦無根據；另一種觀點依據馬端臨在《文獻通考》中的記載，認為「自太昊以來，則有錢矣」。兩派觀點相互否定，莫衷一是，這樣使得本來就富有神祕感的中國古代貨幣的起源問題，更加如霧裡看花一般，模糊不清了。

為了從理論上給大家釐清有關貨幣起源的問題，有必要簡單介紹一下政治經濟學的有關原理。雖然這些理論聽起來有點枯燥，但是對於我們正確理解貨幣的由來及其演變、發展的歷史，卻是非常重要的。

我們知道，商品之所以能夠交換是因為它具有價值，那麼，商品的價值是如何表現的呢？換句話說，商品價值的表現形式是什麼？

三、商品價值的表現形式

政治經濟學認為，人類社會的發展，隨著生產工具的改進，首先出現最初的社會分工，這為商品的生產和交換創造了前提。商品的交換雖然是以價值為基礎來進行的，但是，商品本身卻無法表現自己的價值，它的價值只有在與另一種商品的交換中才能得以相對地表現。這就像一個物體不能表現自身的重量，需要用秤來稱量是一個道理。比如一尺布換五斤糧食，五斤糧食就相對地表現了一尺布的價值，也可以說五斤糧食是一尺布的交換價值或價值形式。

搞清楚商品價值的表現形式之後，我們再來考察商品價值表現形式的演變過程。

在人類的發展歷史上，商品的價值形式隨著商品生產和商品交換的發展而變化，概括地說曾先後出現過四種價值形式，分別是：簡單的價值形式、擴大的價值形式、一般的價值形式和貨幣的價值形式。第一種是簡單的價值形式。它指的是人類最初的物物交換，就像我們剛才所舉的用一尺布換五斤糧食的例子。這種以物易物的交換在時間、對象、機會以及數量比例上，都帶有很大的偶然性和隨意性，並不是經常發生，因此被稱為簡單的價值形式。形式雖然簡單，但是在人類社會的發展中卻意義非凡，因為它以非暴力的形式實現了商品或是物品的相互轉移。

第二種是擴大的價值形式。這指的是一種商品的價值已經不是偶然地在另一種商品上表現出來，而是經常地在這種或那種商品上得到表現。商品價值表現的範圍並不限於一種，而是擴大了，因此被稱為擴大的價值形式。

第三種是一般的價值形式。前面介紹的兩種價值形式都屬於商品的直接交換，這種形式既不穩定，也不方便。因此，在實踐中就從許多商品中逐漸自發地分離出一種被大家普遍用作交換媒介的商品，其他商品的交換都透過這個媒介來進行，這個媒介就是我們通常所說的一般等價物。

第四種是貨幣的價值形式。一般等價物固定在哪種商品上，最初是偶然的，但是有兩個因素起著決定性的作用：第一個是固定在最重要的外來的交換物品上；第二個是固定在農具那樣的用品上，這就是貨幣最初的起源。因此，教科書中給貨幣所下的定義就是：固定地充當一般等價物的商品。

四、先民是如何進行交易的？

根據政治經濟學原理，我們知道人類社會隨著生產工具的改進，首先出現最初的社會分工，隨之提高了生產的效率。當產品有了剩餘，就出現了交易，有了交易，自然就產生了貨幣。

從理論上釐清貨幣產生的這一原理後，我們再結合有關的文獻記載，透過考察古代的交易情況，來看看中國先民是如何交易的，最初的「錢」又是怎樣產生的。

中國先民稱交易的場所為「市」，先秦文獻中就有大量的關於市以及交易的記載。譬如：

神農氏時，「日中為市，致天下之民，聚天下之貨，交易而退」。❶

「故堯之治天下也……得以所有易所無，以所工易所拙」。❷

這些記載多是春秋戰國時期，甚至是漢代人的追述，可信度雖然受到了一定的質疑，但是大致上反映了在神農氏及唐堯氏時期，就已經出現了商品交換。這說明隨著生產的發展，社會上逐漸開始出現分工，至堯舜禹時代已經出現了最初的商品交易及貿易活動。

《詩經》裡記載了一個「抱布貿絲」的故事，就反映了最初的交易活動。故事說的是有個男子攜帶著織好的布，以交換絲為名，實際是想藉機和女子接近，交流感情。❸這裡的布是指布帛之布，而不是下一節將要談到的布幣，因此，這裡反映的是以物易物的實物交易。隨著交易的發展，商品價值的表現形式自然就從簡單的價值形式，逐漸過渡到一般的價值形式，即從物物交換發展到一般等價物。在中國古代，最初充當一般等價物的商品，外來的交換品是海貝，在內部可以讓渡的財產中，主要使用的不是家畜而是用青銅製作的鏟形農具，這是下一部分中我們將要重點介紹的內容，這裡我們介紹的是外來的交換品——海貝。

五、最初的貨幣是海貝

司馬遷在《史記・平準書》中說：「農工商交易之路通，而龜貝金錢刀布之幣興焉。」這說明中國最初充當貨幣的一般等價物來源廣泛，種類眾多，主要有：龜甲、貝、金、銀以及刀、布等物

❶《易・繫辭下》。

❷《淮南子・齊俗訓》。

❸《詩經・衛風・氓》：「氓之蚩蚩，抱布貿絲。匪來貿絲，來即我謀。」

品，其中以「貝」最為重要。許慎在《說文解字》中「貝」字條下所做的注釋說：「古者貨貝而寶龜，周而有泉，至秦廢貝行錢。」許慎記載最初就是以貝為貨幣，並概括了貝幣從產生到廢止的整個歷史過程。

為什麼說海貝是中國最早的貨幣呢？這有以下四點依據：

首先，有文獻記載可尋。一是在甲骨卜辭以及商代青銅器的銘文中，不但有關於「取貝」、「易（賜）貝」的記載，《亢鼎銘》中更是明確記載了用貝購買珠玉的事例，這裡貝就起到了貨幣的作用。二是除前引司馬遷、桓寬的記載之外，漢代文學家揚雄也說「古者寶龜而貨貝，後世君子易之以金幣」。❹東晉時的郭璞說得更具體：「先民有作，龜貝為貨；貴以文彩，賈（價）以大小。」❺他認為古代是以貝的「文彩」來決定價值的。

其次，還有考古資料做證。比如在河南安陽殷墟商代晚期墓葬中，隨葬海貝的現象就較為普遍，一般小的墓隨葬海貝至少有一枚，多至數十枚，其中五號墓被推測為殷王武丁配偶婦好之墓，隨葬海貝多達七千餘枚。這說明當時貝的使用已經深入普通民眾的生活，成為財富的象徵並擁有了貨幣的職能。

再次，不知大家注意到沒有，漢字中很多與錢財、價值有關的字，都帶有「貝」字的偏旁，如財、貨、賜、寶、買、賣等，甚至在漢字的組合中，「分」和「貝」組合就是貧窮的「貧」字；貝少就成了低賤的「賤」字。❻這說明早在文字形成的時候，在中國先民的觀念中，海貝已經是體現價值的東西了。

最後，海貝用作貨幣還有現實的例證，比如在雲南地區，就長期習慣於使用海貝作為貨幣，直至明末清初農民起義軍張獻忠的部屬孫可望退守雲南時推行「廢貝行錢」的政策之後才改用銅錢，結束了長達三千多年使用海貝作貨幣的歷史。

古人為什麼要選用海貝來作貨幣呢？

這可不是哪個個人隨便選擇的，而是歷史選擇的，其中自有它的合理性。這主要是因為海貝大小均勻，可按枚計數；既堅固耐久，又便於保存，攜帶、運輸還方便，天然具備作為貨幣的條件。因此，不僅是中國，世界上很多地區的民族，最初都曾經選擇海貝作為貨幣。根據文獻記載和考古發現，最遲從商代開始，生活在黃河流域的中國先民，就已經開始使用天然海貝作為財富的象徵以及交換的媒介。因此我們說，中國最早的貨幣使用的是海貝。

根據考古資料，貝幣出土發現的區域，以今河南省中部為中心，東至沿海，西達關中，南抵長江，北至長城。其中以河南、皖北、晉南及渭水下游為最多。

商代所創造的文明以今河南安陽、洛陽為中心，遠離大海，屬於內陸的農耕文明。那麼，這些被用作貨幣的海貝來自哪裡？又是如何被輸入進來的呢？

據專家考證，這些作為貨幣使用的海貝，主要是來自中國的南海以及印度洋的馬爾地夫一帶。大致有兩種類型：一種背呈紫色，即文獻中

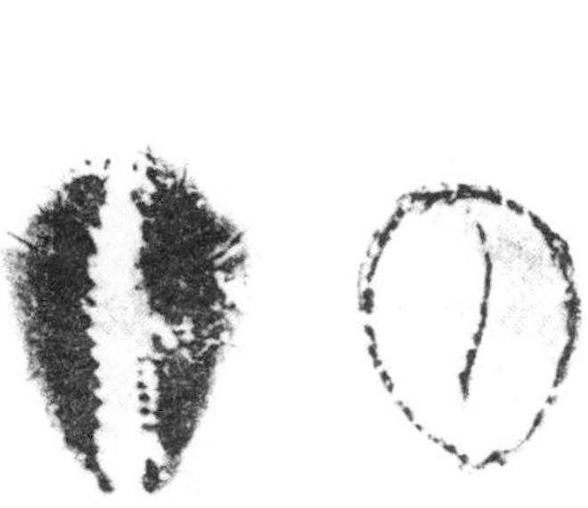

圖1–1 天然海貝

❹ 揚雄，《太玄經・玄掜》。

❺ 郭璞，《文貝贊》。

❻ 編者注：《說文解字》：「賤，賈少也。」

所謂的「紫貝」；另一種背部有一個黃圈，稱「環貝」。這兩種海貝學名統稱為「貨貝」，古書中所謂的大貝、紫貝、玄貝、文貝等，指的就是這種「貨貝」。

產自南海的海貝主要透過古代稱作「交州」的越南北部以及今廣州輸入中原地區。產自印度洋上的海貝則透過緬甸可直達雲南，然後再輸入中原地區。雲南正因為是印度洋海貝輸入中原地區的必經之地，因此，才長期使用海貝作為貨幣，直至明末清初才改用銅錢。

實際上，海貝在用作貨幣之前，曾長期被作為裝飾品使用，這主要是在商朝之前。作為貨幣使用，主要是從商代到西周之間，進入春秋戰國以後，貝幣逐漸被金屬鑄幣取代，秦朝統一後便正式廢除。

海貝作為貨幣，它的單位又是什麼呢？

根據先秦的文獻記載，海貝作為貨幣通常是以「朋」為計量單位，這從殷墟甲骨卜辭和商周彝器銘文中的記載以及《詩經・小雅・菁菁者莪》：「既見君子，錫（賜）我百朋」等詩句中就可以得到證明。那麼「朋」是怎樣的單位？一「朋」又到底是指多少枚海貝呢？

古人對此有兩種說法：一種說是指兩枚貝，見許慎的《說文解字・貝》；另一種說是指五枚貝，見鄭玄給《詩經》作的注釋。但是，根據金文中「朋」字的幾種寫法可以發現，一「朋」包含有兩串貝，每串又不止一枚。由此可知，一「朋」貝的數量應該是雙數，且在兩枚以上。這說明無論是許慎還是鄭玄的說法都不準確。近代的國學大師王國維先生據此考證一「朋」為十枚貝，這一觀點後來被考古發現證明，郭沫若曾為此專門賦詩寫道：「寶貝三堆難計數，十貝為朋不模糊。」[7]

「朋」字現在常用來指「朋友」，這應該是其原意的引申或借用，而「朋」字的本意卻早已被世人給淡忘了。今天已經很少有人知道，「朋」字竟然是中國古代最早的貨幣單位。這位「朋友」

肯定人人願交。

六、銅貝的出現及其意義

隨著經濟的發展以及人口的增加，交易規模日益擴大。當商品交換中天然海貝不能滿足社會上的需求時，便出現了以獸骨、軟石、陶土、玉髓等材料仿製的貝幣。這些人工仿製的不同材質的貝，都是依照原貝的形式與大小製作而成，它們可以說是世界上最早的人造貨幣的雛形。

隨著青銅鑄造業的發展，用金屬材料鑄造的貨幣便應運而生，這就出現了銅貝。如：一九五三年河南安陽大司空村商代墓葬中曾出土三枚銅鑄貝。雖然僅有三枚，但是意義非凡，因為這是首次在商代墓葬中經過科學考古發掘出土的銅貝。此後，一九六三年在山西侯馬上馬村一座春秋墓中，出土海貝八枚，另有骨貝一百枚、銅貝一千六百枚以及包金銅貝三十二枚。一九七一年在山西省保德縣林遮峪村商代晚期墓葬中，與車馬器同時又出土銅貝一百零九枚。近年在山東淄博齊國故地新發現一批銅貝，體形扁平，呈水滴狀，底部與尖部各有一小孔，兩孔之間有一小槽，小槽兩邊各有十幾條對稱

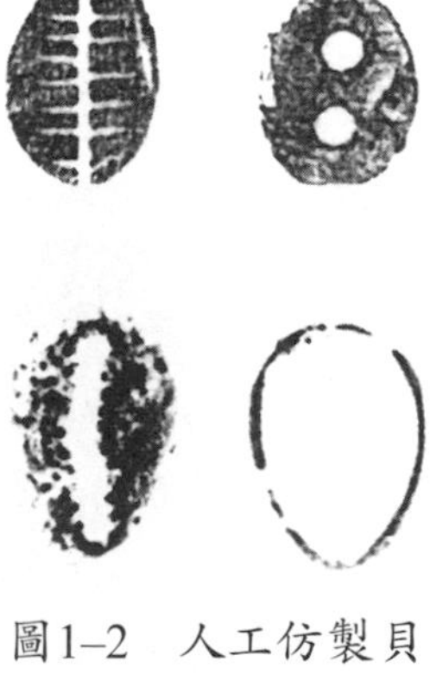

圖1–2　人工仿製貝

❼郭沫若，《安陽圓坑墓中鼎銘考釋》附錄。

紋，式樣已經脫離了天然海貝的形狀，較保德銅貝略大。

商代的銅貝以「寽」（鋝）為單位，這完全符合早期貨幣以重量單位為價值名稱的規律。西周青銅器《稽卣銘》的銘文中就有「易（賜）貝卅寽」的記述。據專家對一件名為《曶鼎》的青銅器銘文的考釋，講到用一百寽銅貝購買五名奴隸。因為天然海貝以「朋」為單位，而「寽」是金屬的重量單位，這裡賜貝以「寽」為單位，說明所使用的正是銅貝。用銅貝購買奴隸，又證明了銅貝已經被當作價值尺度，發揮了貨幣的職能。

圖1–3　淄博銅貝

圖1–4　《亢鼎銘》拓圖

銅貝出土於距今約三千多年前的商代墓葬具有重大意義，這說明早在西元前十一世紀前後的商代後期和西周早期，中國就已經出現了早期的金屬鑄幣。保德銅貝是目前已知世界上最早的金屬鑄幣。

根據荷馬史詩《伊利亞德》的記述，西元前九世紀希臘仍然以牛為價值尺度，也就是說交換中是以牛為一般等價物，考古發掘中也沒有發現當時有金屬貨幣。根據希羅多德的《歷史》記載，西方最早的金屬鑄幣是西元前七世紀，位於今天土耳其境內的小亞細亞半島上的古國利底亞鑄造的琥珀金銀幣。因此，中國雖然不是最早使用金銀幣的國家，卻是世界上最早開始使用金屬鑄幣的國家。

這就引申出一個饒有趣味且長期困擾貨幣史學術界的疑問，即經典政治經濟學認為：「金銀天然不是貨幣，但貨幣天然是金銀。」可是，為何中國最早出現的金屬鑄幣是銅幣而不是金銀幣？此後的兩千多年間，中國為何又長期停留在使用銅鑄幣？為何金銀的貨幣化過程始終緩慢而艱難，直至明朝中後期才完成？

這些疑問是研究中國古代貨幣時都會碰到的，自明末的顧炎武以及清代的趙翼以來，很多人都曾做過分析，但是至今還沒有見到有說服力的解釋。

隨後的章節中，我將帶著這一疑問，以貨幣為視角，回顧、梳理中國三千多年的貨幣史，希望能給你帶來新的啟示。

圖1–5　利底亞琥珀銀

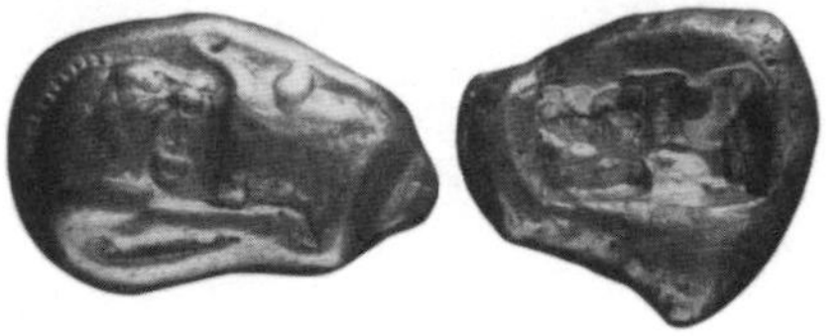

圖1–6　利底亞琥珀金

2 布刀圜貝：先秦四大貨幣體系

不知有人注意到沒有，中國的央行即中國人民銀行的行徽，是由三枚布幣構成的一個「人」字形。這個設計非常經典，它不僅精準地反映了中國的央行稱為「人民銀行」這一屬性特點，還深刻地揭示出了源於鏟形農具的「布幣」在中國古代貨幣發展史上的重要地位。

上一節我們講到，中國古代最初充當一般等價物的商品，外來的交換品是海貝，在內部可以讓渡的財產中，主要使用的不是大多數國家和民族所常用的家畜，而是青銅製作的鏟形農具，被稱為「布幣」。下面我就帶大家走進先秦四大貨幣體系，去領略璀璨的先秦貨幣文化。

中国人民银行

圖2–1　中國人民銀行行徽

一、青銅鑄幣取代海貝成為貨幣

海貝作為中國最早的貨幣，雖然直到秦朝統一六國之後才被正式廢棄，但是，早在春秋戰國時期實際上便已經基本絕跡。替代貝幣的是由農具鏟、工具刀以及紡輪等手工工具發展演變而來的、形態各異的青銅鑄幣。

青銅鑄幣為什麼會取代海貝而成為貨幣呢？

實際上，這是人類社會發展進程中的一種必然選擇。我們知道早期人類社會曾經發生過兩次社會大分工，第一次是農業從畜牧業中分離出來，第二次是手工業從農業中分離出來。因為社會的分工，各個部落生產的產品不盡相同，這就為經常性的交換創造了條件。特別是隨著手工業的發展，金屬逐漸成為製造工具和武器的主要材料，在交換中自然居於首要地位，並取代其他商品貨幣而充當一般等價物。最初多半是由銅鐵等賤金屬充當貨幣，但是在後來的發展中，金銀等貴金屬因其自身的優點而逐漸勝出，最終代替銅鐵而成為貨幣材料的首選。

金屬貨幣的價值主要取決於其重量和純度，與形狀幾乎無關。金屬鑄幣雖然在流通中會發生磨損、減重等現象，但是依然能夠流通使用，後來就是根據這種現象而衍生出了與金屬貨幣同時流通的兌換券，進一步又演變為不兌換的紙幣以及當前的各種信用流通工具，這是到目前為止貨幣發展的一般軌跡，也可以說是基本的規律。

中國早期的金屬貨幣是由青銅工具演變發展來的。根據考古發掘的錢幣實物，大致在周王室直接統治的都城洛邑（今洛陽）及其周圍地區，以及三晉（山西、河北）地區使用的是由農具鏟演變而來的空首布，後來又演變為平首布，統稱為布幣；燕國、趙國，以及齊國等地，大約從春秋晚期開始鑄造使用刀幣；戰國中期以後，在北方的魏、秦、燕等國，開始出現一種新型的圓形有孔的貨幣，被稱為圜錢，一般認為它源自紡輪，也有人認為可能是由玉璧發展而來；南方的楚國則使用銅貝，這種銅貝又被稱為蟻鼻錢。另外，楚國還鑄造一種金版，稱量使用，表現出有別於中原地區的一種獨特的貨幣形態。

二、四大貨幣體系

春秋戰國時期，周王室日漸衰微，各諸侯國則日趨獨立。因為政治上的割據、經濟上發展的不平衡，以及生活環境、生產方式上的差異，使得各諸侯國的貨幣呈現出不同的形態，總體上可以分為布幣、刀幣、圜錢、銅貝（蟻鼻錢）四大貨幣體系。

1. 布幣

布幣是由農具鏟演變來的。這種演變的痕跡，首先從實物上就可以看出來。比如早期布幣的上端即首部，仍然保留有用來插木柄的銎並且還留有範芯，布幣的首部因中空並呈銎狀，所以被錢幣界形象地稱為「空首布」。但是，空首布因其原始體形上的一些先天缺陷，比如方形中空的首部、大而薄的形體，既不容易保持完整，又不便於大量攜帶或儲存，限制了其貨幣職能的發揮。特別是隨著商業的發展、貿易的繁榮，當貨幣的使用更為頻繁之後，空首布體形上的這些缺點就給使用者帶來了諸多的不便。於是，從春秋後期開始，空首布的形制便逐漸地開始發生變革，進入戰國以後，最終演變成為「平首布」。所謂平首布是指上端首部不再是中空的，而是呈扁平的實體。平首布的式樣非常複雜，但是絕大部分有布足，因此，根據足的不同形制，大致上又可以分為：尖足布、方足布、

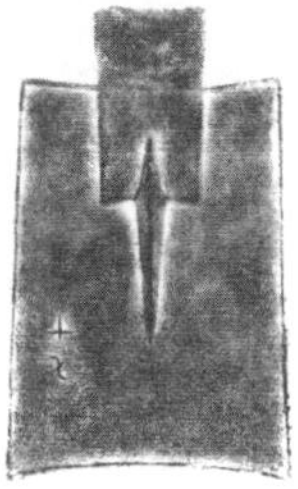

圖2–2　原始空首布

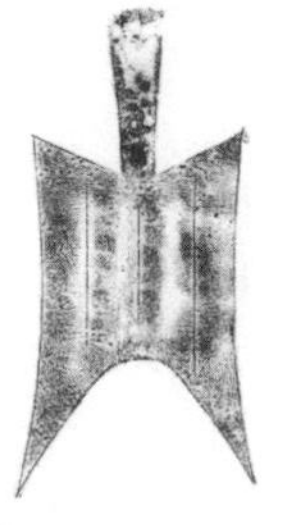

圖2–3　空首布

圓足布（三孔布）和釿布四種類型。

布幣是從鏟形農具演變來的，除實物上的承繼關係之外，在文獻中也能找到依據。如《詩經・周頌・臣工》中有「命我眾人，庤乃錢鎛」的詩句，意思是周王命令他屬下的農人們，收藏好他們的鍬和鋤，他要去視察開鐮收割莊稼。《說文解字》對「錢」的釋文是：「錢，銚也。古者田器。」這裡「銚」即「鍬」字，與鏟同類。《廣雅・釋器》對「鎛」的釋文是：「鎛，鋤也。」由此可知，「錢」與「鎛」都是當時農具的名稱，後來將貨幣統稱為「錢」就是來源於此。春秋戰國時期將鏟形鑄幣稱為「布」，也是源於此，這是因為在古代，「布」是「鎛」的同聲假借字，可以相互借用。

布幣是中國早期最重要的金屬鑄幣，但是它最早出現於何時卻難於做出準確的界定。這是因為實用的生產工具鏟，與早期用於貨幣的原始鑄（布）之間是很難劃分的。一般說來，越早的布幣，其形狀就越接近於它所演變的工具，這些工具後來因為逐漸減重而演變成為各種形制不同的布幣。根據出土資料，錢幣界學者大多數認為最早的布幣大致出現在商朝的中後期。

正是因為布幣是中國古代最重要的一種貨幣形態，為早期金屬鑄幣的產生、發展做出了重要貢獻，所以後來才被選作央行行徽的構成元素。

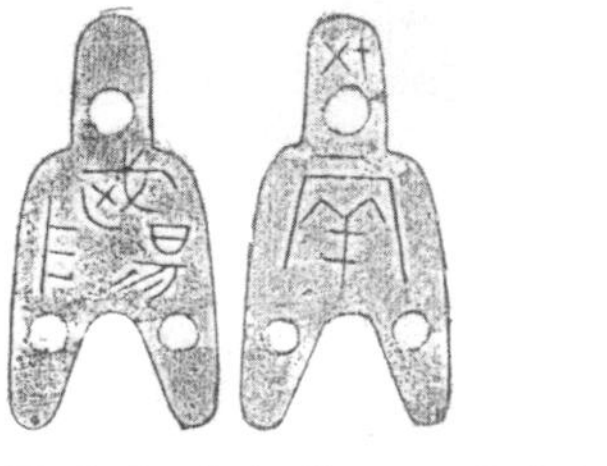

圖2–4　圓足布（武陽，三孔布）

圖2–5　方足布（宅陽）

2. 刀幣

刀幣也稱「刀化（貨）」，它是由實用的工具刀削演化而來。這種觀點在錢幣界一直存在分歧，直到二十世紀八〇年代，在北京延慶軍都山發掘的山戎部落墓地中，有原始青銅刀削與尖首刀同時出土而得到證明，最後才被普遍接受。

刀幣的流通範圍沒有布幣廣，主要是在北方燕趙等國的狩獵民族和東方從事漁獵的齊國使用。這與中原地區以農耕為主要生活方式的先民，用農具鏟作為貨幣是一個原理，在北方以及東部沿海地區以狩獵及漁獵為主要生活方式的先民中，刀削自然也是他們日常生活中的主要生產工具，所以後來就以刀為貨幣。這種觀點雖然可以說明刀幣產生的原因，卻不能解釋清楚刀幣手柄上為何要有一個圓環。因為在中國古代並沒有用過如刀幣那樣柄上帶一圓環的實用刀具。這種刀削在殷墟的墓葬中沒有發現，周代的器物中未曾有過，甚至在匈奴等游牧民族的墓葬中也沒有見過。既然實用的刀削都沒有鑄有圓環，那麼為何用作一般等價物的刀幣卻要在手柄處鑄一圓環呢？目前對此還沒有合適的解釋，我認為可能是為了將多枚刀幣串在一起，這樣便於攜帶和計數，具有一定的實用性。

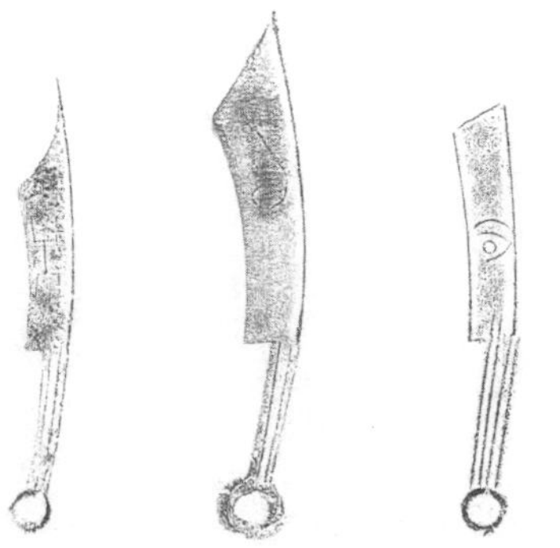

圖2–6　燕國刀幣（針首刀、尖首刀、明刀）

布幣有空首布和平首布兩種，那麼刀幣又有幾種類型呢？刀幣依據流通區域的不同，可以分為兩大類。

一類是北部燕國、趙國的刀幣。體形稍小，但是種類較多。其中，燕國的刀幣，形制上又可分針首刀、尖首刀、明刀三種類型；趙國本來是鑄行布幣的國家，但是從戰國中期開始，為適應與鄰近通行刀幣的燕國、齊國的貿易需要，也開始鑄行刀幣。趙國的刀幣是先秦刀幣中數量較少的一種，經常與燕國的明刀或三晉的布幣混雜在一起出土。

另一類是東部齊國的刀幣。齊國在姜氏時代，估計刀幣、布幣、圜錢在民間都曾經流通使用過。周安王二十三年（前三七九）田氏滅姜以後，開始專門行使刀幣。齊國刀幣與燕、趙兩國的刀幣不同，體形碩大、文字高挺、鑄造精整，但是數量較少，流通區域僅限於齊國境內。齊國的刀幣通常根據所鑄造的文字數量而分為：六字刀、五字刀、四字刀、三字刀。其中，六字刀上面的文字為「齊建邦長法化」，簡稱「建邦刀」。六個字中除第一個字「齊」字之外，其餘五個字始終都有爭議，最後兩個字錢幣界多讀為「法化」，意思為國家法定的貨幣；古文字界則解釋為「大刀」，意思為大型的刀幣。分歧主要是在第二個字，其中以釋讀為「建」、「造」、「返」較有影響。實際上，這三種釋讀都字義通暢，與齊國的歷史也能聯繫起來。其中最有可能的是齊襄王靠田單驅逐燕軍，復國之後所鑄。也有人認為可能是西元前三八六年周室接受田和為齊侯的稱號後所鑄。不管是哪一種，都有開國或重新建國的意思，明顯是為了紀念而鑄造的，這應該是中國歷史上最早的紀念幣。

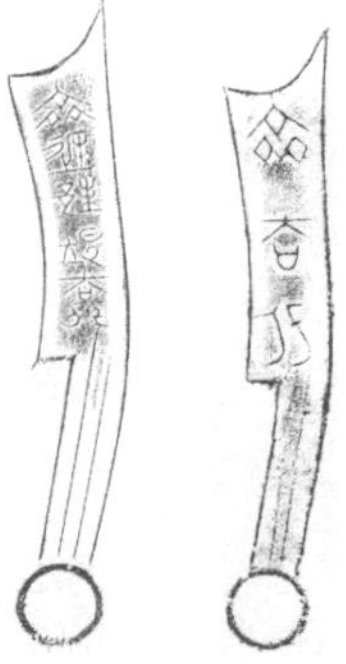

圖2–7 齊國刀幣
（六字刀、三字刀）

3. 圜錢

圜錢是春秋末年至戰國時期在以往貝幣、布幣、刀幣之外，又新出現的一種獨立的貨幣系統。我們前面講到布幣源於農具鏟，刀幣源於生產工具刀削，那麼圜錢的來源是什麼呢？

關於圜錢的來源，目前還存在分歧，一種觀點認為應該是從手工工具紡輪演變而來，這從早期的「垣」字以及「共」字圜錢的尺寸與仰韶附近出土的紡輪尺寸的對比中可得到證明。但是，另外還有一種觀點認為，圜錢是由古代的玉璧發展而來，並列舉古代文獻中有以玉為幣的記載作為依據。

有關圜錢的來源，雖然意見還不統一，但是錢幣界基本上一致認為圜錢可能最早產生於魏國，後來被別的國家所採用。圜錢作為一種新的貨幣形式，戰國時期最早出現於政治經濟制度較為先進的魏國並不是偶然的，這應該與西元前四一〇年李悝為魏文侯相後推行的改革政策有關。

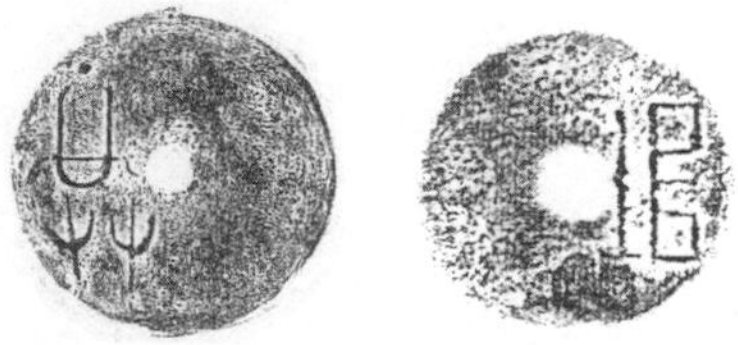

圖2–8 魏國圜錢（共、垣）

就目前所知，鑄有文字的圜錢以「安臧」錢為最早。「濟陰」錢為先秦圜錢中流通時間最久、變化最多的一種。「垣」字圜錢，數量較多，範式也比較複雜；「共」字圜錢，是仿自「垣」字錢，數量較少，後人多以姊妹錢稱之。也有人認為「共」字指的是「共和時期」❶的執政者共伯和。但是，先秦貨幣文字中還從來沒有表示時間或執政者的例證。因此，這一觀點並沒有被大多數人所接受。

布幣有空首布和平首布兩種，刀幣有燕趙的小型刀幣與齊國的大刀幣兩種，那麼圜錢又有哪幾種類型呢？

圜錢除大小、輕重上有差別之外，從形制上又可以分為圓形圓孔和圓形方孔兩種式樣；從邊郭上又可分為：有輪郭和無輪郭兩種。從錢幣上所鑄造的銘文來看，已發現的圜錢約有二十多種，分別是由魏、趙、東周、西周、秦、齊、燕等國鑄造的。一般說來，魏國、趙國、東周以及西周鑄造的圜錢多鑄地名、國名，有的是地名加幣值或貨幣單位；秦國、齊國、燕國的圜錢多鑄幣值或貨幣單位。

圜錢雖然是戰國時期幣制中一個較小的體系，但是它承上啟下，是一種非常重要的貨幣形態。圜錢的出現，說明除南方楚國以外的黃河流域各諸侯國貨幣的形制，從戰國中後期開始，已經開啟了逐漸統一的趨勢。

4. 銅貝（蟻鼻錢）

楚國最初也使用龜甲、貝作為貨幣，這在《竹書紀年》中已有「周厲王元年，楚人來獻龜、貝」的記載可以作為證明。但是，後來楚國使用的貨幣完全不同於北方中原地區各諸侯國的布幣、刀幣、圜錢，而是一種被稱為「鬼臉錢」或「蟻鼻錢」的銅幣，這又是為什麼呢？

實際上，楚國的貨幣是由殷商時期的銅貝逐漸演變而來的，形式上仍然保持了天然貝殼的式樣，如正面凸起，背部扁平或凹入，端有穿孔，面部鑄有陰刻的文字，很像「咒」字。這種錢幣，史書中沒有記載，後人不知道應該怎樣來稱呼它。因為銅貝上的文字與小穿孔組合起來像一張醜陋的面孔，民間就戲稱為「鬼臉錢」。世人望文生義，認為它是用來殉葬的冥錢，又感覺它像一隻螞蟻，於是又稱為「蟻鼻錢」，以為是被用來防螞蟻的冥錢，也有說是築堤時用來防螞蟻用的。

---

❶ 共和時期指西元前八四一年周厲王被暴動者趕下台至西元前八二八年周宣王即位之間的十四年。

這種銅貝正面所鑄造的陰刻文字，到底應該如何來釋讀呢？以往的錢幣學家以及古文字學家曾有過各種解釋，大多莫衷一是，很難自圓其說。實際上，幣面上的陰刻文字，與「貝」字在金文中的寫法十分相近，因此，我認為它很可能就是楚國「貝」字的寫法，因此稱其為「楚貝」，似乎更為切題。

楚國的這種銅貝，是什麼時間開始使用的呢？使用範圍又是哪些地區呢？

錢幣界對此目前還沒有統一的結論，但它無疑是楚國最古老的貨幣，這一點大家的意見是一致的。它出土的地域幾乎遍及戰國時期楚國勢力所及的範圍，其中以河南為最多，其次是安徽、江蘇以及山東南部，而傳統的楚地湖北、湖南，反而相對較少。

這種銅貝質輕價低，小額使用還可以，如果遇到貴重物品，需要大額支付時，又當如何來解決呢？

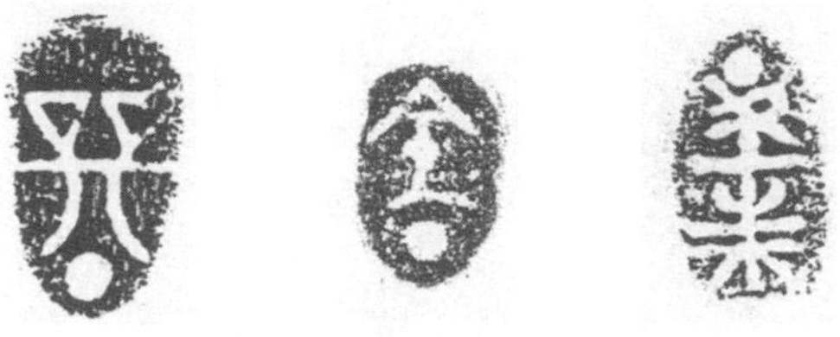

圖2–9　蟻鼻錢

楚國銅貝因價值低，大額支付時確實多有不便。因此，文獻中記載楚莊王時曾一度發行過「大錢」，因為民眾的反對不久便被廢棄了。有關大錢的具體式樣，因為史書中沒有記載，不得其詳。除銅貝之外，近年還新發現了一種屬於楚國的代用幣性質的青銅錢牌，有一銖、二銖、三銖三種面值。

此外，楚國還使用一種黃金鑄幣，主要用於社會上層的大額交易，形制上有金版與金餅兩種。金版除偶有圓形的外，多鑄成不規整的方形，有的呈扁平的長方形，有的四角上翹呈不規則的方形，有的甚至拱曲如瓦狀。雖然形式上表現各異，但是上面都鈐有帶文字的方形小印戳。這種金版，宋代已有發現，稱為「印子金」，在舊的錢譜中有收錄。印戳上的文字，以「郢爯」、「陳」為多見。使用的時候可以根據需要切割成小塊，用天平稱量。黃金鑄成一定的形狀，已經具有了鑄幣的性質，但是使用時不計枚數，而是稱重量，這說明它還不是完整意義上的黃金鑄幣，仍然還屬於稱量貨幣。

楚國位居南方，無論文物制度，還是思想信仰，因為大部分都承襲殷商的舊制，與中原地區周朝分封的各諸侯國有顯著的差別。這種差別在貨幣制度上表現得就很明顯，如楚國的貨幣就是由殷商的銅貝演化而來並自成體系。因此，僅從楚國銅貝與布幣、刀幣、圜錢的巨大差異中，我們就已經感受到了楚文化的特殊性。

三、先秦貨幣文化發達的商業背景

中國古代貨幣產生於商代，發展於西周及春秋戰國時期，最後統一於秦朝。其中，春秋戰國時期的貨幣文化非常發達。這就如同諸子百家在中國思想史中的地位一樣，先秦時期的貨幣也是中國貨幣發展史上一個非常璀璨的時期，始終閃耀著創新的光芒。在燦爛的先秦貨幣文化的背後，實際反映的是當時經濟的繁榮和商業的興盛。這與當時發達的商業文化有密切的關係。

春秋戰國時期商業的迅猛發展，是以當時整個社會經濟的發展為基礎的。那時農業已經使用牛耕，鐵質農具也得到了廣泛的推廣，人們已經懂得施肥，並修建了許多的農田水利設施，如：鴻溝灌溉系統、引漳溉鄴水利工程、鄭國渠、都江堰等，都是當時修建的。手工業、家庭副業也得到相應發展，人口的增加更是促進了城市的繁榮。各個城邑都紛紛設置了用於交易的「市」。

如文獻中記載有：

「聚者有市，無市則民乏」；❷「大縣十七，小縣有市者卅有餘」。❸齊國丞相晏嬰的家「近市，湫隘囂塵」，❹因為離集市太近，過於喧囂熱鬧，齊王建議給他另建新居。魯國的大夫曾皐就諷刺說：「賈欲贏而惡囂乎？」意思是說，商人想贏利難道還怕喧囂熱鬧嗎？這些都反映了當時市場的眾多與繁榮。

「商人之四方，市賈倍徙，雖有關梁之難，盜賊之危，必為之」，❺「商人通賈，倍道兼行，夜以繼日，千里而不遠」，❻形象地描述了商人的機敏和不辭辛苦。

「貴上極則反賤，賤下極則反貴」，「財幣欲其行如流水」；❼「一貴一賤，極而復反」；❽「臣聞之賈人，夏則資皮，冬則資絺，旱則資舟，水則資車，以待乏也」。❾說明以范蠡、白圭為代表的商人已經具有了很深的商業理論，懂得利用價值規律來謀取利潤。這從一個側面反映出商業的發展已經達到了較高的水準。

當時的許多商界名流不但叱吒商場，還在文化與政治生活方面發揮了重要的作用。例如鄭國的「弦高犒師」退秦兵，呂不韋資助子楚回國繼位，子貢「所至，國君無不分庭與之抗禮」，並資助他的老師孔子講學等等，都是典型的事例。

實際上，正是春秋戰國時期高度發達、繁榮的商業經濟，孕育了多姿多彩、璀璨奪目的先秦貨幣文化。這充分證明了中國古代貨幣文化獨立發展，自成體系，源遠流長而未曾間斷，內涵豐富且博大精深。這才是文化自信的根基所在。

❷《管子・乘馬》。

❸《戰國策》。

❹《左傳》。

❺《墨子・貴義》。

❻《管子・禁藏》。

❼《史記・貨殖列傳》。

❽《越絕書・枕中》。

❾《國語・越語》。

3 半兩錢：承擔了統一使命的貨幣

半兩錢是秦始皇滅亡六國之後，為了統一各諸侯國的貨幣而新鑄造的一種錢。這種認識在社會上流傳很廣，因為各種公開出版物以及教科書中都是這麼講述的。它的依據是司馬遷在《史記・平準書》中的一段記載：「及至秦，中一國之幣為二等，黃金以鎰名，為上幣；銅錢識曰半兩，重如其文，為下幣。」實際上，司馬遷的這段話，兩千多年來大家都理解錯了！

本節中我將結合考古資料、文獻記載以及秦半兩實物，來看看世人是怎樣誤解司馬遷的，以及半兩錢是在什麼背景下鑄造的，在統一六國的戰爭中發揮了怎樣的作用以及對後世有什麼影響。

一、戰國半兩錢的發現

為什麼說司馬遷的那段話被理解錯了？因為從二十世紀五〇年代開始，考古工作者在四川省巴縣的冬筍壩、青川縣的郝家坪、浦江縣的戰國船棺墓，以及陝西省咸陽塔爾坡等多處戰國時期的秦墓考古挖掘中，都先後出土了半兩錢。

考古工作者是在戰國時期的秦墓裡發現了半兩錢，這說明半兩錢早在秦始皇統一六國之前的戰國時期就已經鑄造使用了，並不是以往大家所認為的那樣，是在秦始皇統一六國之後新鑄造的一種貨幣！

為了後面的敘述方便，我們先來看看考古工作者是如何發現並確定戰國半兩錢的。

發現半兩錢的考古工作，以一九七九至一九八〇年四川博物館（二〇〇九年三月更名為四川博物院）等單位在四川省青川縣郝家坪五十號戰國秦墓中的發現最為著名，該墓葬出土了七枚半兩錢與兩件木牘。其中一件木牘正面記載的是秦武王二年（前三〇九）頒布的、由左丞相甘茂等修訂的《為田律》，背面是與該法律有關的記事，內容主要是秦統一六國之前田制變化的史實，以及整治田畝的一些具體規定。

這兩件木牘對研究先秦時期的田律、探索商鞅變法和先秦的土地制度以及中國古代文字的演變，都提供了極為珍貴的實物資料，具有重要的學術價值。同樣，它們對於確定半兩錢鑄造和使用的時間、地域，也具有十分重要的意義，因此引起了錢幣界的極大關注。

因為木牘中的紀年最後止於秦武王四年（前三〇七），這說明該墓下葬的年代可能是在這一年或這一年之後不久，由此能夠證明墓中所出土的七枚半兩錢鑄造的年代，最晚應該不會晚於第二年，即秦昭襄王元年（前三〇六）。這說明半兩錢最少在秦統一六國之前的八十多年前就已經鑄造使用了。

明確這一點，具有非常重要的意義。因為以往我們都認為秦國在商鞅變法之後，國力開始增強，最後完全是憑藉強大的軍事力量先後消滅韓、趙、魏、楚、燕、齊等六國，實現了統一。這一認識後來因為秦始皇兵馬俑的發現更得到了加強。但是，戰國秦半兩錢的出土，卻在原有認識的基礎上，給我們提供了一個新的研究這段歷史的視角，它揭示了秦國在滅六國、統一天下的過程中，除了依靠強大的軍事力量之外，實際上還配合使用了貨幣的手段。這就如同解放戰爭時期人民幣緊跟解放軍的步伐，隨著戰爭的推進逐步取代國民黨貶值的法幣，穩定國內貨幣市場時所發揮的作用一樣，秦國的半兩錢也是隨著秦軍的統一路線圖逐步取代了六國的貨幣，最後實現了貨幣的統一。因此，當西元前二二一年秦始皇統一六國的時候，實際上秦國的半兩錢已經基本取代了六國的貨幣。所以，秦始皇就順勢將秦國的半兩錢正式確定為法定的貨幣而推行全國，並沒有另外再鑄造一種新的錢。

實際上，司馬遷所記載的「及至秦，中一國之幣為二等，黃金以鎰名，為上幣；銅錢識曰半兩，重如其文，為下幣」，並沒有說另外鑄造了一種新的貨幣，只是說統一六國後，貨幣分兩種，黃金為上幣，以鎰為單位；銅錢為下幣，以半兩為單位。但是，因為這是關於半兩錢的首次記載，於是大家就想當然地認為半兩錢是秦統一六國後新鑄的貨幣。這一誤判延續了兩千多年，直到二十世紀五〇年代在戰國秦墓中發現了半兩錢，真相才大白於天下。

秦始皇統一全國以後，雖然沒有另外鑄造一種新的貨幣，而是用秦國原來已有的半兩錢統一了六國的貨幣。但是，半兩錢卻是先秦四大貨幣體系中圜錢的一種，屬於春秋末年至戰國時期在原來的貝幣、布幣、刀幣之外，又新出現的一種獨立的貨幣形態。這種貨幣之所以被稱作「圜錢」，就是因為它外形是圓形的，但是它中間卻有個方孔。

二、圓形方孔錢的產生

秦國的半兩錢屬於先秦四大貨幣體系中的圜錢，圜錢作為一種新的貨幣形態，最初是由魏國發明的，但是，最後發揚光大的卻是秦國。

文獻記載秦國在惠文王二年（前三三六）時「初行錢」，以前大家認為這是秦國使用貨幣的開始，實際上這應該是秦國正式鑄造發行貨幣的開始，當時所鑄造的貨幣就是圜錢。

秦國的圜錢有圓孔和方孔兩種。

早期的圜錢為圓孔，目前只發現了「一珠重一兩十四」、「一珠重一兩十二」和「半圜」三種。文字都是小篆體。一九九六年西安北郊尤家莊一座戰國晚期秦墓中，曾經出土一枚「一珠重一兩十四」，這是唯一一枚透過科學考古發掘所得到的早期圓孔的圜錢。

後期的圜錢為方孔，除「半兩」錢之外，另外還有「文信」、「長安」和「兩甾」三種。

1. 「文信」和「長安」

「文信」相傳為文信侯呂不韋所鑄，「長安」則被認為是由秦始皇的弟弟長安君成蟜鑄造。一九五五年春在呂不韋的封地，即今洛陽市西郊河南故城遺址，曾經出土過一塊刻有「文信」字樣的石範，這為呂不韋鑄文信錢又增添了新的證據。「長安」還沒有發現錢範。文信、長安雖然是兩種不同的錢幣，但是，一次兵變卻將它倆緊密地聯繫在了一起。這是怎麼回事呢？

據史書記載，西元前二三九年長安君受命率軍隊去攻打趙國，但是他卻中途倒戈，回師長安，最終失敗被殺。有一種觀點認為長安君此次兵變就是與呂不韋合謀，目的是要取代嬴政。長安君失敗後不久，呂不韋也被賜死，這似乎又證明呂不韋之死與長安君可能有關。但是，我們卻不知道呂不韋、長安君為什麼要鑄錢，是否與兵變有關？甚至這兩種錢是否真的為呂不韋、長安君所鑄，也都沒有確鑿的證據，還都是一種

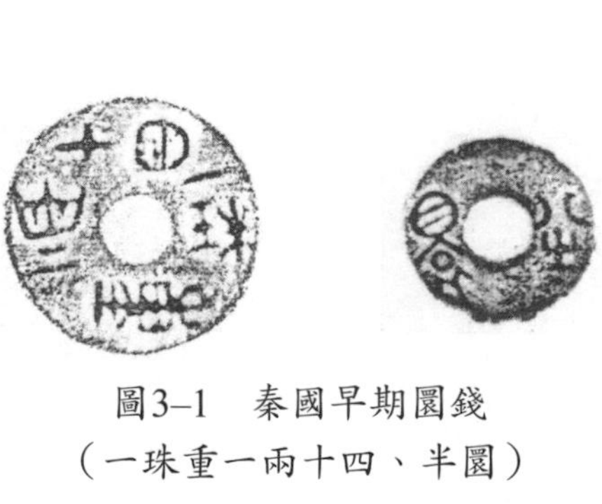

圖3–1　秦國早期圜錢
（一珠重一兩十四、半圜）

推測。如果這種推測能夠成立，那麼「文信」、「長安」都是以封號為錢文，這種做法更是前無古人，後無來者，充滿了神祕的色彩。總之，「文信」、「長安」兩種錢幣，就如同呂不韋與秦始皇身世之間的關係一樣，籠罩著很多未被解開的謎團。

2. 「兩甾」錢

「兩甾」錢文中的「甾」即「錙」，是當時的一種重量單位。《說文解字》記載：「茲（甾），六銖也。」表示一甾重六銖。大家知道，秦國的衡制是以二十四銖為一兩，十二銖為半兩。一甾為六銖，兩甾恰為十二銖。因此，「兩甾」與「半兩」的重量實際上是相等的。另外，兩甾錢也時常與半兩錢同時出土，這說明兩甾錢很可能是與半兩錢同時期鑄造的等值貨幣。

圖3–2　秦國後期圜錢（長安、文信）

中國古代的貨幣最後之所以統一於半兩錢，是因為秦國統一了六國。秦國統一六國的過程與西方的馬其頓統一希臘各城邦的歷史有點相似。秦國地處西北偏僻之地，與東方諸國相比，不但建國比較晚，而且因為與戎狄雜處，經濟、文化等方面又比東方諸國落後。歷史的發展經常有出人意料之處，這就如同西方世界偏居一隅的馬其頓，曾經被希臘城邦中文化先進的雅典人所嘲笑、歧視一樣，東方的秦國也時常被號稱禮儀之邦的晉齊等諸侯國視為沒有開化的落後國家，甚至拒絕秦國參加列國的會盟。但是，歷史的發展有時又有驚人相似的一幕，正如野蠻的馬其頓統一希臘各城邦一樣，東方的華夏也是由落後的秦國滅亡六國，實現了統一。秦國就用本國的半兩錢統一了六國的貨幣。

三、半兩錢的特點

半兩錢在形態各異的先秦貨幣中，體形是比較小的，但卻是最有特點的。有兩點要特別引起我們的關注，一是它的文字，二是它的形制。

圖3–3　兩甾錢

1. 半兩錢的文字

秦朝統一六國之後，為了表示對統一貨幣工作的重視，由協助秦始皇完成了文字統一工作的宰相李斯，親自書寫了小篆體的錢文「半兩」兩字。小篆是一種怎樣的字體？在中國古代文字發展史上又占有怎樣的地位呢？

小篆是李斯以先秦的大篆為基礎，刪繁就簡，廢除了六國原來使用的大量的異體字和與秦國文字不一樣的部分文字，新創造出的一種標準字體，為了與此前的大篆體區別而稱為小篆體，被作為統一後標準的書體頒布實施。秦小篆的產生，結束了戰國以來文字異構叢生、形體雜亂的局面，實現了中國文字的統一，標誌著中國書法藝術發展進入了一個新的時期。

李斯是古代著名的書法家，但是，他的筆跡如〈泰山石刻〉、〈琅琊台刻石〉、〈會稽刻石〉都已剝蝕嚴重、字跡漫漶，因此，我們現在只有透過半兩錢上的錢文，來欣賞李斯的書法真跡，體會古人所謂「李斯小篆之精，古今絕妙」的評述了。

2. 半兩錢的形制

半兩錢的形制特點是圓形方孔，這是由圓孔圜錢發展而來的，方孔的改革，確立了秦以後中國乃至整個東亞地區兩千多年間貨幣的基本形制，影響深遠，意義重大。但是，為什麼要由圓孔改為方孔呢？因為史書中沒有記載，後人就從兩個角度做了解釋，給我們提供了解讀方孔之謎的歷史線索。

《呂氏春秋・圜道篇》說：「天道圓，地道方，聖王法之，所以立上下。」秦國的統治者認為外圓象徵天命，內方代表皇權，把錢做成外圓內方的形狀，象徵君臨天下，皇權至上，秦半兩錢流通到哪裡，皇權威儀就散布到了哪裡。因此，認為它是秦代「天命皇權」的象徵。最早稱錢為「孔方兄」的西晉人魯褒，他在《錢神論》中從天圓地方的宇宙觀出發，認為圓形方孔錢「故使內方象地，外圓象天，錢之為體，有乾有坤」，這就將半兩錢的造型與政治聯繫了起來。

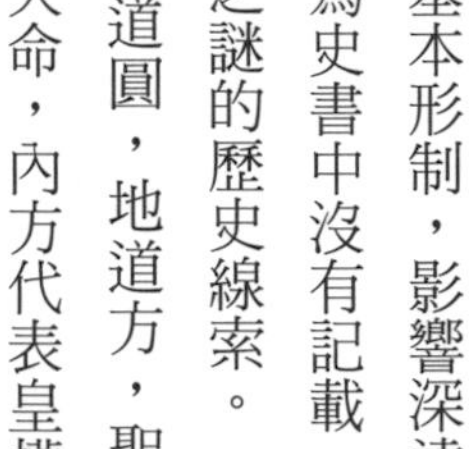
圖3–4　秦半兩錢

另一位是明代的著名科學家宋應星，他在《天工開物》中從工藝技術的角度指出，「以竹木條直貫數百文受銼」。因為銅錢剛從錢範中鑄出來的時候，邊郭都帶有很多的毛刺、流銅，需要銼磨。如果是方孔，就可以用一方形竹木條，貫穿於錢幣的方孔中，將錢幣固定住，這樣更便於修整錢幣的外郭。

魯褒的說法雖然影響普遍，實際上可能宋應星的解釋更為科學。

四、秦半兩錢的重量及購買力

秦代的半兩錢到底有多重？一枚半兩錢能夠買些什麼東西？這一定是大家很想知道的。

我們知道秦代的一斤約等於現在的兩百五十克，一斤為十六兩，一兩為二十四銖，一銖約合現

在的〇・六五克。因此，秦半兩錢的標準重量應該是八克左右。但是，因為存在地方鑄幣以及減重的原因，所以存世的秦半兩錢實際上輕重懸殊、大小不一。重的有十克以上，輕的僅一克多一點，一般重量為五克左右。因此秦代的《金布律》規定流通中好錢（美）、壞錢（惡）都有，要摻雜使用，不准挑選。所以在秦半兩錢中，找出一個較為合適的中間值，是一件比較困難的事。因此，有專家認為，秦朝只是統一了貨幣的形制和單位，並沒有統一貨幣的鑄造權和發行權，並舉遺留的秦半兩錢重量不等、形狀也不完全相同為例，指出秦半兩錢不是統一鑄造和發行的。這裡顯然忽視了兩點：一是壟斷鑄幣權並不排除地方鑄錢，迄今發現的秦代錢範並非只出自咸陽附近，安徽貴池、四川高縣出土的秦半兩錢範，應該就是地方鑄幣的物證；二是《史記》中明確記載了秦半兩錢並非「重如其文」，而是「各隨時而輕重無常」。因此，當時就存在嚴重的減重現象。

民國初年的古泉學家丁福保曾有一首詠秦半兩錢的詩，說：「千秋唯有長城在，不見當年秦始皇。莫道區區僅半兩，曾看劉項入咸陽。」這裡「劉項」指的是劉邦和項羽。據記載戰國後期到秦代的物價是很低的，正常年分每石粟大約只有幾十個錢，一斗只要三枚秦半兩錢就夠了。可見當時物價很便宜，半兩錢的購買力是很高的。當年沛縣的小吏蕭何就是因為多送了兩枚秦半兩錢接濟還是小吏的劉邦（別人送了三枚，蕭何送了五枚），劉邦就非常感激了，等到劉邦稱帝之後，給蕭何封了侯爵，比其他諸侯額外多分了兩千戶。這也從一個側面說明秦半兩錢的購買力還是很高的。

五、秦半兩錢的使命

半兩錢因為肩負了統一貨幣的使命，因此，我們的關注點就不能僅僅限於它的文字、形制以及面值，還要從中國古代貨幣發展史的視角，來談談它所發揮的里程碑式的重要意義。

首先是規定了貨幣的種類和名稱。

秦朝統一後的貨幣分為「上幣」和「下幣」二等制。貴金屬黃金價值高，主要供社會上層的貴族使用，單位為鎰，稱為「上幣」；以賤金屬銅為幣材的貨幣名為「銅錢」或只稱「錢」，因為價值較低，主要用於社會下層民眾的日常小額使用，單位為半兩，稱為「下幣」。在此之前，曾經在一定程度上充當過交換媒介的珠玉、龜貝、銀錫等物品，則被明令不再充當貨幣，只能作為器物使用。因為統一六國之前秦國使用的就是半兩錢，而楚國主要使用的是黃金，因此也可以說秦始皇統一全國後所推行的二等制的貨幣制度，實際上是秦國和楚國兩國貨幣制度的融合。這似乎可以說是一種「金錢複本位制」，但是文獻中沒有說明黃金與銅錢之間是否有法定的比價關係，也可能就是兩種獨立的貨幣，大額支付用黃金，小額交易用銅錢。但是，黃金並不鑄成按枚計數的鑄幣，還是稱量使用，仍然屬於稱量貨幣。

其次是統一了貨幣的形制和單位。

半兩錢的貨幣形制為圓形方孔，這象徵了古代天圓地方的宇宙觀。正面鑄「半兩」二字，既是紀重，又是貨幣單位。這一單位與同時推行於全國的石、斤、兩、銖等衡制相匹配，形式簡單劃一，便於接受與使用。這樣就徹底廢止了原來六國各自使用的形制不同，名稱、重量、單位各異的舊錢，將秦國使用的半兩錢推行全國，統一了全國的幣制。從此，圓形方孔錢成為中國古代貨幣的基本形制，並延續使用了兩千多年，甚至東亞、東南亞、中亞的很多國家也鑄造使用圓形方孔錢，並因此形成了以「圓形方孔」為特徵的東方貨幣文化體系。

再次是壟斷了鑄幣權，禁止民間私鑄。

文獻中雖然沒有關於壟斷鑄幣權、禁止民間私鑄的直接記載。但是根據歷史分析並證以近年新出土的秦簡，我們完全可以證明秦朝是禁止民間私鑄的，鑄幣權完全由政府壟斷。比如《史記・平準書》中記載說，漢初「為秦錢重，難用，更令民鑄錢」，這就間接地說明了秦朝的時候是明令禁止民間私自鑄錢的。另外，一九七五年十二月在湖北省雲夢縣出土的《雲夢秦簡・封診式》中記載了一條鄰里告捕私鑄貨幣的案例。說的是某村有甲、乙二人捆綁了丙、丁二人來告官，說丙私鑄錢幣，丁提供協助，並提供了丙、丁鑄錢使用的錢範和新鑄造的一百一十枚銅錢。❶秦簡中的這份記載，更是直接證明了秦朝時政府是壟斷了鑄幣權，禁止民間私鑄貨幣的。當發現違法的行為時，百姓有告發的責任和義務。

最後是制定了全國統一的貨幣法。

秦朝統一之後，為了徹底消除六國原來使用的各式舊錢，確保全國貨幣在種類、名稱、重量、形制、單位、鑄造等方面的統一，制定了全國統一的貨幣法。出土秦簡中的《金布律》、《齎（資）律》就是秦代的貨幣法令，對有關貨幣的儲藏、流通以及回收等諸多方面都做了具體的規定。比如《金布律》中就明文規定，官府在收取貨幣時，每千枚錢放入一個用草繩編成的被稱作「畚箕」的盛器中，並蓋上縣丞、縣令的印。不足一千枚時，也要蓋印封存。錢幣不管鑄造得精美還是粗糙，都混裝在一起。發放的時候，要把印封呈獻給縣丞、縣令驗視，然後啟封使用。百姓在使用錢幣交易時，不管品質好壞一起通用，不准挑選。❷詳細地規定了貨幣的收取、儲藏、出庫、

❶《雲夢秦簡・封診式》：「某里士五（伍）甲、乙縛詣男子丙、丁及新錢百一十錢，容（鎔）二合；告曰：『丙盜鑄此錢，丁佐鑄。甲、乙捕索其室而得此錢、容（鎔），來詣之。』」

發行、使用的程序及要求。

再比如《關市律》中規定，從事手工業和為官府出售產品，收錢時必須立即把錢投進錢缿❸裡，使買者看見投入，違反法令的罰一甲。❹具體地規定了從市場回收貨幣的要求，這樣就從一定程度上杜絕了貪汙舞弊行為的發生。

秦朝透過半兩錢統一了全國幣制，確定了統一貨幣的種類、名稱、形制及單位，由政府壟斷了鑄幣權，第一次從制度上禁止了民間的私鑄，並制定了最早的貨幣法令即《金布律》、《關市律》，對貨幣的鑄造、儲藏、流通、回收以及防偽反假都做了具體的規定。將戰國時期各種原始形態的貨幣統一在了圓形方孔式樣下，使中國貨幣的形態從此固定下來，延續使用兩千多年直至清末，並影響到周邊一些國家及地區，形成了東方貨幣文化體系，影響深遠，意義重大。因此，我們說秦半兩錢是中國貨幣發展進程中的第一個里程碑。

從秦半兩錢不難看出，貨幣作為一種商品流通的工具，除了反映一定歷史時期政治、軍事、經濟、文化、技術的特徵之外，也反映了當時的社會思想及審美標準。秦半兩錢在體現皇權思想、陰陽五行學說的同時，還體現了中華民族的審美意識，集實用性、藝術性、思想性於一身，從這個視角也可以說貨幣是中國古代勞動人民集體智慧的結晶，是古代文化的重要載體。

---

❷《金布律》：「官府受錢者，千錢一畚，以丞、令印印。不盈千者，亦封印之。錢善不善，雜實之。出錢，獻封丞、令，乃發用之。百姓市用錢，美惡雜之，勿敢異。」

❸缿，一種陶製儲錢器。

❹《關市律》：「為作務及官府市，受錢必輒入其錢缿中，令市者見其入。不從令者，貲一甲。」

第二章 漢五銖標準的確立及影響

漢武帝在秦朝統一貨幣形制的基礎上，又完成了鑄幣權的最終統一並確立了五銖錢的鑄造標準。本章分六個專題，前三個專題都與漢武帝有關，五銖錢是漢初幣制改革的結果，確立了銅錢的重量標準，是歷史上行用時間最長的錢幣，對後世產生了重要影響，是中國貨幣發展史上的第二個里程碑；白鹿皮幣、白金三品是漢武帝斂財的手段；馬蹄金、麟趾金則是他政治鬥爭的工具，雖然時間都很短，但是對於後來紙幣的產生以及白銀的貨幣化都有重要影響。第四個專題論述了王莽的幣制改革，指出正是失敗的幣制改革葬送了王莽本來很有希望的政治改革。第五個專題結合絲綢之路的開通，論述了東西方錢幣文化的最初接觸及其影響。最後一個專題，透過對魏、蜀、吳三國各自所發行錢幣的考察，揭示了它們以貨幣為武器進行的一場貨幣版的三國演義。

4 五銖錢：使用時間最長的貨幣

歷史上每當新皇帝繼位，或是改變年號，都要更鑄新錢。如果是改朝換代，那就更需要重新鑄錢。似乎只有鑄造了新錢，才昭告了新政權的合法性以及替代舊政權過程的完成。但是，在中國古代卻有一種錢幣延續使用了多個朝代，不管是王朝更替，還是江山易主，所鑄造的錢幣都使用的是同一個名稱，這就是從漢武帝元狩五年（前一一八）到唐高祖武德四年（六二一），歷經兩漢、三國、魏晉南北朝以及隋唐，總共延續流通使用了七百三十九年的五銖錢。

五銖錢有什麼特別的地方？為什麼能不受朝代更替的影響而延續使用？它對後來的貨幣又有什麼重要的影響呢？

下面我們帶著這些問題，一起走進五銖錢的世界去探個究竟。

一、五銖錢產生的背景

五銖錢是由半兩錢演變來的。無論是五銖，還是半兩，它們都既是貨幣的名稱，也是貨幣的單位，所表示的實際上都是貨幣的重量，屬於早期的稱量貨幣範疇。在講五銖錢之前，先簡單介紹以下半兩錢，這是因為五銖錢是在半兩錢的基礎上發展而來的。半兩錢又可以分為「秦半兩」與「漢半兩」兩種。

秦半兩錢是秦昭襄王在位的時候開始鑄造的，西元前二二一年秦始皇滅六國之後，用秦國的半兩錢統一了原來六國各自使用的貨幣。

漢初繼續沿用秦朝的半兩錢。但是，因為受秦末農民起義以及楚漢戰爭的破壞，漢初的社會經濟幾乎到了崩潰的邊緣，物資極端貧乏。《史記》中記載當時甚至連皇帝乘坐的馬車都找不到四匹顏色一樣的馬，丞相、將軍有的只能乘坐牛車，一般老百姓更是到了沒有剩餘的東西需要儲藏的地步。❶

因為國困民窮，物資極度匱乏，前朝遺留下來的「秦錢重，難用」，❷不能適應漢初低水準的經濟生活。因此，為了解決流通中缺錢的困境，以便盡快恢復生產，發展經濟，漢高祖劉邦在稱帝的當年，即西元前二〇六年就頒布了法令，允許民間鑄造減重的半兩錢。此後歷經高后（即呂后）、文帝、景帝三朝，持續進行了五次大規模的貨幣減重。這期間雖然有迂迴和反覆，但是，最終將重達十二銖的秦半兩錢，減重到重量僅有四銖的漢半兩錢，稱為「四銖半兩」，減重幅度達到了百分之六十六以上。這是中國歷史上第一次有紀錄的大規模並持續的貨幣減重行為，對後世產生了非常重大的影響。

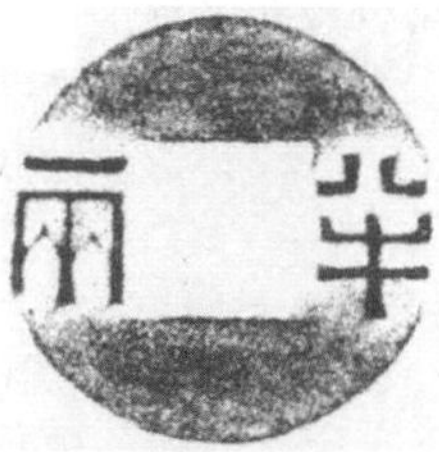

圖4-1　四銖半兩
（三分錢）

四銖半兩錢不但恢復了以前半兩錢的幣值，還增加了民眾對半兩錢的信心，物價因此出現了下降的趨勢。漢初之所以能夠出現「文景

❶《史記・平準書》：「自天子不能具鈞駟，而將相或乘牛車，齊民無藏蓋。」

❷《史記・平準書》：「為秦錢重，難用，更令民鑄錢。」

之治」的盛況，應該說與這種較低並穩定的物價有著直接的關係，這也為漢武帝推行進一步幣制改革並推出五銖錢奠定了基礎。

二、漢武帝的六次幣制改革

西元前一四〇年漢武帝登基，他在「文景之治」所積累的物質基礎之上，一改他的父親和爺爺，即景帝和文帝所崇尚的「無為」的黃老思想，對內、對外都推行積極的擴張政策，史書上說他是「外事四夷，內興功利」。❸因此，漢武帝統治時期財政上開支浩大。為了籌措經費，推行積極擴張的政策，漢武帝在四銖半兩錢的基礎上，於建元元年（前一四〇）至元鼎四年（前一一三）的二十七年間，又先後實行了六次幣制改革，最終確定了五銖錢的重量標準，並將漢初下放給民間的貨幣鑄造以及發行的權力重新收歸中央。這樣一來，五銖錢就誕生了。從此，五銖錢取代半兩錢，成為當時流通使用的一種新的貨幣。

漢武帝頻繁地進行幣制改革，與他所推行的積極擴張的政策所導致的財政拮据有直接的關係。因此，我們只有結合漢武帝的六次幣制改革，才能明瞭五銖錢替代半兩錢，成為一種新貨幣的歷史必然。

第一次改革是建元元年（前一四〇），也就是漢武帝即位的當年，他便銷毀四銖半兩錢，改鑄三銖錢。這是因為當時流通的半兩錢名義上雖然是重四銖，實際上已經減重到只有三銖或不足三銖，改鑄三銖錢完全是為了使它名實相副。但是，漢武帝沒有想到這樣一來引起了民間的私鑄，被迫於五年後又廢棄三銖錢，重新恢復使用四銖半兩錢，等於是轉了一圈又回到了起點。

第二次改革主要體現在技術上。停鑄三銖錢之後，恢復鑄造的四銖半兩錢重約兩克，比文帝初鑄的四銖半兩錢輕薄。因為半兩正好是十二銖重量的三分之一，歷史上又稱為三分錢，但是技術上有一個重要的改進，就是多了一個淺細的外郭，個別的錢幣上還鑄有內郭以及在穿口上鑄一橫線，被稱作「有郭半兩」。

在錢幣上加鑄一個邊郭？這有什麼實際用處嗎？

實際上，這是一項重要的技術創新。古人有一種說法叫「摩錢取鋊」，❹指的是私鑄者為了獲取銅料，常用的一種方法就是磨取銅錢的邊緣，再用磨下來的銅屑鑄錢。加了這個邊郭之後，既可以防止磨邊取銅，又可以減輕流通時對錢幣上所鑄文字的磨損，一舉兩得。因此，這是中國古代鑄錢技術上的一項重大進步，此後鑄造的錢幣就都帶邊郭了。在這項技術上中國是領先的，比歐洲要早。

第三次改革發生在元狩四年（前一一九）。當年衛青、霍去病出擊匈奴，軍資耗損嚴重，國庫空虛。為了增加收入，漢武帝採納了張湯的建議，鑄造了「白金三品」並發行了「皮幣」。關於白金三品和皮幣，因為下一個專題中要專門講解，這裡就不展開了，只要知道它們都屬於大面額的虛幣，是漢武帝用來斂財的工具就行了。

第四次改革是元狩五年（前一一八），即衛青討伐匈奴的第二年，在

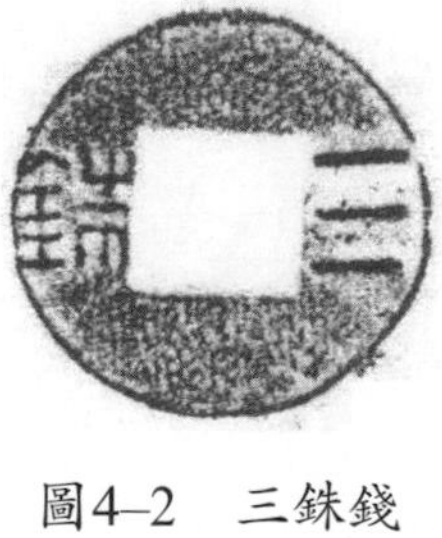

圖4–2　三銖錢

❸《漢書・武帝紀》。

❹《漢書・食貨志下》：「今半兩錢法重四銖，而奸或盜摩錢質而取鋊，錢益輕薄而物貴，則遠方用幣煩費不省。」

鑄造白金三品、發行皮幣的同時，又廢棄了四銖半兩錢，准許郡國鑄造一種新錢，以「五銖」為文，這就是最初的五銖錢。因為允許郡國鑄造，所以又稱為「郡國五銖」。這樣一來，從秦昭襄王開始鑄造的、統一了中國古代貨幣的半兩錢，在流通使用了一百三、四十年之後，最後被廢棄了。

「郡國五銖」錢正面有輪無郭，背部則輪郭俱備，重約三‧九克。

一九六八年河北滿城西漢中山靖王劉勝的墓中曾出土四千餘枚五銖錢，就是「郡國五銖」。

第五次改革發生於元鼎二年（前一一五）。因為各個郡國鑄造的五銖錢在尺寸大小以及工藝上多不統一，給盜鑄者提供了可乘之機，盜鑄行為愈演愈烈。為了杜絕盜鑄，漢武帝又發布詔書不許郡國鑄錢，改由京師的鍾官負責，統一鑄造「赤仄五銖」。所謂「赤仄」（赤側）指的是一種將外郭銼平的工藝，「赤仄五銖」就是指經過這種加工淨邊的五銖錢。規定鍾官所鑄造的赤仄五銖錢，一枚等於此前郡國鑄造的五銖錢五枚，民眾繳納賦稅以及官府使用都必須是鍾官鑄造的赤仄五銖錢才行，希望以此來杜絕盜鑄現象的發生。

第六次改革發生於元鼎四年（前一一三），統一鑄造赤仄五銖錢僅僅兩年之後，漢武帝又發布詔書，廢除了赤仄錢與郡國五銖一比五的比價，規定各種五銖錢都平價流通。後來又再次重申禁止郡國鑄錢，只准上林三官鑄錢，並廢止了以前的各種錢，規定天下不是上林三官鑄造的錢都不得使用。

圖4–3　郡國五銖

圖4–4　上林三官五銖

「上林三官」指的是設立於皇家園林上林苑的鍾官、辨銅和均輸三種官職，其中，鍾官負責掌管鑄錢事宜，辨銅負責辨別銅色，均輸負責管理銅錫等鑄錢材料的運輸，這可以說是中國最早的中央造幣廠。從此，中國的貨幣進入了五銖錢的時代。

三、五銖錢的標準、工藝及影響

上林三官五銖重三・五至四克，基本上都是用銅範或製作非常精緻的泥範所鑄。它工藝先進，鑄工精細，錢形整齊，標準統一，奠定了五銖錢的鑄造標準。因此，五銖錢可以說是中國古代貨幣繼半兩錢之後的第二個里程碑。

首先是實現了貨幣鑄造權的統一，為政治上大一統的形成奠定了基礎。

春秋戰國時期，各諸侯國自行鑄造貨幣。因此，貨幣的形制、尺寸、重量各不相同。秦始皇雖然短暫地統一了貨幣的形制、單位及名稱，並從制度上禁止了民間私鑄，但是仍有地方鑄幣。漢初因為秦錢太重，又允許民間私鑄，鄧通就是因為鑄錢而富可敵國，吳王劉濞之所以能夠發動「七國之亂」，很重要的一個原因就是他可以鑄錢，因此聚斂了大量錢財，可以招兵買馬，與中央抗衡。直到漢武帝收回郡國鑄幣權，推行五銖錢以後，才最終實現了貨幣鑄造權真正的統一，這樣才保證了中央對地方的集權。因此，我們可以說中國中央集權的大一統是從秦到漢逐漸完成的。秦朝消滅六國僅僅是實現了政治上的統一，漢武帝「罷黜百家、獨尊儒術」實現了意識形態領域的統一，漢初以來經過近九十年的探索和實踐，最終在武帝元鼎四年（前一一三）確立了以五銖為貨幣的標準重量，並將貨幣的鑄造權和發行權收歸中央，實現了貨幣的統一。以此為標誌才最終實現了中央集權的大一統，西漢歷史進入了鼎盛時期。因此，我們可以說五銖錢的確立以及鑄幣權的統一，奠定了漢武帝時期國力強盛的基礎，同時也開啟了中國古代貨幣的新紀元，即五銖錢時代。

其次是大小適中，輕重適宜。

中國早期的貨幣大小、輕重都很懸殊，如齊刀重達四十克以上，而漢初莢錢還不到一克。五銖錢出現之前是一個反覆摸索、探索的階段，自元狩五年（前一一八）漢武帝確定五銖錢的重量標準以後，七百多年間基本沒有變化，始終都是鑄錢的標準重量。即使唐高祖武德四年廢止五銖錢以後，新鑄造的開元通寶錢也是以五銖錢為標準，重四克左右。因此，五銖錢成為中國歷史上使用最久，也是最成功的貨幣。

再次是奠定了「小平錢」的重量基礎。

小平錢這一重量標準，作為中國古代最基礎的貨幣重量標準，一直延續使用到清末，並成為整個東方貨幣體系的基礎貨幣重量，影響深遠。尤其值得一提的是，以五銖錢為重量標準的小平錢不僅影響了東亞諸國，確定了東方基礎貨幣的重量標準，甚至與西方羅馬的基礎貨幣重量也是驚人地一致。

最後是技術上有重大突破。

特別是外郭技術的使用，既防止了盜鑄者剪邊盜銅，又能夠在流通中保護錢文，使文字不易磨損。這是鑄錢技術上的一大突破，因此，從五銖錢開始，外郭的形制就固定了下來，直到近代採用機鑄技術。另外，五銖錢採用銅範法，即用銅來製作母範，這比此前的石範工藝先進，鑄工更為精細，在提高錢幣精整度的同時，也增加了藝術性。錢幣鑄成出範後，加以金，邊緣非常整齊，故有「赤仄錢」之稱。五銖錢的這些鑄造技術都較同時期的歐洲先進。

四、漢武帝之後的五銖錢

漢武帝之後的昭帝、宣帝、元帝和成帝，都繼續使用並鑄造了五銖錢，形制上和漢武帝時期的幾乎沒有區別，有出土發現的、紀有明確年號的錢範為證。王莽改制時，雖然曾經一度廢棄了五銖錢，但是王莽鑄造的「小泉直一」和「貨泉」這兩種貨幣的實際重量都是五銖，名稱上雖然不同，但使用的仍然是五銖錢的重量標準。

經過王莽篡位的短暫混亂，劉秀在農民起義與地方軍閥割據的局面下，於建武元年（二十五）中興了漢王朝。但是，五銖錢卻早在兩年前更始帝攻入長安後就恢復使用了，當時鑄造的錢史稱「更始五銖」，後來劉秀鑄造的錢史稱「建武五銖」。

東漢鑄造的五銖錢中，無論是「更始五銖」，還是「建武五銖」，除文字風格、尺寸大小與西漢的五銖錢稍有差異之外，幾乎沒有什麼不同。只有漢靈帝於中平三年（一八六）鑄造的「四出五銖」較為特殊。

這種五銖錢因為錢的背面有四道斜紋，分別由穿孔的四角直達外郭，被稱為「四出文」，「四出五銖」由此得名。漢代的五銖錢很少在背後鑄有花紋，靈帝的四出五銖錢卻鑄有明顯的四出花紋，靈帝是否藉此昭示有非常之意，今天我們已經不得而知。但是，當時因為黃巾軍起義的餘波未平，東漢政權仍然危機四伏，於是社會輿論就將錢幣上的變化與國運相聯

圖4–5 更始五銖

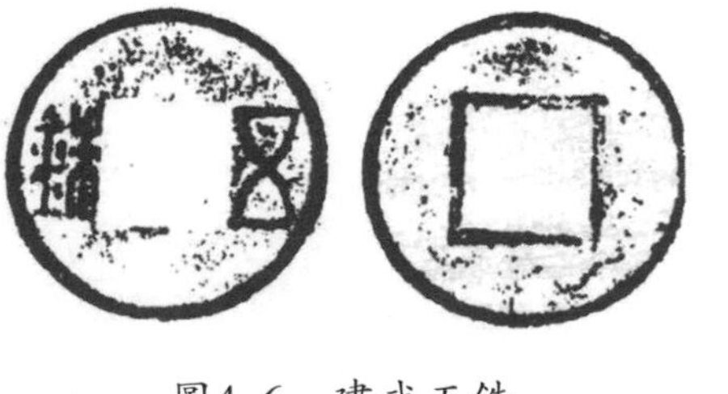

圖4–6 建武五銖

繫，認為四出文是分崩離析的凶兆，此錢一出，財富將會循四道而流布四海，天下必將大亂。但是，因為四出五銖錢鑄造精良，文字嚴整，輪郭深峻，很受收藏者的喜愛，後人甚至將四出文稱為「古輪錢」，經常被用作繪畫的題材，而成為民俗文化的一部分。

另外，漢代五銖錢中鑄造最差的則非董卓所鑄造的五銖錢莫屬。董卓曾盡收公私銅器，甚至秦始皇統一六國之後收繳兵器所鑄造的銅人，也被他銷毀用來鑄錢。董卓所鑄小錢有兩種，初鑄的為無文錢，後來又加鑄了五銖兩字。這兩種錢幣都輕小粗劣，其實如果僅從輕重上來看，董卓鑄造的小錢並不比西漢初年的莢錢更輕，只是因為錢幣上沒有鑄造文字，便得到了「惡錢」的名聲，甚至成為董卓罪惡的象徵。小錢一出，因為購買力低下，物價飛漲，「錢貨不行」。當時奄奄一息的貨幣經濟，在小錢的衝擊下便完全窒息了，社會生活於是就倒退到了實物經濟的境地。一直到建安十三年（二〇八），曹操統一北方廢除董卓的小錢之後，才又短暫地恢復了五銖錢的流通使用。但是，時間不長，很快就又回到了以物易物的實物經濟狀態。魏明帝太和元年（二二七）再次恢復用錢，並鑄造了一種新的五銖錢，被稱為曹魏五銖。

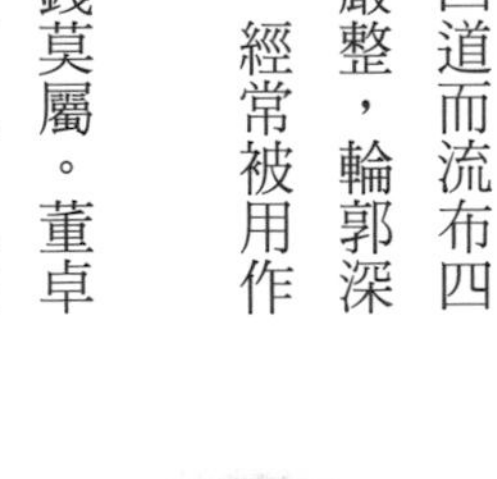
圖4–7　四出五銖

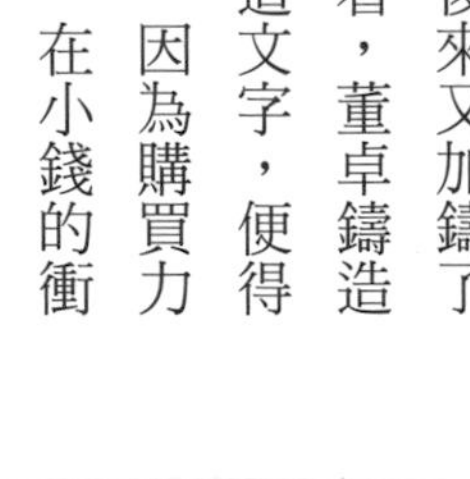
圖4–8　曹魏五銖

劉備占據西蜀後鑄造了直百五銖。「直百」兩字為隸書，開創了隸書用於錢文的先河。同時，在一枚錢幣上使用兩種字體，也以此錢為最早。直百五銖還有背面鑄有篆書「為」字的一種，相傳是諸葛亮的手筆。劉備在白帝城託孤之後，諸葛亮為了安撫南方，曾以犍為為基地籌措軍需。篆書「為」字表示的就是犍為。這既是方孔錢幣中最早兩面鑄造有文字的錢幣，也是最早的紀地錢。

南北朝時期鑄造的五銖錢，雖然錢文中不再標明虛值了，但是，卻有另外一個特點，那就是大多數錢文中都冠有當時的年號。實際上，這已經屬於年號錢的範疇了。

如南朝的梁武帝蕭衍一當皇帝就於天監元年（五〇二）銷毀佛寺裡的銅佛像兩萬尊，鑄造五銖錢，史稱天監五銖；陳朝文帝陳蒨於天嘉三年（五六二）鑄造的五銖錢，史稱天嘉五銖。

北朝的北魏孝文帝於太和十七年（四九三）遷都洛陽，推行漢化改革，鑄造了太和五銖，錢文中鑄有年號太和。因為不能滿足流通需要，朝廷於是又鼓勵民間私鑄，只要銅色精煉，符合標準，便允許流通，這是歷史上少有的准許民間私鑄貨幣的政策。宣武帝時在永平三年（五一〇）又鑄造了永平五銖。孝莊帝永安二年（五二九），推行幣制改革，鑄造了永安五銖。北齊的高洋後來廢棄永安五銖，改鑄常平五銖。

在五銖錢家族中，最後的一種是隋五銖。隋文帝楊堅於開皇元年（五八一）篡北周自立之後，便下詔書廢除原來北周、北齊所鑄造的帶有年號的舊錢，重新恢復並鑄造使用五銖

圖4–9　直百五銖（背「為」）

圖4–10　太和五銖

圖4–11　永安五銖

圖4–12　常平五銖

錢，他希望用新鑄造的五銖錢，統一整頓自東漢末年以來長達四百多年混亂的貨幣制度。因此，終隋一世，專用五銖錢一種，錢文中沒有加鑄年號，統稱為隋五銖。

五銖錢從漢武帝元狩五年（前一一八）開始鑄造使用，到唐朝武德四年（六二一）改鑄開元通寶錢為止，正式流通使用了七百三十九年。五銖錢是隨著漢武帝的盛世而出現的，可以說是中國歷史上使用時間最久，也是最為成功的一種貨幣。這說明一個盛世的出現必然是要有一種成功的貨幣做基礎的。❺

圖4–13　隋五銖

❺編者注：另有一種說法是漢赤仄五銖錢以斂財為目的導致民不聊生。具體可參考《奪富於民》（中信出版社，二〇一七年九月）。

5 白鹿皮幣、白金三品：漢武帝的斂財手段

《史記》和《漢書》都記載說，漢武帝於元狩四年（前一一九）發行和鑄造了「白鹿皮幣」和「白金三品」兩種特殊的貨幣。無論是白鹿皮幣還是白金三品，它們的材質、形制，都與中國傳統的幣制不相符合。

漢武帝為什麼要發行和鑄造這樣兩種特殊材質和形制的貨幣呢？以往的解釋說是為了填補因征伐匈奴耗空的國庫而採取的一種斂財手段。實際上，除了這一目的之外，老謀深算的漢武帝還有更深一層的政治考量，這是他為了實現集權目的而採用的一種政治鬥爭的手段。

下面我就結合當時的背景，根據文獻並對照遺存下來的實物，來分析漢武帝是如何透過「白鹿皮幣」和「白金三品」斂財並進行政治算計的。

一、「白鹿皮幣」

「白鹿皮幣」是張湯向漢武帝建議發行的，它的式樣以及用途在《漢書・食貨志》中有記載，意思是說宗室王侯朝覲皇帝的時候，必須遵照古代的禮儀用玉璧作為禮品。但是玉璧不能裸送，必須要有包裝，並且只能用「皮幣」做襯墊，而「皮幣」又必須用白鹿的皮來製作。❶實際上，「皮幣」之稱古已有之，漢武帝只是根據需要又給它賦予了新的內容而已。

據《管子．五行》中的記載，「皮幣」早在先秦時期，就已經用作諸侯進獻周天子時的貴重貢品，或是上層貴族之間交換的禮物，即所謂「出皮幣命行人修春秋之禮於天下諸侯」。這裡「皮」是指毛皮，比較容易理解。但是「幣」字，後人多望文生義，以為就是指貨幣。實際上，這種理解是錯的。因為「幣」在這裡指的是布帛，和貨幣幾乎沒有關係。「幣」字在漢代的字典《說文解字》的解釋是：「幣，帛也。從巾，敝聲。」翻譯成現代文就是：「幣是紡織品，所以部首是『巾』，『敝』表示讀音。」這種紡織品因為通常都是成卷的，所以又被稱為束帛，在先秦時代是貴族之間交往時普遍使用的一種禮品。因此，「皮幣」所指的就是禮品，並且是一種專門用於上層貴族之間的禮品。

當時用作禮品的東西，實際上並不限於帛，比帛更貴重的是玉器。中國自古崇尚玉，玉器有很多品種，小的如玉佩，是貴族們佩戴在身上的。大型玉器則帶有強烈的政治色彩，比如玉鉞就代表統治者的權威，而玉圭、玉璧、玉璋等玉器常用於貴族之間的交往。

西周以及春秋時期，貴族階層之間的交往非常注重禮節。但是到了戰國以後，因為「禮崩樂壞」，諸侯都盤踞一方，互相征戰，再加上秦末天下大亂，各種制度早已被廢棄。因此劉邦稱帝的時候，當初那些跟隨他起事的開國功臣雖然都封公封侯了，但是因為來自社會下層，都不懂「禮」，在朝堂上說話、行走都和以往一樣，毫無規矩，弄得已當皇帝的劉邦很不爽。直到請了一個懂「禮」的叔孫通制定了規矩，劉邦才得意地說：「吾乃今日知為皇帝之貴也。」❷

劉邦的時代畢竟剛剛走出戰爭，百業待興，禮法不夠完備還能理解。到了漢武帝時代，已經立國六、七十年，各項工作都逐漸走上了正軌，很多文臣都認為有必要進一步加強禮制建設，但是漢武帝當時關注的重點是如何抗擊匈奴，確保國家的安全。為此他派遣衛青、霍去病多次統率大軍遠征漠北，消耗了大量的財力。元狩四年（前一一九），當衛青再次出征，殲滅匈奴主力，解除漢朝的外部威脅之後，漢武帝這才顧得上關注國內的禮制建設。鑑於吳楚七國之亂的教訓，當時禮制的核心就是打擊宗室貴族的勢力，以便進一步加強專制皇權。因此，漢武帝接受張湯的建議，以恢復並加強禮制為名，發行「白鹿皮幣」，藉機向宗室貴族以及各地諸侯征斂財富，在充實國庫的同時，打擊了宗室權貴，加強了專制皇權，將「生財」與「復禮」兩件事完美地結合了起來。

發行「白鹿皮幣」能夠一舉兩得，自然是一件好事，但是去哪裡尋找白鹿呢？其實這並不難，因為皇家禁苑裡就有專門飼養的白鹿。所謂白鹿，實際上是梅花鹿隱性白化基因的突變，發生的概率很小，因此古人就視白鹿的出現為「祥瑞」，發現後必須進獻給皇帝，專門飼養在皇家禁苑，作為皇帝祭祀時的犧牲。所以漢武帝的上林苑就養有白鹿。於是負責經管皇帝個人財產的宮廷機構「少府」，就將白鹿的皮裁剪成每張一方尺，飾以彩繪，作價四十萬。規定宗室王侯朝覲皇帝時，必須向皇帝的禁苑購買白鹿皮製作的「皮幣」，作為獻璧時的襯墊之物。這哪裡是作為禮品，根本就是強賣斂財。

史書記載最初漢武帝曾經就發行「白鹿皮幣」這件事，向主管農業的大農令顏異徵詢意見，正直的顏異說王侯朝賀時所獻的禮物價值才值數千，但是襯墊卻高達四十萬，他認為這是「本末不相稱」，漢武帝聽後很不高興。後來顏異因別的事被人告發，由張湯負責審理，張湯因為與顏異有

❶《漢書・食貨志下》：「乃以白鹿皮方尺，緣以繢，為皮幣，值四十萬。王侯、宗室朝覲、聘享，必以皮幣薦璧，然後得行。」

❷《史記・劉敬叔孫通列傳》。

齟齬，就以「腹誹」定罪，即嘴上雖然沒有說出來，但是在肚子裡誹謗了朝廷，這和秦檜陷害岳飛的「莫須有」的罪名如出一轍，張湯假借漢武帝之手，公報私仇將顏異給殺了。後來司馬遷在《史記・平準書》中感慨地說：「自是之後，有腹誹之法！」

「白鹿皮幣」雖然本身沒有什麼價值，也不能算是實物貨幣，更沒有發揮貨幣的作用。但是，方尺大小的一塊鹿皮，作價四十萬錢，它雖然不能轉讓，但是與大額虛價的紙幣，實際上並無太大的差異。因此，某種意義上可以說「白鹿皮幣」是中國古代紙幣的先驅，在中國古代貨幣史上具有一定的地位，可以被看作紙幣的濫觴。

「白鹿皮幣」值四十萬錢之制，不知道是什麼時候被廢棄的。但是，以鹿皮薦璧卻成為後來的一項常典。《後漢書》記載直到曹魏的時候，諸侯朝會時仍然沿用以鹿皮薦璧的制度，只是沒有再明確必須要用白鹿之皮而已。[3]

二、「白金三品」

與只能憑藉文獻資料才能了解的「白鹿皮幣」不同，漢武帝隨後鑄造的「白金三品」有實物留存。「白金三品」在兩千多年之後能夠再次引起世人的關注，是因為一次重要的考古發現。

這次考古發現發生於一九七六年，地點是位於西北的甘肅省靈台縣蒲河川康家溝的一座漢代遺址，共出土了兩百七十四枚金屬圓餅，這些實物目前都保存在甘肅省靈台縣的博物館。這是一次重要的出土發現，一經報導立刻就引起了收藏界以及學術界研究西域歷史的學者們的極大興趣。

大家最初關注的重點主要聚焦在兩個方面：

一是這些金屬圓餅的成分。有人認為它們是鉛質的，但是經過測定後發現其中含有一部分的銀，並鑄有一圈像是文字的符號，也可能不是文字而是圖案，據此推測可能是錢幣。但是又因為這些鉛餅的形制、材質以及重量都與中國古代的幣制完全不符而被質疑。

另一個關注的焦點是這些金屬圓餅的來源。多數研究者認為它們不像是中國境內的東西，可能是伴隨絲綢之路由境外流入的。有一種觀點認為這些金屬鉛餅應該就是貴霜帝國在中亞使用過的一種貨幣，西元二世紀貴霜帝國崩潰之後，被一部分返回故鄉的大月氏人帶回來的。

隨著社會上關注的人愈來愈多，疑問不但沒有解決，反而變得更為複雜。這是因為這種鉛餅後來在陝西扶風、長安，安徽壽州，甘肅河州，河南洛陽、開封，以及長沙等地又陸續有多處出土發現。不但數量不少，地域也不再限於西北地方，說明這些鉛餅與流寓中國的大月氏人應該沒有直接的關係。更重要的是除了圓餅形的鉛餅之外，又新發現了橢圓形以及方形的，並且上面還都分別鑄有龜和馬的圖飾。受此啟發，大家回頭再審視此前的圓餅，似乎發現上面也有一個形似龍紋的圖案。至此，錢幣界有人將陸續發現的這些圓形、橢圓形以及方形的三種金屬餅，大膽地認定就是《漢書・食貨志》中所記載的漢武帝時期鑄造的「白金三品」銀幣。於是，這些金屬餅又一次吸引了社會上更多的關注者。

為了回應社會上的關注，並進一步探討這些金屬餅的來源及其屬性，中國錢幣學會於二〇〇三年八月與陝西省錢幣學會合作，在陝西省漢中市召開了一次有關「白金三品」的專題學術研討會。

---

❸《後漢書・禮儀志》引《決疑要注》說：「古者朝會皆執贄，侯、伯執圭，子、男執璧……漢魏粗依其制，正旦大會，諸侯執玉璧，薦以鹿皮，王卿以下所執如古禮。」

我當時在中國錢幣學會祕書處工作，直接參與了這次專題研討會的籌備組織工作。會上專家們進行了充分的交流，雖然還有很多的疑問有待進一步印證，但是，錢幣學術界已經基本上認定陸續發現的這三種含銀的鉛餅就是《漢書・食貨志》裡所記載的「白金三品」銀幣。

所謂的「白金三品」，指的是用銀錫合金鑄成的三種不同面額的貨幣。第一種是圓形的龍幣，每枚值三千枚銅錢；第二種為方形的馬幣，值五百枚銅錢；第三種為橢圓形的龜幣，值三百枚銅錢。當時使用的銅錢是四銖半兩錢，元狩五年（前一一八）才改用五銖錢。因此，上述三種白金幣都是對四銖半兩錢作價，當時的本位貨幣是銅錢，所以說「白金三品」本質上是一種虛幣，明顯是為了斂財而實行的一種通貨膨脹政策，這與當時漢朝政府拮据的財政狀況有關。而導致財政枯竭、經費短缺的原因，又正好與漢武帝對外大興兵戈、開拓疆土，積極推行「外事四夷，內興功利」的擴張政策有直接的關係。因此，我們要想了解「白金三品」

圖5–1　圓形的龍幣

圖5–2　方形的馬幣

圖5–3　橢圓形的龜幣

的鑄造背景，首先應該從漢武帝討伐匈奴說起。

秦始皇統一六國之後，曾經派大將軍蒙恬北逐匈奴，並將原來戰國時期修築的長城，加固延伸，形成後來的萬里長城，暫時解除了匈奴的威脅。但是好景不長，到秦末漢初的時候，因為中原發生內亂，先有陳勝、吳廣起義，後有楚漢相爭。匈奴又乘機崛起，重新占據了河套地區。劉邦稱帝後，為了抗擊匈奴的入侵曾御駕親征，但是在山西大同的白登山被匈奴的騎兵包圍，史稱「白登之圍」。危難之際採用陳平的建議，透過賄賂匈奴單于之妻閼氏的辦法，才得以解圍逃回。隨後透過談判，漢朝同意嫁公主給單于為妻，並且每年向匈奴贈送絲綢、米、酒等實物，匈奴這才答應不再入塞搶劫，這就是歷史上漢與匈奴之間的「和親」。但是，因為漢朝軍力不如匈奴，即便嫁了公主，餽贈了物品，仍然被匈奴輕視。劉邦死後，匈奴單于甚至派人送信給呂后說，「我沒了妻子，你也沒了丈夫，我們不如就一起過吧」。臨朝稱制的呂后，面對匈奴單于的公然調戲，也只能以「我已經是個老太婆了」而回信婉拒。❹強勢的呂后對於匈奴單于的侮辱為何如此軟弱？唯一的解釋就是因為當時漢朝的國力還比較弱，沒有實力與匈奴對決。因此，後來的文帝、景帝，也都只能繼續依靠「和親」的辦法來維持與匈奴之間屈辱的和平。這一切要到漢武帝即位之後，才發生根本性的改變。

西元前一四〇年漢武帝即位，他憑藉「文景之治」所積累的財富和國力，決定改變對匈奴的政策，不但要一洗劉邦白登山被圍之恥，更要為呂后討回尊嚴。因此，他首先在北方派大將軍衛青、

❹《漢書・匈奴傳》：（單于信中說）「陛下獨立，孤僨獨居，兩主不樂，無以自虞，願以所有，易斯所無。」（呂后覆信說她）「年老氣衰，髮齒墮落，行步失度，單于過聽，不足於自汙。」

驃騎將軍霍去病對匈奴發動了大規模的武力討伐，收復河套地區，設立朔方郡。後來匈奴西邊的昆邪王來降，又設武威、酒泉、張掖、敦煌四郡，不但解除了匈奴的威脅，還打開了與西域的交通線。在此基礎上，漢武帝又在西北、西南、東南以及東北等方向，採取了積極的進攻政策。西北方面，透過張騫兩次出使西域，打開了與西域交往的大門，開通了絲綢之路；西南方面，出兵平定了南越、閩越，將廣東、廣西以及福建納入了版圖；西南方面，擊敗夜郎和西南夷，將四川以西及雲南、貴州納入版圖；東北方面，發兵滅衛氏朝鮮，設置樂浪等四郡，將朝鮮半島納入了版圖。漢武帝透過這一系列的積極開拓，基本奠定了中國古代的疆域範圍，是中國古代歷史上不多見的可稱為雄才大略的皇帝。

漢武帝透過這一系列的征伐活動，雖然消除了匈奴的威脅，開拓了疆域，奠定了歷史上中國的版圖範圍。但是長年的戰爭也耗盡了國力，導致民生疲敝，怨聲載道。為了緩和社會矛盾，晚年的漢武帝不得不頒布《輪台罪己詔》。這是中國歷史上第一份記錄在案的皇帝檢討書，反映了漢武帝晚年時深刻反省、體恤民生、黯然罪己的一面。但是，早年的漢武帝卻完全是另一種面孔，那時的他年輕氣盛、意氣風發，為了推行他對外的積極擴張政策，不惜民力，不顧百姓死活，拚死要與匈奴一搏。因此，當元狩四年（前一一九）衛青北擊匈奴，勝利回朝後，因為戰爭的費用浩繁，造成國庫虧空，為了籌措經費，漢武帝便重用張湯、桑弘羊等專講聚斂之術的酷吏。除了實行鹽鐵國家專營，新增苛捐雜稅，並制定賣官贖罪的法律之外，還在鑄造貨幣方面想出了許多斂財的辦法。這就是在發行「白鹿皮幣」之後，緊接著又鑄造了「白金三品」銀幣的原因。

如果說，漢武帝發行的「白鹿皮幣」在增加中央財力、打擊諸侯王勢力的鬥爭中，還曾起到了一定作用的話，那麼，發行「白金三品」卻是完全失敗了。

根據漢武帝的設計，「白鹿皮幣」征斂的對象是王侯宗室等上層貴族，而「白金三品」征斂的對象則是社會上的大商人。它們針對的都屬於有錢的群體。普通的老百姓使用的都是銅錢，因此，他們基本上不受「白鹿皮幣」和「白金三品」的影響，即便有影響，也非常有限。但是，人算不如天算，讓漢武帝始料未及的是「白金三品」銀幣因為與銅錢之間比價過於懸殊，導致社會上的官員以及民眾都大肆盜鑄，因此而犯法者不可勝數。《史記・平準書》記載說，因為犯法的人太多了，官府殺都殺不完。《漢書・食貨志》也記載說，雖然盜鑄屬於死罪，但是因此犯法的官吏和民眾還是不可勝數，從而引起整個社會的動盪不安。漢武帝沒有辦法，在使用三年多後，於元鼎二年（前一一五）被迫廢棄了「白金三品」。另外，文獻中記載說白金三品是「銀錫白金」，即銀錫合金。但是出土發現的實物中鉛的含量卻比較高，這可能是文獻的記載有誤，也可能是因為銀少，又添加了鉛。實際上，民間盜鑄可能是更重要的原因。

漢武帝鑄造「白金三品」主要是為了斂財，用來填充因討伐匈奴而耗空的國庫。但是因為大範圍的盜鑄，僅僅三年便被迫廢棄。從發展經濟、促進貨幣流通的角度來看，「白金三品」不但沒起到任何的積極作用，甚至可以說是一場災難也毫不為過。但是，我們如果換個角度，從中國古代貨幣史的視角，特別是貴金屬金銀的貨幣化方面來看，「白金三品」的鑄造，卻又有其特殊的意義。

漢朝政府在用度不足的時候，首先就想到了白銀，並鑄造了以「白金三品」為名的銀幣。這從一個側面說明，秦朝統一之後，雖然法律規定，白銀只能用作器飾寶藏而不能作為貨幣使用，但是，白銀因其貴金屬本身的優勢，其貨幣的職能並沒有因此而消失，甚至比黃金還發揮了更多的貨幣職能。史料記載，漢代白銀以半斤為單位，稱為一流。據彭信威的《中國貨幣史》記載，曾有紀年為東漢光武帝中元二年（五十七）的兩種銀錠出土，一種是船形，略像後來的元寶，另一種是條形。這兩種銀錠的中央，都有一行陰文隸體字，記作「中元二年考公所造」。因此，「白金三品」雖然不是純銀，但是在一定的意義上，可以被認為是最早有記載的、政府鑄造的、用於正式流通的銀幣，是法定銀幣的濫觴，在中國古代白銀的貨幣化過程中具有重要的地位。但是，「白金三品」在形式上卻又與中國傳統錢幣的風格完全不符，這可能是受了西域貨幣的影響。

貨幣是全民通用的交易工具，公信力、信譽是它能夠被大家接受的前提。只要是以斂財為目標，不管憑藉多麼強大的政治力量，也不管理由如何堂皇、道理多麼充分，老百姓一定不會接受，失敗是必然的！這應該就是漢武帝發行「白鹿皮幣」和「白金三品」給我們的最大啟示。

6 馬蹄金、麟趾金：特殊形制的金幣

二〇一五年十一月十四日，世人關注的南昌西漢海昏侯墓一號主墓室，在中央電視台現場直播的鏡頭下打開了。這是一座未被盜取的諸侯王墓，大家對它充滿了期待，即便如此，打開主墓室後所出土的文物數量之多、規格之高、製作之精，仍然超出了世人的期待。尤其是出土了多達兩百餘萬枚的五銖錢（重十餘噸）以及金餅兩百八十五枚、馬蹄金四十八枚、麟趾金二十五枚、金版二十塊，總共三百七十八枚，純度均在百分之九十九左右，更是震驚了世人。這是一次有關漢代金幣的重要發現，也是迄今漢墓考古發現金器數量最多、種類最全的一次。

世人不禁要問，墓主人到底是誰？怎麼會如此富有？要回答這些問題，首先要從墓主人的身世說起。

一、劉賀的身世

據專家考證，墓主人為海昏侯劉賀，墓中後來發現劉賀的名章，證明專家的推論是正確的。劉賀是漢武帝的孫子，五歲時繼承父位而成為封國在山東巨野的第二任昌邑王。漢昭帝去世之後，因為沒有子嗣，劉賀以昌邑王的身分被霍光迎入長安即位，成為新的皇帝。

據說劉賀在位僅僅二十七天，因為做了一千一百二十七件荒唐失禮的事情，被霍光以「荒淫迷

▲ 裹蹏金

◀ 麟趾金

馬蹄金 ▶

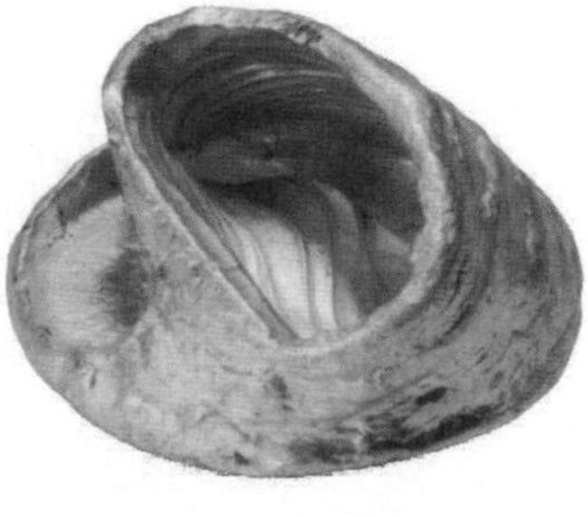

圖6–1　裹蹏金、麟趾金、馬蹄金

惑，失帝王禮誼，亂漢制度」❶的名義廢了帝位並遣返昌邑。實際上這是因為霍光發現劉賀不好控制而安的罪名，是一場政治鬥爭。霍光廢了劉賀之後，又改立漢武帝的曾孫、戾太子劉據的孫子劉詢為皇帝，這就是漢宣帝。漢宣帝後來發現劉賀不再對自己的帝位構成威脅之後，又「封故昌邑王賀為海昏侯」，移居到了位於今天江西南昌的豫章國。

劉賀原來是昌邑王，先被霍光立為皇帝不久就被廢了，漢宣帝後來又封他為侯，但是卻叫「海昏侯」，這有什麼講究呢？

據中國秦漢史研究會會長王子今的研究，封劉賀為「海昏侯」可能有政治上的象徵意義。這裡的「昏」字，可能與霍光所指斥的「昌邑王行昏亂，恐危社稷」中的「昏亂」有關；「海」與作為自然地理概念的「海」可能無關，其原本的真實含義，或許是「晦」字，由「日」與「每」組合，表示太陽被霧氣或陰雲籠罩，有「昏暗」的意思，借指劉賀行為上的「昏暗」。

劉賀與劉詢都是漢武帝的後人，一位是孫子，另一位是曾孫。似乎正是因為這一點，決定了他們的命運必將跌宕起伏、榮辱不定而富有傳奇色彩，所不同的只是兩人命運起伏的峰谷卻正相反。當五歲的劉賀嗣父位被封為昌邑王時，尚在襁褓中的劉詢卻因巫蠱之禍受父親的拖累而身陷獄中。等劉賀以「行淫亂」的罪名被廢去帝位後，繼位的又正是已淪為平民的劉詢。掌握他倆命運起伏的就是霍光，霍光是霍去病的異母弟，漢武帝臨終之際受命輔佐漢昭帝，行周公之事。他「立帝廢王，權定社稷」，前後秉政二十年。但是，正如老百姓所說，管得了身前，卻管不了身後，霍光

---

❶《漢書・霍光傳》。

死後僅僅四年（元康二年，前六十四年），家族就被宣帝滅門。劉賀又過了五年（神爵三年，前五十九年）才去世，他不但看到了霍光的死，更看到了霍氏家族的覆滅，在這一點上，他笑到了霍光的後面。

劉賀與劉詢不同的政治命運，除了霍光的因素之外，不同的人生經歷也是重要的決定因素。劉詢因為曾經有過平民的生活經歷，「具知閭里奸邪，吏治得失」，這是劉賀那種「生於深宮之中，長於婦人之手，未嘗知憂，未嘗知懼」的皇族子弟所不具備的政治素質。因此，在與權勢空前的霍光的博弈中，劉賀僅僅二十七天就被廢棄，而冷靜有為的劉詢則懂得韜光養晦，最後做到了政治上的有所作為。他在位二十五年，主張「漢家自有制度，本以霸王道雜之」，對西漢後期的歷史進步貢獻很大。某種意義上，我們或許可以說，正是劉賀的悲劇，才成就了歷史上的昭宣中興。

了解了墓主人海昏侯劉賀的身世，基本上也就部分地解釋了墓中出土這麼多財寶的原因。這裡需要再補充一點的是，當年太后否決「群臣奏言」、「請徙王賀漢中房陵縣」的流放建議，決定將劉賀遣返昌邑時，還特別規定「故王家財物皆與賀」。因此，劉賀繼承了原昌邑王國的所有財物。又因為劉賀是政治鬥爭中被廢的皇帝，大家覺得他很委屈，因此，死後隨葬了大量的財物，希望他在另一個世界不至於窘迫，仍然能夠過上錦衣玉食的生活。這雖然可以解釋墓中隨葬兩百餘萬枚五銖錢以及眾多黃金的原因，但是，卻又引出了我們所要談論的另一個問題，即黃金為何要鑄成馬蹄、麟趾的形狀？

二、漢武帝對黃金形制的改革

黃金早在戰國時期就已經開始發揮貨幣的職能，形制一般為圓餅形或是不規則的方形，以「鎰」為單位，一鎰重二十兩（另一說是二十四兩）。譬如荊軻刺秦王失敗之後，秦王因為御醫用藥箱阻擋荊軻有功，就曾賞賜黃金二百鎰。

秦統一之後，從法律上規定黃金為上幣，仍然用鎰為單位，不鑄為幣，繼續沿用金版、金餅等原來的形制，稱量使用，主要用於大額的支付和賞賜。漢初承襲秦制，也以黃金為上幣，最初也是用鎰為單位，後來改用斤（一斤為十六兩）。形制上仍以圓餅或方餅為主，這就是《漢書・食貨志》中所記載的「黃金方寸，而重一斤」。

「黃金方寸，而重一斤」是什麼意思呢？這裡我們來做個計算：西漢時的一斤約合當今的兩百五十克，漢代出土的完整的金餅也以兩百五十克左右為最常見。另外，漢尺一寸約合當今的二十三・五公分，以棱長為一寸的正方體的體積乘以黃金的比重十九・三，約等於兩百五十克，這與前文所引述的《漢書・食貨志》中的記載完全相符。

漢代黃金與銅錢的比價為黃金一斤值錢一萬枚。西漢將黃金的稱量單位改為「斤」或「金」，而不再「以鎰名」，這就如同漢初將重達十二銖的秦半兩錢減重為僅有三銖左右的莢錢一樣，漢代黃金重量單位的變小，即由「鎰」改為「斤」，也是西漢政府因為物資匱乏在黃金稱量單位上所實行的一種應時減重的改革措施。

在黃金的重量單位逐漸變小的同時，漢武帝又於太始二年（前九十五）對黃金的形制進行了一次改革，鑄造了「馬蹄金」與「麟趾金」，這與漢武帝當年的一次出巡有關。

據《漢書・武帝紀》引太始二年的詔書記載，當年的春天漢武帝外出巡視，回到長安後就頒布了一份詔書，說他巡視途中在郊外看見了上帝的身影，登上西隴高原時曾喜獲白麟，在渥洼水又見到了天馬，最後在泰山拾到了塊黃金。漢武帝將這四件事聯繫起來認為是一種瑞兆，為了表示紀念，於是就下詔書將黃金由原來的方餅、圓餅式樣，改鑄為麒麟的腳趾以及天馬的足蹄的形狀，並正式以「麟趾」、「褭蹏」（裊蹄）作為金幣的名稱，專門用於賞賜各諸侯王。[2]

這裡「麟趾」意指麒麟的足趾。「褭」字在《呂氏春秋・離俗篇》中指「古之駿馬也」。《漢書・武帝紀》注引應劭的話說「古有駿馬名要褭，赤喙黑身，一日行萬五千里也」。由此可知，「褭」是指古代的一種良馬，「蹏」即是「蹄」字。因此，「褭蹏」意指馬的足蹄。後來顏師古在注釋《漢書・武帝紀》時，就直接將「褭蹏」寫作「馬蹄」，即「武帝欲表祥瑞，故普改為麟足、馬蹄之形，以易舊法耳」。從此，漢代就有了以「麟趾」、「馬蹄」為名的金幣，俗稱麟趾金、馬蹄金。

如果從前面所引述的文獻記載來看，漢武帝將黃金由原來的圓餅、方餅式樣，改鑄為麟趾、褭蹏的形狀，僅僅是為了「以協瑞焉」。但是，事情並沒有這麼簡單。實際上，漢武帝鑄造馬蹄金、麟趾金的目的遠不只這些，另外還有更深層的政治用意和考量。這與漢武帝透過強硬的手段打擊地方諸侯王的勢力、加強中央集權之後，採取的安撫劉氏統治集團內部的政治目的有關。

這要從劉邦實行的分封制談起。

三、漢武帝加強中央集權的手段

劉邦是以加入秦末農民起義大軍而起家的。曾經滅亡六國、統一天下的秦朝，武力雖然強大，但是在陳勝、吳廣於大澤鄉揭竿而起之後，各地紛紛獨立，僅僅傳了兩代便滅亡了，這給戰勝項羽建立漢朝的劉邦以強烈的震撼。劉邦分析其中的原因，認為這是因為秦始皇當初沒有分封同姓的子弟去各地鎮守，才導致強大的秦朝頃刻之間就覆滅了。因此，為了鞏固劉氏政權，劉邦便大肆分封劉姓諸侯王。但是，隨著地方諸侯勢力的強大，開始有人覬覦皇權，最後釀成了「吳楚七國之亂」。叛亂雖然最後被平定了，但是各諸侯國依然獨霸一方，擁有各種特權，仍是政治上的不安定因素。漢武帝繼位以後，為了削弱地方諸侯的勢力，加強中央集權，採取了兩項重要的措施：

一是於元朔二年（前一二七）採納了主父偃的建議，頒布「推恩令」。規定分封的諸侯王死後，除嫡長子繼承王位之外，可以推恩將王國的部分土地分給其他的子弟為列侯。名義上是施恩惠，實際上是剖分其國以削弱諸侯王的勢力。實行推恩令以後，很多諸侯王的支庶也可以受封為列侯，不少王國先後被分為若干侯國。而漢朝的制度規定，侯國隸屬於郡，地位與縣相當。因此，王國被分成侯國，就是王國面積的縮小和朝廷直轄土地的擴大。這樣，朝廷不行黜陟，而藩國自析。到後來，王國轄地僅有數縣，再也沒有實力跟中央挑戰了，徹底解決了王國的問題。

---

❷《漢書・武帝紀》：「往者朕郊見上帝，西登隴首，獲白麟以饋宗廟，渥窪水出天馬，泰山見黃金，宜改故名。今更黃金為麟趾、褭蹏，以協瑞焉。因以班賜諸侯王。」

二是實行「酎金奪爵」的政策。漢朝的制度規定，每年的八月在長安祭祀高祖廟獻酎❸飲酎時，諸侯王和列侯要根據封國人口的數量進獻黃金助祭，標準是每千人貢金四兩，餘數超過五百人的也是四兩，由少府負責驗收。如果發現黃金的分量或成色不足，就要受到處罰，結果往往是諸侯王削縣，列侯免國。元鼎五年（前一一二）九月，漢武帝因為列侯中無人響應號召從軍去征伐南越，就以酎金的分量或成色不合標準為藉口，撤銷了一百零六個列侯的爵位，幾乎占到了列侯的一半。丞相趙周也以知情不舉的罪名下獄而被迫自殺。

另外，我們上一節介紹的「白鹿皮幣」，實際上也是漢武帝打擊宗室權貴、加強專制皇權的手段。

漢武帝透過「白鹿皮幣」、「推恩令」以及「酎金奪爵」等手段，削弱和打擊了各地諸侯王以及列侯的勢力，進一步加強了中央的集權，基本上結束了漢初以來諸侯王與中央抗衡的局面。在這種情況下，為了緩和劉氏皇族內部的緊張關係，加強統治階級內部的團結，營造和諧的政治氛圍，漢武帝便借祥瑞之名，特意鑄造了馬蹄金、麟趾金，班賜給那些保留下來的守規矩、聽話的諸侯王。

以往世人只是看到了漢武帝為了進一步加強中央集權、削弱地方諸侯勢力而採取的強硬措施，如「酎金奪爵」以及變相勒索的「白鹿皮幣」等手段。其實，漢武帝除了硬的一手之外，還有軟的一手，向聽話的諸侯王班賜馬蹄金、麟趾金就是他軟的一手，正是依靠恩威並施的軟硬兩手，漢武帝才建立了大一統的中央集權專制統治，成為中國古代為數不多的有作為的帝王。

四、對馬蹄金、麟趾金的確認

馬蹄金、麟趾金雖然早在唐宋時期就有出土，但是，「麟趾」、「馬蹄」到底是一種什麼式樣？自唐朝開始，世人似乎就已經弄不太清楚了。譬如顏師古在給《漢書》作注釋時說「今人往往於地中得馬蹄金，金甚精好，而形制巧妙」，只是籠統地介紹，而無具體的描述。宋代沈括在《夢溪筆談》卷二十一《異事》中雖然談到了馬蹄金，描述為「褭蹏作團餅」狀，這顯然是不準確的，而對於麟趾金甚至隻字未提。因此，我們懷疑沈括可能就沒有見到真正的馬蹄金、麟趾金，他的描述屬於主觀猜測。另外，唐宋時期所發現的麟趾金、馬蹄金，後來多被切割使用，未有實物存留下來，使得後人雖然在《漢書・武帝紀》中知道漢武帝曾經鑄造過馬蹄金、麟趾金，但是卻無實物與之對照。因此，對於馬蹄金、麟趾金只有一個抽象的概念，而無具體的式樣，使得後人愈發弄不清楚馬蹄金、麟趾金形制上的區別，遂使馬蹄金、麟趾金成為困擾錢幣學術界的一大謎團。

海昏侯墓出土的馬蹄金，一目了然，與真的馬蹄很像，比較容易辨認。但是，對於麟趾金卻多有分歧。麟趾金來源於麒麟，而麒麟因為是傳說中的瑞獸，自古就有不同的解釋。但是，因為麟趾金鑄造於漢代，所以我們只能以漢代的說法為準。在《漢書・終軍傳》、顏師古的注釋以及王充《論衡・講瑞篇》中，都記載「白麟，一角而五蹄」。據此可知，麟趾不可能是圓蹄，而應該是分瓣的五趾。以往大家所認為的麟趾金，多來自沈括的文字描述，後人所附圖版也均為圓蹄狀，實際

❸ 酎是一種優質的酒。

上它們都是另一種式樣的馬蹄金而不是麟趾金，而真正的麟趾金應該就是海昏侯墓所出土的那種近似趾瓣的獸趾狀金幣。另外，漢武帝為應祥瑞只造了麟趾、褭蹏（馬蹄）兩種金幣，而這種呈獸趾狀，又明顯不像馬蹄的金幣，肯定就是麟趾金無疑。

實際上，馬蹄金、麟趾金早在海昏侯墓被發掘之前，就已經有出土發現並正式做過報導，只是未引起社會大眾的注意而已。據《河北定縣四十號漢墓發掘簡報》披露，早在一九七三年該墓葬曾出土金餅四十枚，掐絲貼花鑲琉璃面大小馬蹄金各兩枚，掐絲貼花鑲琉璃面麟趾金一枚。

但是，這次發現並未引起世人的足夠重視，直到二〇一五年十一月媒體報導正在發掘的南昌西漢海昏侯墓一號主墓出土了金餅、馬蹄金、麟趾金之後，才開始引起社會上的廣泛關注。

根據海昏侯墓以及一九七三年河北定縣四十號漢墓的發掘簡報，我們雖然考證清楚了馬蹄金、麟趾金，知道了它們的形狀，但是，圍繞馬蹄金、麟趾金，還有很多未解開的謎團。

譬如馬蹄金、麟趾金的底部都鑄有「上」、「中」或「下」三個表示方位的漢字，這應該做何解釋呢？另外，馬蹄金有大、小兩種型號，而麟趾金卻只有一種規格，這又是為什麼呢？馬蹄金、麟趾金之間以及它們與五銖錢的比價又各是多少？這就像多疑、好猜，令人難以捉摸的漢武帝的性格一樣，他所鑄造的馬蹄金、麟趾金，前無古人，後無來者，仍有很多謎團有待我們去解讀。

馬蹄金、麟趾金因為本身就不是用來交易的，所以，從嚴格意義上講它們都不是貨幣。但是名義上又是為協祥瑞而鑄造，用於賞賜諸侯王，因此，仍然可以被視為一種特製的黃金鑄幣。雖然已經有了固定的形制，但是使用的時候還需要切割稱量，因此大部分都被切割銷毀了。加之武帝之後就停止了鑄造，使用的時間不長，鑄造數量也不多，因此傳世稀少，名貴異常。

對於統治者來講，貨幣從來都不僅僅是交易的媒介，而經常被用作政治鬥爭的工具。特別是像漢武帝這樣從來就不按常規出牌，極富個性並有創意的帝王，用鑄造馬蹄金、麟趾金的辦法「班賜諸侯王」，以懷柔、安撫因「酎金奪爵」而緊張的皇族內部的關係，倒也符合他的性格。

這次海昏侯墓的集中出土，不但確認了馬蹄金、麟趾金的形制，同時也見證了漢武帝政治鬥爭手段的多面性。他不但有硬的一面，也有軟的一手，是靠軟硬兩手、剛柔並用的手段，實現了削弱諸侯王，加強中央集權的目的，這卻是以往我們所忽視的。

7 一刀平五千：斬斷了王莽改革事業的金錯刀

在中國古代眾多的貨幣中，有一種刀幣形制比較特殊。它既不同於先秦時期齊國的大刀，也不同於趙國、燕國那種由實用刀削演變而來的刀幣。它的體形較小，製作精美。雖然被稱為刀幣，但是外形看上去更像是一把鑰匙，這就是王莽鑄造的刀幣。它總共有兩種款式：一種錯有黃金，稱「金錯刀」；另一種未錯黃金，稱「契刀」。

不要小看這種刀幣，從某種意義上，我們甚至可以說正是它斬斷了王莽的改革事業。

一、王莽的身世

王莽的身分屬於外戚，西漢元帝的皇后王政君是他的姑媽，元帝死後太子即位，史稱成帝，成帝的母親王政君就變成了皇太后。掌權的皇太后自然要請娘家人來幫忙。太后共有兄弟八人，其中有四人相繼為大司馬，主持朝政前後長達二十多年。但是王莽因為父親死得早，在王氏別的子弟都不學無術，追求驕奢淫逸生活的時候，唯獨王莽能夠謹慎恭儉、謙虛好學，有儒者之風，因此，特別受到王太后的憐憫和照顧。當最後一位擔任大司馬的叔父因病去職的時候，王莽便被推薦繼任大司馬。這樣，王氏一門就先後有五人擔任大司馬，他們在朝廷內部有太后做奧援，外部則有門生故吏做聲勢，政治上盤根錯節、根深柢固，朝廷的大權都落入了王氏家族手中，這為王莽的崛起奠定了基礎。如果僅憑這一點，那王莽最多也就像他前任的四位叔父一樣，僅僅只是一位專權的外戚而已。但王莽卻是一位胸懷理想的社會改革家。說到王莽，世人一般都認為他是一個胸懷大志的陰謀家，或是一個眼高手低的野心家。總之，都是負面的形象。實際上，這些都是劉秀等人對他的片面宣傳和惡意攻擊，是不全面的，也是不公正的。

真實的王莽應該是一個非常有責任感和使命感的人，如果說他是一個懷抱理想卻無施政經驗的書生，可能更接近於歷史。因此，在西漢末年權貴們普遍都橫行不法的社會環境下，王莽卻仍然能夠潔身好學、謙恭行事。他廣疏家財，贍養儒生，救濟窮人，為了維護法律面前人人平等的原則，他甚至逼迫因殺害奴隸而犯法的兒子自殺。他的這種大義滅親之舉贏得了普遍的讚譽，獲得了作賦名手揚雄等社會精英以及漢朝宗室劉歆的支持。

史書記載，當時王莽在社會上的聲望，已經幾乎可以與歷史上的周公相比。我們如果做個假設，假如王莽是在篡位之前死去，那就真的如同周公在還政給成王之前去世一樣，將會給歷史出一個「一生真偽復誰知」❶的尷尬難題。

後來，王莽就在各方的勸進和擁戴之下，於西元八年以改革社會、拯救百姓為名，自編自演了一齣「禪讓」的把戲，篡位當上了皇帝，改國號為「新」，改年號為「始建國」。隨後王莽就依託古代的傳說，制定了一套改革措施。

❶白居易，〈放言五首〉（其三）：「贈君一法決狐疑，不用鑽龜與祝蓍；試玉要燒三日滿，辨材須待七年期；周公恐懼流言日，王莽謙恭未篡時；向使當初身便死，一生真偽復誰知？」

二、王莽的政治改革

王莽的改革，實質上是想從根本上解決西漢自武帝以來所積存的社會矛盾。因為漢武帝實行對外征伐、對內征斂的政策，加重了民眾的負擔，耗盡了國庫積蓄。他晚年雖然有所反思，並下了《輪台罪己詔》，痛陳以往施政上的過失，表示要廢止增加賦稅的法令，嚴禁官吏對百姓暴虐。但是，漢昭帝以後，統治者的橫征暴斂又開始加劇，土地兼併愈發嚴重。失去土地的百姓大多被變賣為奴婢，國家在失去稅源的同時更增加了社會的不穩定因素。很多大臣都看到了問題的嚴重性，為了緩和社會矛盾，主張限制田地和奴婢的買賣。但是因為既得利益集團的阻撓，都未能實行。就在社會問題愈積愈多，矛盾也日益尖銳，西漢統治搖搖欲墜的情況下，王莽崛起並推行了一套社會改革計畫。他改革的內容雖然名目繁多，但是，總體上可以歸納為兩個方面：

一是規定土地國有並禁止買賣奴婢。王莽以傳說中的井田制為依據，改天下耕地為王田，規定一家男口不滿八人而耕地超過一井的，多餘的部分要分給九族鄰里或鄉黨。這實際上是廢除了土地私有，實行土地國有。其次是改奴婢為「私屬」，不許買賣。王莽希望用這種辦法來緩和土地的兼併和農民被奴隸化。

二是在商業上推行「五均六筦」法。所謂的「五均」是指在長安等五座最大的城市裡設立五個均司市官，負責徵收工商稅並管理物價；「六筦」是指政府管理鹽、鐵器、酤酒、鑄錢、徵收漁獵稅和五均賒貸等六項事業，賒貸給老百姓，一百枚銅錢月收利息三錢，不准私人經營。希望用這種辦法來控制物價並打擊高利貸者。

王莽改革的目標是使農民都有田種，貨物流通順暢，並且價格公平，取消私人發放的高利貸，消滅剝削。客觀地講，王莽這些超越現實、富有理想化的改革，雖然很能蠱惑人心，但是在當時的歷史條件下並不完全具有實現的可能。但是，令人遺憾的是，王莽的這些改革措施甚至還沒有來得及全面推行，就被他的幣制改革給葬送了。

三、王莽的幣制改革

王莽的幣制改革是為他的社會改革服務的。因此，隨著改革措施的推行，及其社會上的反應，他的幣制改革也曾多次變更且內容繁雜無比。這除了有王莽迷信《周禮》、託古改制的政治因素之外，還有他搜刮民間財富、藉機打擊削弱劉漢勢力，以及為其篡位製造輿論的現實目的。

王莽的幣制改革雖然內容繁雜、種類眾多，但是根據發布的時間以及具體的內容，大致可以分為四次。

1. 第一次幣制改革

第一次幣制改革發生在居攝二年（七），這是王莽篡位的前一年，當時他模仿周公輔佐成王的故事，以安漢公的名義，居攝踐祚，執掌朝政。為了搜刮財富，推行他的國有政策，在當時通行的五銖錢之外，又鑄造了三種虛值的大錢與五銖錢並行流通。第一種是「大泉五十」。圓形方孔，每一枚重十二銖，重量雖然是四克的五銖錢的三倍，但是面值卻是五銖錢的五十倍；另外兩種新鑄的錢幣就是我們一開始介紹的刀幣，它們的形制、尺寸、重量都完全相同，通長為七十三公釐，重約十六・五克。這種刀幣由兩部分組成，上半部分呈圓形方孔錢的形狀，一種是在穿孔的右左鑄有

「契刀」兩字，另一種是在穿孔的上下鑄「一刀」兩字，因為「一刀」是用黃金錯成，又俗稱「金錯刀」或「錯刀」。下半部分為刀身，「契刀」的一種鑄有「五百」兩字，表示一枚「契刀」的面值為五百枚五銖錢。「金錯刀」則鑄有「平五千」三字，這裡「平」字表示等於的意思，「一刀平五千」，相當於五千枚五銖錢的價值。

無論是「契刀」，還是「錯刀」，明顯都是虛值的大錢。王莽發行這兩種形制特殊的刀幣，目的只有一個，就是搜刮黃金。當時的金價是一斤黃金值五銖錢一萬枚，因此，按照面值「金錯刀」兩枚或是「契刀」二十枚就可以兌換黃金一斤。實際上，這就是說，王莽是要用錯金的三十三克銅，或是沒有錯金的三百三十克銅，從老百姓手中兌換一斤黃金！這哪裡是發行貨幣，完全就是公開的掠奪！《漢書》記載，王莽死後，宮中還保存有六、七十萬斤的黃金，估計其中大部分的黃金，就是透過此次幣制改革，用「契刀」或是「錯刀」收兌的。

王莽為什麼要這樣做呢？

圖7–1　大泉五十

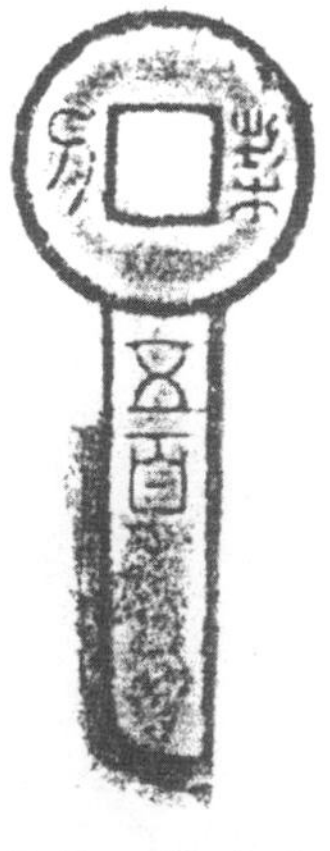
圖7–2　契刀五百

圖7–3　一刀平五千

我們分析王莽這樣做，實際上完全都是為了配合推行他的黃金國有政策。我們知道王莽改革的總體思路就是要廢除私有制，實行國有政策。除了土地實行國有，物價、借貸由國家管控之外，他還想推行黃金國有政策，計畫將黃金也全部收歸國有。為此他曾頒布法令規定列侯以下的人都不准擁有黃金，也就是說要將列侯以下的貴族以及大商人所擁有的黃金完全收歸國有。這項政策主要是針對有權的官僚和有錢的大商人，將他們手中的黃金收歸國有以後，實際上也就消除了他們兼併土地、買賣奴婢的可能。這樣既消除了社會上破壞改革的力量，又為進一步的改革儲備了硬通貨，是一舉兩得的好事。

這一政策對於手頭上本來就沒有黃金的普通老百姓來說，雖然不能說是什麼好事，但也談不上有什麼壞處。但是，書生氣十足的王莽，萬萬沒有考慮到的是「契刀」和「錯刀」這兩種虛值的大錢，因為面值太過虛高，一經推出就使本來因為「大泉五十」而引發的盜鑄現象更趨嚴重，民間於是群起盜鑄，益發不可禁絕。王莽雖然在第二年就廢棄了這兩把刀幣。但是，由此而引發的私鑄不但沒有平息，反而愈演愈烈，王莽的幣制更是愈改愈亂直至最後崩潰，導致改革失敗、天下大亂而政權覆滅。正是從這層意義上，我們說王莽的改革事業就是被他發行的這兩把刀幣給斬斷了。

2. 第二次幣制改革

第二次幣制改革於始建國元年（九）開始推行。此時的王莽已經篡位，建立了新朝。他認為「劉」字因為有「金」、「刀」等偏旁，含有凶煞之氣，對於他的新朝恐不吉利。於是就廢除了此前所鑄造的「金錯刀」和「契刀」兩種刀幣。五銖錢因為是劉氏政權原來的貨幣，也被廢棄不用。除了前一年鑄造的「大泉五十」繼續保留之外，王莽又新鑄造了一種重量為一銖的「小泉直一」錢，想用它來代替原來的五銖錢流通。規定五十枚「小泉直一」錢等於一枚「大泉五十」錢。主幣「大泉五十」與輔幣「小泉直一」按五十比一的比值在市場中並行流通。這種「泉貨二品」的主輔幣制度，實際上是中國歷史上最早的主輔幣制度。這次幣制改革也可以看作對上次幣制改革的繼續或補充。

圖7–4 小泉直一

3. 第三次幣制改革

第三次幣制改革分前後兩個階段。前一階段是實行「泉貨二品」制度以後，為了防止社會上的私鑄，王莽甚至禁止民眾擅自攜帶銅、炭等鑄幣的材料，以防止他們私鑄五銖錢。違犯這項規定的人，將被流放到邊疆去服苦役。老百姓普遍抵制「泉貨二品」幣制的推行，私下裡仍然習慣使用五銖錢，並訛傳「大錢當罷」，意思是說以一當五十的「大泉五十」應當被廢棄。王莽針對這種謠言又緊急發布告示規定：民眾私自攜帶五銖錢或者謠傳「大錢當罷」者，將比照非議井田制的刑罰來定罪，即流放到邊疆去服苦役。法律雖然規定得非常嚴厲，但是從諸侯、卿大夫以至一般的庶民，沒有多少人願意執行，因此而犯罪者不可勝數。後來王莽為了推行「泉貨二品」幣制的流通，又派遣諫大夫五十人，分別去各個郡國鑄錢。這樣漢武帝經過艱苦的鬥爭才被收歸中央的鑄幣權，又被王莽輕易地返還給了郡國。

後一階段是王莽於始建國二年（十）推行的「寶貨制」。所謂「寶貨制」是指「寶貨五品」，它包括五物六名二十八品。這裡「五物」是指金、銀、銅、龜、貝五等幣材；「六名二十八品」是指泉貨六品、貝貨五品、布貨十品、龜寶四品、銀貨二品以及黃金。這是一種極為奇特、煩瑣的制度，可謂是空前絕後！

「寶貨制」中雖然有貝幣、龜幣，但仍然是以「泉貨」、「布貨」即銅幣為主，而且是以最小面值的「小泉直一」為基準，其他貨幣則按一定的比率遞增。「寶貨五品」中，除泉貨六品、布貨十品外，貝貨、龜寶、銀貨以及黃金，都沒有實物出土發現，應該屬於虛幣的性質，可能僅僅只是一種設計，而實際上並沒有鑄造發行。

為了防止盜鑄，王莽實行「一家鑄錢，五家坐之，沒入為奴婢」❷的連坐法，並規定官民出入都要攜帶新鑄的「布幣」和「通行證」相互驗證，否則就要遭到水陸關卡的盤問與扣留。❸王莽推行新幣的手段真是夠奇特的，但是這些做法不但無補於紊亂的幣制，反而更增加了百姓對於新幣的排斥。在民眾的普遍抵制之下，王莽當年就被迫收回成命，叫停了「寶貨五品」，重新恢復始建國元年（九）實行的「泉貨二品」，即主幣「大泉五十」與輔幣「小泉直一」並行流通的貨幣制度。

王莽為何要推行這樣一套煩瑣無比、奇特莫名的「寶貨制」呢？

《漢書・王莽傳》對此的解釋是，王莽因為看到他的「大泉五十」與「小泉直一」流通不暢，認為如果貨幣的面值過大，小額交易就不方便；面值過小，則大額支付就會很麻煩。只有大小不同面值的貨幣搭配使用，才便於流通。❹應該說王莽理論上講的是非常正確的，但是，在實踐中他卻沒有堅持主輔幣大小二品並行的制度。這一制度實際上早在始建國元年（九）推行第二次幣制改革時就已經實行了，他只要繼續堅持下去就可以了，民眾慢慢地就會接受並習慣使用。但是，書生氣十足且食古不化的王莽，依據《周禮》另外又新創了一套更為煩瑣複雜的「寶貨制」，這樣一來，他在幣制改革上僅存的一點公信力，也被他自己徹底地給搞沒了。

❷《漢書・王莽傳》。
❸《漢書・王莽傳》：「吏民出入，持布錢以副符傳。不持者，廚傳勿舍，關津苛留。」
❹《漢書・王莽傳》：「寶貨皆重，則小用不給；皆輕，則僦載煩費。輕重大小，各有差品，則用便而民樂。」

4. 第四次幣制改革

第四次幣制改革始於天鳳元年（十四），目的是要廢棄此前流通的「小泉直一」與「大泉五十」，代之以新鑄的「貨布」與「貨泉」。「貨布」為主幣，重二十五銖，面值為二十五，形制仿先秦的布幣；「貨泉」為輔幣，重五銖，面值為一，形制為圓形方孔。主幣與輔幣之比調整為二十五比一。貨泉的重量與五銖錢相等，這實際上是等於恢復了五銖錢的流通。「大泉五十」因為使用的時間比較長，王莽擔心停止使用後民眾不肯接受，於是又准許大泉五十與值一的貨泉等值流通。這一規定頃刻之間就讓大泉五十損失了原價值的五十分之四十九，僅餘五十分之一。王莽的這次幣制改革，本來的目的似乎是穩定幣值，挽回人心。但是，結果卻又一次演變成了瘋狂的財富掠奪，這就使他徹底失去了民心。不久，王莽被殺，政權覆滅。因此，可以說失敗的幣制改革是王莽政權垮臺的重要原因。

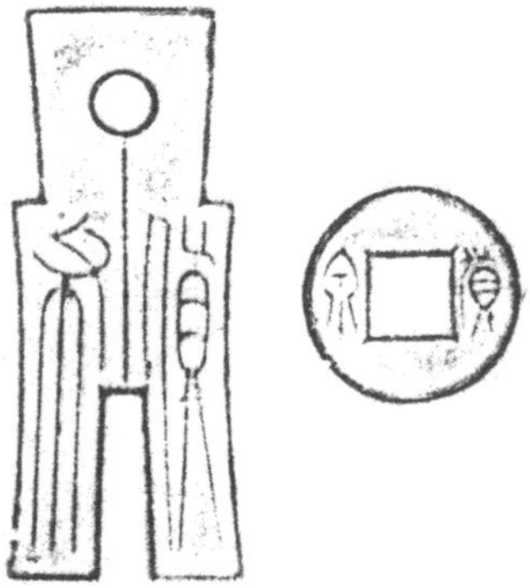

圖7–5　貨布、貨泉

圖7–6　布泉

四、王莽錢幣的藝術性

王莽的幣制改革雖然失敗了，但是錢幣卻流傳了下來，尤其以那枚斬斷王莽改革事業的「金錯刀」最為著名。它造型獨特，體形厚重，線條豐滿，具有古樸凝重的風格，歷史上曾獲得眾多文人雅士的歌詠。如張衡說「美人贈我金錯刀，何以報之英瓊瑤」❺；杜甫詩曰「金錯囊徒罄，銀壺酒易賒」❻；韓愈寫有「聞道松醪賤，何須吝錯刀」❼；孟浩然詩說「美人騁金錯，纖手膾紅鮮」❽；陸游更是寫下了豪邁的詩句「黃金錯刀白玉裝，夜穿窗扉出光芒。丈夫五十功未立，提刀獨立顧八荒」❾。蘇軾、方岳則對「金錯刀」瘋狂斂財的本質進行了揭露與批判，分別寫有詩句「不知幾州鐵，鑄此一大錯」❿和「鑄錯空糜六州鐵，補鞋不似兩錢錐」⓫。

如果拋開社會作用不談，僅就錢幣本身而言，我們必須承認王莽的錢幣銅質精良，製作精美，書法更屬上乘，在中國古代錢幣製作技術及藝術上都達到了很高的水準。清代著名錢幣學家戴熙在《古泉叢話》中讚譽王莽「為古今第一鑄錢手。人皆有一絕，莽為錢絕」。王莽因此獲得了「中國古代鑄錢第一高手」的雅稱，但是這絕非是王莽當初鑄錢的初衷，只能說明書生氣十足的他做事執著。

---

❺ 張衡，〈四愁詩〉。
❻ 杜甫，〈對雪〉。
❼ 韓愈，〈潭州泊船呈諸公〉。
❽ 孟浩然，〈峴潭作〉。
❾ 陸游，〈金錯刀行〉。
❿ 蘇軾，〈贈錢道人〉。
⓫ 方岳，〈戲成〉。

五、對王莽幣制改革的再認識

王莽是一位具有社會主義思想的改革家，他推行的「土地國有、均產、廢奴」三大政策，目標就是要建立古代的社會主義烏托邦。因此，胡適曾稱他為「中國第一位社會主義者」。王莽的幣制改革是其整個改革的重要一環，他煩瑣復古的幣制改革歷史上曾被認為是失敗的典型，而給予了全面的否定。但是，客觀地分析，王莽的幣制改革也並非一無是處。

譬如王莽認為：如果貨幣的面值過大，小額交易就無法折零；面值過小，貨幣數量增多，需要車載斗量，運送的費用也要增大。只有輕重大小各有一定的比例，使用方便，民眾才會樂於接受。王莽不但理論上對此有正確的認識，實踐中也曾經有過創新的舉措。始建國元年（九）他曾推行主幣「大泉五十」與輔幣「小泉直一」以五十比一的比值並行流通的制度，後來這一比值於天鳳元年（十四）又被調整為二十五比一。這應該是中國歷史上最早的主輔幣制度，是非常科學、先進和實用的貨幣制度。

遺憾的是，復古思想濃厚的王莽，「每有所興造，必欲依古」。特別是在劉歆的蠱惑之下，依「古制」用貝、龜、刀、布等為貨幣，並先後鑄造了三十七種不同質地、不同式樣、不同單位、不同比價的貨幣。如此極度煩瑣、紊亂、濫惡的幣制，最終斷送了王莽本來應有希望的幣制改革，進而葬送了他的整個改革事業，這不能不說是一個歷史的悲劇。同時也揭示出一個原理，即改革者僅僅有理想是不夠的，他還必須是一位接地氣的現實主義者！

8 漢佉二體錢：東西方貨幣文化的最初接觸及相互影響

一八七〇年英國探險家道格拉斯・福賽斯（T. D. Forsyth）爵士受英國政府委派，以商務考察為名，率團去新疆進行政治活動，最後雖然以失敗告終，但是，因為他在葉爾羌（今莎車）地區意外地採集到了兩枚古錢幣而留名於世。大家一定好奇，這是兩枚什麼錢幣竟然這麼有名？

實際上，這兩枚錢幣確實非同一般，它是以希臘為代表的西方錢幣文化與以五銖錢為代表的東方錢幣文化，伴隨絲綢之路貿易的發展相向而行，最後在新疆和田地區相遇後而鑄造的，是東西方兩種錢幣文化相互交融影響的產物，在中外文化交流史上具有獨特的價值，因此一經面世就引起了國際錢幣學術界的極大關注。它就是「漢佉二體錢」，因為主要發現於和田地區，又被俗稱為「和田馬錢」。

一、福賽斯爵士偶然發現「漢佉二體錢」

「漢佉二體錢」雖然早在西元一至三世紀的漢代就已經出現，並在塔里木盆地南緣的和田、莎車、喀什地區流通使用，但是，此後它就在塔里木盆地沉寂了下來而不再為人所知，直到一千六、七百年後的十九世紀七〇年代，才又被發現並開始引起世人的廣泛關注。「漢佉二體錢」首次被發現的過程非常偶然，讓大家意想不到的是，它的發現竟然與清朝末年發生在新疆喀什地區，曾引起英、俄兩國在新疆爆發激烈爭奪的一起外敵入侵事件有關。為了講清楚事件的原委，我們的目光需要暫時穿越時空回到清朝同治年間，從位於今天烏茲別克斯坦境內的浩罕汗國軍閥阿古柏，於同治四年（一八六五）一月乘新疆內亂之際，入侵並占領南疆說起。

阿古柏占領南疆之後，俄國也乘機於一八七一年五月派兵，從推翻清朝統治的伊犁蘇丹手中侵占了伊犁地區。俄國此舉引起了與俄國在中亞地區進行競爭的英國的強烈不安。為了遏制俄國進一步向南疆擴張，英國指派英屬印度政府於一八七〇年和一八七三年兩次派遣英國探險家道格拉斯・福賽斯爵士率團從印度進入南疆，以商務考察為名尋找機會與阿古柏進行接觸、談判，企圖與阿古柏合作，共同抗衡俄國向南擴張。一八七〇年福賽斯受命第一次由印度進入新疆，經和田前往喀什噶爾。當他到達葉爾羌後，得知阿古柏正在庫車一帶作戰，無法取得聯繫便返回了印度。

福賽斯爵士此行雖然未能完成他的外交使命，但是，在葉爾羌地區他卻意外地採集到了兩枚「漢佉二體錢」。從此藏在深閨人未識長達一千六、七百年的「漢佉二體錢」，第一次被一個英國人揭開了神祕的蓋頭，在世人面前亮相了。

客觀地說，福賽斯爵士雖然是第一個有記載的發現「漢佉二體錢」的人。但是，他當初收集它們，很可能只是覺得好奇，實際上根本不知道它的來歷及價值。因為一八七六年福賽斯爵士在英國皇家地理學會公布這兩枚錢幣的時候，不僅將錢幣上面的佉盧文字釋讀錯了，而誤以為是古代大夏國的貨幣，甚至還將材質弄錯了而誤認為是鐵錢。真正將「漢佉二體錢」上的銘文考釋清楚，並揭示出它的學術價值從而震驚世人，則要依靠考古學家、歷史學家，特別是錢幣學家來完成。

二、「漢佉二體錢」的採集發現

繼福賽斯爵士之後，法國的杜特雷依考察隊於一八九二年又在新疆和田發現了四枚「漢佉二體錢」，一八九八年公布了資料，但是錢幣的去向卻沒有留下記載；一九〇一年英國的赫恩雷公布了一百二十多枚在他倡導下由英國駐新疆喀什領事館人員收集的「漢佉二體錢」，這些錢幣後來分別收藏於大英博物館和印度政府圖書館；俄國駐喀什總領事彼得羅夫斯基以及探險隊長奧登堡收集有二十一枚，收藏於聖彼得堡埃爾米塔什博物館。據統計，收集「漢佉二體錢」最多的是著名探險家、英籍匈牙利人斯坦因，他於一九〇〇至一九一六年曾三次深入塔里木盆地考察挖掘，共收集到一百八十七枚，全部收藏於大英博物館。這是「漢佉二體錢」在國外的大致收藏狀況。

國內有關「漢佉二體錢」的最初報導，僅有著名的考古學家黃文弼先生，於一九二九年參加中國西北科學考察團在和田採集到的一枚，現收藏於國家博物館。另外，旅順博物館還收藏有十一枚，這是日本西本願寺長老大谷光瑞從一九〇二至一九一四年間組織三次中亞考察探險活動時，在和田地區收集到的。後來因為考察活動經費短缺，就將保存在旅順博物館等待運回日本的文物賣給了博物館，抗戰勝利後被中國政府接收，其中就包括這十一枚「漢佉二體錢」。除此之外，我當年在新疆錢幣學會工作期間，曾經於一九九〇年從和田地區為新疆錢幣學會徵集到一枚，另外我當時還發現和田地區文管所收藏有一枚駱駝圖紋的「漢佉二體錢」。這兩枚錢幣的品相都很完好，圖案、文字清晰，一經公布，便廣為轉載，已經為錢幣界所熟知。

「漢佉二體錢」自從被發現以來的一百多年間，在和田及其鄰近地區就始終不斷有新的發現，見於正式公開報導的約有三百五、六十枚，其中僅有十多枚保存在中國的文博及考古部門，大部分都已流失海外，其中以大英博物館的收藏為最多。這些僅僅是見於報導的統計，實際上，這一統計結果並不全面，據我所知，流散在民間沒有被報導的還有不少，同時偶爾還有新的出土發現。如近年在喀什地區又新發現了數百枚。因此，我認為中國國內外的博物館以及私人收藏的「漢佉二體錢」，保守估計總數也在千枚以上。

三、「漢佉二體錢」的研究

「漢佉二體錢」因其獨特的魅力，一經面世立刻就引起了國際錢幣界的高度重視，並成為一個國際性的熱門話題。國外的研究者中，以大英博物館錢幣部的克力勃先生、俄羅斯埃爾米塔什博物館的捷瑪爾先生以及日本的夏一雄等為代表；中國學者中以社科院考古所原所長夏鼐先生、北京大學文博考古學院教授林梅村先生為代表。但是，因為幾乎所有的「漢佉二體錢」都是在沙漠古遺址中採集所得，而不是出自窖藏，或是隨葬，因此發現的時候基本上都沒有其他的文物相伴，這就使得研究者幾乎沒有其他的資料可以借鑑參考，完全只能透過錢幣本身來破解它，即運用錢幣學的知識，從錢幣上的銘文、圖案紋飾以及鑄造技術等方面來挖掘它背後所蘊藏的文化資訊。

「漢佉二體錢」呈不規則的圓形，中間無孔，也沒有邊郭，是用紅銅兩面打壓製成。這種錢幣按面值可以分為大錢和小錢兩種類型。大錢重約十四．一四克，直徑三十六公釐，厚四．五公釐；小錢重六．五克，直徑二十五公釐，厚兩公釐。大錢正面中央印有一「」形圖案，有的學者將它釋為漢字「貝」或「元」，這種釋讀有點牽強，實際上它很可能是一個徽記。圖案的四周為篆書的六個漢字銘文，即「重廿四銖銅錢」，也可以讀作「銅錢重廿四銖」，大部分是順時針旋讀，也有個別是按逆時針旋讀的。小錢上面只有三個漢字銘文，即「六銖錢」。其中「六」字有幾種明顯不同的寫法，但都筆劃清晰，容易辨認。無論是大錢還是小錢，背面的中央都是一匹馬或駱駝形圖案，馬或駱駝大部分都是昂頭朝右做行走勢，也發現有頭部向左的，但非常稀少。尾部則高翹，上方有一打壓痕跡，可能也是一個徽記。馬（或駱駝）圖案的四周是一圈佉盧文，內容是拼寫的打製這枚錢幣的國王的名字，在國王名字的前面通常還冠有「大王」、「王中王」或「眾王之王」等一連串尊號，這明顯是模仿貴霜錢幣上的習慣用法，而貴霜的這一做法實際上又是透過伊朗人從希臘人那裡學來的，這與亞歷山大大帝的東征有關。

「漢佉二體錢」俗稱「和田馬錢」，這是因為它主要發現於新疆和田地區，而且在背面大多印有一馬形圖案而得名。實際上印上的動物圖案除馬之外，還有駱駝。「漢佉二體錢」是中國著名的考古學家夏鼐先生給它起的學術名稱，英譯為Sino-Kharosthi Coin。這一名稱非常精準地概括出了這種錢幣最大的一個特點，即錢幣上印有兩種銘文，一種是漢文，另一種是佉盧

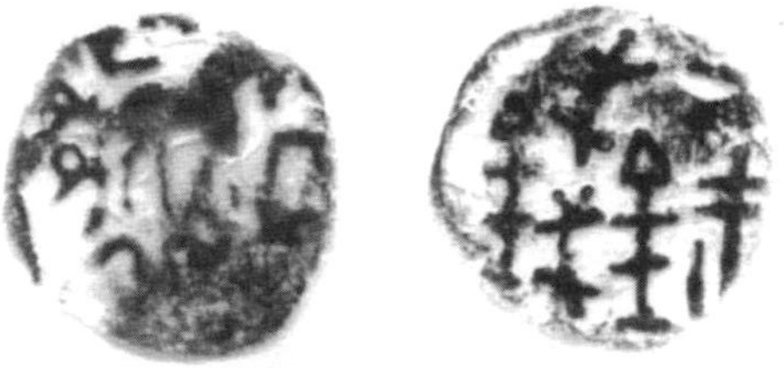

圖8–1 漢佉二體錢（六銖）

圖8–2 漢佉二體錢（二十四銖）

圖8–3 駱駝圖紋

文。漢文大家比較容易理解，那麼佉盧文又是一種什麼樣的文字呢？它怎麼會和漢文一起打壓在這種錢幣上的呢？

要回答這些問題，我們首先要向大家簡單地介紹什麼是佉盧文。所謂「佉盧文」，指的是一種曾經流行於古代印度西北部地區的古老文字，它大約是在西元前五世紀波斯人統治印度西北部時，由阿拉米字母派生而來的一種文字，主要用來書寫印度俗語，與稱作雅語的梵文並行使用。這種由阿拉米字母派生而來的佉盧文，後來被另一種印度文字婆羅米文字取代，佉盧文逐漸被廢棄而成了一種死文字。佉盧文最遲大約是在二世紀中葉之前就已經傳入了古代和田地區。

圖8–4　佉盧文木牘

「佉盧」二字，是「佉盧虱吒」一詞的簡稱，意譯為「驢唇」，與佛經中的「驢唇仙人」的傳說有關，因此佉盧文又名「驢唇書」或「驢仙書」。國外學術界一般根據佉盧文曾經流通使用的地區，又將它稱作「高附字」或「大夏字」。中國境內發現的有關佉盧文字的資料，除了「漢佉二體錢」上面的銘文之外，考古工作者在新疆的鄯善、尼雅等地區還發現有大量的用佉盧文字書寫的文書。這說明在古代塔里木盆地南緣，佉盧文曾經是當地居民廣泛使用的一種文字。

四、「漢佉二體錢」的特點

「漢佉二體錢」上面印有佉盧文，所拼讀的又是打製國王的名字，這說明當時官方所使用的文字是佉盧文，這明顯是受到了印度的影響。另外，在國王的名字前冠上「大王」、「王中王」或「眾王之王」等尊號，則反映了「漢佉二體錢」受西方貨幣文化影響的痕跡。我們知道貨幣上最早出現「大王」、「王中王」或「眾王之王」等稱號，並將它和國王的名字一起印在錢幣上的做法，最早出現在希臘化時期伊朗的帕提亞（即安息）王打製的錢幣上。後來帕提亞的鄰國巴克特里亞國（即大夏，位於今阿富汗一帶）在他們打製的錢幣上，開始用佉盧文標明這一稱號，而大夏的後續者即大月氏人建立的貴霜王朝也在他們的錢幣上繼承了這種用法。最後，這一做法又被「漢佉二體錢」所沿襲。這正反映了「漢佉二體錢」受西方貨幣文化影響的一個側面和傳承軌跡。

「漢佉二體錢」上面用漢字標明重量，並以「銖」為貨幣單位，則反映了它深受東方貨幣文化影響的一面。大家知道，秦朝統一六國之後，確定重「半兩」（實際重量是十二銖）的圓形方孔錢為標準貨幣，貨幣單位稱「兩」。後來漢武帝廢除半兩錢，改鑄五銖錢，正式確定以「銖」為貨幣單位。這就是中國古代在唐朝之前貨幣制度上所使用的「銖兩」制。「漢佉二體錢」無論是大錢的「廿四銖」，還是小錢的「六銖」，都是以「銖」為貨幣的重量單位，這明顯是受中國古代「銖兩」制的影響，貨幣單位上完全屬於以中國為代表的東方貨幣文化體系。

「漢佉二體錢」在更多的方面體現了東西方兩大貨幣文化體系相互融合的特點。在形制上它沒有採用中國傳統的圓形方孔錢的式樣，而是圓形無孔；鑄造技術上沒有採用中國傳統的範鑄技術，而是兩面沖壓，打壓製成；圖飾上雖然兩面都有文字，但是在佉盧文的那一面還印有動物的圖案。

這些又都與東方貨幣文化的傳統不符，明顯是受到了西方貨幣文化的影響。另外，貨幣單位上，「漢佉二體錢」雖然是以東方貨幣文化的「銖」為單位，但是大錢與小錢之間一比四的比值關係，卻又完全是以希臘貨幣德拉克馬與四德拉克馬為祖型而設計的。

關於「漢佉二體錢」的鑄行年代，一個多世紀以來，幾十位中外學者發表的文章不下四十篇，但是言人人殊。其中，以夏鼐先生於一九六二年在《文物》雜誌上發表《和田馬錢考》，提出鑄行年代在西元七十三年班超征服于闐以後至三世紀末佉盧文在塔里木盆地不再通行之前的觀點比較有代表性。關於鑄造者，基本上都一致認為錢幣上的佉盧文記載的就是打製錢幣的古代于闐國或莎車國的統治者（國王）。最多的主張有六位國王，最少的則認為僅有一位，莫衷一是。遺憾的是還沒有一位能與中國史籍中記載的國王比對上。關於「漢佉二體錢」的形制分類，以英國的克力勃先生的研究最為著名，他依據大英博物館收藏的豐富實物，大致劃分了十三種類型，並描述了它們相互之間的傳承以及與印度、貴霜錢幣的關係。

五、「漢佉二體錢」產生的歷史背景

「漢佉二體錢」上面為什麼會有東西方兩種錢幣文化相互交融的特點呢？這要從張騫出使西域講起。

張騫是西元前一三九年應募出使西域的，歷經十三年的艱辛於西元前一二六年回到長安後，向漢武帝寫了一份有關出使西域的見聞報告。

這份報告雖然沒有保存下來，但是報告的主要內容都保留在了司馬遷寫的《史記・大宛傳》

裡，這是古代中國人對西域地區最早的親歷見聞，是研究那一時期西域歷史最為翔實可靠的第一手資料。

張騫在報告中專門提到，位於今天伊朗東北部和裏海東南一帶的安息國所使用的貨幣是用白銀打製成的，上面印有國王的頭像，當老國王死後新打製的銀幣就換成新繼位國王的頭像。❶因此，張騫不但是中國古代認識西方打製貨幣的第一人，同時也是最早留下記載的人。這種採用打壓法製成的圓形無孔的銀幣，與中國古代的圓形方孔銅錢的體系完全不同，它是源自古希臘的貨幣文化，屬於西方貨幣體系，是隨著西元前三三四年亞歷山大大帝的東征以及後來的希臘化影響而傳入中亞地區的，對當地的貨幣文化產生了重要的影響。新疆考古工作者曾經在新疆和田地區以及樓蘭等遺址中挖掘出土的三十多枚貴霜王朝的錢幣，就是屬於受希臘貨幣文化影響而打製的這一類貨幣。實際上，中亞特殊的地理位置決定了當地的貨幣文化，除了受從希臘輸入的西方貨幣文化的影響之外，也深受以中國為代表的東方貨幣文化的影響。中國的影響是以張騫出使西域為標誌開啟的。西元前五十九年（漢宣帝神爵三年）西漢政府在龜茲（今庫車）以東的烏壘城（今輪台附近）設立西域都護府，對廣大的西域地區行使了有效的管理。伴隨著駐軍、屯田以及商旅、使臣們的頻繁往來，漢代的五銖錢也開始大量流入西域地區。《文物》雜誌報導一九七七年新疆考古工作者在和田縣買力克阿瓦提遺址，曾在一個窖藏就出土了四萬五千克的西漢五銖錢，流入西域的五銖錢數量之多由此可見一斑。

---

❶《史記・大宛列傳》：「以銀為錢，錢如其王面，王死輒更錢，效王面焉。」

這樣，源於歐亞大陸東西兩端的以中國澆鑄的圓形方孔錢為代表的東方貨幣文化，和以希臘、羅馬打製的圓形無孔錢為代表的西方貨幣文化，伴隨著絲綢之路貿易的發展而相向傳播，最後在西域地區實現了交匯與融合。交融的過程是相互影響、互相吸收，交融的結果則是你中有我、我中有你，最終形成了以多元、融合為特色的絲綢之路貨幣文化。絲綢之路貨幣這種文化上多元、融合的屬性特點，最典型的代表就是古代于闐國於西元一至三世紀打製的「漢佉二體錢」。

「漢佉二體錢」是西元一至三世紀古代新疆和田地區打製的一種地方錢幣，是目前已知新疆地區歷史上最早的自鑄錢幣。從這枚小小的錢幣身上，可以清晰地看到它同時受到了來自東西方兩大貨幣文化的影響，這種影響實際上就是兩種貨幣文化的相互交流與融合。正如中國著名的貨幣史學家彭信威先生所指出的那樣：「希臘文化透過印度傳入和田，同原來已存在的中國文化相結合，而產生了這種錢幣。」因此，我認為，如果將東西方的貨幣文化比喻為一頂皇冠，那麼，我們可以毫不誇張地說，「漢佉二體錢」就是皇冠上那顆最耀眼的明珠。

9 錢幣三國：錢幣版三國演義

「滾滾長江東逝水，浪花淘盡英雄。是非成敗轉頭空。青山依舊在，幾度夕陽紅。白髮漁樵江渚上，慣看秋月春風。一壺濁酒喜相逢。古今多少事，都付笑談中。」這首〈臨江仙〉隨著《三國演義》電視劇在社會上的熱播而為世人所熟知。

我們耳熟能詳的《三國演義》故事，雖然很精彩，但是這些故事的內容卻有很多虛構的情節和誇張的成分，和真實的歷史並不完全一樣。

下面我給大家說說錢幣版的《三國演義》，就是透過對三國各自發行錢幣的考察，來揭示它們以貨幣為武器所進行的戰爭。從中我們可以看出魏、吳、蜀三國之間的計謀權變、勢力消長以及最後由篡魏而起的晉統一三國的歷史必然。

一、三國貨幣流通概況

三國時期，因為政治上的分離，魏、蜀、吳三國分別建立了各自的貨幣制度，它們在沿用兩漢五銖錢的基礎上，各自也都鑄造了新的貨幣。為了便於後面的敘述，這裡我先將三國時期的貨幣大致做一介紹。

總體上看，曹魏的貨幣最為簡單，只有五銖一種，習稱曹魏五銖；蜀漢的貨幣最為複雜，有直

圖9–2 直百五銖（背「為」）

圖9–1 曹魏五銖

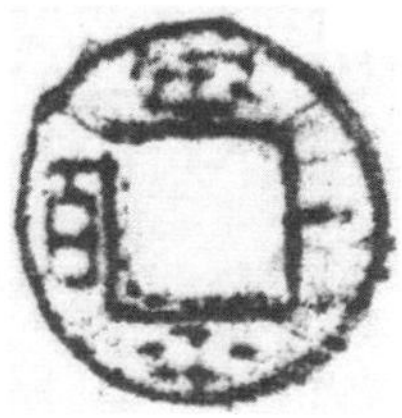

圖9–4 定平一百

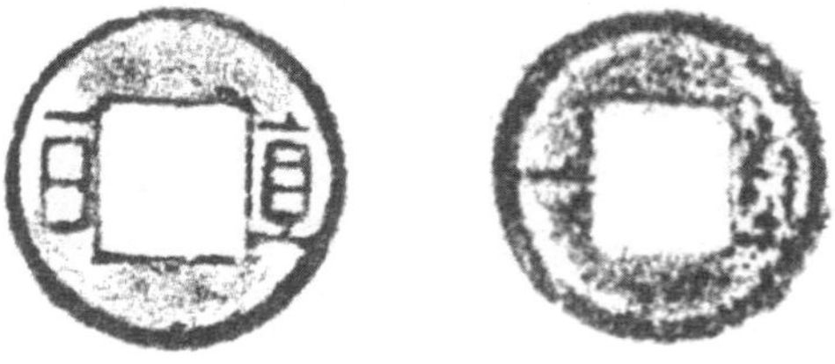

圖9–3 直百、直一

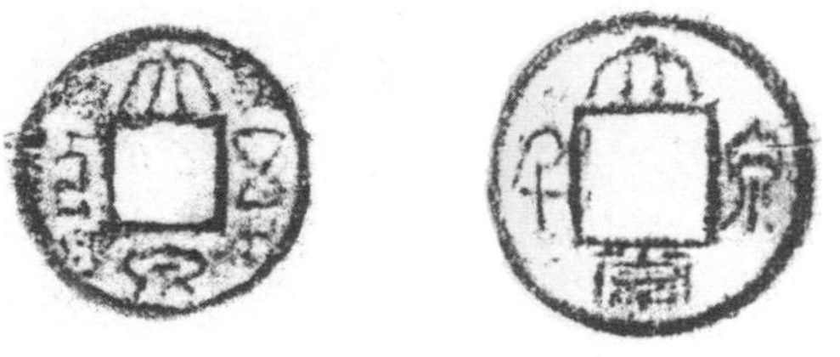

圖9–5 大泉五百、大泉當千

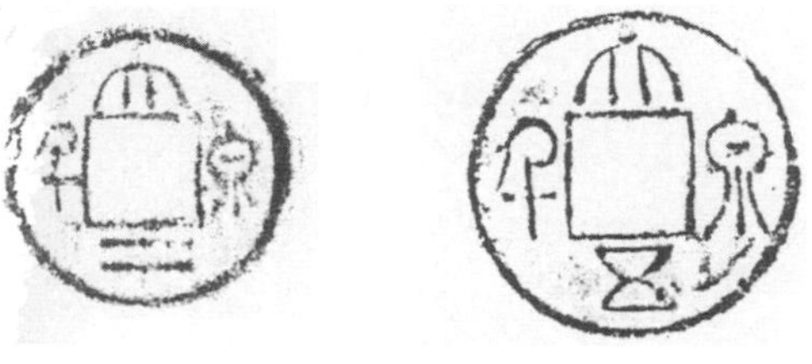

圖9–6 大泉二千、大泉五千

百五銖、直百、直一、定平一百等四種；東吳的貨幣雖然名稱上也是僅有一種，但是面值卻最多，也最大，有大泉五百、大泉當千、大泉二千、大泉五千等四種。

曹魏地處北方，自東漢末年的黃巾起義以來，社會經濟就遭到了嚴重的破壞，貨幣經濟日益衰落。後來又在董卓所鑄造的小錢的衝擊之下，貨幣經濟就徹底地崩潰了，基本上退回到了實物經濟狀態，公私都很少使用貨幣，多用稻穀、絹帛為交換的手段。

曹操統一北方之後，借鑑「秦人以急農兼天下，孝武以屯田定西域」❶的經驗。為了增加糧食收入，保證軍需供應，於是大力提倡屯田，使社會經濟逐漸得到了恢復。初步安頓了北方之後，曹操於建安十三年（二〇八）挾天子以令諸侯，率大軍南下征討劉表、孫權。為了籌集糧草，曾經恢復使用五銖錢。但是，曹操這次用的是舊錢，還是另外鑄造了新錢，正史中沒有記載，私家的記述又都相互矛盾。經過考證，我們發現曹操實際上曾經在洛陽開爐鑄錢，原想以此整頓幣制，取代董卓留下的惡錢，恢復使用貨幣，藉以安定社會，提振民心。但是，因為漢代在洛陽、長安的兩大造幣中心先後都毀於戰亂，兩漢積累的鑄錢技術也都損失殆盡，缺少技術支撐，曹操所鑄造的五銖錢雖然重三銖左右，但是因為鑄工低劣，並不比董卓的惡錢好多少，作價卻比董卓的惡錢還要高，因此不受歡迎，只得存入庫中。曹操這次鑄錢的失敗，原因就是鑄錢技術的低劣，這是董卓之亂的直接後果。此後，整個三國時代，北方的曹魏再沒有鑄造過一次像樣的錢。

但是，位於西南的蜀漢以及江南的東吳，幾乎沒有受到黃巾起義以及董卓之亂的影響，社會經

❶《三國志・魏志・武帝紀》。

濟沒有遭到嚴重破壞，貨幣經濟還都在正常運行。劉備占據成都之後，為了籌措經費，就鑄造了虛值的大錢，實行通貨膨脹政策。赤壁之戰以後，吳蜀兩國因為對荊州的爭奪，開始由政治上的盟友演變成為交戰的敵國，最後於二二一年爆發了夷陵之戰。吳蜀兩國在對抗的過程中，蜀國因為實力相對弱小，便進一步借助通貨膨脹政策，鑄造大錢，套購東吳的戰略物資。東吳對此也毫不示弱，所鑄造的大錢貶值的幅度更是超過了蜀漢。在兩國的競相貶值之下，吳蜀在另一條戰線上引爆了一場不見刀槍的戰爭，上演了一場貨幣版的三國演義。

二、劉備引爆貨幣戰爭

這場貨幣戰爭，是劉備於建安十九年（二一四）鑄造「直百五銖」錢引爆的。《三國志》記載劉備初取巴蜀時，曾經因為軍用不足而犯愁。恰好在這個時候，有個叫劉巴的部下便提出了鑄造當百大錢的建議，於是劉備鑄造了直百五銖錢，直徑約二十五公釐，重約六・四克，雖然重量僅有當時流通的蜀五銖的三倍，作價卻是一百倍。這就意味著，劉備透過直百五銖大錢，用同樣多的銅換取了民間三、四十倍的物資和勞務，難怪《三國志》記載說「數月之間，府庫充實」，解決了軍隊的給養問題。劉備初次嘗到了實行通貨膨脹政策的好處。

劉備鑄造直百五銖錢，因為是倉促之間決定的，隨手從此前蜀地流通的五銖錢幣的舊範中，揀選比較厚重的一種，加刻上「直百」二字便開始鑄造。「五銖」字體為原來的小篆，分列穿口的左右；新刻的「直百」兩字則為隸書，直列穿口的上下，這實際上開創了隸書用於錢文的先河。在一枚錢幣上同時使用兩種字體，也是從直百五銖錢幣開始的。民間傳說劉備當時鑄錢，因為缺銅，曾經收取民間百姓家裡床上用來掛蚊帳的銅鉤，直接銷毀後改鑄成錢，當時劉備軍用不足的窘況由此可見一斑。

直百五銖錢幣中，另有一種在背部鑄有篆書「為」字的，直徑約二十七公釐，重約七克，比一般的直百五銖錢要厚重，尺寸也要大一點，相傳這種錢幣為諸葛亮所鑄，篆書「為」字就是武侯的手筆。劉備白帝城託孤之後，諸葛亮為安撫南方，就以犍為作基地籌措軍需。犍為歷史上以產銀著名，自西漢以來就是四川與西南夷貿易的中心。諸葛亮因此選擇在犍為鑄錢，背紀有「為」字，以便籌集物資。這是方孔錢中最早兩面鑄有文字的，也是最早紀有鑄造地名的錢。

劉備鑄造直百五銖錢以後，曹丕於黃初二年（二二一）三月，亦下令「復五銖錢」。實際上曹魏這次僅僅是恢復用錢，而非鑄造新錢，估計所用的就是曹操當年存入府庫中的錢。這次用錢的目的是籌措伐吳的軍需，本來就沒有另鑄新錢的打算。因此，當物資籌集到手之後，就於十月「以穀貴罷五銖錢」，繼續「以穀帛為市」。但是，以穀帛為交換手段的弊端後來逐漸暴露出來。《晉書・食貨志》記載，百姓為了貪圖小利，就往稻穀裡加水，或是將絹織薄，雖然施以重刑，也不能禁止。❷大臣司馬芝因此在朝議時曾經建議恢復用錢，他提醒大家使用貨幣不但能夠增加國庫收入，而且可以減少犯罪。於是，魏明帝曹叡於太和元年（二二七）再次恢復用錢，這次是另外鑄造了一種新錢，稱「曹魏五銖」。此後，北方直至西晉再沒有鑄新錢。❸總體上，北方的魏國政府的

---

❷《晉書・食貨志》：「競濕穀以要利，作薄絹以為市，雖處以嚴刑而不能禁也。」

❸《晉書・食貨志》：「司馬芝等舉朝大議，以為用錢非徒豐國，亦所以省刑。……魏明帝乃更立五銖錢，至晉用之，不聞有所改創。」

收入靠穀帛，官兵的俸餉以及社會上百工的給付，也都使用實物來支付，鄉村裡更是以物易物，貨幣在日常經濟生活中所占的比重非常小。因此，實物經濟彷彿一道防火牆一樣，阻斷了蜀國和吳國競相推行通貨膨脹所帶來的衝擊，保持了經濟的逐漸恢復以及社會的相對穩定，這些都為西晉最後的統一奠定了基礎。

三、孫權的應對

劉備的直百五銖雖然對以實物經濟為主的曹魏影響有限，但是對東吳的貨幣經濟卻造成了重要影響，引起了強烈的反應。孫權首先於嘉禾五年（二三六）鑄造了「大泉五百」，兩年後的赤烏元年（二三八）又鑄造了大泉當千。另外還有大泉二千、大泉五千，大小輕重分別與初鑄的大泉五百、大泉當千差不多，但是面值卻已經膨脹了幾倍。

大泉二千、大泉五千雖然文獻中沒有見到記載，但是偶爾有實物出土。特別是一九七五年在江蘇省句容縣葛村發現一處孫吳鑄錢遺址，出土了一批被鑄廢的大泉五百、大泉五千以及泥質範母一批。由此可以證明大泉二千、大泉五千也都是東吳鑄造的錢幣。

前面我們講到東吳最早鑄錢始於嘉禾五年，這個時候離孫權稱帝已經有七年、稱王改元也有十年，更距孫策割據江東自立長達三十多年。那麼大家不禁要問：孫吳為何推遲這麼晚才鑄錢？又為何一開始鑄錢就鑄造當五百的大錢呢？

對於第一個問題，即孫吳為什麼這麼晚才開始鑄錢，可以從兩個方面來解釋：一方面孫吳政權最初雖然沒有鑄錢，但是並不等於當地就不流通使用貨幣，實際上漢代的五銖錢仍在社會上流通使用；另一方面是因為當時東南地區開發得還不夠充分，貨幣經濟相對不夠發達，以物易物的實物經濟仍然占有相當大的比重，漢代遺留的五銖錢基本上已經能夠滿足市場流通的需求。

但是第二個問題，即為何一開始鑄錢就要鑄造面值高達五百的大錢呢？這很難用常規的邏輯來解釋。因為，依照傳統的經驗，發行貨幣最初都應該是從當一的小平錢開始，而虛值的大錢更應該是由當五、當十、當百、當五百這樣的順序逐漸展開。而孫權卻是跳過了前面幾個階段，直接從當五百開始鑄錢。他為何如此不循常理地一開始就發行面值高達五百的虛值大錢呢？

以往大家因為不能理解孫權的這種行為，而視其為中國古代貨幣史上困惑錢幣界的一大謎團。千百年來，人們都僅僅是從孫吳單方面孤立地來看待這件事，確實只能得出上述的結論。但是，如果我們將孫吳鑄錢與劉備發行直百五銖，推行通貨膨脹政策聯繫起來分析，就能明白孫權急切地鑄造當五百大錢，自有他的道理。實際上，孫權這是為了應對劉備發動的「貨幣戰爭」的無奈之舉。

為什麼要這樣說呢？

因為在蜀漢咄咄逼人的通貨膨脹政策面前，東吳地區原來流通使用的兩漢遺留下來的五銖錢，在劉備直百五銖的衝擊之下，一百枚僅值直百五銖一枚，這樣就會帶動東吳的貨幣出現通貨緊縮現象。因為，根據政治經濟學原理，當有兩種實際價值不同的貨幣同時流通的情況下，實際價值高的貨幣即「良幣」必然要被迫退出流通領域，而實際價值較低的貨幣即「劣幣」反而會充斥市場。這就是著名的「劣幣驅逐良幣」❹的理論。在這一貨幣流通規律的作用下，東吳地區原來流通的漢

❹「劣幣驅逐良幣」最早是十六世紀由英國皇家造幣局局長格雷欣提出，因此又稱為「格雷欣法則」。

代五銖錢這一足值的貨幣即「良幣」就會被迫退出流通，從而被大量地走私到蜀國銷毀改鑄成直百五銖錢，然後再用來套購東吳的戰略物資以及民生必需品，這樣孫吳的經濟將會受到沉重的打擊。面對蜀國以通貨膨脹為手段發動的這場貨幣戰爭，東吳只有兩種選擇，要麼坐以待斃，要麼進行反擊。曾經被曹操盛讚「生子當如孫仲謀」的孫權，顯然不可能坐以待斃，他選擇了強力反擊，其反擊措施之強烈、幅度之大，遠遠超出了大家的想像。他竟然一出手就造出了面值當五百的大泉五百，來應對劉備的直百五銖，這既反映出了孫權的決斷與氣魄，也從一個側面說明當時形勢的緊迫與嚴峻。貨幣領域不見刀槍的這場戰爭，其慘烈程度相比那場火燒連營的夷陵之戰也毫不遜色。

在早期金屬稱量貨幣時代，統治者推行通貨膨脹政策一般有兩種做法：一種是在重量不變或稍微增加重量的情況下，成倍地大幅度加大貨幣的面值，使其成為虛值大錢；另一種則是在保持面值不變的名義下，減少貨幣的重量和尺寸，使之成為減重的小錢。這兩種手段的目的實際上都是一個，那就是希望用盡量少的銅兌換到盡量多的物品。

劉備鑄造直百五銖使用的就是第一種方法，孫權強力反擊劉備所使用的手段實際上用的也是第一種方法，只是膨脹的幅度更大，他用當五百的膨脹幅度應對劉備當一百的膨脹幅度，希望以此回擊劉備發動的貨幣戰爭，杜絕東吳貨幣的外流。

四、貨幣戰爭的升級

面對東吳的強力反擊，蜀漢被迫採用通貨膨脹戰術的第二種方法，即減少重量。於是直百五銖的面值雖然沒有再增加，但是重量已從初鑄時的重約七克，急遽減重為一克，甚至最輕時僅有〇．

五克。蜀漢的這一回擊手段也非常陰險，看似沒有改變貨幣的面值，實際在重量上已經貶值了許多。迫使東吳不得不將兩種通貨膨脹手段結合起來使用，即一方面將貨幣的面值從當五百提高到當千，甚至當二千，乃至最後高達當五千，另一方面則將重約二十克的大泉當千，減重至十二克，最輕的甚至不及四克，有的甚至還沒有五銖錢重。改鑄大泉二千的時候，面值雖然增加了一倍，但是重量已經僅有十二克，後來又減重為十克，再減為八克，甚至有的輕至不到六克。因此，在這一輪貨幣戰爭中，孫吳貨幣減重最嚴重的時候，可能並不亞於蜀漢，只是時間較短而已。但是，東吳在應對蜀漢貨幣戰爭的反制措施中，因為交替使用了提高面值和減少重量這兩種通貨膨脹的方法，因此導致各種大錢輕重錯落、作價顛倒，根本無法流通，引起民眾的激烈反對，紛紛罷市，社會經濟遭受重創。

據史書記載，面對社會上普遍的不滿情緒，孫權就將鑄造大錢的責任諉過於謝宏，說當初是謝宏提議他鑄造大錢的，「云以廣貨，故聽之」。現在他知道老百姓認為使用大錢很不方便，因此決定停止鑄造大錢，明令官府再不許投放大錢，民間有大錢的，都交官府收兌，不要使老百姓有損失。❺孫權在這裡只說鑄大錢的事，而不言減重的事，雖然暴露了統治者虛偽的一面，但是，當識時務的孫權發現這種貶值貨幣的政策破壞國內民眾的生活，於己不利的時候，就果斷地於赤烏九年（二四六）停鑄大錢，並將已經發行的大錢回收，仿效魏國恢復使用實物貨幣，希望透過這種辦法減少蜀漢通貨膨脹政策的衝擊。

---

❺《三國志・吳志・孫權傳》：「謝宏往日陳鑄大錢，云以廣貨，故聽之。今聞民意不以為便，其省息之，鑄為器物，官勿復出也。私家有者，敕以輸藏，計畀其直，勿有所枉也。」

五、蜀漢的虛值大錢

既然實行通貨膨脹政策是把雙刃劍，害人又害己，那蜀國為何還要發動這場貨幣戰爭呢？實際上，這是由蜀國的實力所決定的。我們知道，漢代共有十三個州，其中曹魏差不多占有九個州，孫吳占有三個州，蜀漢只有一個州，並且地處西南邊陲。小國寡民的蜀漢，雖然號稱天府之地，但是以一州之地與曹魏、東吳兩國抗衡，承受了浩大的軍費開支，劉備為了籌措物資被迫鑄造虛值大錢，實行通貨膨脹政策。

北方的曹魏，因為受到黃巾之亂以及董卓的破壞，貨幣經濟早已崩潰，基本退回到了實物經濟狀態，因此，蜀漢推行的通貨膨脹政策對它的影響非常小。當孫吳也仿效曹魏回歸實物經濟，以穀帛為交換手段時，蜀漢的通貨膨脹政策就成了獨角戲。因此，後主劉禪於延熙三年（二四〇）進行了一次幣制改革，罷廢直百五銖錢，改鑄「直百」與「直一」兩種新錢。

這次幣制改革，是對減重的直百五銖錢的一次修復，一方面使幣制簡化，便於流通；另一方面也是為了穩定幣值，更是對孫吳廢棄大錢做法的一種回應。直百錢直徑約十八公釐，重兩克多；直一錢直徑約十三公釐，重一克多。這兩種錢幣發行的時候，正值蔣琬、費禕、諸葛瞻執政時期，穩定了相當長的一段時間。但是，後來突然開始減重，大小輕重相差較大。直百錢由兩克減為一·五克，再減為一克，甚至僅有〇·五克、〇·四克。當直百錢減至一克以下時，直一錢就被迫退出了流通，不復存在了。因此，傳世的直百錢較多，直一錢極為稀少。

「直百」與「直一」兩種錢幣，文字均為隸書，書法莊嚴敦厚，應為同一人所書。這是官鑄隸書錢的第一種，開以後唐宋各代鑄隸書錢的先河，是中國貨幣史上的又一個創舉。「直百」與「直一」兩種錢幣都是光背，輪郭周正，鑄工精良。直一錢早期不見蹤跡，清代始有著錄。因為文獻記載得不詳，舊譜中曾經將它歸為劉備鑄造。這完全不可能，因為劉備特別強調正統觀念，他鑄造的錢必然是五銖錢。劉禹錫《蜀先主廟》詩「勢分三足鼎，業復五銖錢」表達的就是這個意思。因此，直一錢必為後主所鑄無疑。

景耀、炎興年間（二五八—二六三），後主劉禪進行了最後一次幣制改革，罷「直百」與「直一」，改鑄「定平一百」。曾有人將「定平」釋讀為「平定」，說是鄧艾平定蜀漢時所鑄的紀念幣。實際上，在這裡「定」是法定的意思，「平」的意思與「值」字相通。因此，「定平一百」意即「法定作價一百文的錢」。雖然標注是法定作價，但實際上卻減重得非常厲害，初鑄時直徑約十六公釐，後減為十三公釐，再減為十公釐，甚至還有僅八公釐的。這一減重趨勢充分體現了蜀漢滅亡之前江河日下的慘狀。

貨幣作為一種歷史的見證，客觀真實地記錄了各國政治、經濟、軍事以及文化上的發展變化。我們透過對魏蜀吳三國各自所發行貨幣的考察分析，能夠清晰地看到三國在貨幣領域曾經有過一場不見刀槍的戰爭，以及彼此勢力的消長變化。三國最後統一於代魏而起的晉，單從貨幣上就能夠看出來這不是偶然的，而是有其必然性。

第三章
唐通寶錢制的創立及影響

唐代是中國古代貨幣制度的確立時期，開元通寶在貨幣史上有重要地位，可以被視為中國貨幣發展史上的第三個里程碑。本章分七個專題，第一個專題論述了開元通寶錢的鑄造及其意義。接下來三個專題都與「安史之亂」有關，得壹元寶、順天通寶是叛亂者鑄造的貨幣，在宣示其政治合法性的同時，還能為叛亂事業籌集經費，可謂一舉兩得，這正是史思明比安祿山高明之處；乾元重寶是朝廷為了籌集平叛經費，實行通貨膨脹政策的結果；而大曆元寶、建中通寶則是唐朝西域留守部隊為了堅守西域、抗擊吐蕃入侵而鑄造的。它們作為當年遺留的實物，從不同的角度見證了安史之亂。會昌開元錢則見證了佛教史上最大的一次劫難，即唐武宗滅佛事件。高昌吉利和粟特青銅錢都是文化融合的產物，前者反映了農耕的漢文化與游牧的突厥文化之間的融合；後者則反映了開元通寶作為國際貨幣，對絲綢之路沿線上的粟特、突厥以及回鶻人使用貨幣的影響。

10 開元通寶：開啟了中國貨幣的新時代

「開元通寶」是年號錢嗎？可能很多人都會認為它是年號錢，因為唐朝有「開元」這個年號，為唐玄宗李隆基所用，因此誤以為開元通寶是唐玄宗所鑄造的年號錢。

實際上，開元通寶並不是年號錢，因為早在唐玄宗使用這一年號大約一百年之前，開元通寶錢幣就已經被鑄造使用了。開元通寶錢幣雖然不是年號錢，但是，卻是由它告別了五銖錢的稱量貨幣時代，開創了中國通寶年號錢的新時代，直至清末被機器鑄造的銅圓取代，延續使用了一千兩百多年，在中國貨幣發展史上占有重要的地位。

下面就給大家說說開元通寶背後鮮為人知的故事。

一、唐高祖李淵鑄造開元通寶錢

開元通寶是唐高祖李淵鑄造的，他於六一八年稱帝，改元武德，三年之後即武德四年（六二一）七月，剛剛在關中站住腳跟，李淵便廢除了已經使用了七百多年的五銖錢，而鑄造了新式的開元通寶錢。

李淵為何在稱帝之初，還沒有統一全國之前便急於鑄造發行開元通寶錢呢？

這自然有其特殊的原因。一方面是因為隋末的戰亂使得五銖錢制度敗壞已極，不能再繼續維持下去了。大業元年（六〇五）隋煬帝楊廣即位以後，好大喜功，揮霍無度，連年外出巡幸，並修建運河，東征高麗，將文帝時期積累的財物大多耗費殆盡。為了彌補虧空，便推行減重的通貨膨脹政策，鑄造輕薄的五銖錢，民間於是跟風仿效，私鑄之風愈演愈烈。史書記載當時甚至用鐵皮，或者裁衣糊紙當錢使用，致使物價飛漲。❶朝野對五銖錢都已徹底喪失了信心，亟須鑄造一種新的錢幣來取代它。

另一方面，則是因為王朝更替之後都亟須進行一些制度上的變革，以顯示與前朝的不同，這種做法已經成為歷代奉行不變的傳統。特別是自南北朝以來，每次帝王立極，便改制鑄造新幣的風氣已經基本形成。因此，向來以正統自居的唐朝，如果不做一些變革，何以向民眾示威德。而鑄造一種新的錢幣極具新舊更替、改朝換代的象徵意義，同時這也能為進一步的改革創造條件。因此，李淵就選擇以鑄造新錢的方式，來宣示其取代隋朝的正當性。

除此之外，自三國以來經過長期的探索、實踐，新鑄造的一些貨幣已經逐漸擺脫了以往五銖錢的束縛，創立了使用四個字來做錢文的新的體例。最早的四字錢文應該是王莽的「六泉」，如「大泉五十」、「小泉直一」等。雖然曇花一現後又回歸了五銖錢的體例，但是自三國時期的「直百五銖」、「太平百錢」、「大泉五百」以來的四百多年間，無論南朝還是北朝，先後鑄造的「太貨六銖」、「大夏真興」、「太和五銖」、「永安五銖」、「常平五銖」、「五行大布」、「永通萬國」等錢幣，都是用四個字作為錢文，使得四字文錢逐漸成為一種新的風氣，這也為開元通寶錢的

---

❶《隋書・食貨志》：「或剪鐵鍱，裁皮糊紙以為錢，相雜用之。貨賤物貴，以至於亡。」

應運而生奠定了基礎。

正是在上述背景下，唐高祖李淵於武德四年即西元六二一年下令鑄造了開元通寶錢。它形制上繼承了北魏錢幣以及隋五銖的風格和大小，背面也與五銖錢一樣沒有鑄造文字。但是開元通寶錢銅質純淨，輪郭規整，鑄工較五銖錢更為精緻。

據《舊唐書》記載，開元通寶的錢文，是由大書法家歐陽詢制詞並書寫的。體作八分書，清麗遒健，獨步古今。

圖10–1　開元通寶（正）

「開元」一詞，並非唐代首創，早在漢代的班固就已經使用了。如在他寫的《漢書・李尋傳》中就有「惟漢興至今二百載，曆紀開元，皇天降非材之右，漢國再獲受命之符」的句子。另外在〈東都賦〉中，班固又說「夫大漢之開元也，奮布衣以登皇位」。由此可知，「開元」的本義應當是指新世紀、新階段的開始之意，引申之意就是開創新的紀元。

「通寶」一詞，唐代以前沒見使用過，應該是歐陽詢所創造的詞。「通」字有流布無礙之意，北周鑄有「永通萬國」錢，就是取的這個意思。「寶」字古代指珍寶，如先秦青銅器上多鑄有「子子孫孫永寶用」的銘文，就是指珍寶的意思。貨幣也屬於寶物，因此可以稱為寶。如《漢書》記載周景王所鑄大錢，文曰「寶貨」，王莽也曾實行過所謂的「寶貨制」。歐陽詢書寫錢文時用「寶」字，就是沿襲這一用法。以寶名錢，體現出了人們心中對錢幣的重視，也說明了錢幣影響力的增大和加強，具有重要的社會意義。兩字合在一起，即「通寶」，意思就是通行之寶貨。

二、開元通寶錢的道教背景

實際上，開元通寶的錢文並不是字面上理解的這麼簡單，其實還隱含有很深的道教寓意。這需要從南北朝以來特別是隋唐之際道教文化的盛行，以及李唐王朝與道教的關係說起。

道教是在中華本土上土生土長的宗教，萌發於西漢，東漢時形成原始道教，魏晉南北朝時期為道教的成熟階段。隋文帝崇信道教，他所用的年號「開皇」，就來自道教文化。

在隋唐之際崇信道教的社會氛圍之下，唐高祖李淵更是與老聃李耳攀為宗親。史稱「國朝以李氏出自老君，故崇道教」。❷實際上，早在李淵從太原起兵之後，就得到了道教的眷顧。據記載，李淵在向霍邑進兵時，曾經被多日不止的霪雨所困，有一位白衣老者自稱是霍山神的使者，指點迷津後，李淵才得以從困境中解脫，直取長安，建立唐朝。所謂霍山神即指當地的土地神、山嶽神，乃是道教之神。這件事於是就成為唐朝與道教結緣的第一個事件。武德三年唐高祖曾為老子立廟，唐高宗時更尊老子為玄元皇帝，唐玄宗曾親自注釋《道德經》，要求大家學習。因此，道教文化風靡於唐初的朝堂之上。

道教的經典文獻《太上老君開天經》認為，遠古創世經歷了五個劫號，「開皇」就是其中之一，因此，隋文帝用它做年號。在道教的詞彙中，「開」為開劫度人之意，「元」指「洪元」，為道教創世紀的第一大世紀。「開元」兩字合稱則有開劫創始，超度眾生的寓意；「通寶」兩字中，

❷《封氏聞見記校注》，中華書局，二〇〇五。

「通」與「洞」、「寶」與「真」相通，「通寶」即「洞真」，意思是通向真仙之道，也就是溝通於三寶神君的意思。因此，開元通寶錢文除了我們通常所理解的通行寶貨的意思之外，實際上還隱含有濃厚的道教思想文化，這可能是大家平常都沒有想到的。

歐陽詢當初受命為新錢制詞時，正是為了迎合朝野崇尚道教的風尚，而採用了寓有道經術語以及經義的「開元通寶」一詞為錢文，將錢幣文化與道教思想完美地結合在了一起。

三、有關「開元通寶」的兩則民間說法

社會上有兩個流傳很廣的關於開元通寶錢幣的民間說法，一個是有關正面錢文的讀法，另一個是關於背面的月紋。

首先是有關開元通寶錢文的另一種讀法。因為開元通寶錢文分別鑄在錢幣穿孔的上下右左，按照對讀可以讀作「開元通寶」，但是從唐朝開始民間還流行有另外一種讀法，即旋讀為「開通元寶」。著名的錢幣學家唐石父先生，就曾經主張應該讀為「開通元寶」，對此錢幣界曾長期爭論不休。

實際上，關於開元通寶錢幣的讀法，早在《舊唐書・食貨志》中就已經有了非常明確的記載，說「其詞先上後下，次左後右讀之。自上及左迴環讀之，其義亦通，流俗謂之『開通元寶』錢」。❸據此可知，正確的讀法顯然應該是「開元通寶」，這也是我們早已習慣的讀法。只是從唐朝開始，民間另外還有讀作「開通元寶」的，語義上雖然也解釋得通，但是，這已經不是當初歐陽詢制詞時的本意了。可是，這無意中又新創造了一個「通寶」之外表示錢幣的新名詞——「元寶」。這樣由開

元通寶錢文就引申出了「通寶」、「元寶」兩個用以表示錢幣的專有名詞，這也從一個側面可以看出開元通寶錢幣在中國古代貨幣史上的重要地位以及影響。

另一則傳說是關於開元通寶錢幣背面的月紋。中國古代在錢幣的背面鑄有月紋，最早見於西漢的四銖半兩錢，月紋的形狀像是新月的寫真，後來的五銖錢背面雖然也有月紋，但是形狀上已經有了圖案的意味。三國兩晉時期的錢幣上，也發現有陰刻的月形圖案。「開元通寶」錢幣背面的月紋，應該就是沿襲這一傳統而來的，雖然有仰月、俯月的區別，實際上並沒有任何特殊的意義，但後世卻將它神祕化，傳說是錢模送皇帝審批時，在傳遞的過程中被后妃不知是有意還是無意在錢模的背面留下了指甲印，即所謂的甲痕，甚至具體指出是文德皇后、竇皇后或楊貴妃三位的指甲痕。

圖10–2　背月紋（仰月、俯月）

這一傳說在民間影響很大，金朝李俊民曾經寫詩說：「金釵墜後無因見，藏得開元一捻痕」；陳其年也有詩曰：「有似開元錢樣，一縷嬌痕巧印」。說的就是唐玄宗懷念楊貴妃，睹錢思人的情景。這本來都屬於無稽之談，早在北宋時期司馬光就已經考證指出，鑄造開元通寶錢時，竇皇后早已去世，文德還沒有被冊立，楊貴妃甚至尚未出生。但是以訛傳訛，民間至今仍有這種說法。

著名的貨幣史專家彭信威先生認為，在錢幣的背面鑄月紋與中國鑄錢

❸編者注：《舊唐書・食貨志上》記載如此，但實際所見開元通寶卻是應先上後下，次右後左讀。

的傳統不符，可能是受外來文化的影響。臺灣的錢幣學家蔡養吾先生則認為這可能是一種紀範的符號。今天我們雖然能夠證明開元通寶錢幣背面的月紋與所謂皇后的指甲痕毫無關係，但是仍然不能解釋清楚到底為什麼會出現月紋。

四、開元通寶錢幣的斷代

開元通寶錢幣的鑄造，貫穿了整個唐朝將近三百年的歷史。因此，數量巨大，版別眾多。那如何來給這些錢幣斷代呢？不同時期的開元通寶在形制上又有什麼特點呢？

客觀地講，給開元通寶錢幣進行斷代分期，自唐朝以後就很難，直至清代仍然停留在著名的錢幣學家翁樹培先生所說的「自會昌一種外，莫能辨為某期物」❹的水準上。這是因為除了會昌年間所鑄造的開元錢背面鑄有文字，比較容易辨認之外，其餘的開元錢都沿襲同樣的傳統和技術，看上去都差不多，因此很難區分它們的時代，使得開元通寶錢幣的斷代分期成為困擾錢幣學術界的一大難題。

二十世紀八〇年代以後，隨著考古學的蓬勃發展，錢幣學者借助考古學的成果，依據對唐代墓葬中所出土的有絕對年代標尺物的開元通寶錢幣實物的分析，大致可以將開元通寶區分為早、中、晚三個時期。

早期的開元通寶錢是指唐高祖以及唐太宗時期鑄造的，特點是形制規範，銅質精良，製作精美。背面大多沒有記號，只在少數錢幣的背面有斜月紋或直劃的月痕。早期的開元通寶錢數量較少，風格統一，版別單純。

中期的開元通寶錢是指唐高宗至唐武宗時期鑄造的，特點是鑄造工整，銅質尚好。大多數的背面都鑄有半月形的圖案，形似甲痕，故又稱「月痕開元」。除月紋之外，還有星紋、星月紋等。版式眾多，數量巨大，是開元通寶錢幣中數量最多的一種。

晚期的開元通寶錢是指唐武宗之後鑄造的，總體的特點是體形較小，銅質不純，技術低劣，製作粗陋，錢文多漫漶模糊。背面大多沒有記號，少數鑄有月痕，有雙月紋或孕月紋。數量雖然不多，但是版別卻極為龐雜。

「開元通寶」錢幣終唐一世鼓鑄不斷，作為一種歷史的見證，它早期、中期、晚期形制上所呈現的演變軌跡，在一定程度上也反映了唐朝早期、中期、晚期的政治經濟狀況。

五、開元通寶在貨幣史中的地位

開元通寶錢幣的鑄造是中國古代幣制上的一大進步，它符合貨幣演進由實物貨幣到金屬稱量貨幣，再到金屬鑄幣，貨幣的名稱由單純標明重量到逐漸抽象符號化的一般規律，可以被視為中國貨幣發展進程中的第三個里程碑，具有重要的意義。

一是創立了通寶錢體制。

唐朝鑄造開元通寶錢，雖然還繼續保留了五銖錢的重量標準，但是已經擺脫了五銖錢的紀重束

---

❹ 翁樹培，《古泉匯考》。

縛。從此以後，錢幣不再以重量命名，而稱為「通寶」或是「元寶」，至唐朝中期則進一步發展成為年號通寶錢，並隨著年號的變更而鑄造相應的年號錢。這標誌著中國貨幣史上稱量貨幣時代的結束，開創了被後世稱為「通寶錢」這一新的貨幣體系，並延續使用了一千兩百多年，在中國古代貨幣發展史上占有重要的地位。甚至民國初年還鑄造了「民國通寶」。

二是規定了貨幣的法定重量。

通寶錢雖然不再冠以重量名稱，但是有標準的重量規定，《舊唐書・食貨志》記載，每枚開元通寶錢幣，「徑八分，重二銖四絫[5]，積十文重一兩，一千文重六斤四兩」。實測資料為直徑二十五公釐，重四克左右。這實際上已經規定了貨幣的法定重量標準。因為五銖錢已經通行了七百多年，它的重量標準早已約定俗成，低於四克左右就被視為減重的劣錢，歷史上無數次減重後又恢復到這一標準重量的做法，已經使這一重量標準被社會普遍接受。因此，錢文名稱中已經無須再冠以法定的重量單位。

三是對中國古代衡法制度產生了重要的影響。

開元通寶錢幣直接影響了度量衡單位以及十進位的實行。唐代以前的衡制，兩以下用銖，二十四銖為一兩，為二十四進位。一枚開元通寶錢「重二銖四絫」，十枚重二十四銖，即「積十文重一兩」。因為一枚開元通寶錢又簡稱一錢，重量正好是一兩的十分之一，這就是重量單位「錢」的由來。這是衡量單位的一次重要改進，從此重量單位不再稱銖、絫，而改稱錢、兩，這是中國衡法改為十進位的開始。因此，從唐朝開始，貨幣不但不再以重量為名稱，反而使中國的重量以貨幣（錢）為名稱。

四是規定了銅錢的成色以及配料的比例。

在此之前，鑄錢實行的是即山鑄錢，直接用冶煉出的銅鑄錢，對鑄錢的金屬材質沒有具體比例上的要求。天寶年間開始規定開元通寶錢的成分比率是：銅占百分之八十三・三二、白鑞占百分之十四・五六、黑錫占百分之二・一二，從此結束了中國古代鑄錢沒有成色標準的歷史。另外，開元通寶出土數量巨大，卻從來沒有見到錢範的出土，也沒有傳世。這說明中國古代鑄錢工藝在唐代已經發生了變革，已不再使用硬型範或失蠟法鑄造，而是改用母錢印砂成範，即改用翻砂法鑄造，這是中國古代鑄造技術上的一大進步。

五是對周邊國家及地區的貨幣產生了重要的影響。

隨著唐朝國力的強盛，開元通寶錢幣作為文化交流的一部分，對周邊國家及地區的貨幣產生了重要的影響。如西域地區的突騎施汗國、回鶻汗國、粟特人建立的昭武九姓❻各個城邦國家，以及日本都仿照開元通寶錢幣鑄造了它們自己的貨幣，無論是形制、輪郭、尺寸、重量，還是技術上，都是仿照開元通寶錢幣鑄造的。有的甚至直接保留了漢字，如日本最早鑄造的和同開珍錢。突騎施錢雖然使用的是突厥文，但是仍然標明貨幣單位是一錢，這明顯都是受開元通寶的影響。

六是在絲綢之路沿線曾經發揮過國際貨幣的職能。

隨著唐代絲綢之路貿易的繁榮，開元通寶在絲綢之路沿線曾經作為通用貨幣流通使用，甚至被大量仿鑄。其中，以中亞費爾干納盆地昭武九姓中的康國和安國最為著名。正面與普通開元通寶錢

---

❺編者注：絫，古同「累」。

❻編者注：昭武九姓，南北朝、隋、唐時期對中亞粟特地區來華的粟特人及其後裔之統稱。即康、史、安、曹、石、米、何、火尋和戊地九姓。

完全一樣，應該是用唐開元通寶錢翻砂製模後鑄造的，但是在背面都加鑄了各自的城徽，這是粟特地區鑄錢的傳統，也是我們今天能夠辨認的依據。這些錢幣在蘇聯統治時期曾經大量出土，當年主持考古工作的斯米爾娜娃在其名著《粟特錢幣目錄》一書中做了詳細報導，引起轟動。這說明開元通寶參與絲綢之路貿易，已經具有國際貨幣的屬性。開元通寶不僅在中國貨幣發展史上具有重要的里程碑地位，而且對周邊的國家以及地區也曾經產生了重要的影響。很多國家不但流通使用開元通寶錢，還直接模仿開元通寶錢，鑄造了它們自己最初的錢幣。開元通寶早已成為整個東方貨幣文化體系內各國鑄錢的標準，其影響超越了國界，屬於中外文化交流的一部分，並且是漢文化圈的重要組成要素。

11 得壹元寶、順天元寶：見證了「安史之亂」的錢幣

天寶十四年（七五五），唐朝爆發了一場歷時七年零兩個月、幾乎葬送了整個帝國的叛亂，因為兩位叛亂的主角是安祿山和史思明，歷史上稱為「安史之亂」。

這場叛亂雖然已經過去了一千兩百多年，過往的一切也早已灰飛煙滅。但是，當年叛亂者鑄造的兩種錢幣，作為那場叛亂的實物見證，歷經千年的沉寂，依然記錄著當年的一切。

下面我們就透過這兩種錢幣，穿越時空與大家一起回到唐玄宗天寶年間，去探尋那場不但造成唐朝由盛轉衰，更對後來中國的歷史進程產生了深遠影響的叛亂所發生的前因後果。

一、兩名叛亂者的身世

先來看看這兩種錢幣。如圖所示，「得壹元寶」和「順天元寶」都是圓形方孔的漢文錢。其中，得壹元寶錢文順讀，製作工整，錢徑約三十五公釐，重十二・五克左右；順天元寶則是年號錢，因為史思明稱帝後曾以「順天」為年號，除了順天元寶之外，還有順天通寶。文字也是順讀，版

圖11–1　得壹元寶、順天元寶

式風格和尺寸大小都與得壹元寶完全相同。錢文書體都是八分體，背面都有無月紋和帶月紋兩種版式。

看著這兩枚錢幣，有人可能要問：史思明為什麼要鑄造錢幣？這在他的反叛事件中到底發揮了怎樣的作用？

要回答這些問題，我們首先需要來認識一下發動叛亂的兩位主角，即安祿山和史思明。

可能很多人都以為安祿山和史思明是漢人。實際上，他們倆都不是漢族，熟悉西域歷史的人，透過姓氏基本上就能判斷出，他們倆是來自中亞「昭武九姓」中的安國（今布哈拉）和史國（今撒馬爾罕以南），父系應該是屬於伊朗系的粟特人，但是他們又都自稱是突厥人，實際上更準確的說法，應該是伊朗系的粟特人與突厥人的混血兒。因此，新舊《唐書》都稱他們為「營州雜胡」，「營州」是今天遼寧省朝陽市的古稱，所謂「雜胡」更是一語道出了他們的混血身世。

安祿山年幼時父親就去世了，母親阿史德氏最初是突厥的一名女巫，後來改嫁在突厥軍隊供職的粟特軍官安延偃，因此冒用安姓，叫安祿山。「祿山」是粟特語「明亮」一詞的轉譯，最初譯為「阿犖山」或「軋犖山」，如果按照今天的翻譯方式，譯成「亞歷山大」似乎更合適。

史思明本姓阿史那，屬於突厥的王姓，原名為阿史那崒幹，意為「眼睛蒼色的狼」。少年時與安祿山一起在營州柳城長大。成年以後，二人仍然保持著友好的關係。他會六種蕃語，擔任過互市牙郎——這是一個負責邊境地區貿易的官職。

僅從安祿山和史思明的名字，我們似乎就已經能感覺到這兩位都不是省油的燈。但是，這顯然並不能構成他們發動那場叛亂的理由。因為按照常理來分析，他倆畢竟都是草根一族，又位於邊疆地區，完全不入主流社會。但是出人意料的是，他們竟然還真的就發動了那場幾乎顛覆大唐帝國的叛亂。這在歷史上是絕無僅有的。客觀地講，這與當時唐朝所推行的民族政策以及朝廷內部的矛盾有關，需要從唐太宗平定東突厥汗國說起。

二、安史之亂爆發的背景

貞觀四年（六三〇）唐太宗滅東突厥汗國之後，將歸順的突厥部眾安置到了山西、河北一帶。這一帶原來就雜居著契丹、奚等游牧民族。另外，隨著絲綢之路貿易的發展，很多來自中亞地區以經商為業的粟特人也散布於陝西、山西至河北、遼東一線。於是，從河北的北部一直到遼寧的西部一帶，就成為諸色胡人的雜居之地。高適的《營州歌》「營州少年厭原野，狐裘蒙茸獵城下。虜酒千鍾不醉人，胡兒十歲能騎馬」，就形象地描述了當時營州一帶胡人的生活情景。唐朝政府為了便於管理他們，就倚重能通多種胡語的少數民族來負責當地的治安，這就給安祿山、史思明這種既通胡語又會漢語的胡人，提供了進入仕途的機會。

當時為了對外開疆拓土，唐朝在邊境駐以重兵，設立了十大兵鎮，以節度使為最高的軍政長官。這些代表皇帝管理地方的軍政長官，因為在受職的時候，朝廷賜以旌節，因此被稱為節度使。節度使通常都統領若干個州，權力很大，最初是由中央派大臣充任，立功後往往入朝拜相。但是，以「口蜜腹劍」、陰險狡詐著稱的李林甫出任宰相之後，為了鞏固他的宰相地位，杜絕邊將入朝為相的升遷之路，李林甫就藉口文官不懂軍事，向唐玄宗建議說，胡人忠勇而無異心，應當重用他們為鎮守邊疆地區的節度使。因此，唐朝後來的節度使大部分都是由胡人來充當。這樣一來，到玄宗後期唐朝就出現了一批駐守在邊疆地區、握有重兵的胡人將領，安祿山正是其中的代表。十大兵鎮中，安祿山一人就身兼了平盧（今東北）、范陽（今北京）、河東（今太原）三鎮的節度使，獨自統領主要由突厥、契丹、奚等游牧民族組成的十八萬三千九百人的隊伍，兵力最為強大，擁有了反叛唐朝的實力。

發動叛亂僅僅擁有實力是不夠的，還需要有野心。安祿山發動叛亂的野心，是隨著他對玄宗晚年政治腐敗、武備廢弛的逐漸了解以後產生的。

安祿山雖然是行伍出身，但是和他的夥伴史思明一樣，年輕的時候也幹過互市牙郎的工作，通曉九種蕃語，比史思明還要多三種。而且，他非常富有心計，善於察言觀色，很會在玄宗、楊貴妃面前賣乖，並討得他們的開心。他雖然體肥形碩，但是胡旋舞卻跳得「其疾如風」，博得了酷愛音樂、舞蹈的玄宗和楊貴妃的好感。他更進一步拜玄宗與楊貴妃為父母，據說還讓楊貴妃重新「生」了他一回，結果弄得玄宗還要因為「生」了這麼一個大兒子，在宮中遍發賞錢，這就是唐代著名的在承天門上撒錢的金錢會。安祿山透過這種方式，既博得了玄宗、楊貴妃的好感和信任，又探得了朝廷的虛實，發現了統治集團內部尖銳的矛盾和政治的極度腐敗，因此而有了覬覦帝位的野心。而點燃安祿山反叛野心導火線的，則是他與楊國忠之間不可調和的矛盾衝突。

楊國忠是楊貴妃的堂兄，本來是一個不學無術的賭棍，只是因為玄宗要討好楊貴妃而被重用。楊國忠掌權以後更是一個「不顧天下成敗」，只顧徇私誤國之人，尤以妒賢嫉能、陰險狡詐著稱。他的前任李林甫一死，楊國忠就以裡通突厥的罪名而使其族人遭了大難。楊國忠透過這種方式展示權力，打擊政治對手，自然與驕橫跋扈、不可一世的安祿山形成水火不容之勢。更令安祿山惱怒並恐懼的是，楊國忠還經常在玄宗面前說，安祿山暗藏叛心，遲早要造反，提醒玄宗應該盡快削減他的兵權。因此，安祿山就先下手為強，於天寶十四年十一月初九（七五五年十二月十六日），以

「憂國之危，奉密詔討伐楊國忠以清君側」的名義，聯合契丹、室韋、突厥等民族，組成了一支約十八萬四千人的隊伍，號稱二十萬，在范陽薊城南郊（今北京西南）誓師，起兵反唐。

安祿山雖然是以除去唐玄宗身邊奸佞的楊國忠為起兵的號召，但是起兵肯定就是造反。因此，消息傳到長安後，唐玄宗震怒，就殺了作為人質留在長安的安祿山之子安慶宗。這樣，安祿山的起兵就成了正式的反叛。

三、兩京失守

當時全國承平日久，民不知戰，而安祿山卻蓄謀已久，準備充分。因此，除大書法家、平原太守顏真卿，常山太守顏杲卿兄弟之外，河北其他州縣多望風瓦解。叛軍如入無人之境，以每天六十里的速度急速南下，十二月便攻占了東都洛陽。第二年（七五六）正月初一，安祿山在洛陽正式稱帝，國號大燕，改元聖武，擺出了要與大唐爭奪天下的架式。

東都洛陽失守後，叛軍直逼潼關，長安震動。唐玄宗為了提振軍心，起用曾經翻越帕米爾高原遠征中亞、在怛邏斯河與阿拔斯王朝的伊斯蘭軍隊作戰過的高仙芝防守潼關。但是高仙芝主動的戰略後退，卻被玄宗派來擔任監軍的宦官認為是膽怯避戰，密報朝廷後高仙芝被斬首於陣前。接替他的指揮官哥舒翰，也是一位久經戰陣，富有經驗的名將，他想憑藉潼關的險要，據險死守。但是與他素有矛盾的楊國忠，利用玄宗想盡快平定叛亂的心理，逼他倉促出擊，結果慘敗。哥舒翰鑑於高仙芝悲慘的結局，為了自保便投降了叛軍。

潼關一破，長安最後的防線就崩潰了。唐玄宗於六月十三日凌晨，在軍隊的護衛之下，倉皇逃離長安。次日住宿在馬嵬驛（今陝西興平西北），護駕的禁軍因飢餓和疲憊，都憤怒不已。他們知道安祿山叛亂的藉口是跋扈的楊國忠，恰在這時看到楊國忠正在與從西邊過來的吐蕃使節在一起說事，於是有人高呼「楊國忠在與胡虜商量謀反」，憤怒的兵將們便一擁而上，亂刀殺死了楊國忠和他的兒子以及姊妹們。這種情況下，玄宗也只能認定楊國忠為謀反，雖然嘉獎了譁變將士，但是他們仍然不願遵從玄宗的命令，要求縊死楊貴妃。無奈的玄宗，在高力士的苦勸之下只得依允，最後由高力士在附近的佛堂絞死楊貴妃，才勉強平息了譁變。接著逃難的隊伍兵分兩路，一路護送玄宗進入四川，另一路則跟隨太子李亨去西北依託朔方節度使郭子儀。李亨後來在靈州（今寧夏靈武）登基，遙尊玄宗為太上皇，這就是唐肅宗，改元至德，領導起了平叛的大業。

四、史思明登場並鑄造貨幣

就在玄宗退位的第二年，即至德二年（七五七），叛亂的一方也出現了權力更替。這時已經稱帝的安祿山因為眼疾失明而性情暴躁，更加反覆無常。擔心地位不保的太子安慶緒，殺了他的父親安祿山後即位稱帝。這樣一來，叛軍內部不可避免地出現了分化，於是拉開了第二個反叛主角史思明登台的序幕。

史思明胸懷大略，驍勇善戰，曾經多次立功，很受玄宗的賞識，他的名字「思明」就是玄宗給改的。安祿山死後，郭子儀乘機借助回鶻的力量收復了長安、洛陽，叛亂似乎很快就要被平定了。識時務的史思明於是歸降了朝廷，被任命為范陽長史、河北節度使。但是，已經被叛亂折騰苦了的朝廷，對史思明始終不放心，怕他再次反叛，於是就想設計暗殺他，結果計畫敗露。無可選擇的史思明於是再度舉起了反叛的大旗，並於乾元二年（七五九）殺死安慶緒，自己稱帝，國號為燕，建元順天，自稱應天皇帝。第二年四月史思明再度攻陷洛陽，戰亂又進一步擴大，平叛的事業似乎又重新回到了起點。

如果說史思明與他的夥伴安祿山，在反叛的舞台上，所表演的內容有什麼不同之處，那就是他不僅能攻城掠地，還知道鑄造發行貨幣的作用，這樣既能表達他改朝換代的願望，同時宣示其帝位的合法性，還能為他的叛亂事業籌集經費。這說明史思明的政治才幹絕不亞於安祿山，甚至還在他之上。

史思明先後鑄造的兩種貨幣，即「得壹元寶」和「順天通寶」都是在他占領洛陽稱帝之後，銷毀佛像鑄造的，事見《新唐書・食貨志》：「史思明據東都，亦鑄得壹元寶錢，徑一寸四分，以一當開元通寶之百。既而惡『得壹』非長祚之兆，改其文曰順天元（通）寶。」

得壹元寶的文字書寫很怪，上下文字方正，左右文字豎長，不守規矩，肆意妄為，很有一股反叛的模樣。比文字書寫更不尋常的是錢文選用「得壹」兩字。因為一般的情況下，鑄造貨幣不用年號就用國號。「得壹」既不是年號，也不是國號，卻被史思明用來鑄錢，這必定另有寓意。我們試著來猜測一下史思明的用意：這裡「壹」即「一」。因此，「得壹元寶」可能是取義於《老子》第三十九章中的一段話，即：「昔之得一者，天得一以清，地得一以寧，神得一以靈，穀得一以盈，萬物得一以生，侯王得一以為天下正。」作為反叛的胡人，史思明可能是想用鑄造「得壹元寶」的方式來表示他也是天下的正統，是位真命天子。但是，因為「得一」也可以被解讀為「只得一年」，這就讓期盼帝祚長久的史思明很是尷尬。於是，他便改元「順天」，重新鑄造「順天通寶」，表示他起兵造反是「順天應人」，仍然是要強調他才是順應天命的真命天子。這說明史思明已經是一個非常漢化的胡人，不再是一味蠻幹，已經會打輿論宣傳戰了。

得壹元寶和順天通寶，與開元通寶錢按一比一百的比值同時流通，即「以一當開元錢之百」。這與我們下一節將要談到第五琦所鑄造當十的「乾元重寶」錢，以及當五十的「乾元重寶」重輪錢一樣，都是虛值的大錢，目的是搜刮百姓的錢財。但是，作用卻剛好相反，一個是為了發動叛亂，一個是為了平定叛亂。史思明鑄造的是當百大錢，手段更為強悍，這與他反叛者的身分也相符合。

史思明當年鑄錢，因為用的是銷毀佛像的銅，後人因此有「得壹誰知識未真，順天新鑄有重輪。洛陽古寺銅銷盡，都是如來劫後身」❶之說。順天通寶是由得壹元寶改鑄的，得壹元寶鑄造的時間短、數量稀少，因此錢幣收藏界有「順天易得，得壹難求」的說法。順天通寶因為流通時間比得壹元寶稍長，有減重的現象，版式也更加複雜一些。

史思明雖然想透過鑄造貨幣的方式，來表明他是順應天命的真命天子，但是殘酷的現實卻證明他仍然只是一個反叛的胡人，結局與他的前任安祿山驚人地一樣。他倆就像是下凡的同一星宿，無論是在位的時間，還是死的地方，乃至於死的方式，竟然都如出一轍，都是死於自己的兒子之手！差別僅僅是一個是親生的，一個是領養的。這種結局真是不可思議！在唏噓之餘，我們不禁要感歎，這可能就是政治冒險的代價，親情、人性一旦被政治野心操控，任何悲劇都有可能發生，即便是親生父子，也會自相殘殺！

上元二年（七六一）史思明被他的養子史朝義殺死後，叛軍再次爆發內亂。郭子儀又一次乘機借回鶻之兵收復了洛陽。唐代宗廣德元年（七六三），窮途末路的史朝義被其部下李懷仙誘殺，而成為李懷仙歸降朝廷的投名狀。至此，前後延續了七年零兩個月的「安史之亂」始告平定。

五、對後世的深遠影響

「安史之亂」雖然最終被平定了，但是，經歷叛亂之後的唐朝已經不再是此前的唐朝了。因此，「安史之亂」的影響不僅僅限於唐朝，對此後中國歷史的進程也影響深遠，甚至可以說是中國歷史上一次重要變革的分水嶺。

首先是從叛亂隊伍中分化出來的，以「河朔三鎮」（盧龍、成德、魏博）為代表的軍團，繼續盤踞在以河北為中心的廣大地區。他們雖然表面上歸順了朝廷，實際上卻是以節度使的名義實行軍閥統治的割據勢力。唐朝從此出現了藩鎮割據的局面，由全盛轉入了衰落。

其次是為北宋的滅亡預留了伏筆。因為唐朝始終無力控制以「河朔三鎮」為代表的河北軍閥。因此，使得隨後的五代以及北宋政府，重建北方國防線的計畫最終也沒有能夠實現。契丹勢力的南移給北宋造成了非常大的戰略壓力，並因此而亡國。這在一定程度上，也可以說都直接與「安史之亂」有關係。所以，司馬光在《資治通鑑》中說：「由是禍亂繼起，兵革不息，民墜塗炭，無所控訴，凡二百餘年。」

再次是叛亂平定之後，在思想界引發了對此前曾經風靡一時的「胡化」現象的深刻反思。這種反思後來又進一步演變成為韓愈等人所發動的復古運動。經過這場復古運動的洗禮，唐朝前期那種開放、自信、多元的社會風氣，被後期保守的僅僅以中華古典為上的思潮所替代，並最終導致了宋

---

❶ 葉德輝，《古泉雜詠》。

朝的內斂、懦弱和不自信。從此，文武並重的價值觀被重文輕武的觀念所替代。

最後是國家的管理模式也發生了重要的變化。此前，唐朝是繼承了北周武川鎮軍閥系統的武力國家，以武力為立國的根本，政府所有的活動都是直接向民眾派發，力役的負擔占很大的比重。但是，此後採用了新的方法，實行「兩稅法」，向民眾收取貨幣稅的比例開始增加。武力國家由此逐漸轉變為財政國家。如國內發生叛亂，就用金錢雇用胡人來幫助鎮壓；如遭外敵入侵，則用金錢達成和解。這些都為後來的宋朝提供了先例。從此，貨幣在社會生活中開始發揮愈來愈大的作用。

12 乾元重寶：為平定安史之亂鑄造的貨幣

說起安史之亂，世人都知道郭子儀在平定叛亂中發揮了重大的作用。他在收復長安、洛陽兩京，智退吐蕃、回鶻的戰鬥中，有勇有謀，立下了赫赫戰功。當時，唐朝的安危幾乎都繫於他一身，甚至連唐德宗都要尊稱他為「尚父」。

實際上，除了郭子儀之外，另外還有一個人，同樣也做出了重要的貢獻。但是，作為一位幕後英雄，他卻鮮為人知，甚至最後還要為朝廷去充當替罪羊，不但被革職、貶戍，還要遭受世人的誤解和指責。他就是為平定叛亂籌集了大量經費的、中國古代著名的理財家第五琦。

下面就結合「乾元重寶」錢幣，來談談第五琦為平定安史之亂籌餉的艱難過程，以及最後充當替罪羊的無奈。

一、第五琦的理財事業

「乾元重寶」當十大錢，直徑二十七公釐，重六．五克。錢文為隸書，四字對讀，書法精絕，莊嚴敦厚。因為它是當十大錢，即一枚乾元重寶相當於十枚開元通寶錢，所以它的尺寸要比作為標準的小平錢，即開元通寶錢二十三公釐的尺寸略大一點。

在進一步講述「乾元重寶」錢幣之前，先來介紹一下它的鑄造者第五琦。

第五琦，複姓第五，名琦，字禹珪，京兆長安（今陝西省西安市）人。他雖然後來是因為鑄造乾元重寶大錢而出名，實際上他在年輕的時候就以能幹而知名。

新舊《唐書》都有他的傳記，說他「少以吏幹進，頗能言強國富民術」。❶天寶初年的時候，第五琦在水陸轉運使韋堅手下做事，後來韋堅因為遭到以「口蜜腹劍」著稱的奸相李林甫陷害，第五琦也受到株連而被貶官。

安史之亂爆發以後，北海郡太守賀蘭進明向朝廷奏請派第五琦任北海郡的錄事參軍，這是一種負責監督的官職。當時安史之亂的叛軍已經攻陷了河間、信都等郡，賀蘭進明無力抵抗。唐玄宗大怒，派遣宦官送來一個裝有一把小刀的信函，說：「如果不能將失地收復，就斬賀蘭進明之首。」賀蘭進明非常恐慌，不知如何是好。這時第五琦對賀蘭進明說重賞之下必有勇夫！因此，建議賀蘭進明用從府庫以及個人家中收集來的財帛，招募勇士，組織力量反擊，最終收復了一些失地。在挽救了賀蘭進明政治生命的同時，也初顯了第五琦的政治才幹。

後來第五琦被派去覲見唐肅宗，乘機向肅宗獻策說：現在最要緊的事情就是打仗，而打仗的勝負最終取決於有沒有足夠的財力。第五琦於是請求肅宗給他一個名正言順的職務，讓他去籌集錢糧來支持軍用。處於危困之際的肅宗，正發愁軍資不濟，無處籌餉，聽了第五琦的建議後大喜，不但接受了他的建議，還給了第五琦監察御史、充江淮租庸使等好幾個官銜。這些都是在正常的「律令官職」之外任命的專使，稱為「使職」，雖然級別都不是特別高，但是權限卻很大，擁有朝廷賦予的處理專項事務的大權。

第五琦雖然名義上得到了朝廷的正式任命，但是實際的籌餉工作卻是一項非常艱難的事情。這是因為當時河北已經全部被叛軍占據，當地的賦稅自然徵收不上來。即便是沒有淪陷的河南、山東、荊襄和劍南等地，因為都駐有從各路集結來的平叛軍隊，所收繳的賦稅都被駐軍徵用，也都不上繳朝廷。中央政府的平叛經費只能向淮南和江南等地區的百姓徵收。但是，經過戰爭的消耗，國庫早已枯竭，戰爭的破壞，更使農田荒蕪，餓殍遍野，百姓哪裡還有富餘的財物用來繳稅。面對這種「國破山河在，城春草木深」❷的殘破局面，如何能夠籌措到經費，保證平叛事業的順利進行，難住了滿朝的文武官員。這種情況下，第五琦又能想出什麼高招呢？

作為著名的理財專家，第五琦自有他的辦法。經過縝密的思考，他首先從鹽業專營入手，開始了他的理財事業。

為了增加財賦收入，第五琦首先改革鹽業，創立了食鹽專賣法，就是由國家直接控制與掌握鹽的生產、運輸和銷售。所生產的鹽統一由鹽院收購，再由官府加價出售。做到了「人不益稅而國用以饒」，即沒有額外增添百姓的稅賦，卻增加了國庫的收入。此後，鹽稅占到了國家稅收的將近一半，成為主要的財政收入來源。他主持財政工作時，取消了戶部、司農、太府等部門的收支權，將財政收入統一歸皇帝調度使用，初步改變了以前開支混亂、國庫虧損嚴重、權臣貪官作弊的現狀，在很短的時間內就扭轉了財稅匱乏的局面，從經費上支撐朝廷能夠繼續將平叛事業進行下去。

另外，第五琦辦事認真，事必躬親，從無閃失，深得朝廷的器重。《舊唐書》記載他「促辦應卒，事無違闕」。因此，第五琦很快又升遷為戶部侍郎，兼御史中丞，專掌監察執法，同時還兼領河南等道的轉運、租庸、鹽鐵、鑄錢諸使，集財政大權於一身，全面承擔起了籌措平叛經費的重

❶《新唐書・第五琦傳》。
❷杜甫，〈春望〉。

擔。到了乾元二年（七五九）第五琦又進一步升遷為宰相。

二、鑄造「乾元重寶」當十錢

在第五琦的理財手段當中，鹽業專營僅僅是牛刀小試，真正具有創意的是他於乾元元年（七五八）主持鑄造的「乾元重寶」當十錢，用通貨膨脹的辦法從民間掠取資財，用以支撐平叛戰爭的巨額開銷。

乾元重寶是唐朝鑄造的第三種錢幣，第一種是唐高祖李淵於武德四年（六二一）鑄造的「開元通寶」，第二種是武則天於乾封元年（六六六）鑄造的「乾封泉寶」。其中，開元通寶是小平錢，所謂小平錢是指銅錢中最基本、最小的貨幣單位，也就是我們平常講的「一文錢」；乾封泉寶則是一種當十大錢，即一枚乾封泉寶抵開元通寶錢十枚。武則天當年鑄造乾封泉寶，本來的想法是增加貨幣的流通量，以減緩「錢荒」，即流通中錢少的矛盾。但是事與願違，百姓紛紛藏匿開元通寶錢，於是市面上就只剩下當十的乾封泉寶，導致物價飛漲，大錢貶值。不法之徒於是開始私鑄減重的乾封泉寶，有的重量甚至不到官鑄的一半。於是出現了官鑄大錢空耗人力物力，而私鑄者卻坐收漁利的局面。

無奈之下，武則天只得在乾封泉寶行用不到一年便下令停鑄，已經流出的就與開元通寶錢按一比一的比價等值流通。經此一變，武則天在其後專政的四十多年的時間裡，雖然始終被「錢荒」的難題所困擾，她為了緩解「錢荒」，增加貨幣的流通量，曾經採取了諸如限制銅錢外流、禁止私家藏錢，甚至是倡導兼用絹帛交易，就是用絲綢充當貨幣使用等辦法，但是再也沒有鑄造過大錢。真

圖12–1　乾封泉寶

可謂是一朝被蛇咬，十年怕井繩。

九十多年之後，第五琦又效法武則天鑄造了當十大錢。第五琦這次不是為了緩解「錢荒」的矛盾，而是要採取通貨膨脹的辦法，透過鑄造發行虛值的大錢，從民間聚斂財富，以籌集平定叛亂的軍費。因為持續多年的戰爭，已經使得稅源枯竭，朝廷從民間掠取物資的辦法，就只剩下冒險鑄行大錢這一招了。

作為著名理財家的第五琦，在貨幣政策的運用上，自然要比一般的官僚技高一籌。因此，雖然都是當十錢，乾元重寶卻要比乾封泉寶流通得好。

第五琦是如何設計、發行他的乾元重寶當十錢的呢？

唐肅宗乾元元年（七五八）七月，正值郭子儀組織軍隊圍剿叛軍之時，兼任鑄錢使的第五琦，奏請朝廷同意，鑄造了乾元重寶當十大錢，事見《舊唐書・食貨志》：「御史中丞第五琦奏請改錢，以一當十，別為新鑄，不廢舊錢，冀實三官之資，用收十倍之利，所謂與人不擾，從古有經。宜聽於諸監別鑄一當十錢，文曰乾元重寶。其開元通寶者依舊行用。」

第五琦設計的乾元重寶每枚重六・五克，面值等於十枚重四克的開元通寶。我們如果按含銅量來計算，這實際上就相當於用重六・五克的銅從民間兌換四十克銅，目的是「收十倍之利」，卻美其名曰「與人不擾，從古有經」。意思是說不給老百姓增添負擔，並有先例可循。但是，老百姓都不傻，碰到這種情況，膽大的也紛紛仿鑄當十的乾元重寶錢。於是，朝廷在嚴厲打擊民間私鑄的同時，官鑄的乾元重寶大錢又開始減重，到年底重量就已經減至四克左右，僅僅相當於一枚開元通寶小平錢的重量。這樣第五琦透過鑄造虛值大錢的辦法，從民間掠取了大量的錢財，成為朝廷收斂錢財支撐平叛戰爭的有效措施。因此，宣導鑄行大錢的第五琦，更得到了唐肅宗的賞識，不久便被提升為宰相。

三、鑄造乾元重寶當五十

乾元二年（七五九），安祿山已死，史思明稱帝，唐朝借助回鶻人的力量收復了長安和洛陽，平叛事業出現了重大的轉機。本來應該乘勢逐漸收回大錢，恢復此前的開元通寶小平錢。但是，因為吐蕃乘安史之亂搶占了唐朝在西北最好的牧場，並阻斷了唐朝與西域的聯繫通道，迫使唐朝每年需要向回鶻購買戰馬。還有當初為了向回鶻借兵收復兩京，朝廷曾經答應每年從回鶻那裡高價購買十萬匹戰馬，這導致靠發行乾元重寶當十錢所收斂的財富，很快就被用光了。此時已經升任宰相的第五琦，因為嘗到了發行虛值大錢、實行通貨膨脹政策的好處，於是又變本加厲，在乾元重寶當十錢的基礎上，鋌而走險，又奏請朝廷鑄造了當五十的乾元重寶錢。

圖12–2　乾元重寶（小平）

圖12–3　乾元重寶（當十）

新鑄造的當五十錢，形制上與此前的當十錢一樣，只是稍微加大了一點重量，同時也加厚了外郭。直徑三十五公釐，重十二克。因為錢幣背面的外郭是雙圈，因此當五十的錢又被稱作「乾元重輪錢」。這樣，市面上就同時流通有三種錢幣，分別是：開元通寶小平錢、當十的乾元重寶錢、當五十的乾元重輪錢。同時並行的這三種錢幣的重量分別是：四克、六・五克和十二克。但是，它們分別對應的面值卻是：一、十與五十。如此巨大的價差，使得不法之徒紛紛鋌而走險，私鑄之風更趨猖獗，達到了歷史上空前絕後的程度。

當五十的乾元重輪錢，最初還比較厚重，私鑄者就銷毀官鑄的錢，改鑄成較輕的，以便從中牟利。朝廷為了與私鑄者爭利，也開始減輕重量。私鑄者為了牟利，就更進一步減輕重量。這樣一來，似乎朝廷在與民間私鑄者做減重的競賽。於是，盜鑄的現象便一發不可收拾。《舊唐書・食貨志》記載，長安城中，大家都去盜鑄錢幣，寺廟中的大鐘以及銅像，多數都被毀壞，目的就是取銅鑄錢。社會上鋌而走險、冒犯法禁盜鑄錢幣的人不可勝數。❸

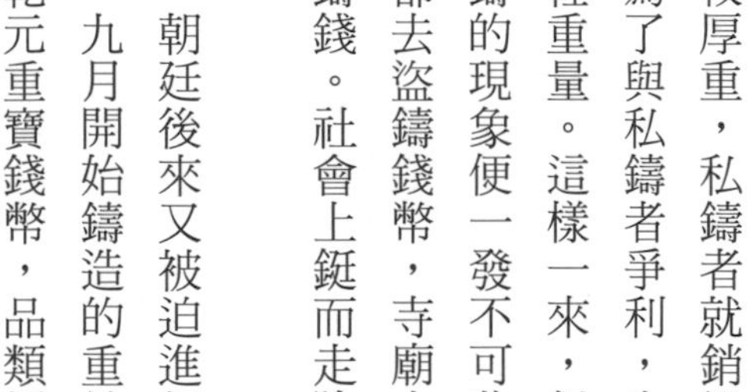

圖12–4 乾元重輪（當五十）

因為當五十的重輪錢不斷地減重，朝廷後來又被迫進行減值，就是減小貨幣的面值。乾元二年（七五九）九月開始鑄造的重輪錢，第二年便被迫由當五十改為當三十。傳世的乾元重寶錢幣，品類極多，輕重、

❸《舊唐書・食貨志》：「長安城中，競為盜鑄，寺觀鐘及銅像，多壞為錢。奸人豪族，犯禁者不絕。」

大小懸殊，厚薄不一。這些都是減重以及私鑄的結果，說明當時曾經發生過劇烈的減重現象。

在貨幣減值以及減重的交替進行中，物價卻步步升高。百姓平生所積蓄的開元通寶錢，瞬間縮水，財富很快就化為了烏有。《舊唐書・食貨志》記載乾元二年（七五九）冬天「尋而穀價騰貴，米斗至七千，餓死者相枕於道」。史書記載，當時的宰相元載，宴請客人時，一餐的花費就曾經高達百萬錢，這本來是說明元載如何奢侈。實際上，這也從一個側面反映了當時物價的高企和貨幣貶值的嚴重程度。

寶應元年（七六二）四月，朝廷又改乾元重寶錢以一當二，重輪錢以一當三。不久，又改成各種錢幣，無論大小，一律都以一當一行使。❹實際上，這說明當時的錢幣，不管面值的大小，錢幣的重量已經減重到了極限，重量符合標準的錢幣，幾乎都已經被銷毀，改鑄成了減重的小錢了。因為不能再減重了，才會一律以一當一來行使。

到了寶應二年（七六三），唐代宗已經即位，因為乾元重寶大錢已經完成了它的歷史使命，就被廢棄了，朝廷又重新恢復使用開元通寶小平錢。這樣，唐朝的貨幣政策重新回歸到了以開元通寶錢幣為標準的老路上。

面值當十、當五十的兩種乾元大錢，都以「重寶」為名。重寶一詞雖然早有使用，如賈誼《過秦論》中就有「不愛珍器重寶肥饒之地」的句子，東晉孝武帝太元三年的詔書中也說「錢，國之重寶」。但是，錢文用「重寶」，卻是從乾元重寶開始的，後世所鑄造的大錢都稱「重寶」，也是來源於此。因此，乾元重寶錢不僅見證了平定安史之亂過程中唐朝政府財政的拮据以及第五琦籌款的煞費苦心，在中國貨幣發展史以及錢幣學上也具有重要的地位，對後世曾經產生了重要的影響。

四、充當替罪羊

第五琦鑄造虛值大錢，雖然為平定安史之亂籌措到了經費，保證了平亂事業的最後成功，可以說是為朝廷立了大功，應該得到嘉獎才對，但是他所鑄造的虛值大錢，搞亂了幣制以及物價，引起了民怨，也是事實，因此，唐代宗即位後不久，在廢棄乾元重寶大錢的同時，也罷免了第五琦的宰相職務，貶他去長江邊上偏僻的忠州（今重慶忠縣）去做長史，以示懲戒，主要是給天下的百姓有所交代。但是因為第五琦所推行的通貨膨脹政策，瞬間洗劫了大家多年積累的財富，在統治階層內部也觸犯了眾怒。在複雜的政治鬥爭中，第五琦再一次成為犧牲品，他還沒有走到忠州，就被半路上截住，改判發配，最後被流放去了更為邊遠、蠻荒的夷州（今貴州鳳岡縣）。

第五琦雖然因為承擔鑄造虛值大錢的責任而成為替罪羊，但是，不可否認的是，第五琦確實是個理財的高手，特別善於利用貨幣工具，從社會上收斂錢財，為朝廷所用。他所鑄造的兩種乾元重寶虛值大錢，雖然犧牲了百姓的利益，但是卻籌集到了錢財，解決了朝廷缺錢的難題，為最終贏得平叛戰爭的勝利提供了經費上的支撐，這一點朝廷是非常清楚的。所以到了唐代宗晚期，第五琦又被重新起用，後來基本官復原職，死後還被追贈了太子少保。雖然遲了一點，最後也算是給了他一個交代。

---

❹《舊唐書·食貨志》：「寶應元年四月，改行乾元錢，以一當二，乾元重棱小錢，亦以一當二；重棱大錢，一以當三。尋又改行乾元大小錢，並以一當一。其私鑄重棱大錢，不在行用之限。」

貨幣政策從來都是一把雙刃劍，有一利必有一弊。特別是發行虛值大錢的通貨膨脹政策，在滿足統治者聚斂財富的需要的同時，犧牲的實際上是全體百姓的利益。這屬於飲鴆止渴、不到萬不得已絕不能為的辦法，事情稍有緩解，應該見好就收。但是，統治者往往都是貪婪無度的，一旦嘗到了發行虛值大錢的好處，就一發而不可收了。第五琦在當十錢的基礎上，緊接著又發行當五十的重輪錢，就屬於此類。他最後為此也付出了代價，後來者應該以他為戒。但是，古今中外，貨幣政策的制定者，卻很少有人能夠真正做到這一點，以至於我們今天還時不時地要面臨通貨膨脹、貨幣貶值的威脅。這可以說是一種歷史的遺憾！值得深思。

13 大曆元寶、建中通寶：唐軍堅守西域的實物見證

大曆元寶、建中通寶這兩種唐朝的年號錢，到底是什麼時間、在什麼地方、為什麼鑄造的，從宋朝開始就成為歷史上的一個不解之謎。

這主要是因為兩點：一是這兩種錢幣在內地從來沒有被發現過，所有的實物幾乎都出土於新疆的庫車地區；二是鑄造得很粗糙，不像是官鑄錢。

下面我就結合自己的研究實踐，抽絲剝繭，試著一步步給大家解開有關大曆元寶、建中通寶來源的千年不解之謎。

一、千古之謎的由來

「大曆」是唐代宗的年號，「建中」是唐德宗的年號。因此，世人自然就將大曆元寶、建中通寶這兩種年號錢認為是唐朝鑄造的錢幣。但是，在唐代的文獻中，卻從來沒有見到關於這兩種錢幣的記載。五代時期張台的《錢錄》中雖然已有記錄，但是並沒有說明來源。自宋代以後，人們為了對其有準確的認識，試圖發掘新的史料，於是洪遵在《泉志》中，就把這兩種錢幣與大曆四年正月第五琦在絳州、建中元年九月韓洄在商州鑄錢的事聯繫起來，認為「豈非當時鑄此耶？」但是，難以解釋的卻是這兩種錢幣，在內地卻從來沒有出土發現過，所有已知的錢幣幾乎都出土發現於新疆

塔里木盆地北緣的庫車地區。雖然也有人因此推測它們可能是在新疆地區鑄造的，但是又拿不出充分的依據。

彭信威先生則認為，大曆元寶、建中通寶更可能是私鑄；但是又說當時的錢價很低，銅價卻很高，牟利者只有銷錢為器，怎麼可能熔器鑄錢呢？另外，唐錢的錢文應當是對讀，乾封時期一度違制，改為旋讀，很快就更正過來了，論理不應該再犯。而大曆元寶、建中通寶卻是旋讀，從這一點上看又不像是官方鑄造的貨幣。但是，私鑄的人多是仿鑄舊錢，不應當創鑄一種新錢。所以彭信威先生認為，這是一個有待解決的問題。於是，大曆元寶、建中通寶兩種錢幣的來源，就成為錢幣學、貨幣史研究領域中的一個難解之謎。

二、一次重要的出土發現及考察

我最初接觸到大曆元寶、建中通寶是在新疆錢幣學會工作期間。記得大約是在一九八九年年初的一天，有位會員帶著這兩種錢幣，到辦公室請董慶煊先生鑑定。等來人走後董老告訴我，這兩種錢幣很奇怪，只在新疆有發現，雖然用的是唐代年號，但是製作風格、工藝以及選用的銅料又和開元通寶錢完全

圖13–1　大曆元寶、建中通寶及「元」字錢和「中」字錢

不同，像是私鑄。很多人都注意到這一點了，但是又無從解釋，他要我關注這一課題。帶著董老的囑託，我開始查閱有關大曆元寶、建中通寶錢幣的文獻資料。

在新疆工作期間，雖然我已經開始關注大曆元寶、建中通寶錢幣，但是真正的研究則是一九九二年二月我被借調到北京參與籌備中國錢幣博物館以後開始的，這與一次重要的徵集活動有關。

記得那是我剛到北京不久的四、五月間的一天上午，戴志強館長要我陪他去中國歷史博物館（國家博物館前身），幫助鑑定一批來自新疆的大曆元寶、建中通寶錢幣。這批錢幣據說來自新疆庫車附近的新和縣，除大曆元寶、建中通寶之外，還有「中」字錢和「元」字錢，共有兩百多枚。大曆元寶、建中通寶大小基本一致，直徑約二十三公釐，重約兩克，錢文隸書，旋讀，背面沒有文字；「元」字錢、「中」字錢的尺寸則要稍微小一點，也輕薄一些，鑄工也更為粗劣。我仔細從形制、字體、鏽色等方面一一鑑別後，確定為真品無疑。最後這批錢幣被中國歷史博物館、國家文物管理局以及中國錢幣博物館三家收購。我第一次見到這一批兩百多枚的大曆元寶、建中通寶錢幣時非常震驚，聽說這批錢幣是在新疆庫車附近的新和縣出土的時候更是興奮異常。我隱約感覺到這次出土是一次重大的發現，在解開大曆元寶、建中通寶錢幣來源之謎方面具有重大的意義。因此，當一九九三年五月我組織中國錢幣學會「絲綢之路（新疆段）歷史貨幣考察」途經庫車時，專門就這一問題做了詳細的調查。

據新和縣文管所的人員介紹，一九九二年的初春時節，當地村民在一處叫通古斯巴什的唐代古城遺址中尋寶時挖出來一批古代錢幣，具體數量不詳，但是很快都散失了。後來在文管所人員的帶領下，我們在距縣城西南四十多公里處的一片荒漠中，找到了這座叫通古斯巴什的古城。

古城四周沙丘群立，蘆葦、紅柳叢生，四面城牆雖已遭受嚴重破壞，但仍高達三至四公尺不等，城垛、馬面等防禦設施依然清晰可辨。關於這座古城，一九二八年考古學家黃文弼參加中瑞西北科學考察團時，曾來此做過考古發掘並有詳細的記載。黃文弼先生的考察報告中記載，有本地居民在城中曾經拾到一張殘紙，上面寫有唐朝的大曆年號，由此可以證明這是一座唐代的古城。

我們發現城中有多處近年新被挖掘的痕跡，其中，位於城東北部靠近當年黃文弼曾經挖掘過的垃圾堆一帶，有一處深約一・五公尺的洞坑，文管所的人員告訴我們，這就是此次出土大曆元寶、建中通寶錢幣的地方。根據後來我們又從別處了解到的情況，綜合分析以後可知，這批錢幣出土於一九九二年三月中旬，總數約有三千餘枚，其中主要是大曆元寶、建中通寶，另外還伴隨有少量的開元通寶、乾元重寶以及「中」字錢和「元」字錢等。

這是一次關於大曆元寶、建中通寶錢幣的重要發現，可惜的是除極少一部分錢幣被國家文物部門徵集之外，大部分的實物都已散失。更可惜的是這麼重要的一次出土，竟完全是在破壞文物的非法活動中進行的。破壞了出土的文化層，沒能留下其他有價值的資料。但是，僅就出土這件事而言，仍然有兩點重要的啟示：一是證明了大曆元寶、建中通寶等錢幣與新疆庫車地區有密切的關係；二是說明「元」字錢、「中」字錢和大曆元寶、建中通寶有直接的關係，應該是由它們派生而來。正是在這一基礎上，我開始了有關大曆元寶、建中通寶錢幣的研究。

三、初步的研究成果

根據實地考察獲得的第一手資料並參考有關的文獻記載，我在完成了以中國錢幣學會名義組織的這次「絲綢之路（新疆段）歷史貨幣考察」之後，執筆完成了考察報告，刊登於《中國錢幣》

一九九四年第三期。報告中我簡單介紹了大曆元寶、建中通寶的發現情況，推測它們很可能是安史之亂爆發之後西域守軍鑄造的，並表示隨後將寫專文考證此事。

考察報告發表後，我收到北京大學歷史系榮新江教授的來信，他說《中國錢幣》雜誌刊發的考察報告披露的大曆元寶、建中通寶發現情況的報導，引起了他的導師，國際知名的唐史、西域史專家張廣達教授的關注。張教授身在美國，來信想聯繫我了解有關大曆、建中錢幣的研究進展情況。我應邀去榮新江教授家做了交流，並將已經完稿的論文《大曆元寶、建中通寶鑄地考——兼論上元元年（七六〇）後唐對西域的堅守》送榮教授徵求意見。

透過實地考察並結合前人的研究，我認為：大曆元寶、建中通寶等錢幣歷年出土發現完全集中於新疆庫車地區，特別是一九九二年三月中旬一次出土即多達三千餘枚的事實，充分證明它們是在新疆庫車地區鑄造的，流通使用也應該限於庫車及其附近地區。因此，我大膽地推測它們就是由唐安西都護府在當地鑄造發行的，主要供駐軍使用，應該屬於軍用貨幣。認為這和天寶十四年（七五五）中原發生安史之亂後，唐朝調集駐守在西北的精銳部隊東歸平亂，吐蕃乘機攻占了河西、隴右，切斷了西域守軍和唐朝中央政府的聯繫這一歷史背景有關，並據此論述了安史之亂以後唐朝守軍對西域的堅守及有效管理。最後，我根據對歷年來大曆元寶、建中通寶等錢幣出土地點的分析，探討了吐蕃攻取西域的路線。

文章發表在《中國錢幣》雜誌一九九六年第三期，後來被收入《中國錢幣論文集》第三輯，並被日本東洋鑄造貨幣研究所翻譯為日文，全文轉載於《方泉處》季刊一九九七年第十九號，在錢幣界以及西域史研究領域引起了廣泛的關注。

四、安西守軍對西域的堅守

安史之亂是唐朝由興轉衰的轉捩點。這一轉折在唐朝對西域的經營上，實際早在四年之前就出現了。這指的是天寶十年（七五一）發生的怛邏斯之戰。當時安西節度使高仙芝，率領唐軍翻越帕米爾高原平定了位於今天巴基斯坦吉爾吉特地區大小勃律，以及位於今天烏茲別克斯坦首都塔什干的石國的騷亂，隨後與向東擴張的阿拉伯阿拔斯王朝（即黑衣大食），在位於今天哈薩克斯坦江布爾城附近的怛邏斯發生了一場遭遇戰，這就是著名的怛邏斯之戰。雖然唐軍初戰小勝，但是後來因為石國王子陣前倒戈，結果高仙芝戰敗。從此，唐朝的勢力逐漸從帕米爾地區向東收縮，阿拉伯勢力則進一步向東擴張到了帕米爾地區，開啟了此後中亞地區的伊斯蘭化進程。

怛邏斯之戰四年之後，即天寶十四年十一月初九（七五五年十二月十六日），唐朝爆發了安史之亂，不到半年的時間，洛陽、長安兩京相繼失守，玄宗避亂四川，太子李亨在寧夏靈武登基，稱肅宗，改元至德，擔負起了平定叛亂的重任，號召天下勤王。於是隴右、河西、安西、北庭等節度使，紛紛抽調精銳部隊東歸勤王，這就給早已圖謀隴右、河西地區的吐蕃以可乘之機。吐蕃占領河西走廊，切斷西域與內地的聯繫之後，便越過崑崙山，進入塔里木盆地，與孤懸塞外的安西守軍展開了對西域的爭奪戰。文獻記載，從上元元年（七六〇）開始，河西地區的軍鎮多數都被吐蕃攻陷，西域地區只有李元忠堅守的北庭和郭昕堅守的安西兩個都護府，因為與沙陀突厥和回鶻結成聯盟，相互依存，「吐蕃久攻之不下」。❶

李元忠本名曹令忠，大曆七年（七七三）因戰功被唐德宗賜李姓並更名為元忠。後來以「伊西、北庭節度使」的名義率領留守部隊堅守在北庭，負責北疆（北庭）以及東疆（伊西）的防務。

郭昕則是郭子儀的侄子，唐肅宗末年安西都護府的主力部隊調回關內參加平定安史之亂以後，郭昕被任命為「四鎮留後」。❷這裡的「四鎮」指的就是著名的安西四鎮，即碎葉、龜茲、于闐、疏勒。其中，碎葉位於今天吉爾吉斯斯坦首都比什凱克以東的托克馬克市附近，大詩人李白就出生在那裡；龜茲又稱安西，是安西都護府的駐地，位於今天的新疆庫車地區；于闐是新疆的和田地區；疏勒是新疆的喀什地區。因此，郭昕負責南疆地區的防務，直接面對的就是吐蕃的進攻。

當時為內憂外患所困擾的唐朝政府，在河西、隴右失陷以後，便完全失去了和西域的聯繫。李元忠和郭昕率領將士「閉境拒守」，多次遣使奉表，與朝廷聯繫。但是，因為吐蕃侵占了河西走廊地區，西域守軍派出的使臣，每次都受阻不能到達長安，「聲問絕者十餘年」。直到建中二年（七八一），李元忠、郭昕派遣的信使，萬里迢迢繞道蒙古高原，經回鶻來到長安之後，朝廷這才驚喜地發現，西域二鎮（安西和北庭）還依然控制在唐朝留守部隊的手裡。唐德宗驚喜萬分，對堅守西域的官兵進行了嘉獎，加授李元忠為北庭大都護，賜爵寧塞郡王；任命郭昕為安西大都護、四鎮節度使，賜爵武威郡王。對其餘的將士也都有獎賞升遷。❸

---

❶《舊唐書・地理志》：「上元元年（七六〇）河西軍鎮多為吐蕃所陷，有舊將李元忠守北庭，郭昕守安西府，二鎮與沙陀、回鶻相依，吐蕃久攻之不下。」

❷《舊唐書》列傳七十有傳，是郭子儀「母弟幼明之子，肅宗末為四鎮留後」。

❸《資治通鑑》（卷二二七）：「北庭、安西自吐蕃陷河、隴，隔絕不通，伊西、北庭節度使李元忠、四鎮留後郭昕帥將士閉境拒守，數遣使奉表，皆不達，聲問絕者十餘年；至是，遣使間道歷諸胡自回鶻中來，上嘉之。秋，七月，戊午朔，加元忠北庭大都護，賜爵寧塞郡王；以昕為安西大都護、四鎮節度使，賜爵武威郡王；將士皆遷七資。」

貞元二年（七八六）李元忠去世，北庭大都護由楊襲古接任。貞元六年（七九〇）冬天，吐蕃進攻北庭，回鶻前來救援，被吐蕃所敗，北庭失陷後楊襲古率領部眾二千餘人出奔西州，即今天的新疆吐魯番地區。第二年楊襲古被回鶻誘殺。文獻記載「自是安西阻絕，莫知存否，唯西州之人，猶固守焉」。❹這就是說，自北庭被吐蕃攻陷以後，安西即庫車地區的音信再次斷絕，不知道安西是否還在唐軍的堅守之中，郭昕的下落也不清楚，只有西州即吐魯番地區還在唐軍的堅守之中。

五、安西守軍鑄錢的動因

以上就是目前我們從文獻中所能找到的，有關安史之亂爆發以後，西域留守部隊對安西、北庭堅守情況的零星記載。大曆元寶、建中通寶就是在上述背景下，由堅守安西的「四鎮留後」郭昕鑄造的。具體分析如下：

吐蕃占領河西走廊，切斷了西域留守部隊與朝廷的聯繫之後，出身於世家的郭昕，在孤立無援的情況下，為了籌集軍餉，堅守西域，同時表達他們忠於大唐，抗擊吐蕃的決心，他所能想到的最好的方式就是奉唐朝正朔，採用當時唐代宗正在使用的年號「大曆」，鑄造了大曆元寶。等到建中二年（七八一）郭昕派遣的信使繞經回鶻和唐中央取得聯繫以後，郭昕才知道大曆十四年（七七九）代宗去世，太子李适繼位，是為唐德宗，年號已經改為「建中」了，於是又鑄造了建中通寶錢。黃文弼當年在通古斯巴什古城發現的「李明借糧殘契」上的紀年為大曆十五年，就印證了當時孤懸塞外的安西守軍不知道大曆十四年之後，已經改元建中的情況，因此，才會有大曆十五年的紀年出現。

因為「建中」年號僅僅使用了四年，直到建中二年郭昕知道改元建中之後，才開始鑄造建中通寶，所以建中通寶鑄造的時間比大曆元寶要短，數量更少。同時受形勢所迫，建中通寶鑄造得比大曆元寶更為粗劣。這和我們現在的出土情況完全相符。

除了大曆元寶、建中通寶之外，還發現有「中」字錢、「元」字錢，它們是大曆元寶和建中通寶的「別品」，正面和背面都沒有輪郭，鑄造技術更簡單，也更粗劣，這更證明了它們是在戰爭這一特定的歷史條件下，為應急而鑄造的。另外，這些錢幣都「銅色純赤」，是用冶煉的銅直接鑄造的，沒有添加鉛鋅等其他配料，這是新疆以及中亞地區鑄錢的一大特點，與中原地區所使用的青銅不一樣。

此外，庫車盛產銅礦，早在魏晉南北朝時期，古龜茲國就曾經鑄造過五銖錢。當地考古發現的眾多龜茲五銖錢以及錢範，證明當時龜茲地區已有很高的鑄錢技術，這也為郭昕在當地鑄錢提供了物質及技術條件。

郭昕要在安西鑄錢，除了有政治上的需要以及物資、技術方面的條件之外，還需要有相對穩定的社會環境。根據保存在《大藏經》中的〈悟空入竺記〉，我們發現安西當時具備鑄造、使用貨幣的社會環境。因為悟空❺從印度取經回國的途中，於貞元四、五年間（七八八—七八九），曾經路過安西地區，並逗留了一年多的時間。其間還翻譯了《十力經》，後來又在北庭譯出了《十地

❹《舊唐書・吐蕃傳下》

❺編者注：悟空（七三一—八一二），俗名車奉朝，唐朝名僧。

經》。這說明當時從疏勒直到于闐包括安西四鎮以及北庭在內的西域廣大地區，仍然都在安西和北庭兩大都護府的有效管理之下，社會秩序是穩定的，民眾的生活也是正常的。正是在這種社會環境下，郭昕才有可能鑄造大曆元寶、建中通寶等貨幣。

〈悟空入竺記〉中還提到了郭昕和楊襲古，說悟空在北庭曾經遇到朝廷派來的宣慰使，「時逢聖朝四鎮、北庭宣慰使中使殷秀明來至北庭」。最後，因為河西被吐蕃占領，悟空只得繞道回鶻，於貞元六年（七九〇）二月隨同郭昕的奏事官一同回到長安。就在悟空回到長安的貞元六年（七九〇），西域的局勢突然發生了劇變。當年于闐被攻陷，兩年之後即貞元八年（七九二）西州即吐魯番也陷落了。安西即庫車失陷的時間，雖然未見記載，一般認為貞元八年（七九二）之後可能也被吐蕃攻陷，郭昕最後可能殉國了。這樣，唐朝的勢力最終被排擠出了西域。

六、考證大曆元寶、建中通寶的意義

在文獻記載模糊，又缺少其他資料的情況下，有關安史之亂以後唐朝留守部隊在西域的堅守情況始終是唐史研究領域中的一大空白。范文瀾著《中國通史》第三冊認為「西元七五五年直到八八六年間，整個西域都在吐蕃的手中，只有回鶻成為對峙、抗衡的力量」。這幾乎成為學術界比較流行的觀點。近年透過對西域地區出土的漢文及胡文文書的研究，雖然否定了傳統的看法，證明安西四鎮以及北庭等地，在安史之亂後很長一段時間內仍然奉唐正朔，理應在唐軍堅守之中，但是具體情況仍然不詳。

正是在這種情況下，我們考證清楚大曆元寶、建中通寶等錢幣是堅守安西的「四鎮留後」郭昕在庫車地區鑄造的，這不但破解了困惑錢幣界一千多年的不解之謎，同時更見證了安史之亂以後唐朝守軍對西域的堅守，這為研究從上元元年（七六〇）河隴失守以後，直到貞元八年（七九二）西州最後失陷的三十二年間，以李元忠、郭昕為統帥的留守部隊在與唐朝中央失去聯繫、孤立無援的情況下，毅然堅守西域、忠於大唐的這段歷史，提供了實物資料，補充了文獻記載中的空白，在唐史以及西域歷史的研究中，也具有重要的意義。譬如，我們根據大曆元寶、建中通寶出土的地點可以知道，上元元年河隴失陷之後，安西守軍主要布防於庫車南部地區，重點防禦吐蕃來自且末、若羌方面的進攻。于闐以東的且末、若羌等塔里木盆地東南地區，最晚在貞元四、五年，即悟空到來時已經被吐蕃攻占。這就是悟空改變東歸行程，而從于闐向北沿和田河經巴楚、安西、焉耆、北庭繞道回鶻返回中原的原因。

錢幣雖小，但是作為歷史的見證者，它所承載、記錄、包含的資訊非常豐富。大曆元寶、建中通寶就見證了安西守軍堅守西域、抗擊吐蕃的那段悲壯歷史，填補了一段歷史的空白。這就是收藏、考證、研究錢幣的魅力所在。

14 會昌開元：記錄了佛教最大一場劫難的錢幣

在開元通寶錢幣家族中，有一種背面不鑄月紋，而是鑄有一個漢字，錢幣界習慣將這種開元通寶錢稱為「會昌開元」，意思是會昌年間（八四一—八四六）鑄造的。

會昌開元不同於一般開元通寶錢的地方，不是因為背面多鑄了一個漢字，而是因為它見證了佛教史上一次重大的劫難，即發生於會昌五年（八四五）的唐武宗滅佛事件，錢幣就是用銷毀的佛像鑄造的。

下面，我就透過經歷了會昌法難留存至今的會昌開元錢幣，和大家一起來聊聊唐武宗滅佛的背景、動機，以及對後世的深遠影響。

一、會昌開元的鑄造

佛教作為一種外來的宗教，傳入中國以後，在其傳播、發展的過程中，經常會因為吸納信徒而流失了國家的稅收，在經濟上引起當政者的不滿；在宗教信仰上為了爭奪話語權而與傳統的道教發生矛盾；在思想文化上與儒家的理念也多有衝突。隨著這些矛盾衝突的日益激化，最終導致了在歷史上被稱為「三武一宗」的四次滅佛事件，佛教史上又稱其為「三武一宗法難」。

這裡的「三武」是指北魏太武帝拓跋燾、北周武帝宇文邕、唐武宗李炎；「一宗」則是指後周世宗柴榮。上述四位皇帝，因為政治上的現實需要，為了轉移社會矛盾或是解決經濟難題，都曾經拿佛教開刀，實行過滅佛的政策。其中，唐武宗和周世宗還分別用銷毀的佛像，鑄造了開元通寶和周元通寶兩種錢幣。

會昌開元鑄造於會昌五年（八四五）的四月到八月間，它與此前的開元通寶錢不同的地方是在背面都鑄有一字，表示鑄造的地點。因此，背面是否鑄有文字就成為「會昌開元」與其他開元錢明顯的區別。

據記載，會昌開元錢背面的文字，最早源自揚州節度使李紳。

唐武宗滅佛之後銷毀佛像法器，驟然增加了很多的銅料可以用來鑄錢。因為原來的鑄錢監的鑄錢能力有限，不能消化突然之間增加的大量銅料，朝廷為了盡快將這些銅料鑄成錢，以緩解「錢荒」的壓力，就允許各州自行起爐鑄錢。

揚州節度使李紳就在他負責鑄造的開元錢的背面，加鑄了一個「昌」字，表示「會昌」年號。進呈朝廷以後，被認為可以藉此考核各地所鑄錢幣的品質，於是被推廣，要求各地所鑄開元錢，都要在背面鑄上本州的州名或是錢監的名稱。

據統計，會昌開元錢的背面共發現有：京、洛、益、藍、襄、荊、越、宣、潭、兗、潤、鄂、平、興、梁、廣、梓、福、丹、桂、昌、永等二十二個字。另外，我們注意到，同一個地名，在錢背上所鑄的位置，也都各不相同，這說明它們並不是一次鑄造的，可能後來在宣宗的大中年間，較為偏僻的地區，還在繼續鑄造。因為是各州自行鑄造，規格上多有不同，製作技術上也較為粗糙，這些都是會昌開元錢的一些特點。

會昌六年（八四六）三月，宣宗即位後，馬上就停止了鑄錢，並依據錢幣背面是否有文字，又

圖14–1　會昌開元（背昌）

圖14–2　會昌開元（背京、背洛）

圖14–3　會昌開元（背藍）

圖14–4　會昌開元（背鄂、背興）

將武宗銷毀佛像鑄造的錢幣，再重新銷毀改鑄回佛像。

《新唐書・食貨志》記載說：「會宣宗即位，盡黜會昌之政，新錢以字可辨，復鑄為像。」因此，會昌開元錢總共鑄造不超過十個月，時間不長，而且大部分又被銷毀，存留數量較少，約占開元通寶錢總數的三十分之一左右。但是，因為它見證了會昌滅佛的前前後後，而具有重要的收藏價值。

唐武宗毀佛鑄錢，從表面上看似乎是受到了史思明的啟發，因為史思明就是用銷毀佛像的銅鑄造得壹元寶和順天元寶。但是實際上卻揭示了當時社會上所面臨的嚴重的「錢荒」問題。

圖14–5　會昌開元（穿下背越、穿上背越）

圖14–6　會昌開元（背潭、背梓）

圖14–7　會昌開元（背洪、背潤）

所謂「錢荒」，指的是流通中銅錢不足的現象，這在經濟學上被稱為通貨緊縮。實際上它早在唐朝前期就已經出現，後來因為楊炎實行「兩稅法」，大幅度增加了稅賦中銅錢的徵收比例，就更加重了流通領域中銅錢不足的矛盾，最終發展成為貫穿於整個唐朝中後期直至宋代日益嚴重的「錢荒」難題。

為了解決這一難題，唐朝政府曾先後採取了多種措施，但是都收效甚微。於是，唐武宗就採取了毀佛鑄錢這一極端的手段。單從這個角度看，用銷毀的佛像及法器直接鑄錢，立馬就能緩解「錢荒」的壓力，這明顯就是會昌滅佛的一大目的。

但是，銷毀佛像難道僅僅是為了鑄錢？那大規模搗毀寺院、勒令僧尼還俗又是為了什麼呢？以慈悲為懷，不殺生，講究因果報應，注重行善積德、普度眾生的佛教，又因何要遭此劫難呢？

因此，唐武宗滅佛絕不僅僅是為了鑄錢，還有著更為深刻的社會背景。

二、會昌滅佛的動因

會昌滅佛似乎就是為了毀佛鑄錢，以便緩解愈演愈烈的「錢荒」現象。客觀地講這只是表面現象，實際上唐武宗滅佛的背景是比較複雜的，有諸多深層次的原因。如：平定「安史之亂」以後，唐朝中央政府財源枯竭、府庫空虛的窘迫，朝廷內部深陷宦官專權、「牛李黨爭」的內耗，以及透過佛道之爭所表現出來的當時社會深層次的矛盾。另外，唐武宗本人對佛道之爭的態度也是一個重要的因素。

首先是經濟上的原因。

經濟方面應該是唐武宗滅佛首先考慮的因素。安史之亂以後唐朝出現了藩鎮割據的局面，因此叛亂頻發、戰亂不斷。朝廷為了平定叛亂，對百姓自然更是橫征暴斂、巧取豪奪。這種社會環境之下，對現實不滿的民眾便只能將希望寄託給來世。因此，主張修來世的佛教從精神上對大家就有了吸引力。此外，更吸引他們的是，出家以後就有了既不用服兵役、勞役，也不用繳納賦稅的特權。於是，在現實中既看不到希望，又無所依託的民眾，就紛紛躲入寺廟而成為僧人。

這樣一來，遍布各地的寺廟不但吸納了眾多的人口，還廣占良田，坐擁大量的地產，成為社會上最有勢力的地主組織，與世俗地主之間自然就產生了激烈的矛盾。而寺院的免役、免稅等特權，又使得中央政府流失了很大一部分人力資源與財政收入。這在國力興盛的時候，還無足輕重，但是處在積弱積貧、民生凋敝的晚唐，就顯得格外重要了。因此，府庫空虛、財政拮据的唐朝政府，要想增加財源，拿佛教來開刀自然是最便捷見效的辦法。

其次是政治上的鬥爭需要。

如果說經濟方面是唐武宗滅佛的重要考慮，那麼從朝中大臣的角度來看，滅佛也是「牛李黨爭」相互角力的重要一環。所謂牛李黨爭，通常是指唐朝後期以牛僧孺為領袖的牛黨與李德裕為領袖的李黨之間的爭鬥。兩黨除了政治上的分歧之外，還牽扯進了個人之間的恩怨。牛僧孺曾經因為評論時政，得罪了宰相李吉甫，而遭到貶斥。李德裕是李吉甫的兒子，因此雙方結怨甚深。他們之間自憲宗元和三年（八〇八）因科舉問題結恨，直到宣宗大中三年（八四九）李德裕死於被流放之地崖州即今海南島，在長達四十多年的時間內，兩黨相互爭鬥，此起彼伏，以至於文宗曾發出「去河北賊易，去朝中朋黨難」的感歎，其鬥爭之激烈可想而知。

牛李黨爭，實質上是朝廷內部面對安史之亂以後所出現的社會危機，在認識和對策方面所出現的分歧和差異。大體說來，李黨代表的是一批具有危機意識的貴族，主張削平藩鎮、抑制宦官、廢棄佛教，「重修開元故事」，以期中興唐朝，可以說代表的是進步的改革派；牛黨的政治態度則是以維持現狀為根本，對於藩鎮的割據、宦官的專權以及佛教的擴張，都持苟安姑息的態度，一心只想保住自己的權力。因此，可以說代表的是一群平庸保守的勢力。元代歷史學家胡三省曾評論說：「牛僧孺患失之心重，而李德裕進取之心銳。」可謂精闢之論。

牛李兩黨分歧的焦點，雖然主要集中在透過什麼途徑來選拔官僚以及如何對待藩鎮上，但是對於佛教所宣傳的消極出世思想的態度，也是兩黨的分歧之一，因此也可以說滅佛是兩黨爭鬥的結果。被武宗視為股肱之臣的李德裕，就是滅佛的主要參與者。他一向排佛，早在敬宗朝他出任浙西觀察使的時候，就對佛教的發展進行過限制。因此，當武宗任命他為宰相，執掌朝政大權之後，便積極配合武宗採取了滅佛的政策。

最後是佛道之爭。

以上兩點主要是從大的政策背景上分析了武宗滅佛的原因。但是最直接的滅佛動因，則是唐朝後期日益尖銳的佛道之爭，這還需要從唐朝建立之初講起。

前面我們在講開元通寶錢的時候，已經介紹了李唐皇室與道教的淵源。自魏晉以來形成的門閥制度，雖然到了唐初已經開始衰落，但是在社會上的影響力還依然強大。甚至李淵建立唐朝，當上了皇帝之後，因為出身不是名門世家而有自卑感。為了抬高自己的身世，李淵便直接認同姓的道教始祖李耳，即老子為祖先。這樣一來，道教在唐代經過皇室的宣傳，便有了相當崇高的地位，幾乎就成為國教，但是佛道之爭卻一直沒有間斷。等到武則天掌權以後，為了削弱李唐皇室的影響，她又開始推行抑制道教、大興佛教的政策。特別是安史之亂爆發以後，郭子儀因「軍興用度不足」而與佛教的禪宗六祖神會做過一筆交易，允許神會透過私賣度牒的手法來換取錢財。

這裡「度牒」是指朝廷發給公度僧尼以證明其身分合法性的憑證，僧尼持有度牒，就有了明確的身分，可以免除地稅傜役。因此，廣大民眾為了逃避戰爭，免繳賦稅，便紛紛購買度牒加入佛教。於是，佛教的勢力得到了極度的擴張。但是，入教者多是基於利益的考慮，而非真正的信仰，魚龍混雜，良莠不齊，而敗壞了佛教在社會上的名聲。

在道教與佛教的衝突中，佛教在教義、教理上明顯占有優勢，道教難以匹敵。於是道教就利用政治上的優勢來排斥佛教。這其中，道士趙歸真對武宗滅佛起了重要的煽風點火的推動作用，主要是透過兩個途徑來煽動、蠱惑武宗的：

一是利用道教長生不死的騙術對武宗進行誘惑。唐朝的皇帝可能是因為崇信道教的原因，都有一個共同的特點，那就是特別希望能夠長生不老。不過具有諷刺意味的是，唐朝居然先後有六位皇帝——太宗、憲宗、穆宗、敬宗、武宗和宣宗，為求長生而服丹藥，結果「暴崩」。

二是編造讖語，製造輿論。宣稱「李氏十八子昌運未盡，便有黑衣人登位理國」，並解釋說「十八子」就是李唐皇室，「黑衣」則是指僧人，意思是將會有黑衣天子取代武宗，暗示僧人威脅到了武宗的地位，從而使武宗更堅定了滅佛的決心。

另外，武宗滅佛選擇的時間點也與唐朝周圍發生的兩件大事有關，一是八四〇年北方的回鶻在遭遇內訌和天災之後，又突然受到黠戛斯人的襲擊而瓦解；另一件是西南的吐蕃國王達瑪也幾乎在這同一時期被暗殺，而陷入了內亂。回鶻和吐蕃不但是唐朝的兩大外來威脅，而且還都是佛教的支持者。這兩大外部勢力的消除，使得武宗可以毫無顧忌地去滅佛了。

三、武宗滅佛

開成五年（八四〇）秋，唐武宗剛做皇帝就召趙歸真入宮，進行崇道抑佛的活動。第二年即會昌元年（八四一）六月慶陽節，武宗設齋請僧人、道士講法，只賜給道士紫衣，僧人無份。這雖然只是一樁不起眼的小事，卻發出了一個明確的信號，即新皇帝不喜歡佛法，緊接著對佛教發難的敕令便一個接一個地發布了，中國歷史上最大的一次宗教迫害運動——唐武宗滅佛開始了。當時隨遣唐使來中國的日本和尚圓仁，正好親身經歷了這場劫難，在他寫的《入唐求法巡禮行記》中詳細記錄了這次「法難」的情況。

根據圓仁的記錄，廢佛的第一步是在會昌二年三月，當時的宰相李德裕奏請嚴密加強對僧尼的管理，十月以後朝廷下詔，命令逃兵、罪犯、娶妻而有僧籍者必須還俗，禁止僧尼走出寺院之門。此舉使長安城內大約三千五百人還俗。

會昌三年，加強了對外國僧人的監視，要求在長安的外國僧人必須申報姓名以及留在長安的理由。圓仁因為當初在山東領的「公驗」即通行證，一到京城就已失效，沒有新的「過所」或「公驗」發下來，他就一步也不能離開長安，因此而成為「會昌滅佛」的親歷者。

會昌四年，不許供養佛牙，敕令盡拆大型寺院、佛堂，勒令僧尼還俗。與此同時，朝廷開始向道教方面傾斜，武宗在宮中設置了九天道場祭祀道教諸神，製造可以成仙的仙藥，並建造了望仙臺。

會昌五年（八四五），又開始了更大規模的滅佛。首先，規定天下寺舍，不許置莊園。其次，又令檢查天下寺舍奴婢多少，財產情況如何，對諸寺的財產及貨賣奴婢的收入全部沒收。最後，又迫使幾乎所有的僧尼還俗。這次打擊的對象不限於佛教，還包括拜火教（祆教）、摩尼教、景教，也就是說除道教之外的一切宗教都遭到了鎮壓。此次滅佛的成果可謂「戰績輝煌」，全國共拆除寺廟四千六百餘所，拆招提、蘭若四萬餘所，僧尼二十六萬餘人還俗成為國家的兩稅戶，沒收寺院所擁有的膏腴上田數千萬頃，沒收奴婢為兩稅戶十五萬人，另外還強制景教、祆教三千餘人還俗。

武宗滅佛沉重打擊了寺院經濟，增加了政府的納稅人口，擴大了國家的稅源。但是，對於僧尼們來說則是一場浩劫。某種程度上講，佛教自身的墮落也是重要的原因。宋代宗頤禪師曾為此反思說：「天生三武禍吾宗，釋子回家塔寺空，應是昔年崇奉日，不能清儉守真風。」可謂一語道出了真諦。

武宗聽從趙歸真的蠱惑，雖然滅了佛教，但是成仙的願望卻始終沒能實現，後來在藥物的作用之下，變得容顏消瘦、性情乖張。趙歸真就告訴他說這是在換骨，屬於正常情況。對於長生的狂熱追求使武宗難以自拔，聽不進大臣們的規勸。會昌六年（八四六）的新年朝會，由於武宗病重沒有舉行，道士們就說他生病是因為名字「瀍」從水，與唐朝崇尚土德不合。因為，土克水，「瀍」名被土德所克，應改名為「炎」，炎從火，與土德相合，可以消除災禍。但是，改了名字也沒有給武宗帶來轉機，不久便一命嗚呼，年僅三十三歲。宣宗在武宗的靈柩前即位，隨即下令處死了趙歸真，罷免並流放了李德裕，改任牛僧孺為宰相，頒布詔書停止了毀佛運動。

四、「會昌滅佛」的深遠影響

「會昌滅佛」對後世產生了怎樣的影響呢？

唐武宗的滅佛行動，雖然牽涉道教與佛教的矛盾，但是它並不是一次宗教性的運動，而是世俗政權對日益膨脹的宗教勢力的遏制和打壓。雖然時間並不太長，前後僅有四年左右，最激烈的時間甚至還不到一年，但是與其他三次滅佛運動相比，只有這次是在國家大一統的時期，中央與地方聯合行動，其程度和範圍比其他三次對佛教的打擊都要大，影響也更為深遠。

佛教自漢代傳入中國之後，發展迅猛，到唐代形成了盛極一時的八個流派，號稱「八宗」，即天台宗、華嚴宗、律宗、密宗、三論、法相宗、淨土宗和禪宗。經過這場法難之後，佛教的典籍大多數都被焚燒或散失。因此，義理深邃的宗派因為沒有了精神食糧而後繼乏力，最終都斷了香火。義理簡單，主張「頓悟」的禪宗成為唯一延續下來的宗派，其餘宗派都無可避免地走向了衰敗，中華佛教從此陷入了「關河冷落，殘照當樓」的末路。另外，以「三夷教」聞名的祆教、摩尼教、景教等外來宗教更是從此銷聲匿跡，中華大地上只剩下了本土產生的道教。由此造成了中國思想領域儒家獨尊的局面，這對於中國根深柢固的專制思想的形成，不能說沒有關係。

15 高昌吉利：文化融合的產物

「高昌吉利」是古代高昌國的錢幣，知名度很高，是中國古代錢幣中的大名譽品。可是，不知道有人考慮過沒有，錢文「吉利」兩字，除了字面上的吉祥如意、大吉大利之外，是否還有別的寓意？背後是否另有鮮為人知的故事？

下面我就結合自己的研究，試著給大家解開蒙在高昌吉利錢幣上的謎團，還原它的本來面目。

一、兩次重要的出土發現

高昌吉利錢幣最早見於清代乾嘉年間張敬庵所著《泉寶錄》。錢文隸書，旋讀，素背。錢體大而厚重，肉好郭圓，文字古樸，製作精良。直徑二十五・五公釐，穿徑約七公釐，重約十四・三克。

高昌吉利錢幣，僅從錢文上就能確定它是高昌國所鑄。但是，古代高昌國自北魏一直延續至元代，具體是高昌國哪個時期所鑄造的，則眾說紛紜，莫衷一是。有兩次重要的出土發現對於確定它的年代具有重要意義。

一次是一九七〇年十月發現的震驚考古界的西安何家村金銀器窖藏，共出土文物一千多件，全部被陝西省歷史博物館收藏。在該館收藏的十八件國寶級文物中，何家村出土的文物就占了四件，

圖15–1　高昌古城

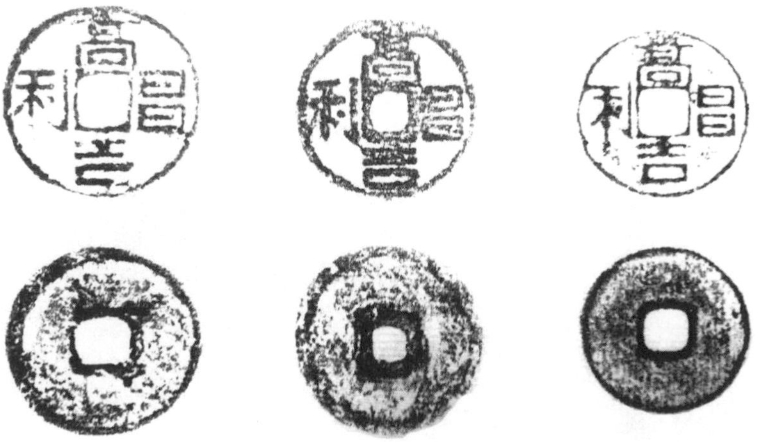

圖15–2　高昌吉利

這可是在文物大省陝西，不比其他省分，何家村出土文物等級之高，由此可見一斑。在這一千多件文物當中，有錢幣三十九種，其中有一枚高昌吉利銅錢，上面還帶有編號，收藏於陝西省歷史博物館。這是高昌吉利錢幣第一次有明確記載的出土發現，立即引起了錢幣界的廣泛關注。

另外一次是一九七三年吐魯番阿斯塔那五一九號墓葬中出土了一枚高昌吉利，同時出土的還有紀年為唐貞觀十六年（六四二）的墓誌一塊，證明其鑄造年代最晚不可能晚於貞觀十六年，由此可以確定高昌吉利錢幣是麴氏高昌王國時期所鑄造。至此，錢幣界普遍認為圍繞高昌吉利錢幣的疑問似乎已經解決了。但是，事情並沒有這麼簡單，真正的研究實際上才剛剛開始。

二、觀點的提出

高昌吉利錢幣最初引起我的注意與頡利可汗有關。頡利可汗是東突厥汗國的最後一位可汗，但是他卻毫無末代君主那種日落西山的衰敗之相，反而擁有強盛的勢力。貞觀元年（六二七）頡利可汗親率十萬大軍直逼渭水便橋之北，距離長安城僅有四十里，京師震動。剛剛透過玄武門之變登基的唐太宗，被迫設疑兵之計，「與房玄齡等六騎詣水濱，與其酋頡利隔水語，卒盟而歸」❶。唐太宗親自帶領少數隨從隔渭水與頡利對話，許以金帛財物並結盟之後頡利才退兵，這就是唐太宗引以為恥的「渭水之盟」。

❶《新唐書・突厥傳上》。

兩年後即貞觀三年（六二九），唐太宗抓住時機派李靖出奇兵打敗頡利，第二年東突厥汗國滅亡，頡利被俘後歸順了唐朝。據說陝西乾陵給唐太宗守陵的六十一尊蕃王石人雕像中，就有這位頡利可汗。

頡利可汗與高昌吉利之間會有什麼關係呢？莫不是頡利可汗鑄造了高昌吉利錢幣？

高昌吉利錢幣雖然不是頡利可汗所鑄，但用的卻是頡利可汗的名字，啟發我對高昌吉利錢幣產生了新的認識。因為「頡利」是突厥語ilik或ilig的漢字音譯，其突厥語的本意是「王」的意思。「吉利」實際就是「頡利」的異譯。因此，我推測高昌吉利的本意可能表示的就是「高昌王」。

我的這一想法直到十多年後的二〇〇六年深秋的一天，去醫院看望中國著名的突厥語言學家、中國少數民族古文字學會副會長、中央民族大學博士生導師張鐵山博士時，才有機會向他請教。張鐵山教授認為我的觀點有一定道理，答應出院後從語言及音韻學上給我提供依據。不久，我就收到了他透過郵箱發來的考釋結果，他同意我的觀點即「吉利」是突厥語ilik或ilig的漢語音譯。尤為難得的是，他從語言學上給我提供了依據，即漢字「吉利」實際上就是突厥語ilik或ilig的音譯。

收到鐵山教授從語言學專業提供的依據後，我備受鼓舞，很快撰寫了〈高昌吉利錢幣考——兼論隋唐之際高昌地區的文化融合〉，發表於《西域研究》二〇〇七年第一期。文章中我認為：「吉利」是用漢字拼讀的古突厥語，應為突厥語ilik或ilig的漢語音譯，意為「王」。漢文史籍中多譯作「頡利發」或「頡利」，「吉利」為它的異譯。「高昌吉利」對應的漢語意思應該就是「高昌王」，是時任高昌國的國王麴文泰鑄造了高昌吉利錢幣。「頡利發」原本是突厥汗國的一種官銜或稱號，經常授予被其控制的西域各國的國王，作為臣服的標誌。新舊《唐書》中，都有關於「頡利發」的記載，只是研究歷史的專家沒有關注到高昌吉利錢幣，而研究錢幣的專家又沒有將「吉利」

與「頡利發」聯繫起來而已，正好我能兼顧這兩方面，於是將兩者聯繫起來，破解了這一千年不解之謎。

三、麴文泰鑄造高昌吉利

高昌國王麴文泰為什麼要鑄造高昌吉利錢幣呢？實際上這與唐玄奘有一定的關係。

據《大慈恩寺三藏法師傳》記載，玄奘是在麴文泰的盛情邀請之下，改變西行的行程來到高昌國的。麴文泰本想留玄奘常住高昌為國師，被拒絕後求其次而結為兄弟。玄奘留住高昌講經一月，答應取經歸來時在高昌住三年宣揚佛法之後，麴文泰才派人護送玄奘西行，並給西突厥的統葉護可汗專門寫了信函，請他提供沿途的幫助。信中說「法師者是奴弟，欲求法於婆羅門國，願可汗憐師如憐奴，仍請敕以西諸國給鄔落馬遞送出境」。❷統葉護可汗找到一位曾經在長安待過數年，通解漢語的青年，攜帶他給沿途各國的國書以及法服一襲，絹五十匹，護送玄奘到迦畢試國，出發時統葉護可汗與群臣送出十餘里。如果沒有西域當時的實際統治者統葉護可汗給沿途打招呼並派衛隊護送，玄奘是很難順利到達印度的。

史載統葉護可汗在收到玄奘帶來的麴文泰寫給他的信函之後，授予了麴文泰「頡利發」稱號。實際上，麴文泰還是統葉護可汗的大舅哥，因為麴文泰的妹妹曾經和親嫁給了統葉護可汗。聯繫這

❷《大慈恩寺三藏法師傳》，中華書局，一九八三。

件事，我認為麴文泰很可能是在收到「頡利發」這一稱號之後，鑄造了高昌吉利錢幣。

這一推測從玄奘寫的《大唐西域記》中也能得到旁證。因為玄奘在書中對沿途經過的阿耆尼（即焉耆）、屈支（即庫車）等國使用貨幣的情況，都有專門的記述。如記載「（屈支即龜茲）貨用金錢、銀錢、小銅錢」。但是唯獨對高昌國的貨幣不見記載。

考慮到玄奘當年曾經在高昌生活過一段時間，因此，高昌吉利錢幣很可能是在玄奘離開高昌以後鑄造的。即鑄造年代的上限應該不會早於玄奘離開高昌的貞觀二年（六二八），下限更不可能晚於貞觀十四年（六四〇）侯君集平定高昌。也就是說，高昌吉利錢幣應該鑄造於唐貞觀二年到貞觀十四年，即西元六二八至六四〇年的十二年間。這一推斷與吐魯番阿斯塔那五一九號墓葬中，和高昌吉利同時出土的墓誌紀年為唐貞觀十六年（六四二）是一致的。鑄造地點應該就在高昌當地，不可能鑄於中原內地。

透過以上的分析，我們知道高昌吉利錢幣雖然是麴文泰被授予「頡利發」這一稱號之後鑄造的，但是聯繫高昌國的歷史我們卻發現，麴文泰鑄造高昌吉利錢並不完全是為了紀念統葉護授予他「頡利發」這一稱號，他實際上還有更深層次的政治考量，目的是加強其王權，這屬於他推行的「延壽改制」政策的一部分。

講到「延壽改制」，需要做一點背景介紹。隋朝大業六年（六一〇）麴文泰的父親麴伯雅曾經受邀去長安朝見過隋煬帝，受中華文化的感召，他回到高昌後積極推行以華變夷，向中原文化看齊的改革。雖然獲得了隋煬帝支持，但是，在實際推行的過程中，卻遇到了很多的阻力，其中最大的反對者就是距離高昌很近的另一宗主國鐵勒。《隋書・高昌傳》記載說，麴伯雅「雖有此令取悅中華，然竟畏鐵勒而不敢改也」。即便如此，最終還是導致了政變的發生，麴伯雅棄國逃亡，失國六年後於西元六二〇年，在西突厥的支持下才重新奪回政權，改元重光，史稱「重光復辟」。關於這次復辟的幕後主使，史無記載，說法不一。實際上具體是誰似乎並不特別重要，重要的是它體現了中原漢文化與西域少數民族游牧文化，即所謂的漢胡兩種文化、兩股勢力對高昌的影響與爭奪。

麴氏高昌王國後期，周邊的柔然、高車以及鐵勒被新興的、更為強大的西突厥汗國替代，中原地區唐朝取代隋朝統一了全國。周旋於周邊強大勢力之間的高昌王麴文泰，非常清楚高昌王國處於西突厥與唐朝兩強之間，自身國力弱小，既是西突厥的屬國，又必須向唐朝稱臣，兩邊都得照顧好，哪一方他都不敢得罪。更關鍵的是在王國內部他還需要強化王權，加強統治。因此，他推行了「延壽改制」，在加強王權的前提下，採取了一些既能照顧現實，同時又內外有別的政策。高昌吉利錢幣實際上就是麴文泰在這一政治背景下鑄造發行的。「重光復辟」四年以後，即西元六二四年，麴文泰繼承王位，改元延壽。為了加強統治，麴文泰圍繞強化王權推行了一些新的政策，史稱「延壽改制」。限於資料，我們對延壽改制的內容所知有限，很不全面。但是，從目前所掌握的一些具體事例上看，加強王權無疑是麴文泰改制的中心目標。於是，他就選擇統葉護可汗授予他「頡利發」稱號的機會，鑄造了高昌吉利錢幣。

鑄造發行寓意為高昌王的「高昌吉利」錢幣，是麴文泰加強王權的需要。同時，這也是他在王國內彰顯王權的最好方式。在高昌王的稱號中，「王」借用突厥語ilik或ilig的漢字譯音「吉利」，即採用「高昌吉利」四字的形，來表達「高昌王」的意，這既能在王國內強調自己「王」的地位，同時也符合西突厥所授的「頡利發」這一官銜，對唐朝也能有交代，因為漢字「吉利」字面上僅是大吉大利、吉祥如意的祈福意思。這樣就達到了在王國內部以及周邊兩個強大的宗主國三方之間都能接受、滿意並解釋得通的效果。只是在鑄造錢幣時，因受文字所限，「頡利發」便被簡略為「吉利」兩字。「高昌吉利」既符合圓形方孔錢的鑄造特點，又能充分表達麴文泰的心意，真是完美之至！

四、高昌吉利與文化融合

高昌國為什麼會出現用漢字拼讀突厥語的現象？實際上，用漢字拼讀古突厥語，就像二十世紀八〇年代改革開放之初，學英語而不懂國際音標，有人就用漢字標注英語的發音一樣，這是一種文化交流、融合過程中普遍的現象。

高昌吉利錢幣就像一塊活化石，記載、見證和揭示了隋唐之際高昌地區這種文化融合現象，它是中原地區的漢文化與西域地區的突厥文化相互交匯、融合的結果。這與高昌地區特殊的民族構成及其地理位置有關。

民族構成上，高昌居民主要是來自河西及中原地區的漢族移民，這些移民主要由屯田戍卒及避亂難民構成。據《魏書・高昌傳》記載，高昌國最早的漢族移民是李廣利征大宛時留下來的「疲卒」，即老弱病殘的士卒，隨後是漢魏時期的屯田兵卒。十六國時為避戰亂，難民或自發或被裹脅而流入高昌。僅北魏太平真君三年（四四二）沮渠無諱一次就將敦煌一萬餘戶強行遷至高昌。直至隋末，仍有內地民眾逃入高昌，這也是唐太宗平定高昌的原因之一。

地理位置上，高昌位於西域中部偏東地區，地處絲綢之路的交通要道。一方面，它是中原通往西域的必經之地；另一方面，它又處在天山北部游牧的「行國」，通往塔里木盆地沿線農耕的「城郭諸國」的必經之地。這一地理位置決定了高昌始終是中原王朝與草原游牧民族爭奪西域的焦點地區。魏晉以來，當中原陷於內亂而無暇顧及西域時，高昌便被以柔然、高車、鐵勒、突厥等為代表的草原游牧民族控制。

高昌國內部是中原地區移民帶來的漢文化，環繞王國四周的則是草原游牧文化。魏晉以來，高昌又被迫依附於外部的游牧民族政權。在兩種完全不同文化的相互影響之下，形成了以「漢胡交融」為特色的高昌文化。這種漢胡交融的特色在高昌王國社會生活的很多方面都有表現。譬如：

政治上，高昌執政者既接受突厥等游牧民族授予的「頡利發」等官銜及稱號，表示政治上的臣屬；同時，也向中原王朝稱臣納貢，接受冊封。如麴斌造寺碑背面所刻高昌王麴寶茂的頭銜便是北魏封號、突厥封號和自署三種官銜及稱號的混合體。

語言上，高昌王國雖然接受突厥授予的官銜及稱號，但是始終使用漢字，而不用突厥文字，需要時就用漢字音譯突厥語。高昌對突厥語的音譯名稱與中原文獻所用譯名用字不盡相同，如突厥語iiik或ilig，中原音譯為「頡利發」，而高昌地區則譯為「吉利」，這可能是因為高昌地區的移民主要來自河西，其漢文化是以河西地區的涼州文化為主，因而有此差別。

婚俗上，王室上層遵從突厥的收繼婚制，就是父兄叔伯死後，兄弟及子侄婚娶嫂子及後母，這是游牧民族的一種婚俗。與突厥結姻的高昌王麴伯雅曾極力反對續娶突厥後母，而麴文泰主動要求續娶後母宇文氏，表明高昌王室對突厥的這一婚俗已由最初的被迫反對變為主動接受，並成為王室自身的婚姻習俗。這種情況應該是僅限於與突厥結姻的王室，民間則很少有跨族通婚的現象。

葬俗上，墳墓的樣式、出土的墓誌銘和文書都顯示了與中原漢文化一脈相承，但是也保留有草原游牧民族特有的一些葬俗。如死者的名字、官號雖然是用漢文記述，但是許多人臉上卻蓋有覆面（面衣），眼睛上蓋有金屬眼罩，這顯然又是源自草原游牧民族的葬俗。

服飾上，依從突厥「被髮左衽」，即披髮、上衣左側開襟，這是游牧民族的服飾習俗。《魏書・高昌傳》記載，男子「辮髮垂之於背。著長身小袖袍，縵褲襠」，這顯然不是漢族的裝束；而女子的「頭髮辮而不垂，著錦頡纓珞環釧」，仍然是漢族婦女的打扮。這與《周書・高昌傳》中記載的：「服飾，丈夫從胡法，婦人略同華夏」；《隋書・高昌傳》中「男子胡服，婦人裙襦，頭上作髻」的記載亦一致。

服飾上受游牧文化的這種影響與官制及婚俗相比，無論在廣度上還是深度上都要大得多。玄奘在《大唐西域記》中記載，中亞怛邏斯附近的小孤城有居民三百多人，原為漢人，後來被突厥擄掠至此，他們抱團取暖，共同生活在這個小孤城之中，「衣服去就，遂同突厥；言辭儀範，猶存本國」。意思是說雖然他們的服飾已經都突厥化了，但是語言以及神情卻還保留著中原的風格。小孤城實際是一個定居的農業聚落，聚落中流落的漢人已經明顯具有了突厥化的傾向。

隋唐之際是西域歷史上一個大的發展階段，也是各種民族文化相互交匯、融合的一個重要時期。交流的過程是相互影響、相互吸收；交流的結果則是你中有我、我中有你，最終形成了以多元、交融、開放為特色的絲綢之路文化。

在這種歷史背景之下鑄造的「高昌吉利」錢幣，只有放在多元文化交流、融合的大背景之下來考察、分析，才能揭示出它所承載、蘊含的文化資訊。而這正是絲綢之路錢幣的魅力所在，也是我們考證、研究高昌吉利錢幣所獲得的最大啟示。

16 粟特青銅錢：絲綢之路上的圓形方孔錢

二十世紀三、四〇年代，蘇聯曾經在中亞地區進行了大規模的考古發掘。其中，在著名的考古學家斯米爾娜娃主持下，在費爾干納盆地一帶出土了大量的圓形方孔銅錢。有的就是唐朝的開元通寶，有的背部鑄有徽記，或者只保留了漢字「元」並與當地的粟特文合鑄在一起，另有一種沒有漢字，只有粟特文。這些粟特人鑄的錢幣被統稱為粟特青銅錢，幾乎遍及整個費爾干納盆地的各個綠洲點。

開元通寶錢幣的背面以往大多都是鑄有月紋，這裡怎麼就換成了徽記？中國傳統的方孔錢，為什麼要用粟特字母？這種粟特青銅錢是誰鑄造的？又為什麼鑄造？

要回答這些問題，首先要從「粟特」以及「粟特人」談起。

一、「粟特」及「粟特人」

「粟特」一詞實際上是中國古代文獻中的稱呼，最早見於《後漢書・西域傳》，指的是中亞的一個地區。這一地區在西方的文獻中，一般習慣稱為「索格底亞那」（Sogdiana）。「粟特」應該就是「索格底亞那」的漢語音譯，指的是中亞地區阿姆河和錫爾河之間的澤拉夫善河流域。這一地區在阿拉伯文獻中又被稱為「河中地區」，現代地理學上則被稱為費爾干納盆地，主要位於今天的烏茲別克斯坦，另有一小部分在塔吉克斯坦和吉爾吉斯斯坦境內。

「粟特人」顧名思義是指生活在粟特地區的人，這是一個古老的民族，人種上屬於伊朗系統的中亞古代民族，語言上屬於印歐語系伊朗語族的東伊朗語的一支。早在西元前六世紀的波斯阿契美尼德王朝的文獻中就提到了粟特人。據說波斯的居魯士大王於西元前五四〇年征服了索格底亞那，雖然後來居魯士本人在與塞種人的戰鬥中死去，但是，直到亞歷山大於西元前三三九年消滅波斯帝國之前，粟特地區都屬於波斯阿契美尼德王朝的一部分。正是因為粟特地區深受阿契美尼德王朝的影響，粟特人才於西元一至二世紀在源自阿契美尼德王朝的帕提亞語的變種阿拉米文字母的基礎上，發明了粟特文字母。

粟特文字一經發明，就顯示了它的適用性並發揮了重要的作用，在歷史上曾經產生了重要的影響。這種文字不僅在粟特人後來的商業活動中扮演了重要的角色，甚至還直接影響到了中國當代一些民族文字的使用。如古代的突厥民族，除了八世紀初上層貴族曾經短暫使用過一段時間的如尼文之外，突厥文獻一直都是用更適合突厥發音的粟特字母來拼寫的。後來的回鶻人，即現代維吾爾人的前身，也是在粟特文的基礎上發展出了回鶻文。回鶻文最初是從右向左橫寫，後來可能是受漢文影響或與漢字連寫的關係，改為了豎寫。回鶻人雖然後來因為改信伊斯蘭教而改用了阿拉伯字母，但是蒙古文卻是在成吉思汗統一蒙古各部之後，由回鶻人塔塔統阿在回鶻文的基礎上發明的，而滿文又是在蒙古文的基礎上發明的，錫伯族的文字又是源自滿文。因此，我們可以說今天的蒙古文、滿文和錫伯文都是來自粟特文。另外，我們如今以七天為一週，並以星期命名每一天的做法也是源於粟特人。

粟特人與中國的首次接觸一般認為與亞歷山大的東征有關。可能就是為了躲避希臘的軍隊，粟特人向東逃到了塔里木盆地。後來粟特商人為了溝通中亞地區與中國之間的商貿往來，在塔里木盆地南緣直到甘肅、陝西的絲綢之路沿線，以及山西、河北等地，建立了許多由商人組成的移民聚落，並進而發展形成了聯繫密切的商業網絡。一九〇七年斯坦因在敦煌以西被廢棄的一座漢代烽燧遺址中發現的一組粟特人的「古信札」，就清晰地反映了這方面的資訊。中國政府為了加強對入境粟特人的管理，一般都在粟特聚落中指派一人為官，這樣就將他們納入了政府管理系統，被官府指派的人既是聚落組織的領導者，又是商隊的首領，還是負責祭祀活動的宗教領袖薩寶。從北魏到唐朝，很多入華的粟特人都用各自的國名作姓氏，如康、安、石、曹、米、何、史等，並取一個中國化的名字。如安祿山、史思明就是粟特人。

二、絲綢之路上的粟特人

西元六世紀到八世紀中葉是粟特商業的鼎盛期，粟特人之所以能夠在絲綢之路上保持長達兩個半世紀之久的繁榮，很大程度上是依靠了粟特本土強大的商業傳統的支持。

粟特地區並沒有建立一個統一

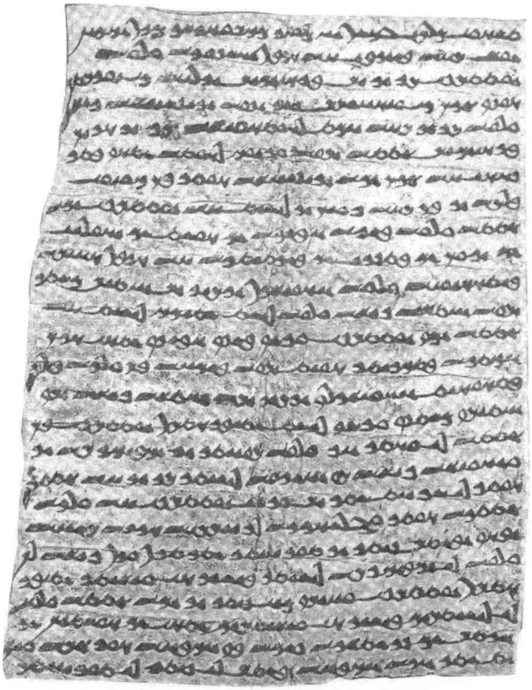

圖16–1　穆格山粟特文書

的國家，而是分布有眾多大小不等的、以綠洲農業以及商業貿易為基礎的城邦國家。其中以撒馬爾罕為中心的康國最大，也是主要的政治中心。此外還有位於布哈拉的安國、塔什干的石國，以及東曹國、曹國、西曹國、米國、何國、史國等。因為他們的王族都是同姓「昭武」，不同時期，他們或有分合。因此，在唐代被統稱為「昭武九姓」，又稱為「九姓胡」。粟特人因為地處絲綢之路東西交通的要衝，同時又在農業文明和游牧文明的南北交匯之處，以轉手貿易為特色的商業文化非常發達。因此，得地利之便的粟特人，就成為活躍於絲綢之路上最早的商業主角，以「善商賈」而聞名。

粟特人善於經商的習性，不但與他們所處的地理位置有關，還根植於他們自身的家庭教育以及傳統習俗之中。與中原人自幼崇尚詩書禮樂不同，粟特人從小便接受商業教育。早在漢代張騫的記憶中，粟特人除了「深目高鼻、多鬚髯」的外在形象之外，更以貪婪、逐利的商人本性被司馬遷記錄於《史記・大宛列傳》中。這些特徵後來在西行求法途中，曾經路過粟特地區的玄奘所寫的《大唐西域記》中有更為詳盡的描述。玄奘觀察到粟特人從小孩誕生直到成人的教育階段，都有商業意識的灌輸和經商文化的傳承。比如男孩五歲開始學寫字和計數，初步掌握讀寫

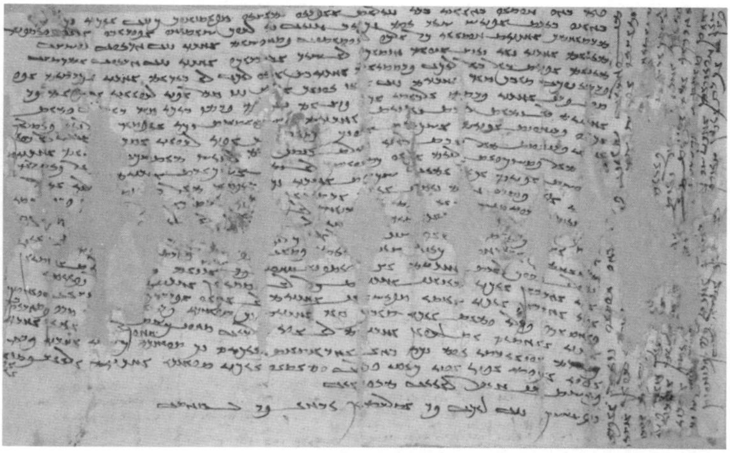

圖16–2　敦煌出土的粟特文信札

的技能以後就學經商，「父子計利，財多為貴，良賤無差」。❶待二十歲成人之後，就外出經商，「利之所在，無所不至」。❷這種家庭教育以及經商習俗構成了粟特人商業文明的源頭。

三、粟特人鑄造圓形方孔錢的原因

粟特人雖然具有善於經商的習性，並且在絲綢之路沿線的貿易中也發揮了重要的作用，但是粟特人自己並沒有獨立的貨幣體系和類型。他們早期受波斯的影響，交易中主要使用波斯薩珊朝的銀幣；後來因為受唐朝的影響，於是又仿照開元通寶錢的式樣，鑄造了大量的圓形方孔銅錢，這就是我們一開始所說的「粟特青銅錢」。中亞地區向來習慣於以銀為幣，波斯薩珊朝的銀幣就曾經長期作為通用貨幣，銀幣在整個中亞，甚至包括位於甘肅的河西走廊地區，都是普遍的支付手段。

這種背景之下，粟特人為什麼還要另外鑄造一種方孔銅錢呢？他們這樣做的動因又是什麼呢？這除了有滿足各自城邦日常交易需求的內在原因之外，更多的動因應該從唐代高度發達的漢文化對西域的影響，以及唐太宗被回鶻等西北各族共奉為「天可汗」的大背景下來考察分析。

唐朝是繼漢朝之後又一個強盛的中原王朝，在西域地區設立了安西和北庭兩大都護府進行有效的管理。為了保障絲綢之路貿易與東西方交通的順利進行，唐朝在包括粟特地區在內的廣大中亞地區設立了若干羈縻都督府，派駐有大量的軍隊，並廣泛實行屯田。伴隨駐軍與屯田活動大規模的

---

❶《大唐西域記校注》，中華書局，一九八五。

❷《大唐西域記校注》，中華書局，一九八五。

開展，大量的中原地區人員攜帶家眷、物品以及技術來到中亞地區。他們的到來自然加強了中原地區漢文化在這一地區的傳播和影響。據《湛然居士集》記載，十三世紀上半葉，耶律楚材隨成吉思汗西征大軍路過碎葉西南的怛邏斯（今江布爾）時，還曾見到唐朝開鑿的渠道、石閘等遺跡和唐朝「節度使參謀檢校刑部員外郎」太原人王濟的碑。這些都充分證明了唐代傳入的漢文化對這一地區曾經產生了深遠的影響，表現之一就是唐代的開元通寶錢幣在這一地區作為通用貨幣得到了廣泛的流通使用，這已經被歷年考古發現的大量出土錢幣所證明。

另一方面，以回鶻為代表的西北各游牧民族，鑑於唐太宗繼位僅僅三年半，就於貞觀四年（六三〇）二月擊敗了強大的東突厥頡利可汗，控制了蒙古高原。他們既感到震驚又十分敬佩，預感到唐朝將成為包括游牧世界在內的新的統治力量。於是「四夷君長，遂詣闕請帝為『天可汗』」，即擁戴唐太宗為他們的盟主。「可汗」原是中國古代西北各游牧民族對其君主的稱呼，「天可汗」意為各游牧民族的共主和最高首領，這相當於伊朗系的「王中王」的意思。不僅如此，甚至還在回鶻以南、突厥以北修建了一條「參天可汗道」，沿途設有六十八個驛站，每個驛站都備有馬以及酒肉，以供過往使用。此後，唐朝給西北各族的詔書都蓋有「天可汗」的印璽，新君嗣立也必須加蓋「天可汗」的印璽才為合法，形成了少數民族政權首領例由唐朝冊封的制度。由此，歷史上誕生了第一位集中國皇帝（天子）和游牧世界的天可汗於一身的君主。除了唐太宗之外，唐高宗、唐肅宗也都曾經被稱為「天可汗」。

正是在這種大背景之下，粟特地區的康國、安國以及石國等城邦的君主，為了表示對「天可汗」的擁戴以及對大唐的忠心，便仿照在當地大量流通使用，並且已經具有通用貨幣作用的開元通寶錢幣，鑄造了以圓形方孔為特點的各式「粟特青銅錢」。

這種銅錢的正面，一般都是昭武九姓王徽、族標，背面多為王名、稱號。但是，國王似乎並沒有壟斷錢幣的鑄造和發行權，也有以城市的神廟或者是以城市共同體的名義發行的錢幣。

據蘇聯時期著名的錢幣學家斯米爾娜娃女士在其名著《粟特錢幣目錄》中考證，粟特地區各個城主幾乎都鑄造了各自的圓形方孔銅錢。這既證實了漢籍文獻中有關昭武九姓支庶分王各自為政情況的記載，同時也反映了自七世紀中葉以來唐朝對這一地區的強大影響力。根據出土的錢幣實物，「粟特青銅錢」有以下三種主要種類：

一是正面鑄「開元通寶」漢字，背面為康國及安國的徽記；

二是正面「開元通寶」四字，僅保留一「元」字，其餘為粟特文（「元」字有時也鑄在背面）；

三是兩面均為粟特文，如康國國王Gurak（約七一〇—七三八在位）鑄造的錢幣。這種數量最多。

四、粟特青銅錢的影響

粟特青銅錢的鑄造，具有重要的意義。一方面反映了隨著唐朝在中亞地區的擴張和經營，作為中華文化重要組成部分的圓形方孔錢，不但

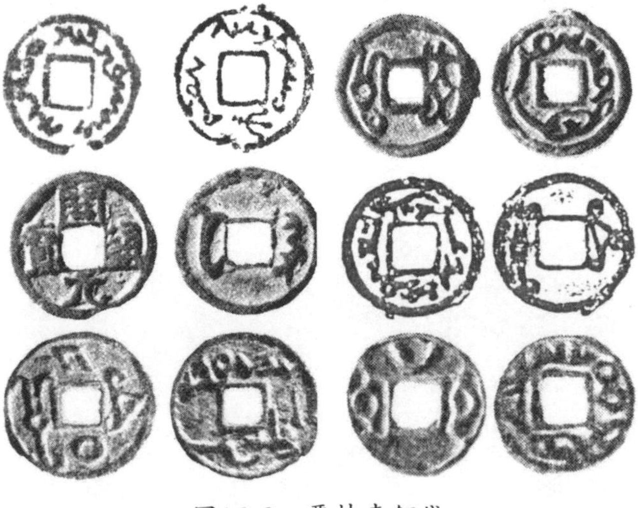

圖16–3　粟特青銅錢

傳入了中亞地區，更被遠在費爾干納盆地的粟特人所接受，這是方孔銅錢向西傳播的最遠地區。粟特人仿照開元通寶錢的式樣，採用澆鑄技術鑄造了大量的粟特青銅錢，成為他們日常使用的貨幣。這與新疆庫車地區在魏晉時期鑄造龜茲五銖錢還不一樣，意義更大。如果考慮到這是在粟特地區習慣以銀為幣，並且使用波斯薩珊朝銀幣已有三、四百年歷史這一大背景下發生的，我們就能更加深切地感受到國力強盛、文化繁榮的唐朝，在文化方面曾給中亞地區帶來影響的深度和廣度。

另一方面，粟特青銅錢的出現還直接影響了突騎施汗國以及回鶻汗國錢幣的鑄造。

我們知道，無論是突騎施汗國還是回鶻汗國人，都是世代以游牧維生的民族，受游牧經濟單一性的限制，他們很多的生活用品以及貴族階層所需要的奢侈品都無法自給，必須依靠與外界的交換才能獲得。但是，縱觀歷史我們發現，作為游牧民族，他們與外界的交換主要是透過物物交換、外交上的賞賜、對附庸國的徵稅以及戰爭掠奪等方式來實現，而上述幾種交換方式，實際上都不需要用貨幣來支付。如突厥和回鶻每年都要向唐朝輸出大量的馬匹以及少量的駱駝和牛羊。唐朝就用絲綢或茶葉來與他們交換，這就是以物易物的「絹馬貿易」或「茶馬貿易」。這種交換形式並不限於唐朝，後來宋朝與契丹、明朝與蒙古、清朝與哈薩克等部落都是如此，這實際上是歷史上中原地區與北方游牧民族之間最主要的交換形式。

既然游牧民族在與其他民族的交換和貿易中，幾乎用不到貨幣，那突騎施汗國以及回鶻汗國為什麼又要鑄造銅錢呢？

實際上，無論是突騎施錢，還是回鶻錢，它們都是受粟特青銅錢的影響而鑄造的。因為突騎施和回鶻的可汗們在與粟特人的接觸中對於貨幣有了新的認識。他們發現在他們的草原游牧生活中，錢幣雖然在交換物品時並不是必不可少的工具，卻具有強大的宣傳功能。無論是在汗國內部宣傳其合法性、權威性，還是對外宣示其獨立性，或者是向唐朝表示其忠心、被封賞後的感激，乃至於傳播宗教信仰等諸多方面，錢幣都能發揮出重要的、幾乎是不可替代的作用。因此，突騎施的蘇祿可汗、回鶻的牟羽可汗都借鑑粟特人的做法，仿照開元通寶錢的式樣，鑄造了他們自己的方孔銅錢。

1. 突騎施錢

突騎施屬於西突厥的一支，游牧於碎葉川以東。唐朝滅西突厥之後，突騎施乘勢崛起，控制了包括粟特在內的廣大西域地區。開元七年（七一九）唐玄宗封突騎施部落酋長蘇祿為忠順可汗。受粟特人的影響，蘇祿也鑄造了圓形方孔的銅錢，俗稱「突騎施錢」，直徑二十公釐，穿徑六公釐，重二・三克，正面為粟特字母拼寫的突厥語，漢譯為「突騎施可汗一錢」，背面沒有文字，為一印戳符號標誌，形似彎弓，有的是單形弓，有的是雙形弓。

八世紀初，占領波斯、滅亡薩珊王朝的阿拉伯帝國，開始向中亞地區擴張。以康國、安國為代表的中亞各粟特小國紛紛向唐朝求援。但是，此時的唐朝已經無力顧及蔥嶺以西地區，臣服於唐朝的突騎施部落於是成了抵禦阿拉伯帝國的一支重要力量。蘇祿帶著「替天可汗守西門」的使命，多次大敗阿拉伯帝國的「聖戰」部隊，保護了粟特人的各小國。開元二十二年（七三四），突騎施與唐朝的關係破裂，處於東、西兩面受敵的境地，勢力被削弱，內部矛盾加劇。七三八年，蘇祿被部屬襲殺，突騎施陷入混亂，後來被唐朝平定。

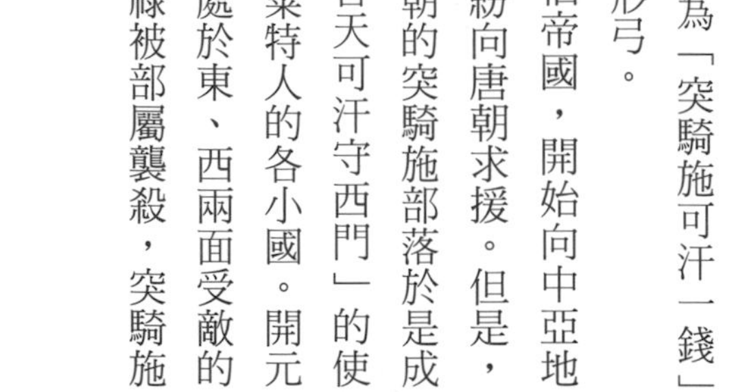

圖16–4　突騎施錢

2. 回鶻錢

回鶻為中國古代北方少數民族，是現代維吾爾族的前身。最初游牧於蒙古高原鄂爾渾河及色楞格河流域，信仰薩滿教。寶應二年（七六三）牟羽可汗接受了由來華經商的粟特人傳入的摩尼教，為了宣傳摩尼教教義鑄造了「日月光金」錢。「日月」為摩尼教的拜物對象，帶有明顯的摩尼教色彩。另有一種邊緣帶有八個突出的齒輪，形似法輪的日月光金錢。這顯然不是作流通使用的，可能是用作宗教活動的一種「法器」，更從一個側面證明日月光金錢幣具有濃厚的宗教色彩，是為了宣傳摩尼教的教義而鑄造的。

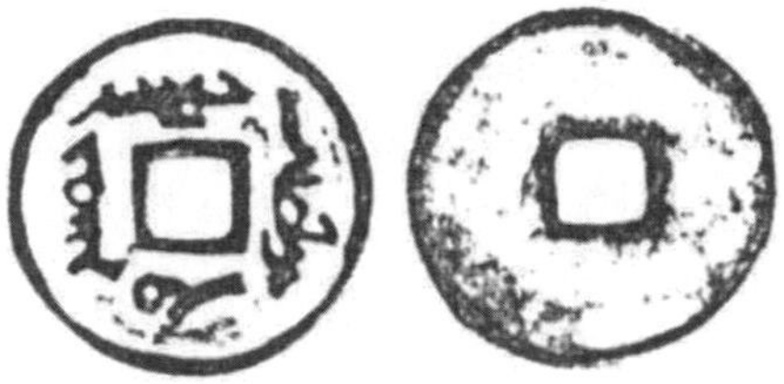
圖16–5　回鶻錢（單面文）

圖16–6　回鶻錢（雙面文）

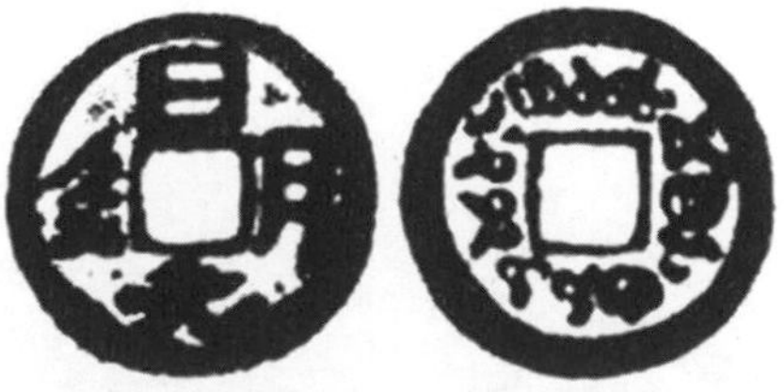
圖16–7　日月光金

回鶻西遷到高昌以後，又鑄造了所謂的「回鶻錢」，即鑄有源自粟特字母的回鶻文，有單面鑄有文字和正背都鑄有文字兩種形制。單面鑄有文字的為小型，直徑為二十公釐、重二・三克；雙面鑄有文字的為大型，直徑為二十四公釐、重三克。單面文可譯為「亦都護准予通行」。「亦都護」為高昌回鶻可汗的稱號，意為「福樂之君主」。雙面文正面漢譯為「闕・毗伽・莫賀・回鶻天可汗」，背面為「奉王命頒行」。

突騎施汗國消亡之後，唐朝就失去了防禦阿拉伯勢力向東擴張的屏障，直接導致了天寶十年（七五一）唐朝在怛邏斯之戰中的失利。從此唐朝勢力逐漸退出中亞，原屬唐朝所設羈縻州府管轄的粟特各小國，遂被阿拉伯帝國控制，被迫接受了伊斯蘭教，這意味著中亞地區脫離了祆教、摩尼教以及佛教信仰和中華文化圈。

開成五年（八四〇），回鶻汗國被黠戛斯所滅，部眾西遷，更加速了中亞的突厥化進程，由此開始了中亞歷史上漫長的伊斯蘭化以及突厥化的過程，最終導致伊斯蘭文化成為這一地區的主導文化。中亞地區的貨幣自然也被伊斯蘭貨幣所取代，只有歷經千年滄桑而遺存下來的粟特青銅錢，以及突騎施錢和回鶻錢可以告訴後人：中亞地區在伊斯蘭化之前，還曾經有過一個仿照開元通寶，鑄造圓形方孔錢的輝煌時代。這說明開元通寶錢當時是作為國際貨幣參與絲綢之路貿易的，已經具有了國際貨幣的屬性，這對於我們理解當今人民幣的國際化進程也具有一定的借鑑意義。

第四章

兩宋複雜且繁盛的錢幣文化

宋代繁盛的商品經濟以及文化事業，孕育了發達的貨幣經濟和貨幣文化。本章分七個專題，第一個專題論述了最早的御書錢淳化元寶，這是宋太祖重文輕武思想在錢幣文化上的表現。徽宗書寫的瘦金體崇寧通寶、大觀通寶是藝術水準最高的錢幣。另有三個專題與政治有關，其中，祥符元寶（通寶）記錄了最後一場封禪鬧劇；熙寧元寶與元豐通寶則見證了王安石的變法，並因此成為古代鑄造數量最多的錢幣；純熙元寶記錄了南宋孝宗在對金國是戰還是和等諸多事情上被掣肘的無奈。

宋代錢幣的複雜性主要體現在，除了使用傳統的銅錢之外，又鑄造了大量的鐵錢以及紙幣的發明和使用。嘉定鐵錢繁雜的錢文，可謂空前絕後，成為貨幣史上的不解之謎。交子作為世界上最早的紙幣，極富創意。但是，在專制的政體之下，紙幣沒有順勢成為促進商貿發展的交易工具，最後卻淪為貪婪統治者的斂財工具。

17 淳化元寶：最早的御書錢

御書錢，就是用皇帝親筆書寫的錢文鑄造的錢幣。皇帝日理萬機，哪裡有時間練書題字呢？但是，宋代的皇帝與眾不同，從北宋的太宗、真宗、徽宗，到南宋的高宗、孝宗，他們都非常喜歡書寫錢文，不是一位皇帝，而是有好幾位，並貫穿兩宋；不僅題寫錢文，還吟詩作畫，甚至是編印出版典籍。這一點既與之前的漢唐不同，也與後來的明清有別。

宋代的皇帝為什麼都有書寫錢文的雅好？

實際上這與宋太祖趙匡胤稱帝以後刻意推行的重文輕武的國策有關。

下面就透過淳化元寶這枚最早的御書錢，聊聊兩宋重文輕武政策的由來及其影響。

一、最早的御書錢

如圖所示，淳化元寶有真書（楷書）、行書、草書三種書體，為宋太宗所書，是所謂御書錢的濫觴，也是行書、草書書體入錢文之始，由此正式創立了宋代錢文書寫多種書體「對錢」的傳統。自此以後，錢幣文化中對藝術的追求日益精妙，五代時期鑄錢的簡陋遺風，便泯沒無存了。從淳化元寶開始，以後幾乎每次改元，都要鑄行年號錢。這一做法被後世沿用，開啟了年號錢的時代。太宗除了淳化元寶之外，還鑄造了至道元寶，也有真書、行書、草書三種書體，應該也是御書錢。

淳化元寶和至道元寶這兩種錢幣上，太宗都寫有真書、行書、草書三種書體，每種書體都有很高的造詣，如真書寫得渾厚端莊、筆力含蓄；行書線條清晰、勁挺奔放；草書則神采飛揚、奔放流暢。太宗這樣做顯然不是隨意為之，而是刻意為之。他這樣做表面上看雖然有藉機向世人展示他書法才藝的一面，但是，更深層次的用意則是傳遞趙宋王朝重文輕武、倡導文治的執政理念。而這一國策的制定者，並不是宋太宗本人，而是他的哥哥宋太祖趙匡胤。因此，這還要從宋朝的建立說起。

二、宋太祖

趙匡胤是靠部下發動陳橋兵變，黃袍加身而登基當上皇帝的。這既不同於他之前的劉邦、李淵，又與他之後的朱元璋、努爾哈赤有別。劉邦他們都是憑藉自己的力量打下江山的，而趙匡胤卻是依靠別人的力量登基的。因此，當上皇帝之後，他最擔心的事就是某一天再有兵士將黃袍披在別的將帥身上。所以，趙匡胤就把削弱手下將領的職權當作他最重要的目標。

他經過縝密的考慮，制訂了一個兩步棋的計畫：第一步是先透過「杯酒釋兵權」的方式，用安享晚年、過榮華富貴生活的承諾，換取擁兵的武將們放棄兵權；第二步是完善科舉制度，加強文官體制，強化了文官對軍

圖17–1　淳化元寶

權的制約。宋太祖透過這樣兩招，最終將軍政大權都集中到了皇帝的手中，重用透過科舉考試提拔上來的文官，杜絕了唐末五代以來，藩鎮割據稱王，武將擁兵自重，政權廢立如同兒戲般的混亂局面。正如《宋史》所總結的那樣：「藝祖（趙匡胤）革命，首用文吏而奪武臣之權，宋之尚文，端本乎此。」❶朱熹也說：「本朝鑑五代藩鎮之弊，遂盡奪藩鎮之權。」❷

凡事就怕走極端，宋太祖在剝奪武將職權的同時，也削弱了宋朝軍隊的戰鬥力。以文官統領武將的結果，雖然繁榮了文化事業，但是卻廢弛了武備。所以宋朝在與北方的遼、金，以及西北西夏國的軍事鬥爭中，始終都處於下風，只能透過每年奉獻大量的絹帛、歲銀來換得屈辱的和平，苟安於一時。整個宋代共與北方的異族政權簽訂了四次屈辱的和約，除了繳納大量的絹帛和歲銀之外，宋朝的地位也從王朝降為了地方的諸侯。

可悲的是，宋太祖這種狹隘、自私的心理，以及他所建立的重文輕武這一套儒家治國的基本理念，都被他的子孫後代奉為不可變更的祖訓，而被一代一代地傳承了下來，在全國養成了重文輕武、懦弱無力的社會風氣。而所謂的「御書錢」，實際上既是這種社會風氣的寫照，也是形成這種社會風氣的推手。

三、宋太宗

首先貫徹趙匡胤重文輕武思想的是他的弟弟，就是那位「燭影斧聲」千古疑案的主角趙匡義。九六〇年趙匡胤稱帝之後，趙匡義為避諱而改名趙光義。九七六年繼位之後，他又改名為趙炅，史稱宋太宗，他曾經兩次親自率軍北伐遼國，結果都是大敗而歸，將周世宗、宋太祖積蓄的精銳喪失殆盡。從此以後，終宋之世，再不敢言兵。軍事上的失敗，重挫了太宗的自信和威望，加之他又是在可疑的情形下繼承兄長帝位的，因此他的合法性受到質疑。為了消除社會上的疑問，他就組織原來太祖手下的學者，大量地從事典籍的編撰工作，並在《太平廣記》、《太平御覽》、《太平寰宇記》三部主要的書籍上都加上他的年號「太平興國」中的「太平」兩字。另外他還擴大了科舉制度，並設定皇帝最後親自主考的殿試環節。以此表明他負有維護文化傳統、傳播儒家學說道統的責任，證明他繼位的合法性。

趙光義雖然軍事上低能，但是卻很有書法藝術方面的才藝。《宋史》記載他「性好學，敬業，多藝能」❶。他尤其對書法情有獨鍾，曾叫人整理刊刻《淳化閣帖》。他還經常書寫紈扇賜予眾將，曾經為宰相趙普寫過神道碑。宋代大書法家米芾說他的字是「真造八法，草入三昧，行書無對，飛白入神」。可見他的書法還是很有功力的。但是，他在書法上最大的創意，就是開了皇帝書寫錢文、鑄造御書錢的先例。

宋朝後來的皇帝，認為宋太祖和宋太宗弟兄倆是一武一文，共同奠定了大宋的江山。因此，都特別推崇太祖和太宗，將他們合稱祖宗，這就是現在「祖宗」一詞的由來。

史書記載，淳化元寶御書錢鑄好之後，太宗曾將錢幣賞賜給近臣，曾任過宰相的北宋詩人王禹偁就稱頌錢文是「盡返鵲回之法，掩天龍地馬之名」❷。王禹偁被貶官之後，還念念不忘他攜帶的御

❶《宋史・文苑傳序》。
❷朱熹，《朱子語類》。

書錢，曾寫過一首詠錢詩，曰：「謫官無俸突無煙，唯擁琴書盡日眠；還有一般勝趙壹，囊中猶貯御書錢。」這裡的御書錢，應該指的就是淳化元寶，由此可以看出當時人們對御書錢的推崇和迷戀程度。

淳化元寶除銅錢之外，還鑄有金幣。這是一九八八年四月維修五台山佛寺時，民工在中台頂珠光塔內發現後，才為世人所知。金幣正面的錢文與銅錢一樣，也是太宗的行書御筆。背面穿孔的左右分別鑄有一立一坐兩尊佛像，坐像為觀音，立像手持如意為善財童子，坐佛背後有佛光屏，像下有蓮花座與祥雲。佛像圖案隆起約有兩公釐高，佛像五官中的眼鼻口都是鑄後鐫刻，清晰可視。軀體則線條飄逸，栩栩如生。這枚金幣應該是太宗為五台山佛寺精心設計，專爐鑄造的供養錢。

四、宋真宗

第二位鑄造御書錢的是宋真宗趙恆，他是太宗的第三子，九九八年即位。真宗遺傳了太宗軍事上低能的基因，與他父皇兩次伐遼失敗相比，真宗更著名的是一〇〇四年在澶淵城下，宋軍雖然初戰取勝，但怯弱的真宗卻想以此罷兵，接受了遼國提出的每年送絹二十萬匹、銀十萬兩的屈辱條件，簽訂了「澶淵之盟」，這是宋朝向外敵貢獻錢帛換取和平的開始。即便是這一結果，也是在宰相寇準一再堅持之下他才勉強來到澶淵，而沒有遷都江寧（今南京）或入蜀避難。否則，宋室的南渡恐怕就不用等到高宗了。更丟人的是，他後來意識到自己御駕親征卻簽訂了賠款的城下之盟有損面子，竟又演出了一齣偽造天書的鬧劇而貽笑天下。

宋真宗雖然軍事上低能、政治上荒唐，藝術上也極為平庸，毫無可圈可點之處。但是，他卻仍然繼承了父皇太宗所開的先例，也題寫錢文鑄造了御書錢。他在位二十五年（九九八－一〇二二），共用了五個年號，除了最後一個年號「乾興」不及一年沒有鑄錢之外，共鑄造了咸平元寶、景德元寶、祥符元寶（通寶）、天禧通寶等四種年號錢。錢文都只有楷書一種書體，不是對錢。

五、宋徽宗

第三位鑄造御書錢的是宋徽宗趙佶。一一〇一年哲宗病逝後，因為無子，異母弟趙佶繼位，史稱徽宗。宋代的皇帝有個特點，凡是在治國理政方面表現平庸、低能的，在文學藝術方面卻常有超常的表現，並喜好鑄造御書錢，這其中尤以宋徽宗最為著名。他雖然政治上昏庸無能，是個亡國之君。但是，作為藝術家，卻多才多藝，其藝術造詣在歷代帝王中無與倫比，更是御書錢的集大成者。

徽宗在位二十五年（一一〇一－一一二五），改元六次，鑄造有六種錢幣。其中，第一種為國號錢，另外五種為年號錢。

第一個年號是「建中靖國」。因為有四個字，因此沒有鑄造年號錢，鑄的是「聖宋元寶」，這屬於國號錢。其中有一種隸書小平錢，為徽宗御筆，名貴異常。

第二個年號是「崇寧」，取繼承他的父親神宗熙寧變法之意。崇寧錢有元寶、通寶和重寶三種。其中，崇寧通寶小平錢為御書瘦金體。

第三個年號是「大觀」。相傳有人夜觀星象，忽然發現有彗星閃過，歎為觀止，徽宗認為這是吉祥之兆，因此改元「大觀」，並鑄大觀通寶，為御書瘦金體，有小平、折二、折三、當五、當十等品種，它是徽宗御書錢中最有代表性的一種。

第四個年號是「政和」，取政通人和之意，所鑄錢幣有元寶、通寶和重寶三種。其中，政和元寶及政和重寶為御筆。

第五個年號是「重和」。當時因為社會上厭惡蔡京的通貨膨脹政策，朝臣分成新舊兩派，爭鬥不止。徽宗改元重和，似有調和新舊之意，重和通寶僅有小平錢一種，不是御書錢。

第六個年號是「宣和」。宣和錢有元寶、通寶兩種，其中，宣和通寶有御書錢。

宋徽宗的書法初學黃庭堅，後來自成一體，被稱為「瘦金體」，鐵畫銀鉤，勁瘦淡雅，風韻別致，堪稱一絕。徽宗在錢幣的方寸之間把書法藝術發揮得淋漓盡致，在他統治的二十五年裡曾親自書寫了崇寧、大觀、政和、宣和四種年號的錢文。徽宗御書錢錢文精美，鑄造技術高超，為歷朝之冠。他所發行的錢幣都可以稱為錢幣藝術中的精品。

六、宋高宗

第四位鑄造御書錢的是南渡的宋高宗趙構。他是徽宗第九子，母親韋氏是一個地位較低的嬪妃，不受寵愛。因此，被封作康王的趙構本來與皇位無緣，甚至還曾經被送去金國做過人質。但是，後來卻因為歷史的機緣巧合，趙構不但躲過了靖康之變，沒有被金國擄走，而且成了延續趙宋王朝餘脈的「中興之主」，史稱宋高宗。

遺憾的是趙構的心胸氣度、才智能力都不堪大任，父母兄弟妻女被擄的奇恥大辱都無法激起他對金人的仇恨，但是在殺害堅持抗金的岳飛時，卻表現出了足夠的凶殘。無論抗金戰場上的勝負如何，他為了保住自己的皇位，都是一味地投降求和，錯失了收復北方失地的大好時機。他重用投降派秦檜，與金人簽訂稱臣並歲貢銀二十五萬兩、絹二十五萬匹的「紹興和議」，偏安於江南。

趙構在位三十六年（一一二七—一一六二），有建炎、紹興兩個年號。建炎年號鑄有通寶、元寶、重寶三種錢幣。其中，建炎通寶有小平、折二、折三，錢文都是篆、隸成對；建炎元寶僅有小平錢一種；建炎重寶有當十錢一種，書法、鑄工都極為精美。據說趙構也寫有御書錢。

紹興年號鑄有通寶和元寶兩種錢幣，面值都有三種，分別是小平、折二、折三。其中，紹興元寶楷書錢文美觀大方，後世稱為「宋體字」。自淳熙七年（一一八〇）開始，鑄錢就完全使用宋體字了。

七、宋孝宗

第五位鑄造御書錢的是宋孝宗趙昚。趙昚為高宗養子。紹興三十二年（一一六二）六月，高宗以年老厭煩政務為藉口退位，禪位於太子趙昚，自稱太上皇。孝宗雖然當了二十七年皇帝（一一六三—一一八九），但是前二十五年高宗一直都健康地活著，並堅決反對主戰。以孝順著稱的孝宗雖然想北伐收復失地，但是也不可能有大的作為，因此他就將主要精力都放在內政的治理上，積極整頓吏治，裁汰冗官，懲治貪汙，加強集權，重視農業生產。他統治的時期太平安樂，五穀豐登，史稱「乾淳之治」。

宋孝宗坐擁江山，像他的長輩一樣也有一顆痴迷書法的心。他書學宋高宗，《書史會要》稱

「孝宗書有家庭法度」。他也自稱，「無他嗜好，或得暇，惟讀書寫字為娛」。

孝宗共有隆興、乾道、淳熙三個年號，分別都鑄有以「元寶」為名的三種年號錢。第二種年號錢「乾道元寶」的錢文是對錢，為隸書和楷書成對。其中的楷書為孝宗御筆，這是兩宋最後一種御書錢。宋朝之後的元朝，以紙幣為主，銅錢鑄得很少，隨後的明清兩朝，雖然每個年號都鑄錢，但是，都再沒有鑄造御書錢。因此，楷書的「乾道元寶」也可以說是中國古代歷史上最後一種御書錢。

八、對御書錢的反思

中國古代傳統上認為，文字是遠古聖人所造，有至高無上的崇高地位；錢幣則是「先王所造」，掌握著國家的經濟命脈。因此，由皇帝親自書寫錢文，將二者高度地統一起來，卻也符合專制皇權的需要，並能滿足那些喜歡附庸風雅者的虛榮心。但是，縱觀歷史，我們發現，除了兩宋之外，歷朝歷代的帝王中，雖然書法造詣高的皇帝並不乏其人。但是，卻很少有題寫錢文的。如晉元帝的「鳳尾諾」、齊武帝的「花草書」都久負盛名，傳誦一時，但是他們都沒有書寫過錢文。這可能是因為當時的貨幣經濟還不夠發達，鑄錢也比較少的緣故。可是，唐高祖李淵也是一位大書法家，他學王羲之後代王褒的書法，得其妙傳。但是，他在鑄造開元通寶錢幣的時候，並沒有親自書寫錢文，而是請書法家歐陽詢題寫的。像兩宋這樣，有這麼多的皇帝親自書寫錢文，實在是中國古代歷史中所獨有的一種現象。

這一現象的出現，既是宋太祖、宋太宗所推行的重文輕武政策的直接結果，也從一個側面反映了兩宋時期雖然政治、軍事上積貧積弱，但是在文化、藝術上卻盛極一時，達到了一個很高的水準。我們從整個中國古代歷史上來看，如果單從軍事威力、國土面積方面來衡量，宋朝無疑是最為虛弱的一個統一朝代，最終還是被外族所滅。但是，就繁榮程度、藝術創新方面而言，宋朝卻又是中國歷史上最具人文精神、最有教養，也最有思想的朝代之一。正如陳寅恪先生所說：「華夏民族之文化，歷數千載之演進，造極於趙宋之世。」❸

宋朝的文治和武功，為什麼會反差如此巨大？這雖然起因於宋初太祖、太宗所定的重文輕武的國策，但是，發展的結果卻遠遠超出了他們當初的設計，這並不是他們所希望的。不僅如此，重文輕武的文化傳統也深刻地影響了宋以後中國文化的特點和歷史的發展。從此，漢唐那種外向、簡約、自信、尚武的中國，一變而成了明清那種內斂、煩瑣、麻木、崇文的中國，這或許就是日本歷史學家內藤湖南所提「唐宋變革論」的原因之一。這些雖然已經超出了我們所探討的「御書錢」話題，卻值得做進一步的深刻反思。

❸《金明館叢稿二編》，三聯書店，二〇〇一。

18 祥符元寶（通寶）：記錄了最後一場封禪鬧劇的錢幣

「封禪」是古代君王舉行的一種祭祀天地的禮儀，❶不能隨便舉行，只有在祥瑞不召而至之後才能舉辦。

據司馬遷記載，實際舉行過封禪活動的只有兩個人，一個是秦始皇，另一個是漢武帝，他們分別是在統一六國和北伐匈奴掃除邊患之後，去泰山舉行了封禪儀式。此後直到唐朝才又有高宗、武則天和玄宗舉行過。進入宋朝以後，太祖、太宗都沒有舉行，但是沒有什麼作為的真宗卻大張旗鼓地舉行了一次，這是為什麼呢？

實際上，這完全是一場自欺欺人的鬧劇。

下面就透過見證了真宗自導自演「天書從天而降」的祥符錢，去看看那場欺天鬧劇發生的前因後果。

一、祥符錢

祥符錢雖然也是一種年號錢，卻有點與眾不同。年號一般都是兩個字，而它有點特殊，用了四個字，叫「大中祥符」，從西元一〇〇八至一〇一六年，共有九年。北宋另外還有兩個年號用的也是四個字，一個是太宗的「太平興國」，另一個是徽宗的「建中靖國」。四個字的年號似乎給人一種要特別強調某種寓意的感覺。

「大中祥符」年號鑄造了兩種年號錢，分別是祥符元寶和祥符通寶，每種又有光背以及背星月兩種版式，另外還有一種闊邊錢，就是邊郭特別寬。除了銅錢之外，還鑄造了鐵錢，有小平、當五兩種面值。祥符年號錢有個特點，就是除了元寶之外，還鑄造了通寶錢。開創了錢文中元寶、通寶並用，一個年號同時鑄造兩種錢幣的先例。

「大中祥符」年號用了四個字，所鑄造的年號錢又有兩種。這些都有點不同尋常，似乎預示著這一年號有著特殊的寓意或是特別的來歷。實際上，「大中祥符」這一年號的背後，確實隱藏著宋真宗內心一個天大的祕密。因為他有一個抹不掉的心結，想要透過編織一個「天書從天而降」的騙局，自導自演一齣封禪的鬧劇，從而達到消除他心結的目的。

宋真宗作為一國之主，貴為皇帝，有誰能與他過不去，以至於讓他留下解不開的心結呢？這說來話長，需要從大家都很熟悉的「澶淵之盟」說起。

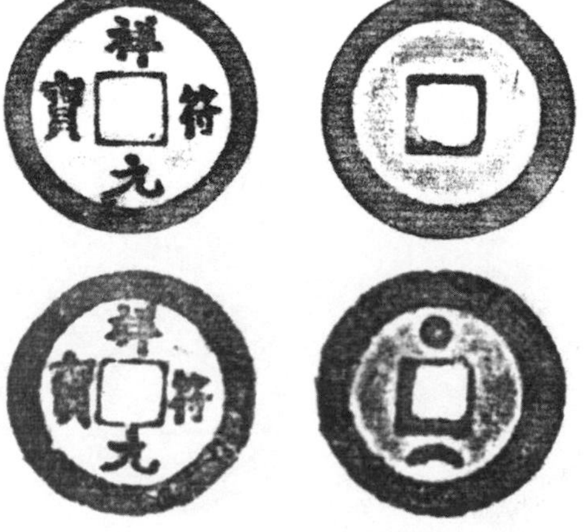

圖18–1 祥符元寶

❶「封」指祭天，「禪」指祭地。

二、澶淵之盟

西元一〇〇四年的陰曆正月元旦，宋真宗進行了第二次改元，將年號由「咸平」改為「景德」，後來以瓷器名聞世界的江西景德鎮，就是根據這個年號起的地名。

這次改元並沒有帶來好運，因為還沒有過完新年的正月十五元宵節，在十一日這一天就傳來了契丹國的蕭太后與皇帝一起率兵入侵的消息。新被任命為宰相的寇準建議真宗也御駕親征，迎擊契丹的入侵。但是，相當於副宰相的參知政事王欽若，卻私下建議真宗去江寧（今南京）避難，還有人主張學唐玄宗去四川。寇準雖然覺察到了王欽若他們私下的這些活動，但是假裝不知，仍然堅持真宗應該率軍親征。無奈的真宗，只得跟隨寇準一同到了宋軍與契丹對峙的前線，進入了澶州城。

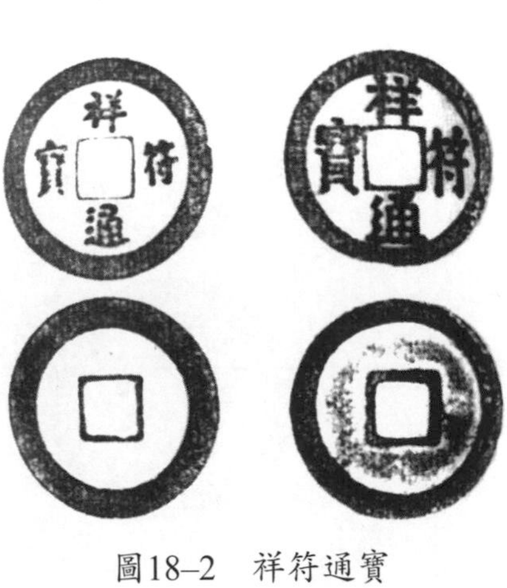

圖18–2 祥符通寶

兩軍初次交戰，規模雖然不大，但是契丹的司令官竟然中了宋軍的流箭而死於陣前，士氣因此大跌。宋軍這邊的士氣雖然大漲，但是包括寇準在內的決策者們都沒有乘機消滅契丹，收復燕雲十六州的意思，出兵只是為了議和。但是，如果是由寇準自己來決定議和，又怕事後被罵賣國賊而受到彈劾，因此寇準就將真宗一起拉到了前線，希望由皇帝來提出議和。而真宗本來就沒有與契丹開戰的勇氣和決心，因此，一看初戰宋軍占了上風，契丹有議和的想法之後，便立即同意，想見好就收。

經過談判，以宋朝向契丹輸送財物為條件，雙方達成了和議。內容主要有兩條：一是雙方互稱「大宋國」與「大契丹國」，宋為兄、契丹為弟，兩國建立了兄弟關係。二是宋朝每年向契丹贈送白銀二十萬兩、絹帛十萬匹。因為和議是在澶淵達成的，因此歷史上稱為「澶淵之盟」。直到後來徽宗和金國合作，於宣和二年（一一二〇）簽訂聯合金國夾攻遼國的「海上之盟」，這一和約才被撕毀。但是，六年之後，北宋就滅亡了。

北宋之所以沒有像五代那些王朝一樣短命，很大程度上就是靠這個條約，確保了北部邊界將近一百二十年的和平。

澶淵之盟的簽訂，既迴避了戰爭，又保全了國土。雖然每年要送給契丹國白銀二十萬兩、絹帛十萬匹。但是，這個數額遠遠少於真宗心裡的底線。如果開戰，宋軍獲勝的希望微乎其微，而軍費的開銷則遠遠不止這些。因此，和約簽訂以後，真宗很高興並有一種成就感。他認為這次御駕親征，雖然說不上是大勝契丹，得勝回朝，但是，保護了黎民百姓，特別是北方邊境的居民，從此以後將不再遭受契丹的騷擾，可以和平過日子了。

三、王欽若的陰謀

這次議和的成功，最大的功臣應該是寇準，因此得到了真宗的厚待。但是，寇準的政敵、號稱「北宋五鬼」之一的王欽若，素以陰險狡詐著稱。他在嫉妒心理的驅使之下，忘記了當初正是他私下勸真宗放棄中原去南京避難的事。如果不是寇準的堅持，宋室的南渡恐怕就不用等到一百二十年後的高宗，真宗這一朝就完成了。對此，王欽若不但不反省自己，反而陰險地對寇準使壞。

據《宋史》記載，有一天退朝之後，王欽若留下來對真宗說：「澶淵之役，陛下不以為恥，反而說這是寇準給國家立的功勞，您怎麼能這樣認為呢？」真宗很吃驚地問他此話怎講。王欽若說：「城下之盟，《春秋》恥之。澶淵之舉，就是城下之盟。您以皇帝之尊，御駕親征的結果卻是簽訂了一個屈辱的城下之盟，哪裡還有比這更丟人的事？將來會被後人恥笑。」聽了這些話，真宗的表情開始變得很難看。王欽若又進一步解釋說：「陛下您聽說過賭博嗎？賭博的人在快要將錢輸盡的時候，就會將剩餘的都壓上，這叫孤注一擲。這次澶淵之戰，陛下您就是寇準手裡的孤注，這樣做是非常危險的。」❷經過王欽若這樣一番別有用心的挑撥離間，使得本來從澶州回來以後興高采烈、感覺很好的真宗，一下子情緒大跌，心情變得鬱悶起來。他覺得王欽若說得有理，開始懷疑寇準當初逼他去澶州城的動機，在信任動搖的基礎上，對寇準進一步產生了厭惡。不久就將寇準降為刑部尚書，並外放去管理陝州，改用王旦為宰相。

將寇準排擠出朝廷之後，針對整天悶悶不樂、已有心結的真宗，王欽若又故意建議朝廷發兵去征討契丹，奪回燕雲十六州，透過這種方式洗刷澶淵之盟的恥辱。真宗說這樣做民眾要受苦，因此他不願發動戰爭，要王欽若想想看還有其他什麼辦法，能夠解開他的心結。

王欽若於是又心生一計，建議真宗去泰山封禪，說這樣可以「鎮服四海，誇示外國」。真宗聽了以後為難地說，沒有天降祥瑞怎麼能封禪呢？王欽若反問道，陛下難道相信上古聖王時代的「河圖」和「洛書」嗎？他說古代就有人造祥瑞的情況發生，只要「人主深信而崇之，以明示天下，則與天瑞無異也」。意思就是說「天瑞」可以人工製造，只要皇帝深信不疑，並昭告天下，那麼，人造「天瑞」就是天賜的祥瑞。

真宗經過慎重的考慮之後，認可了王欽若人造祥瑞的主張。但是，他又擔心宰相王旦不配合。王欽若說，他先去向王旦傳達旨意。

隨後，真宗又召見王旦，並賞給他一壺酒，裡面裝的全是上等的珍珠，王旦對此自然心領神會，表示默認。於是，真宗和王欽若聯手編織的這齣人造祥瑞並進而去泰山封禪的假戲就商定了。

四、鬧劇登場

這齣假戲鬧劇共有四幕，第一幕是「天書降臨」。

經過周密的籌備，鬧劇於大中祥符元年（一〇〇八）正月開始上演。一天，皇城司的官員突然報告說，左承天門屋南角掛有一幅黃帛。真宗連忙召集朝中大臣，告訴他們去年十一月在他的寢宮發生的一件怪事。

真宗說有天晚上，隨著一道光亮，突然有個神人進來對他說：

「在正殿修建黃籙道場並做一個月的法事，就會有天書『大中祥符』降臨。」他按照神人的要求做了，現在剛好一月，出現的這幅黃帛一定就是天書。真宗讓宦官爬上左承天門取下來一看，果然上面寫著「趙受命，興於宋，付於恆」等二十一個字。因為「恆」是真宗的名字，所以毫無疑

❷《宋史・寇準傳》：「『澶淵之役，陛下不以為恥，而謂準有社稷功，何也？』帝愕然曰：『何故？』欽若曰：『城下之盟，《春秋》恥之；澶淵之舉，是城下之盟也。以萬乘之貴而為城下之盟。其何恥如之！』帝愀然不悅。欽若曰：『陛下聞博乎？博者輸錢欲盡，乃罄所有出之，謂之孤注。陛下，寇準之孤注也，斯亦危矣。』」

問這就是神人寫給真宗的天書。書卷共有三篇文章，通篇洋溢著《尚書》和《道德經》這兩部文人士子都曾經誦讀過的古代典籍的風格與筆法，極言真宗能以「至孝至道，清淨簡儉」的品德繼承大業，宋朝將會「世祚延永」。

既然降臨了天書，那當然馬上就要舉行大赦並改元。年號當然要用神人告訴真宗的「大中祥符」，這就是四個字的「大中祥符」年號的由來。確定了年號之後，緊接著就要鑄造「大中祥符」的年號錢。但是，年號有四個字，如何選用呢？因為「大中」兩字早已被唐宣宗用過，所以鑄錢只能用「祥符」兩字。但是考慮到這是來自神人所授的天書，不同於一般自選的年號。因此，就鑄造了祥符元寶和祥符通寶兩種年號錢。在鑄錢的同時，真宗還修建了龐大的宮殿群用來奉安天書。至此，第一幕「天書降臨」圓滿落幕。

假戲的第二幕是勸進。

上有所好，下必甚焉。於是，北宋舉國上下知道真宗熱衷於天書祥瑞，便紛紛請求真宗去泰山封禪。勸進首先從泰山封禪祭場開始，一千兩百名兗州父老在當地政府的支持下，以自發的名義來到京城上書勸進，真宗以自己不夠資格為由婉拒了。第二次勸進的規格開始提高，由當地的進士率領八百四十人進京請願，真宗還是沒有答應。第三次是宰相王旦率領文武百官、屬國首領、和尚道士以及地方長老共兩萬四千三百七十多人的大規模請願團，連續五次上表請求封禪。直到這時真宗終於說「既然大家如此抬舉朕」，那就正式下詔，定於十月在泰山舉行封禪儀式。

第三幕是籌備。

從四月下詔同意封禪，到十月正式舉行大典，只有短短六個月時間，朝廷內外從人員分派、儀式制定、設施修建、對外宣告等方面開始了緊鑼密鼓的準備工作。《續資治通鑑長編》在祥符元年的記載中，用大量的篇幅詳細記載了封禪的整個籌備情況。其中數次提到真宗指示，不要花費太多經費修繕沿途的道路和所要通過的城門，用以表明真宗的節儉。另外還提到，因為真宗封禪時將有護衛大軍隨行，怕被契丹誤解為是軍事行動，曾派使節向契丹通報。真宗為了減少契丹的接待費用，要求使節在國境將真宗的手書交給契丹即可。使節回來報告說，契丹認為收取歲幣以外的禮物違反盟約，因此沒有接受帶去的大量禮物。真宗聽後高興地說：「異域常能固守信誓，良可嘉也。」這些活動，將真宗描述成了一位太平盛世的明君。

第四幕是登泰山封禪。

經過事先在開封宮殿的演習之後，真宗一行於十月四日從京城出發，浩浩蕩蕩奔向泰山。經過十七天的鞍馬勞頓，於二十一日到達泰山。選定黃道吉日後於二十三日開始登山，年已四十的真宗興致很高，腳踏蜿蜒無盡的石階如履平地。第二天拂曉，在泰山頂上舉行了規模宏大的登封祭天儀式。儀式包括：祭奠神座，封玉冊、玉牒，燔燎告神三步。真宗身穿黃色禮服，屏退一切侍衛，在莊嚴的音樂聲中，來到事先築好的圓壇上跪拜行禮，以報上天保佑之功。最後將封禪所用的玉冊、玉牒文書以「金泥銀繩」封好，埋於地下，祈求國泰民安，封禪儀式至此結束。

歸途中，真宗又拐到曲阜，在孔廟隆重祭拜了文宣王孔子，並給孔子追加了「玄聖」的稱號。真宗自離京到回京前後共有四十七天，所耗經費高達八百多萬緡，約占當時北宋每年國庫收入的三分之一。

五、鬧劇的破滅

每次讀史到這一段，都讓人困惑不解。

堂堂大宋朝廷，並不乏精通政治、歷史、文化的人才，不但沒有一位有識之士出來駁斥、揭穿真宗和王欽若人造天書的封禪鬧劇，而且還都積極配合，就連一向以忠厚誠實著稱的宰相王旦，在收了真宗的禮物之後，也默契地予以配合。其實，在一部分大臣的心裡，還真的隱含著一個天真、幼稚的想法。因為他們了解到「契丹其主稱天，其后稱地」，每年多次祭祀天地，每當射下大雁等飛禽後，都說是上天所賜，非常崇信天神。因此，這些大臣希望透過偽造天書，並大張旗鼓地去泰山封禪，向契丹傳遞宋朝是受命於天，有神相助，希望藉此來影響崇奉天帝的契丹放棄攻宋的企圖。巧合的是，自「天書降臨」和泰山封禪之後，契丹因為蕭太后去世以及正與高麗發生戰爭，無暇顧及宋朝，因此，再沒有大規模南侵。

可悲的是宋朝的君臣不知就裡，真的以為這是封禪有靈，因此大為興奮，於是又開始大規模地建造廟宇，頻繁地舉行祭祀典禮儀式。

一〇一一年，真宗再次帶著「天書」，在山西汾陽舉行了對土地神的祭祀，並將上天最高神的名稱定為「玉皇」，作為皇家的祖先神進行祭祀，這就是現在民間還將玉皇大帝當作天神來崇拜信仰的由來。一〇一二年真宗又根據「神人」的啟示，認定趙玄朗是趙氏祖先，後來逐漸演化為民間的財神趙公明。一〇一七年真宗又興師動眾到亳州太清宮祭祀道教之祖老子李耳，加封其為「太上老君混元皇帝」，並在京城修建宏偉的宮觀。直到真宗死後，天書隨葬，鬧劇才算收場。

封禪鬧劇不但錯失了北宋發展的大好時機，還浪費了大量的人力、物力、財力，加重了財政負擔。身為宰相的王旦，對此深為後悔。他在病危之時，檢點自己的一生，認為並無其他大的過失，只是對真宗搞的神降天書這樣虛妄的事情沒有勸諫，是無法彌補的大錯。因此要求死後家人給他剃光頭髮，身穿黑衣，按照僧門的規矩殮葬，以期稍減罪過。個人的罪過或許可以減輕，但是對於國家，卻已經是勞民傷財，元氣不再了。

宋真宗的封禪活動，是中國古代社會最後一次真正意義上的封禪。它直接促使了宋代政治風氣的墮落和國庫的匱乏，同時也引起了宋代文風以及文人價值觀的嬗變。宋真宗、王旦、王欽若，雖然貴為皇帝或宰相，都因封禪而身敗名裂，真正受益的恐怕只有泰山了。到了明代，朱元璋取消了泰山的封號，並將原來的封禪改為祭祀。國家的封禪儀式取消後，民間對泰山的祭祀、崇拜活動卻進一步擴大了，幾乎無人不知泰山神祕。真宗為封禪而修建的廟觀，在提升民間宗教熱情的同時，也方便了後世百姓對泰山的朝拜。

如果說真宗偽造神降天書，舉行封禪活動以及後續大肆進行的祭祀典禮活動，給我們留下了點什麼痕跡的話，那就是他認定「趙玄朗」是他的遠祖，根據避諱的需要而強行改換的一些名稱一直影響到了現在。譬如：四神之一的「玄武」就被改成了「真武」，北京復興門外有個道觀叫「真武廟」，就源於此；孔子的廟號「玄聖」也被改成了「至聖」；唐玄宗也被改稱「唐明皇」。最有諷刺意味的是，最大限度繼承和發展了玄學思想的宋真宗，卻葬送了玄學思想。這是因為要避諱「玄」字，因此，在思想界就選擇「理」字來代替「玄」字，這就是後來「理學」名稱的由來。一場荒誕的鬧劇，影響如此之深，卻也發人深思。

19 熙寧元寶、元豐通寶：見證了王安石變法的貨幣

如果要問中國古代哪一種錢幣數量最多，可能大部分人都回答不上來，就是專門從事錢幣收藏的人，可能知道北宋時期的熙寧元寶和元豐通寶兩種錢幣數量最多，但是也不一定能講清楚其中的原因。實際上，這和王安石所推行的變法措施有關。大量存世的熙寧元寶、元豐通寶錢幣，就是當年王安石變法遺留的痕跡。

下面就透過見證了王安石變法的這兩種錢幣，說說發生在北宋中期的那場既富有創意和遠見，又有諸多遺憾，最後雖然以失敗告終，但是影響深遠的變法運動。

一、熙寧元寶、元豐通寶

在講王安石變法之前，先來看看熙寧元寶、元豐通寶兩種錢幣。熙寧元寶為小平錢，錢文書體有楷書、篆書兩種。這種錢文相同而書體不同，可以成雙配對的錢幣，又稱「對文錢」或「對書錢」，俗稱「對錢」，日本錢幣界則稱之為「符合泉」，這是宋代特有的一種錢文書體現象。熙寧錢除了熙寧元寶之外，另外還有熙寧通寶、熙寧重寶兩種。「熙寧」年號之後，改用「元豐」，又鑄造了元豐通寶，也是小平錢。錢文都是篆書、行書的對錢，相傳行書元豐通寶的錢文為蘇東坡所書，世稱「東坡元豐」。除了元豐通寶之外，還鑄造了元豐重寶。

「熙寧」年號使用了十年，「元豐」年號使用了八年，前後加起來共有十八年，在頻繁改換年號的宋代，這都不算短，可能有人會因此認為這就是熙寧元寶和元豐通寶錢幣數量多的原因。實際上，這不是主要的原因，因為北宋仁宗的「天聖」年號、南宋度宗的「咸淳」年號也都使用了十年，超過十年的年號還有南宋高宗的「紹興」、孝宗的「淳熙」、寧宗的「嘉定」以及理宗的「淳祐」。其中，「紹興」更是長達三十二年。但是，這些年號錢都不多。實際上，熙寧元寶和元豐通寶錢幣數量多的原因，主要並不是因為時間長，而是和當時王安石所推行的變法有直接的關係。

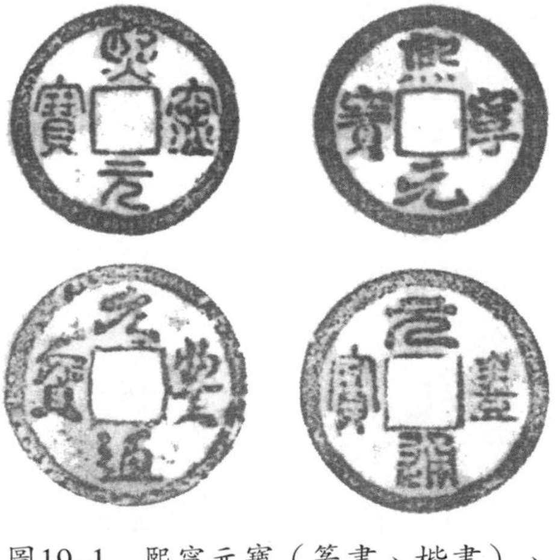

圖19–1　熙寧元寶（篆書、楷書）、元豐通寶（行書、篆書）

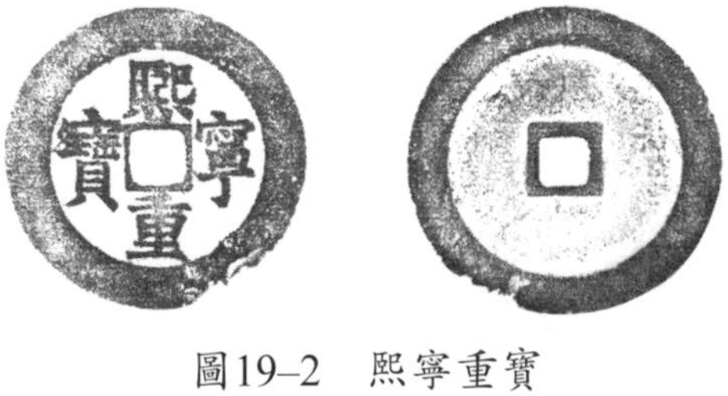

圖19–2　熙寧重寶

二、王安石變法的背景

講王安石變法，首先需要從宋仁宗時期日益加重的社會危機講起。

仁宗是北宋的第四位皇帝，執政長達四十一年（一〇二三—一〇六三），是兩宋在位時間最長卻平庸無為的一位皇帝。他繼承了宋太祖趙匡胤、宋太宗趙光義制定的所謂祖宗之制。

一方面為了維護其不甚穩固的中央集權統治，極力拉攏各級官僚及豪強地主，仁宗給予他們各種優待政策，不僅俸祿優厚，還免除各種勞役及賦稅，這種負擔最後都被轉嫁到了小農、小手工業者、小商人等基層民眾的身上，更加劇了社會的兩極分化。

另一方面，繼續推行宋初以來重文輕武的政策，在與西夏的戰爭中，屢次敗北。他不是尋求變革，加強武備，而是每年向契丹和西夏供奉幾十萬匹的絹和幾十萬兩的歲幣來購買和平，並美其名曰「結交友邦的禮節」。

上述社會危機和國防危機的疊加，更加重了財政危機。宋朝官多、兵多，軍費和行政費用奇高無比。蔡襄曾經指出「是天下六分之物，五分養兵」。❶除了養兵之外，還要豢養王室、貴族以及龐大的官僚機構。

《宋史・食貨志》記載，真宗天禧末年收支相抵，尚有餘額；仁宗皇佑元年已有不足；到英宗治平二年已虧空一百五十七萬多緡；神宗即位時，國庫中只剩下了一本空帳。因此，改革政治，擺脫財政困難，緩和社會危機，增加國防力量，就成為宋朝迫切需要解決的問題。

早在仁宗慶曆三年（一〇四三），為了緩解社會矛盾，范仲淹曾經推行「厚農桑、減徭役、修武備、擇長官」等十項新政，主張改革。因為觸動了保守派官僚的利益，僅一年零四個月，范仲淹便被排擠出了朝廷。他那篇傳頌至今的〈岳陽樓記〉就是被貶至鄧州（今河南鄧縣）後，在極度憂憤的心情下寫的，藉以抒發他先憂後樂的情懷。

慶曆新政失敗以後，朝廷上形成了新舊兩派的黨爭，社會矛盾更趨激化，面臨的危機也更為深重。當時的士大夫們，就如同將火種放在柴草下面，自己卻在上面呼呼睡大覺。因為火還沒有燃燒起來，大家都不以為然，繼續因循守舊地過日子。當時，只有王安石清醒地認識到，危機已經到了非改不可的地步，必須痛下決心實行變法。

三、王安石與宋神宗

王安石，字介甫，臨川人，就是今天的江西省撫州市。宋真宗天禧五年（一〇二一）出生，青少年時期好讀書，記憶力超強，受到了良好的教育，並隨做小官吏的父親到過許多地方，對宋朝的社會問題有一些感性的認識。二十一歲時考取進士，其後在揚州、鄞縣（今浙江寧波）、舒州（今安徽潛山）、常州等地任地方官。多年的地方官經歷，使王安石體察了民間的疾苦以及體制的弊端，認識到社會貧困化的根源在於兼併。雖然他的社會地位不高，但是志向遠大，嚮往商朝的賢相伊尹。伊尹雖然最初在底層務農，後來還是被成湯發現並得到重用，最終輔佐成湯成就一番大業。實際上，王安石後來的仕途也是按照這樣的軌跡發展的。

❶《蔡忠惠公文集》。

王安石三十七歲時被任命為提點江東刑獄，負責對各州監獄進行監督，監察判定是否公正嚴明。半年後調回京城，被任命為三司度支判官，執掌國家財政與漕運。嘉祐三年（一〇五八）他寫了〈上仁宗皇帝言事書〉，痛論時政，分析了當時宋朝所面臨的社會危機，陳述了自己的政治理念及治理辦法，提出了「因天下之力以生天下之財，取天下之財以供天下之費」的理財思想。這篇文章被認為是王安石的政見宣言書，後世致力於學習政論的人，幾乎沒有不讀這篇文章的。

治平四年（一〇六七）英宗駕崩，神宗即位後立志革新。他首先向富弼等元老重臣徵詢富國強兵之策，他們規勸神宗在二十年內不要提及「用兵」二字，神宗很失望，從此不再倚靠這班老臣。後來在宰相文彥博和歐陽修的推薦之下，神宗任命「負天下大名三十餘年」的王安石為翰林學士。第二年即熙寧元年（一〇六八），神宗破格召見王安石入朝對話，請教治國之策；第二年就任命王安石為右諫議大夫，可以參知政事，這個官職相當於副宰相。從熙寧三年起，王安石兩度出任相當於宰相的「同中書門下平章事」，專務「經畫邦計」，推行新法。

王安石是一位有毅力、有遠見、有理論、有實踐，並且還有比較系統的變法主張的政治家。但是，在專制的體制之下，再有才幹的人只有得到君主的信任才能有所作為。那麼，宋神宗又是怎樣的一位皇帝呢？

史書記載，神宗面對嚴重的危機也有強烈的變革主張。他為宋朝幾世以來被外族欺辱而深感羞恥，不滿宋朝積貧積弱的悲慘現狀。崇尚句踐臥薪嘗膽的精神，並嚮往趙武靈王胡服騎射的變革，日夜思考振興大宋的方法。

有一件事頗能反映出神宗皇帝的志向。

當年趙匡胤曾經想要積攢兩百萬匹絹帛，並將這些絹帛儲存在景福殿，用來贖回燕雲十六州，如果談判不成就招募義士換取遼兵的頭顱。神宗曾經寫有一首四言詩，並以詩中的每個字命名，先後設立了三十二個庫。後又積存二十個庫，再賦五言詩四句，分貼於庫上❷。這充分體現了神宗「慨然有恢復幽燕之志」。

當神宗遇到王安石，兩位志同道合的知音走到了一起。從此，君臣二人，一個對對方信任有加，不受讒言蠱惑；另一個則殫精竭慮，矢志不移，以驚世駭俗的「三不足」即「天命不足畏，人言不足恤，祖宗不足法」的大無畏精神，銳行變法，成就了兩千多年來，從未有過的一段君臣佳話。

四、王安石的變法內容

熙寧二年（一〇六九）二月，王安石執政以後，開始推行新法。

首先設立「制置三司條例司」作為變法的總機關。王安石與呂惠卿、曾布等人一道草擬新法，在各路設立「提舉常平官」，督促州縣推行新法。從熙寧二年到熙寧九年（一〇六九—一〇七六）的八年間，圍繞富國強兵這一目標，陸續實行了均輸、青苗、農田水利、募役、市易、免行、方田均稅、裁兵、置將、保甲、保馬、軍器監等一系列的新法。

---

❷林宓《裕陵遺事》：「『五季失圖，玁狁孔熾。藝祖肇邦，思有懲艾。爰設內府，基以募士。曾孫守之，敢忘厥志。』每庫以一字目之。又別置詩二十字分揭其上曰：『每虔夕惕心，忘意遵遺業。顧予不武資，何日成戎捷。』後來所謂御前封樁庫者『是』也。」

新法的名目雖然繁多，但是依據內容，可以大致概括為理財和整軍兩大類。新法的總原則是在不增加民眾負擔的前提下，限制官僚及豪強的一些利益，並使他們分擔一部分賦稅，以增加朝廷的收入，加強國防力量，抵禦遼和西夏的侵擾。

用我們現代的眼光來看，王安石新法的理財部分，就是將財政稅收大規模地貨幣化和商業化。比如過去農民在青黃不接的春季，如果急需用錢，只能用自己田中的青苗作為抵押向地主、高利貸者借貸，利率往往高達百分之百。新法中的「青苗法」規定，由官府每年給農民貸款，分春秋兩季，春天貸款夏收歸還，秋季貸款則年終償還，半年收息二分。這樣，官府用較低的利息，既限制了地主及高利貸者的剝削，又減輕了人民的負擔，還能增加朝廷的收入，一舉多得。

再比如，以往官府的差役非常繁重，往往使當差役的人傾家蕩產。新法中的「募役法」規定，凡是應當服差役的家庭，不再服役，而是按照等級出錢，稱免役錢。原來免役的官僚及豪強地主等享受特權的階層，也要按財富的多少繳納相應的助役錢。下等貧窮的農戶則免除一切雜役，專充壯丁。官府用徵收的免役錢和助役錢在社會上雇人充役。另外，市易法、均輸法也都是借助市場，利用貨幣及商業的手段，控制物價，防止豪強及大商人壟斷物價，並增加朝廷的收入。上述新法的實行，勢必要大規模地增加貨幣的流通量，並進一步擴大貨幣的流通範圍。因此，在推行新法的熙寧、元豐年間，政府更是大規模地開礦鑄錢，並因此而成為中國歷史上鑄錢最多的時期。

據《宋史．食貨志》記載，熙寧初年每年鑄錢的數量達一百六十萬貫左右，熙寧七年至元豐八年每年鑄錢的數量約為四百五十萬貫至五百萬貫，達到了中國歷史上鑄錢的最高峰。

對於這個數額，大家可能沒有概念。我們來比較一下，唐朝最繁盛的開元至天寶年間，全國每年鑄錢數額才有三百二十七萬貫。南宋的大部分年分鑄造銅錢的數額都在十五萬貫以下，多的時候可達二十多萬貫，少的時候僅有兩、三萬貫。在現存的古錢中，宋錢幾乎占到了三分之一。宋錢中百分之九十八是北宋錢，南宋錢僅占百分之二。而在北宋錢中，又以熙寧、元豐兩年所鑄造的錢幣最多。因此，我們說，古代錢幣中以熙寧元寶、元豐通寶為最多。

五、新法的失敗

王安石變法的出發點是防止財富被壟斷，力圖接濟窮苦的百姓，讓天下的財富可以流通，合理地調節貧富差距，使百姓富足而達到天下大治。

他所主張建立的這種理想社會，與我們今天的社會主義社會非常相近。因此，胡適曾說「看慣了近世國家注重財政的趨勢，自然不覺王安石的可怪了；懂得了近世社會主義的政策，自然不能不佩服王安石的見解和魄力了」。但是，王安石這些惠及普通百姓的政策，一經推出就受到了保守勢力的堅決反對。

史書記載，王安石與司馬光在朝廷上曾就如何理財有過一場激烈的辯論。司馬光認為，所謂擅長理財的人不過就是按照人頭斂取天下的錢財罷了。王安石辯駁說，不是這樣的，擅長理財的人不增加稅收也可以使國庫富足。司馬光說，這怎麼可能呢？世間的財物，不在百姓手中，就在官府手中，想盡辦法搜刮百姓，比增加賦稅的危害還要嚴重。

實際上，世上的財富並不是一個不變的總數。政府和百姓也不是零和的關係，很多財富既不在官府手裡，也不在百姓手中，只要政策合理、得當，就可以創造出新的財富。因此，王安石「不加賦而國用足」的理論司馬光根本理解不了，兩人的眼界、視野完全不在一個層次上。司馬光後來給王安石寫了三封長信——〈與介甫書〉，責難王安石，要求廢棄新法，恢復舊制。王安石則寫了〈答司馬諫議書〉予以回覆。兩人終因政見不同，最後完全決裂，司馬光隱居洛陽專心編纂了《資治通鑑》，成為繼司馬遷《史記》之後的又一部史學巨著。從某種意義上，也可以說是王安石的變法催生了《資治通鑑》的撰寫。因為各項新法都或多或少地觸犯了高利貸者、豪強、中上級官員以及皇室的利益。因此，在每一項新法的推行過程當中，都毫無例外地遭受到既得利益集團的阻撓和反對。元豐八年（一〇八五），年僅三十八歲的神宗皇帝駕崩，不到九歲的哲宗登基，改元元祐，由她的奶奶即神宗之母太皇太后高氏聽政，她重新起用了以司馬光為首的保守派。

司馬光一上台，在七個月內就將新法全部廢棄，史稱「元祐更化」。第二年即元祐元年（一〇八六）四月，王安石在江寧即南京於鬱悶之中去世，享年六十六歲。不及半年司馬光也去世了。據說當「募役法」被廢止的消息傳到臥床不起的王安石耳邊時，他無奈地歎息道：「啊，連這個法都廢了！」募役法是諸多新法中王安石最為看重的一個。

歷史雖然不能假設，但是，我們還是忍不住想說，如果神宗能夠再多活幾年，別在三十八歲的英年早逝，那麼新法就能夠繼續得到執行，積貧積弱的宋朝將會重建財政基礎，提前完成向近代社會的轉型，後來的中國歷史一定會重寫。但是，歷史沒有給我們這種機會。

新法被廢八年之後，即元祐八年（一〇九三）高太皇太后去世，哲宗親政，又來了一次大翻案，不僅重新起用改革派，還將保守派稱為「元祐黨人」，立碑刻石，頒布於郡縣。自此以後，士大夫階層分成了兩派，一派是支持變法的「元豐黨人」，另一派是反對變法的「元祐黨人」。

從此宋朝陷入了黨爭的泥沼，反對者本無真知灼見，多屬意氣之爭，互為黨援以爭勝而已；改革者也變為功利小人，借新黨之名以專權誤國。兩黨互鬥，直至西元一一二七年，也就是新法被廢棄後四十一年，北宋亡國才告一段落。

六、後世的爭論

王安石的變法對於增加國庫收入有著積極的作用，北宋積貧積弱的局面也有所緩解。熙寧六年（一〇七三），在王安石指揮下，宋軍進攻吐蕃，收復了河（今甘肅臨夏）、岷（今甘肅岷縣）等五州，拓地兩千餘里，取得了難得的勝利，初顯了新法的效力。但是，王安石因為性格、運氣，官僚豪強的反對以及用人不當等諸多方面的原因，最終導致了變法的失敗，並被扣上了「變亂祖宗法度、禍國殃民」的帽子。

到了南宋，以高宗趙構為首的統治集團為了給他的父兄即徽宗和欽宗開脫亡國的歷史罪責，根據靖康元年以來士大夫們的議論，便將亡國的責任由蔡京上溯至王安石。下詔重修《神宗實錄》，以否定王安石變法為基調，這一定讞對後世產生了深遠影響。王安石作為北宋亡國元凶的論調，又被《宋史》所承襲，成為封建時代官方的定論。一位銳意革新圖強的政治家，卻蒙受了八百多年的不白之冤，大概只有保守的中華民族的歷史上才會有這樣的事吧。真是民族的悲劇！

此後，雖然也有為王安石叫屈的論調，但是，影響都不及梁啟超的《王安石傳》。

梁啟超用社會主義學說類比王安石新法的措施，把王安石稱為社會主義學說的先行者。前引胡適先生的話，也持有相類似的觀點。梁啟超給予了王安石及其新法以全新的評價，他說「若乃於三代下求完人，唯公庶足以當之矣」。意思是說，如果從夏商周三代以來的歷史人物中尋找一個完人，那可能只有王安石一人當之無愧。他把青苗法和市易法看作近代「文明國家」的銀行，把免役法視作「與今世各文明國收所得稅之法正同」，「實國史上，世界史上最有名譽之社會革命」，還認為保甲法「與今世所謂警察者正相類」。他對王安石的道德情操、學術修養和政治抱負也都給予了全面的高度肯定，並為大多數人所尊奉，成為二十世紀前半葉的主流觀點。

客觀地說，歷史上很多變法失敗的原因當中，都有一個共同點，那就是：它們都只是少數政治上清醒的人從上而下推動的。古代的王莽改制、王安石變法，近代的戊戌變法，都屬於這種沒有社會基礎，脫離基層百姓參與的變革，最後都失敗了。因此，我們說：不管改革者的初衷多麼高大上，藍圖設計得多麼燦爛誘人，但是，改革如果不能普惠民眾，讓老百姓得到實實在在的紅利，就不可能得到人民群眾的真心支持和擁護。所謂的改革成果也只會是一堆泡沫，最終飄散在歷史的長河之中。這可以說是考察王安石變法給我們的一點啟示。

20 崇寧通寶、大觀通寶：藝術水準最高的錢幣

中國古代正式流通的錢幣上面，只有文字，而不用圖像。

這一方面是因為錢幣中間有個方孔，不便於完整地表現人物或動物的圖像；另一方面是因為中國古代的造型藝術不夠發達，錢幣上的藝術表現形式更多的是透過書法來體現。因此，從先秦開始直到清末，凡是正式鑄造使用的錢幣上面，都是只有文字而沒有圖像。

所以說，一部中國古代的錢幣史，所呈現的幾乎就是一部古代的文字發展史和書法演變史。中國古代錢幣的藝術性和觀賞性，主要就是透過錢文書法來體現的。

這一節，就透過宋徽宗的崇寧通寶和大觀通寶，來和大家一起分享中國古代錢幣的書法藝術之美。

一、古代書法的演變

為了便於後面的敘述，在介紹崇寧通寶、大觀通寶之前，有必要先來簡單回顧一下中國古代書法演變發展的歷史。

中國古代的書法，從萌芽狀態的半坡時期瓦陶上刻畫的圖案，到完全成熟的甲骨文、大篆、小篆、漢隸，再到王羲之的行書，唐人的楷書，乃至宋元明清各個朝代的各種正楷行草，無不流淌著

迷人的魅力，傳承了中國古代藝術。

中國的錢幣早在漢字出現之前就已經產生，最初充當貨幣的是海貝。因此，與價值有關的字，絕大部分都帶一個「貝」字的偏旁。這說明早在文字形成的時候，貝已經是體現價值的東西了。同時錢幣上的藝術又是以文字為主要的表現方式。因此，我們完全可以說，古代錢幣上的文字基本上就反映了古代文字的發展史和書法藝術的演變史。

中國古代錢幣上的文字，秦以前是所謂的大篆，如齊刀上的「齊建邦長法化」，三孔布上的「武陽」、「宋子」，圜錢上的「共屯赤金」等等都是大篆書體；秦代李斯改革以後稱為小篆，如秦半兩錢幣上的文字，據說就是李斯的手筆，漢代的五銖錢也是小篆體。但是，小篆又各有特點，王莽錢幣上的文字如「大泉五十」、「貨布」號稱垂針篆；劉宋的「孝建四銖」稱薤葉書；北周的「布泉」則稱玉箸篆，這些都是小篆的各種變體。

六朝以後，錢幣上的文字多用隸楷，蜀漢直百五銖錢幣上的「直百」兩字就是隸書，這是錢幣上最早出現的隸書。

所謂隸書實際上是由篆書演變而來的，據說是由秦代人程邈所創。隸書對篆書的改革包括筆劃和結構兩個方面，總的原則是去繁就簡。為了便於書寫，字形變圓為方，筆劃改曲為直。隸書又分「秦隸」與「漢隸」兩種。

秦隸結體渾圓，與篆書相近，多用方筆，又稱為古隸。一九七五年十二月在湖北出土的《雲夢睡虎地秦簡》，向世人提供了秦隸的實物資料，震驚了考古界和書法界。

漢隸又稱為「八分體」，變圓曲為方直，這種字體的演變因為形成於漢，所以被稱為漢隸。隸書是漢代普遍使用的書體，漢代的隸書筆法不但日臻純熟，而且書體風格多樣，進入了形體嫻熟、流派紛呈的階段。

後來在隸書的基礎上又進一步發展演變而出現了章草、行書，真書（楷書）也已經開始萌芽。書法藝術的不斷發展變化，為後來晉代流暢的行草以及筆勢飛動的狂草打開了藝術發展的空間。

唐代開元通寶錢使用的也是隸書，即所謂「八分書」，這是大書法家歐陽詢所書。宋代的文學藝術空前繁榮，表現在錢文書法上，更是豐富多彩。有篆書、隸書、楷書、行書、草書，幾乎各種書體都有，其中尤以宋徽宗趙佶的御書錢崇寧通寶、大觀通寶的藝術水準為最高。

下面我們就透過宋徽宗親自書寫錢文的崇寧通寶、大觀通寶，來具體看看瘦金體錢文的書法藝術風格。

二、宋徽宗的瘦金體

宋徽宗名佶，是宋神宗的第十一個兒子，宋哲宗的異母弟，被封為端王。元符三年（一一〇〇）正月，年僅二十四歲的哲宗病逝，因為沒有兒子，神宗的皇后也就是趙佶的嫡母，即名義上的母親向太后，推舉趙佶繼位，成為宋朝第八位皇帝。

即位之初，徽宗曾經表現出了一位有為君主的氣度。

他下詔讓天下百姓批評朝政、提出建議；大量任用忠直之士，有過則改。針對當時朝中元豐、元祐兩派的政治鬥爭，他發布詔書說，他對於用人的標準，沒有元豐、元祐的區別。只是斟酌某項舉措是否可行，辦法是否妥善，只看是否合乎時宜；辨別忠奸、用舍進退，只看是否合乎情理。無偏無黨，正直是與，清靜無為，顧大局，識大體，使天下休養生息。如果能夠使政事穩妥無失，人才各得其所，天下就太平了。因此，他改年號為「建中靖國」。所謂「中」，就是不偏不倚，既不盲從元祐，也不附和紹聖。徽宗的這種政治姿態，體現了一個明君應有的智慧和胸襟。

尤其難能可貴的是，徽宗還言出必行，接受宰相張商英的勸諫，放棄了馴養禽獸的愛好，把所有禽鳥都放出宮。對行之已久的規章制度，只要是不合理的，就毫不猶豫地予以廢除。他下令將貯藏在大內，用於殺不敬之臣的毒藥焚毀。還主張宮廷建築不要過於豪華，這與後來講求奢華、享受，迷戀聲色犬馬、遊戲蹴球，而不顧民眾疾苦的徽宗，簡直是判若兩人。

但是，徽宗實際上是一個輕浮、任性的文人，而根本不是一位治國理政的政治家。這一點在他當上皇帝之後，很快就表現了出來。因為他的心思根本不在治國理政上，而是沉湎於藝術的創作以及聲色犬馬的享受上。

如果拋開他皇帝的身分，單純從藝術的角度來看，趙佶確實是一位極富才情的藝術家，他詩、書、畫樣樣精通，書法更是自成一體。徽宗的書法初學黃庭堅，後來自成一家，獨創了一種新的書法樣式——瘦金體，也稱為「瘦筋體」、「瘦金書」。瘦金體書法作品，通篇結構嚴謹，清秀雋永。但是細看則每一筆劃均瘦直挺拔，收放有致，給人一種中心緊而四周鬆潤的感覺。

南宋岳珂對徽宗的瘦金體書法藝術成就推崇備至，曾經給予高度評論：「金鏤之妙，細比毫髮，殆與神工鬼能，較奇逞並於秋毫間。」元末明初陶宗儀編著的《書史會要》評價說：「徽宗行草正書，筆勢勁逸，初學薛稷，變其法度，自號瘦金書，意度天成，非可以形跡求也。」意思就是說宋徽宗的瘦金體書法是「意度天成」，而不是後天能夠模仿來的。他的瘦金體鐵畫銀鉤，勁瘦淡雅，風韻別致，確實堪稱一絕。

世人針對徽宗的瘦金體，素有「風流天子出崇觀，鐵畫銀鉤字字端」的評價。這裡，「崇」指的是崇寧通寶，「觀」指的是大觀通寶，它們都是錢幣界有口皆碑的藝術精品，也是御書錢的主要代表作品。

下面我們就透過他書寫的御書錢崇寧通寶、大觀通寶，來具體欣賞其書法藝術之美。

「崇寧」是徽宗的第二個年號，從西元一一〇二至一一〇六年，共有五年。這裡「崇」表示推崇，「寧」表示「熙寧」，是他父親神宗的年號。因此，「崇寧」的意思就是推崇「熙寧」時期的政策，表示他要效法繼承父親宋神宗在熙寧年間重用王安石所推行的新法改革。所以，徽宗就任命了聲稱要「紹述神宗聖政」的蔡京為宰相，以恢復王安石新法為名，多次變更錢法，實質都是變相地掠奪民眾。崇寧通寶錢幣就是在這種背景下，徽宗親自書寫錢文鑄造的，有小平和當十兩種。

「大觀」是徽宗的第三個年號，從西元一一〇七至一一一〇年，共有四年。相傳是因為有人夜觀星象，忽然發現彗星閃過，歎為觀止。古人一般都稱彗星為「掃帚星」，認為彗星的出現為不祥之兆，都不願意聲張。但是，具有輕浮藝術家氣質的徽宗，卻與眾不同，他認為彗星的出現是吉祥之兆，因此改元「大觀」，並親自書寫錢文，鑄造了大觀通寶錢。大觀通寶錢有小平、折二、折三、當五、當十，大小五種面值。

世人普遍認為，書法藝術的表現，有三個方面是最難掌握的：一是篆刻，二是書匾，三是錢文。其中，篆刻、書匾相對還比較容易，最難的是

圖20–1　崇寧通寶、崇寧重寶

圖20–2　大觀通寶

在圓形方孔的錢上寫字。錢文上的書法，因為對書寫者有相當高的要求，所以，一般的書法家都不敢去冒險。但是，秉性輕佻的趙佶，卻反其道而行之，以書寫御書錢的方式，在錢幣的方寸之間，向世人展現了他獨步天下的書法功底。

客觀地講，瘦金體只適宜書寫小字，並且是字數比較少的作品。僅有四個字的錢文，無疑成了展示它的最好舞台。因此，錢幣比紙帛和碑石更有優勢，成為瘦金體書法的最佳載體。

徽宗當初很可能就是發現了瘦金體的這一特點，所以接連書寫了瘦金體的崇寧通寶和大觀通寶。其中，「崇寧通寶」四字，錢文飽滿，寄郭接緣；「大觀通寶」四字，筆劃上有簡有繁，本來在圓形的錢幣上並不容易處理得當，但是徽宗卻獨具匠心，在錢幣的方寸之間把他的書法藝術發揮得淋漓盡致，將錢文在錢幣的穿孔四周布局得恰到好處。

譬如：錢幣的外郭用狹緣而不用闊緣，錢文瘦直挺拔，與細郭的線條配合得非常得體。古人評論瘦金體云：「橫畫收筆帶鉤，豎畫收筆帶點，撇似匕首，捺如切刀，豎鉤細長而內斂，連筆似飛而乾脆。」筆鋒勁健有力，灑脫自如。再加上錢幣郭深肉細的精湛做工，更顯得豪縱俊逸，氣度非凡。

另外，錢幣表面金屬因氧化而呈現出一種特有的質感，更使錢文表現出立體的效果，而強化了瘦金體本身的峻利精緻，令人賞心悅目。這些都充分展示了徽宗與眾不同的藝術天賦、審美情趣以及高深的書法藝術造詣。

除了書法藝術之外，徽宗還精於繪畫。

他於山水、人物、花鳥無所不畫，無所不精，尤其以他的花鳥畫最為精妙絕倫。他的花鳥畫特別強調細節，以精工逼真著稱。如藏於北京故宮博物院的〈芙蓉錦雞圖〉、藏於上海博物館的〈柳鵶蘆雁圖〉、藏於遼寧省博物館的〈瑞鶴圖〉，以及藏於美國紐約大都會博物館的〈竹禽圖〉等畫作，都用筆精練準確，畫面形象生動，用他的色彩精筆，再現了自然界真實的花鳥生態場景，表現出獨特的藝術風格，給人以優美高貴和愉快的感覺。

鄧椿在《畫繼》中評論說：「獨於翎毛尤為注意，多以生漆點睛，隱然豆許，高出紙素，幾欲活動。」

夏文彥在《圖繪寶鑑》中則說：「具天縱之妙，有晉唐風韻。」

清代乾嘉時期的胡敬在《崇雅堂詩鈔》（卷六）中，更是表達了對徽宗長於藝術創作，而弱於治國理政的深切歎惋：「松風一出韻生哀，拂拂胡沙繞指來。如此宮商聽不悟，可憐孤負好桐材。」

三、宋徽宗的悲劇人生

徽宗作為宋朝的第八位皇帝與第二位皇帝即太宗，有頗多相似之處：

首先，他們兩人都是以弟弟的身分繼承了皇位。

其次，他們都有高超的書法造詣及藝術修養，並熱衷於題寫御書錢，一位是首開書寫御書錢之先河，另一位則是鑄造了藝術水準最高的御書錢。

最後，是在治國理政方面，兩人都屬於平庸之輩。

太宗兩次伐遼均大敗而歸，不但未能收復燕雲十六州，還將周世宗、宋太祖積蓄的精銳喪失殆盡。從此，終宋之世，談遼色變，再不敢言兵。徽宗政治上更是無能，當上皇帝之後，他便將國事全部交付蔡京、童貫、朱勔這三大「君側之奸」，而沉醉於他所鍾愛的書畫藝術的創作之中。正如徽宗自己所言，「朕萬幾餘暇，別無他好，惟好畫耳」（鄧椿《畫繼》）。

因為整日沉湎於藝術創作而荒廢了國政，最後釀成了「靖康之變」而亡國，自己也被金國擄去了北方，成為亡國之君而客死他鄉，宋徽宗可能是古往今來皇帝中結局最為悲慘的一位，令人唏噓不已。

另外，在太宗和徽宗的身上，似乎還體現了一種歷史的宿命或是報應。

一一二七年發生靖康之變，金人滅亡了北宋，並裹挾徽宗、欽宗二帝以及三千多宗室嬪妃、公主北歸金國。世人認為這就是對宋太宗毒死南唐後主李煜，並搶占小周后無恥行徑的報應。

元代詩人馮海粟曾在〈熙陵幸小周后圖〉上題詩一首：「江南剩得李花開，也被君王強折來；怪底金風沖地起，御園紅紫滿龍堆。」就反映了後人認為靖康亡國乃是一種歷史報應的看法。

正因為徽宗是個亡國之君，所以，民間就流傳有很多關於他的傳說，似乎想從一些偶然事件中解釋出他亡國的必然性。其中，以《齊東野語》記載他出生的一段最為有名，也流傳最廣。

說是徽宗出生的前一天，正是端午節的前一天，即農曆的元豐五年五月四日，神宗遊幸至祕書省，看見了南唐後主李煜的畫像。當天夜晚，神宗就夢見李煜前來謁見，說要認神宗做父親。神宗本來就認為此夢不祥，恰好第二天正午，陳妃就生下了趙佶，這天正是五月五日乙酉端午節（一〇八二年六月三日）。按照民間的說法，新生的皇子便成了皇室的剋星。神宗因此很討厭這位皇子，給他取名「佶」，就是取「吉人自有天相」的寓意，希望能夠克制不祥。後來，神宗就把這位皇子遣送至封邑，再也沒有見過他。

元符三年正月十二日（一一〇〇年二月二十三日），哲宗死去的當天，徽宗就被朝廷接回京城即位，後來他聽從道士的話，為了規避不祥和掩人耳目，就將自己五月五日的生日改為了十月十日，並象徵性地把這天定為「天寧節」，希望以此能夠給他帶來好運。但是，不管怎麼改出生日，徽宗身上確實都有太多的「千古詞帝」即南唐後主李煜的影子。哲宗病重期間，朝廷討論立趙佶繼位的時候，宰相章惇就曾經說過，「端王輕佻，不可君天下」。後來的結局果然如章惇所言，真是一語成讖！

靖康之難後，徽宗被金國擄走囚禁了九年，一一三五年四月甲子日，徽宗終於因為不堪精神折磨，而死於位於現在黑龍江省依蘭縣的五國城，享年五十四歲。金熙宗將他葬於河南廣寧（今河南省洛陽市附近）。紹興議和之後，遺骸才被運回臨安（今杭州市），葬於永佑陵，立廟號為徽宗。

四、徽宗御書錢的意義

中國古代貨幣史，無論是從錢文的書法上來衡量，還是從鑄造的工藝上去考察，前後總共有三個堪稱高峰的時期：

第一個是王莽時期，鑄造了「六泉十布」和金錯刀、契刀五百；

第二個是宋徽宗時期，除了前面已經提到的崇寧通寶和大觀通寶之外，還有聖宋元寶（通寶）、政和通寶（重寶）、重和通寶、宣和元寶（通寶）等錢幣；

第三個是金章宗時期，鑄造了泰和通寶（重寶）。

其中，尤其是北宋徽宗的御書錢，無論是書法藝術的精美，還是鑄造技術的精湛，都達到了最高點，為歷朝之冠。而徽宗的御書錢中，又以崇寧通寶和大觀通寶最為著名，被錢幣界公認為是中國古代藝術水準最高的錢幣，因此而成為歷代錢幣收藏家至愛的珍品。

宋徽宗鑄造的錢幣確實很美，他的花鳥畫也精妙無比。這是因為他具有藝術天分且多才多藝，書法、繪畫、詩詞樣樣俱精，無疑是一位極富才情的藝術家。但是，藝術家趙佶，陰差陽錯地變成了大宋國第八任皇帝徽宗之後，藝術家的所有才情瞬間都變成了政治家的大忌，表現出的是一位政治上昏庸無能、行事輕佻、治國無術的昏君。這既是趙佶個人的悲劇，也是大宋王朝的悲劇，更是整個民族和歷史的悲劇！

元朝的宰相脫脫在《宋史》中說，宋徽宗失國的原因，既不是像晉惠帝的愚蠢、孫皓的殘暴，也沒有發生曹丕、司馬昭式的篡位，完全是因為他「恃其私智小慧，用心一偏，疏斥正士，狎近奸諛」，而給蔡京等君側之奸以可乘之機，結果導致「國破身辱」，百姓塗炭。他認為歷史上「人君玩物而喪志，縱欲而敗度」，沒有不因此而亡國的，只是宋徽宗的結局太過悲慘，因此希望後世的君王能夠引以為戒。但是，真正做到的又有幾人呢？這可能就是我們在欣賞崇寧通寶、大觀通寶錢幣藝術之美的同時，總有一種酸楚、悲慼之感的原因。

21 純熙元寶：記錄了南宋孝宗諸多無奈的錢幣

一九八五年七月江蘇高郵的御碼頭在疏通古運河時出土了十萬餘枚兩宋鐵錢，發現其中有一種純熙元寶小平鐵錢，正面為「純熙元寶」旋讀四字楷書，字跡清晰，形制規範，背面穿上為「同」字，系紀監名，直徑二十四公釐，重五・二克。

這是中國境內首次發現純熙元寶錢，一經報導立即就引起了錢幣界的廣泛關注。大家很快發現這是一枚出譜錢，因為南宋只有「淳熙」年號，而無「純熙」年號，那麼這枚「純熙元寶」小平鐵錢到底是怎麼回事呢？

一、孝宗的身世

透過查閱《建炎以來朝野雜記》甲集卷三「年號」條，我們發現南宋孝宗在乾道九年（一一七三）更改年號時，最初選定的正是「純熙」。但是，僅僅六天之後就將「純熙」改成了「淳熙」。因此，在歷史年表裡僅有「淳熙」年號，而無「純熙」年號。

這次「純熙元寶」小平鐵錢的出土，不但印證

圖21–1　純熙元寶（背同）

圖21–2　淳熙元寶（背十）

了《建炎以來朝野雜記》中的有關記載，同時還揭示出了南宋初年，孝宗將年號「純熙」改為「淳熙」，實際反映了他在對金關係上是戰是和政策選擇上的諸多無奈。

孝宗是宋室南渡後的第二位皇帝，原名伯琮，為太祖趙匡胤的七世孫，是趙德芳的後人。宋太祖趙匡胤去世後，傳位給他的弟弟趙光義，稱為太宗，此後的皇位就一直是在太宗趙光義這一系傳承。但是，南渡之後的高宗，為什麼要選擇太祖趙匡胤的後人來繼承皇位呢？

這既有客觀上的無奈，也有主觀上想將皇位再還給太祖一系的考慮。

高宗客觀上的無奈，是因為他在獨子夭亡之後，又因為金人在揚州的一次追殺過程中受到驚嚇，正值壯年的他就喪失了生育能力，後來雖然經過多方的努力卻再也沒有生育。而血緣最近的英宗這一系的後人，在靖康之變後基本上都被金人一網打盡，全部被押往北方。因此，他只能從皇族裡尋找血緣相對比較近的其他人來繼承皇位。

高宗主觀上想將皇位還給太祖一系的想法，卻與宋初三大疑案之一的「金匱之盟」有關。

太祖趙匡胤是透過充滿疑雲的「陳橋兵變」，從後周孤兒寡母手中奪取政權建立了宋朝。後來他的弟弟趙光義又是在「燭影斧聲」的質疑聲中繼承了他的皇位。因為，當時趙匡胤已有兩個成年的兒子德昭和德芳，他不將皇位傳給兒子卻傳給了弟弟，這不符合儒家「傳子不傳弟」的繼位原則。為了向世人做出解釋，以「半部論語治天下」而知名的宰相趙普，出示了一份趙匡胤的母親杜太后的遺囑，說杜太后鑑於五代以來因為皇帝年幼而導致的政局不穩，就與趙匡胤商量，要他死後傳位給他的弟弟趙光義，趙光義再傳給三弟趙光美，趙光美之後再傳給趙匡胤的兒子德昭。太祖聽後哭著答應：「敢不如教！」趙普當場記下太后遺囑，藏於金匱，這就是所謂的「金匱之盟」。但是，太宗後來並沒有遵守太后的遺囑，而是將皇位直接傳給了自己的兒子，就是宋真宗。

民間還流傳有另外一種說法。

說是出使金國的使臣回來之後對高宗說，金國的第二位皇帝太宗完顏晟，長得酷似宋太祖，認為就是太祖轉世。金國之所以要發兵攻打宋朝，就是宋太祖要回來奪皇位。高宗聽後心情很複雜，他說太祖大公無私，當初自己有兒子卻將皇位傳給了弟弟，如今太祖的後人衰微，因此，他準備將皇位傳給太祖的後人，隨即派人去尋找。最後，在太祖的後人中只找到一胖一瘦兩個小孩。有一天兩個孩子在宮中，突然跑來一隻貓，瘦孩子沒動，胖孩子卻伸腳去踢貓。高宗透過這件事，認為胖孩子輕浮，將來不能擔當大事。於是，就將瘦小孩收為養子，留在宮中進行培養，他就是後來的孝宗。

紹興三十年（一一六〇），金國的海陵王完顏亮發兵南侵，揚州失守，臨安告急。在這危急的時刻，多虧虞允文在採石磯大敗金軍，阻止了金軍渡江。恰巧這時金國又發生內亂，海陵王被殺，金軍北撤，南宋又躲過一劫。危機剛一過去，對紛亂國事深感厭倦的高宗，就於紹興三十二年（一一六二）決意禪位於已改名為趙昚的養子，就是孝宗，自稱太上皇，移居到原來秦檜的豪宅享清福去了。從此，宋朝的皇位又回到了太祖一系。

二、孝宗失敗的北伐

孝宗在位二十七年（一一六三—一一八九），共使用了隆興、乾道、淳熙三個年號。因為孝宗即位時就已經三十六歲，年屆不惑，所以他感覺時不我待，非常希望能夠早日有所作為。

當時高宗剛退位，孝宗表面上不便對高宗妥協求和的政策明確表示反對，但是，他並不認可高宗對金妥協的做法。因此，在處理具體的政務時，孝宗便表現出與高宗完全不同的政策。首先是給岳飛平反，謚號「武穆」，追封鄂國公，並在臨安建岳王廟。其次是剝奪了秦檜的官爵，罷免了一批主和派的官員，起用了部分被高宗貶黜的大臣，還積極聯絡北方的抗金義軍，計畫組織北伐，收復中原。最後是召主戰派老將張浚入朝，任命他為樞密使，都督江淮軍馬，負責抗金前線的軍事指揮，準備擇機出兵北伐。

為了避開主和派的干擾，孝宗繞過三省、樞密院，直接命令張浚出兵。

北伐初戰告捷，收復了靈壁和宿州。但是北伐軍後來遭遇金軍的阻擊，損失慘重。這次北伐歷時僅二十多天，就以宋軍的潰敗告終。這是孝宗在位期間組織的第一次也是最後一次北伐，雖然失敗了，卻是南宋歷史上第一次主動的出擊，與以前疲於應付金人的進攻截然不同，反映了孝宗武力抗擊金軍、收復失地的決心。

孝宗這種志在收復失地、主動進攻的政策，與高宗滿足於偏安江南的妥協心態是矛盾的。本來高宗就對孝宗剛一即位，便給岳飛平反、驅逐秦檜黨人的做法不滿意，現在看到北伐失敗，生怕因此再招致金軍的南侵，於是就對孝宗說：「你想北伐，還是等我百歲之後，再談論這事吧！」這無異於是向孝宗發出了最嚴厲的警告，要他斷了恢復中原的念頭。高宗後來看到金國有和談的想法，害怕再次錯失透過和談維持偏安的機會，因此敦促孝宗答應金人的要求，盡快達成和議。

北伐的慘敗，也使孝宗的勃勃雄心受到不小的打擊，他逐漸從高漲的熱情中冷靜下來，意識到中興計畫在短期內是不可能實現的。在太上皇的逼迫和主和派的壓力之下，他認為作為權宜之策，議和也並不是完全不可取，遂於隆興二年（一一六四）十二月和金國簽訂了屈辱的《隆興和議》。次年改元，選取體現皇權至上理念的「乾道」為新的年號，表示要重振皇權。乾道年間，由於沒有戰事的干擾，孝宗專心理政。史書記載他「躬攬權綱，不以責任臣下」，積極整頓吏治，裁汰冗官，懲治貪汙，加強集權，並重視農業生產，很快出現了五穀豐登、太平安樂的局面。孝宗不甘偏安，力圖恢復中原，同時改革內政，希望重振國勢，高宗時期瀰漫朝野的妥協求和之風一度有所扭轉。

三、孝宗的整軍備戰

孝宗雖然迫於時勢，與金人進行了媾和。但是，在他的內心深處，恢復中原的強烈渴望並沒有因此而消失。鑑於派張浚倉促北伐而導致的失敗，孝宗對用兵之事變得謹慎了許多。他開始集中精力，認真備戰，以待時機。從乾道二年底到乾道六年的五年時間裡（一一六六－一一七〇），孝宗曾經舉行了三次大規模的閱兵。除親自檢閱軍隊之外，還規定各地駐軍每年春、秋兩季都要集中演習。這是南宋建立以來前所未有的舉動，對鼓舞士氣、振奮民心都起到了重要的作用。為了提高士氣，他甚至親自學習騎射。經過一番整頓和訓練，南宋軍隊的士氣和戰鬥力都有很大的改觀。

在整軍備戰的同時，孝宗又先後派遣范成大等使臣出使金國，要求修改「隆興和約」中部分侮辱性的條款：一是要求金朝歸還河南的宋朝帝王陵寢之地；二是改變宋朝皇帝接受金國使臣遞交的國書時，需要親自下殿去取的禮儀。但是，這兩條要求都遭到了金世宗的拒絕。外交努力失敗之後，孝宗又計畫進行武力北伐，這次他將領導北伐的重任交給了堅持抗金的虞允文。

虞允文就是我們前面提到的完顏亮南侵時，在位於今天安徽省馬鞍山市的採石磯大敗金兵的宋軍將領。這次「採石磯大戰」實際上是一次可以與「淝水之戰」相媲美的以少勝多的著名大捷。

當時金軍主力越過淮河，推進到了長江沿線，宋軍潰敗，金軍如入無人之境。虞允文被派去前線犒師，正好碰上金軍計畫從採石磯渡江。當時負責指揮的宋軍主帥還未趕到，虞允文見形勢危急，就親自指揮。他向軍心已經渙散的士兵們說：「如果金軍成功渡江，你們又能往哪裡逃呢？現在我軍控制著大江，憑藉長江天險，怎麼不能死裡求生呢？何況朝廷養兵三十年，為什麼諸位不能與敵人血戰以報效國家呢？」他的這番演講穩定了軍心。虞允文接著又將分散在沿江各處的軍隊，迅速地集結起來，以一·八萬兵力與十五萬金軍決戰於採石磯，結果大敗金軍，阻截了金軍渡江的企圖，保住了江南地區。

虞允文一戰成名，他傑出的軍事才能深受孝宗的賞識，他力主以武力恢復中原的志向，更是與孝宗的心意不謀而合。

乾道三年（一一六七），孝宗任命虞允文為知樞密院事，並出任四川宣撫使。虞允文在四川練兵講武，發展經濟，卓有成效，鞏固了南宋的西北防線，為再次北伐時出兵川陝打下了基礎。乾道五年（一一六九）八月，孝宗又召虞允文入朝，升其為右丞相兼樞密使，掌握軍政大權，伺機再次北伐。

虞允文雖然是北伐的堅定支持者，但是他心中仍然顧慮重重，擔心再次北伐之後，在太上皇高宗的逼迫以及主和派的壓力之下，孝宗很可能頂不住，又像「隆興和議」前那樣改變主意，使北伐半途而廢。因此，虞允文於乾道八年九月辭去相位，再次出任四川宣撫使。臨行前，孝宗要求他到四川後立刻出兵，與江淮軍隊會師於河南，虞允文憂心忡忡地說：「我擔心陛下屆時未必能夠配合。」孝宗當即表示：「如果你出兵而朕猶豫，就是朕有負於你；如果朕已舉兵而你不動，就是你有負於朕！」然而，孝宗這番慷慨激昂的話並沒有打消虞允文的顧慮。

四、改換年號的無奈

虞允文的顧慮實際上並不是多餘的，孝宗在將「純熙」年號改為「淳熙」的過程中，他那種無奈的心境就充分地表露了出來。

乾道九年（一一七三），孝宗認為「乾道」年號已經使用了九年，應該更換新的年號。於是，他就從《詩經・周頌・酌》：「於鑠王師，遵養時晦，時純熙矣，是用大介」中，選取了「純熙」兩字為新的年號。

〈酌〉是周成王時《大武》樂歌之一，上引四句話的意思是說：「王師的隊伍威武英俊，我將率領他們去掃蕩黑暗的勢力。天下大放光明即天亮的時候，新的偉大天命就要降臨。」這段話歌頌了周武王克商的豐功偉績，孝宗從中選取「純熙」作年號，既有字面上「大放光明」的意思，更有他效法周武王率領王師北伐金國收復失地的寓意。

這雖然反映了孝宗內心真實的願望，但是，卻與主張對金講和的太上皇高宗的心願不相符合。為了不引起高宗的猜忌，無奈的孝宗只得吸取上次倉促北伐失敗導致高宗生氣的教訓，僅僅六天之後就將「純熙」年號中的「純」字換成了「淳」，這樣「純熙」就變成了「淳熙」。雖然它們的發音完全一樣，但是寓意卻已經完全不同了。「淳熙」被解釋成是要取法宋太宗雍熙、淳化的意思，這會討得太上皇高宗的歡心，令其放心。

實際上，將「純熙」改成「淳熙」，也顯得頗為不倫不類。因為一則「雍熙」是在「淳化」之前，取號「淳熙」顛倒了時間順序；二則不論雍熙之政還是淳化之政，都談不上可取，雍熙年間有太宗伐遼慘敗，淳化年間有王小波、李順的變亂，內憂外患，頗不太平。從這兩點我們都可以看出這次更改年號的匆忙與尷尬。所謂「取法祖宗」只是託詞而已，主要原因還是因為「純熙」年號與當時「主和」的政治氛圍不相符合，不得不改。因此，僅僅使用了六天，孝宗就將「純熙」這個砥礪人心、鼓舞鬥志的年號廢棄，代之以「淳熙」這樣一個毫無可取之處的年號，個中緣由實在耐人尋味。儘管如此，「淳熙」這一年號一直使用了十六年，卻是孝宗朝使用時間最長的年號。

關於這段歷史，在南宋李心傳所寫的《建炎以來朝野雜記》中，從另一個側面也做了記載。當時李心傳的父親李舜臣，正好在四川宣撫使虞允文幕府做幕僚。孝宗改元「純熙」的詔書下達到四川宣撫使時，李舜臣看後曾經對虞允文說，「純熙」所反映的是周武王伐商的事，這明顯違背了高宗「主和」的心願，不適合用作年號，並且建議虞允文密奏朝廷說明情況，建議改換一個新的年號。給孝宗的密奏還沒有寄出，「純熙」年號改成「淳熙」的詔書便到了。

淳熙元年（一一七四）二月，虞允文因操勞過度，得病去世，這對孝宗的中興大計和信心無疑是沉重的打擊。從此，南宋再也找不出像虞允文那樣堅決主戰又有才能的大臣了，朝中的大臣日趨消極保守。面對朝廷上下安於現狀的主流意識，孝宗既痛心疾首又無可奈何，他恢復中原的遠大抱負無從施展，昔日的銳氣也漸漸地被消磨下去。他為政求穩，並漸趨保守，對與金國的禮節問題也不再強求力爭，更不願提北伐的事了，而將全部的精力都轉移到了內政建設上，出現了史稱「乾淳之治」的小康局面。

到了淳熙後期，南宋朝廷又開始陶醉在「中外無事」而偏安一隅的昇平景象之中。但是，壯志難酬的孝宗，懷著對朝政的失望與疲憊，愈發開始厭倦枯燥煩瑣的政務，打算讓位於太子，礙於太上皇高宗還健在，一時無法施行。淳熙十四年（一一八七）十月高宗病逝，孝宗以服喪為由，讓太子趙惇參預政事，兩年後正式禪位於太子，是為光宗。孝宗做了五年太上皇之後就病逝了。

縱觀孝宗一朝，他雖然被公認為南宋最勤政、恭儉，且有作為的皇帝，「卓然為南渡諸帝之稱首」。但是，命運對他卻多有不公。正如後人所說，高宗朝有恢復之臣，而無恢復之君；孝宗朝有恢復之君，卻無恢復之臣。

孝宗雖然在位二十七年，其中有二十四年是處於太上皇高宗的牽制之下，政事不能完全做主。對外又碰上了有小堯舜之稱的金世宗，無機可乘。因此，孝宗雖然對外力圖收復失地，最後卻徒勞無功；在內雖然重新樹立起了皇權的威嚴，但是吏治腐敗、民亂迭起的狀況並沒有得到根本好轉。他對父孝敬，對子慈愛，堪稱典範，但是他的兒子光宗卻不盡孝道，甚至在他病重時都不去看他一眼。孝宗最後是在憂鬱中離世的，他無奈的一生，充滿了悲劇色彩。相比兩宋其他的皇帝，孝宗更讓人同情。

五、淳熙元寶的字體及紀年

孝宗在改元「淳熙」之後，又鑄造了淳熙元寶和淳熙通寶兩種錢幣。其中，淳熙元寶有小平、折二兩種，都是篆書、楷書成對的對錢。另外，還鑄有一種折二鐵錢，背面鑄有「利」、「邛」、「松」、「同」等文字，這都是鑄錢監的名稱。淳熙通寶鐵錢的背面也有紀監、紀年、紀值等多種。各地的鑄錢監在所鑄錢幣的背面，加鑄上錢監名稱的做法，就是從「乾道元寶」開始的。這應該與乾道年間孝宗整頓吏治，加強管理有關。因為在錢幣的背面加鑄錢監的名稱，是當時檢驗各錢監鑄錢品質、核對數量的重要手段。

這裡值得一提的是，從淳熙七年（一一八〇）開始，各地的錢監基本上就不再鑄造對錢了，但是開始在錢幣的背面加鑄年分。這是因為南宋缺銅，因此銅價較高，鑄錢虧損，各鑄錢監為了完成每年的鑄錢任務，就直接從市場上購買舊錢上繳。朝廷發現這一弊端之後，就要求各錢監必須在錢幣的背面，鑄上當年的年分以便識別，這樣作弊的現象才被杜絕。因此，淳熙七年鑄造的錢幣就成為世界上最早紀年的錢幣，這要比歐洲早三百多年。但是，這一做法在宋以後並沒有繼續下去。

另外，我們今天廣泛使用的宋體字，最初就誕生於淳熙年間的小平錢上，這也是我們每次看到淳熙元寶、淳熙通寶感覺特別眼熟的原因。

「純熙」年號僅僅使用了六天，這可能是歷史上使用時間最短的年號，但是仍然鑄造了純熙元寶錢幣。作為那段歷史的見證，純熙元寶不但印證了《建炎以來朝野雜記》中的有關記載，同時也反映了南宋時期同安監的組織之嚴密以及鑄錢之高效。這既發揮了錢幣證史、補史的作用，也使我們透過錢幣獲得了一次觸摸歷史的體驗。

22 嘉定鐵錢：錢文最為繁雜的貨幣

年號錢中，除了年號一般都用「元寶」或「通寶」，偶爾也用「重寶」，三種寶文都用的情況很少。但是南宋寧宗的嘉定鐵錢是個例外。它不但鑄造了元寶、通寶、重寶三種年號錢，另外還新創立了十七種寶文錢，可謂是空前絕後。嘉定鐵錢不但是中國貨幣史上同一年號錢文最多的一種，同時也是錢文最複雜的一種。

一向按制度、慣例辦事，很少有創新的南宋寧宗，為什麼會如此不可思議地新創設出這麼多的錢文？有什麼寓意呢？這始終是困惑貨幣史界、錢幣學界的一個不解之謎。

下面就在簡單梳理鐵錢發展歷史的基礎上，分析南宋寧宗在嘉定年間大肆鑄造鐵錢的原因。

一、鐵錢的出現

在講嘉定鐵錢之前，先來簡要回顧一下鐵錢的出現以及使用的一些情況。

鐵錢，是中國錢幣史上一種特殊的金屬鑄幣。自先秦至民國初期的兩千多年間，中國鑄行鐵錢的時間斷斷續續大約有五、六百年。中國雖然不是最早以鐵為貨幣材質的國家，但是，中國卻是世界上使用鐵錢時間最長的國家，而且中國鑄行過種類異常繁雜的鐵錢，形成了重要的鐵錢文化體系，這在世界貨幣文化史上也是獨一無二的。

雖然文獻中記載最早鑄行鐵錢的，是東漢初年占據四川的公孫述。但是，最早使用鐵錢的並不始於公孫述，因為考古工作者已經發現了戰國時的鐵質布幣和圜錢。另外，在長沙、衡陽、宜昌也已經出土有西漢初年的鐵半兩錢，王莽末年在四川地區也曾經鑄造過鐵貨泉。這說明四川地區早就開始使用鐵錢了，公孫述鑄造鐵錢並不是獨創新制，只是因利乘便而已。

官鑄鐵錢除了見於東漢初年割據蜀地的公孫述之外，還見於南朝的蕭梁政權。此後，鐵錢雖然還經常有鑄造，但是，大部分都是地方的割據勢力在鑄造，時間也都不長。可是宋朝卻是一個例外，《宋史・食貨志》明確記載「錢有銅鐵二等」。這就是說，鐵錢與銅錢一樣，都是宋朝政府正式鑄造發行的法定貨幣，這在歷史上只有趙宋王朝一家，前不見於唐五代，後不備於元明清。那宋朝為什麼要正式使用鐵錢呢？

二、宋代使用鐵錢的原因

鐵錢的使用之所以與兩宋相始終，這既有歷史遺留下來的原因，也有現實的需要，甚至也可以說，這本身就是朝廷特意設計的結果。概括地說大致有以下四個方面的原因。

一是受五代以來一些割據政權遺留下來的幣制的影響。五代十國時期，由於缺乏鑄錢的銅料，割據一方的政權經常採取權宜之計，用鐵、鉛、錫等賤金屬來鑄造錢幣，籌集軍費。譬如，後蜀就「以鐵為錢」，與銅錢一起使用。另外，南唐、楚、閩等國也都先後鑄行過鐵錢，「與銅錢並行」。宋太祖平定蜀地之後，將當地的銅錢收集起來運往京師開封，並禁止外地的銅錢入境，使得蜀地只好繼續鑄造鐵錢，並因此而成為專門使用鐵錢的地區。後來，平定江南和廣東地區之後，也採用在四川的辦法，繼續准許鐵錢流通使用。《文獻通考》就記載說，四川、陝西、福建等地使用鐵錢，都是延續五代以來的辦法。直到太宗、真宗的時候，江南大量開採銅礦，廣鑄銅錢之後，才將五代時期流通於江南的鐵錢替換，改用銅錢。但是川陝地區的鐵錢，始終沒有被完全廢除，到北宋中後期以及南宋的時候，又逐漸形成許多新的鐵錢流通區。

二是為了緩解軍費開支方面的壓力。北宋的時候，除了四川是因為歷史的沿襲，而流通使用鐵錢之外，從仁宗開始，在西北地方又形成了陝西、山西兩地的銅錢和鐵錢並用的區域。這是由於兩宋長期以來與西夏、遼以及金國在西北地方對峙而大量駐軍的結果。因為駐有大量的軍隊，導致軍費的開支非常龐大。當地的財政僅能負擔一半的費用，其餘的都要依靠朝廷來供應。而西北地方銅礦資源匱乏，但是鐵礦資源卻較為豐富。為了減輕從外地搬運銅錢的困難，於是就地取材鑄造鐵錢，與銅錢搭配使用。這樣，陝西和山西兩地就形成了銅錢和鐵錢混合流通的現象。

三是為了防止銅錢流入西夏、遼以及金國境內。兩宋時期，大量的銅錢隨著貿易而流入西夏、遼、金國境內。當時蘇東坡的弟弟蘇轍出使遼國的時候，就發現遼國境內沒有鑄造錢幣，公私之間的交易，使用的都是宋朝的錢幣。另外，遼、金還將透過貿易換來的銅錢銷毀後改鑄成銅器使用。銅錢的大量外流更加重了宋朝的錢荒。針對這種情況，宋朝除了嚴刑峻法禁止銅錢的外流之外，還在邊境地區採取使用鐵錢的辦法，以阻斷銅錢外流的管道。正如當時的大臣葉適所說，最初使用鐵錢並不是為了新增加一種錢幣，而是專門為了杜絕銅錢的外流。❶於是，鐵錢成為兩宋與敵國開展

❶《淮西論鐵錢五事狀》：「始作鐵錢，非要添此一項泉幣，蓋專以絕銅錢滲漏之患爾。」

貨幣鬥爭的一種手段，這也可以說是一種貨幣戰爭。

四是緩解錢荒的手段。所謂「錢荒」，是指流通中銅錢不能滿足市場流通需要的矛盾，就是我們現在所說的通貨緊縮。歷史上，隨著人口的增加，商品貨幣經濟日益發達，社會上對銅錢的需求愈來愈大。但是限於銅礦資源的稀少，政府鑄造的銅錢不能滿足流通需求的矛盾，從唐朝中期開始就成為困擾朝廷的一大難題。到了宋代，這種錢荒的矛盾更為突出。因此，從北宋末年開始，因為銅錢的不足，江南、兩浙、福建、廣南等地，先後都開始鑄造使用鐵錢。當時就有人曾經精闢地指出，宋代之所以發明使用紙幣，又鑄造鐵錢，原因就是銅錢少。❷

三、兩宋鐵錢的流通區域

北宋初年，沿襲五代時期的幣制，一開始是江南、四川、福建、陝西等四個地區繼續使用鐵錢。太平興國二年（九七七）以後，宋朝政府在長江以北地區，收集民間的鐵錢改鑄成農具，提供給被安置的流民開墾荒地。透過這種方式逐漸收盡了江南地區的鐵錢，但是四川和陝西兩地仍然繼續使用鐵錢。

從慶曆到熙寧初年，又增加河東路就是山西地區為鐵錢區。熙寧末至元豐年間，成都府、梓州、夔州、利州路專行鐵錢，陝西、河東兩路仍然是銅錢和鐵錢混用，福建又變為行用銅錢的地區。哲宗、徽宗時期，因為實行通貨膨脹政策，鐵錢流通的區域開始急遽擴大，計有梓州、利州、成都府、夔州、永興軍、秦鳳、廣南（西、東二路）、河東、江南（東、西二路）、兩浙、福建等十三個路先後行用鐵錢。其中，四川和陝西在元符年間，以及政和至靖康年間為專行鐵錢的地區。

靖康元年之後，陝西兼行銅鐵錢，專行鐵錢的地區就只剩下了四川一地。

南渡之後，陝西很快被劉豫建立的偽齊占據。因為劉豫不用鐵錢，因此，河東、陝西的鐵錢，都被劉豫收集起來賣給金人去製作盔甲了。紹興九年（一一三九）南宋收復陝西後，又在陝西恢復使用鐵錢。紹興十一年（一一四一）宋金議和，陝西被劃歸金國，鐵錢又被廢棄。因此，南宋初年行用鐵錢的地區，僅有四川一地。後來為了收兌紙幣「錢引」，又在其他地區恢復鑄造鐵錢。新增加的行用鐵錢的地區，主要集中在長江以北地區，並逐步擴大至淮南東西路、京西南路以及湖北路的北部地方。南宋朝廷為了給兩淮地區供應鐵錢，從乾道六年（一一七〇）開始，專門在江西設置廣寧、豐餘、裕國、富民等錢監，鑄造鐵錢。湖北路江北地區成為行用鐵錢的地區之後，就與四川、京西、兩淮地區連成一片，形成了統一的江北鐵錢區。這樣南宋就實現了以長江為界，南北兩岸分別流通銅錢和鐵錢的規畫布局。

四、嘉定年間大規模鑄造鐵錢的原因

嘉定年間大規模鑄造鐵錢要從開禧年間（一二〇五—一二〇七）的北伐談起。

寧宗是南宋第四代皇帝，是孝宗的孫子。淳熙十六年（一一八九）孝宗禪位於太子，光宗即位。孝宗又做了五年太上皇後病逝。孝宗病逝的時候，光宗因為神經系統有病，史書上說是患有

❷ 呂祖謙，《歷代制度詳說》：「所以為楮券，又欲為鐵錢，其原在於錢少。」

「心疾」，不能主持孝宗的葬禮，這在當時可是一件了不得的大事。因此，在外戚韓侂冑、宗室趙汝愚等大臣的操縱下，光宗又將皇位禪讓給了太子，這就是寧宗。

韓侂冑因為擁戴有功，後來被任命為宰相。他內政上沒有什麼作為，又想樹立權威，於是就想透過發動對外戰爭來達到立威的目的。而新繼位的寧宗因為不滿金朝的蠻橫要求，特別是要他站起來走到台前去接收金國使臣帶來的國書，因此也支持韓侂冑對金朝採取強硬的措施。於是，就於開禧二年（一二〇六）五月下詔北伐金朝，史稱「開禧北伐」。

這是南宋主動向金國發動的第二次進攻，第一次是孝宗於隆興元年發動的。這兩次北伐的過程和結果都驚人地相似。開戰初期，宋軍都很快收復了一些地方。但是，等金軍調整過來之後，宋軍就陷入了被動。這次比上次更慘的是，金軍在東、中、西三個戰場上，對宋軍發起了進攻，宋軍由主動進攻轉為了被動防守。

當時因為蒙古已經在北方興起，受到蒙古牽制的金國早已沒有消滅南宋的實力。於是，戰場上的軍事鬥爭就轉移到了談判桌上的政治較量，宋金雙方開始議和。

議和的時候，主動挑起事端又戰敗的南宋自然處於下風。作為勝利者的金國，自然提出了苛刻的條件。除了割地賠款，增加歲幣之外，還要求將發動這場戰爭的主謀韓侂冑綁起來送給金國。這種形勢下，朝廷中韓侂冑的對立面就形成了主和派，以禮部侍郎史彌遠為代表。他們於開禧三年（一二〇七）十一月，在上朝的途中綁架並殺害了韓侂冑。史彌遠按照金國的要求，派人將韓侂冑的首級送給了金國，滿足了金國的要求之後，開始了議和。因為開禧三年以後改用「嘉定」年號。因此，這次議和史稱「嘉定和議」。

「嘉定和議」的條款為：兩國的邊界仍然保持不變；今後宋朝以侄子侍奉伯父的禮節侍奉金

國；增加歲幣為銀帛各三十萬；宋朝另外繳納犒師銀三百萬兩給金國，彌補此次戰爭的損失。宋朝皇帝與金朝皇帝的稱謂，由以前的侄子和叔叔的關係改變為侄子和伯父之間的關係，寧宗的身分似乎又低了一點。因為新增加了犒師銀即戰爭賠款三百萬兩，另外歲幣中的銀帛又各增加了五萬，所以「嘉定和議」比「隆興和議」更為屈辱。

「嘉定和議」維持了不到十年的平靜，從嘉定十年（一二一七）開始，南宋與金國又爆發了戰爭，並一直持續到了嘉定十四年（一二二一）三月，戰爭波及從長江上游直到下游的所有地區，最終宋金雙方都沒能獲勝，卻消耗了國力。後來隨著蒙古的崛起，金國和南宋最後都被蒙古所滅。

嘉定鐵錢就是因為開禧年間伐金失敗之後，南宋朝廷為了彌補財政上的巨額虧空，被迫實行通貨膨脹政策，在大量發行紙幣的同時，也鑄造了數量眾多的折三、當五等大面值的鐵錢。

這種解釋雖然回答了南宋嘉定年間大肆鑄造鐵錢的原因，但是對於嘉定鐵錢為什麼會有那麼多的錢文這一疑問，卻依然沒有做出回答。因此，我們還需要從別的視角再做探討。

五、對嘉定鐵錢錢文的解讀

嘉定鐵錢是中國歷史上最繁雜的一種鑄幣，這種繁雜主要體現在它的錢文名稱上。錢文由年號「嘉定」加寶文組成。其中，寶文除了通常所使用的元寶、通寶、重寶三種之外，還有永寶、安寶等多達十七種。❸這僅僅是已經發現的錢文，實際上到底有多少種錢文，至今也無人能夠說得清楚。

嘉定鐵錢的面值有小平、折二、折三、當五共四種，每一種面值又有各種不同的錢文名稱，其中以折三、當五兩種面值的種類最多。錢幣背面的文字還有紀年和紀監，這裡紀年指的是鑄造的年代，紀監指的是鑄錢的錢監名稱。意思就是說，嘉定鐵錢的背面，鑄有鑄造的時間和地點。錢文的書體除楷書外還有篆書。這樣粗算下來，嘉定鐵錢最少要有一、兩百個品種。嘉定鐵錢名稱之繁複，在中國錢幣史上是絕無僅有的，說它是空前絕後一點都不過分。那它為什麼會出現這麼多的寶文呢？

在錢幣收藏界曾經流行過一種解釋，有人將嘉定鐵錢的寶文歸納排列為「永安萬全、崇正真新、洪珍隆泉、封之大興」諸句，與「至寶」合起來共有十七種。因為嘉定年號總共使用了十七

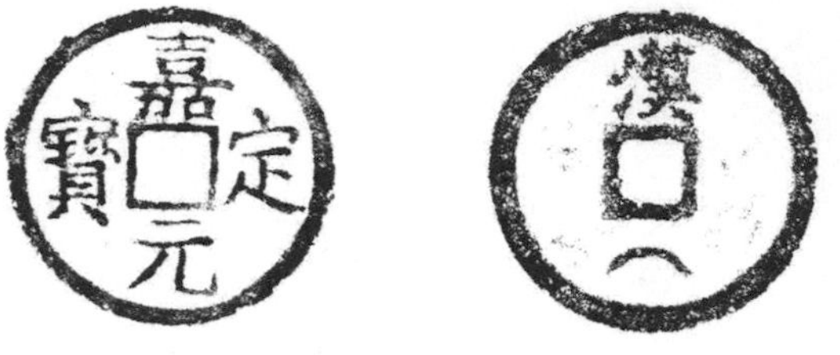

圖22–1　嘉定元寶

圖22–2　嘉定通寶

圖22–3　嘉定正寶

年，所以就認為每一種寶文表示的是其中的一個年分。這種解釋顯然是不成立的。因為嘉定鐵錢的寶文除了上面說的十七個之外，已發行的還有元寶、通寶、重寶三種，這已經就二十個了，而嘉定年號僅有十七年，所以說寶文與紀年應該沒有內在的聯繫。另外，也找不出以寶文表示年分的根據。

嘉定鐵錢的寶文可能與應瑞有關，這些寶文可能就是為了應瑞，而專門選用的一些含有特殊吉祥寓意的字。著名錢幣學家羅伯昭曾經寫過一篇〈西川嘉定鐵錢分析〉的文章，認為寧宗愛搞一些應瑞的事。他最初因為曾經被封在明州，就是今天的寧波，後來他就將明州升為慶元府，即位後用的第一個年號就是慶元。嘉州也因為曾經是寧宗的封地，後來也被升為嘉定府，並取嘉定為年號。

嘉定鐵錢的寶文雖然比較多，但是用的都是具有吉祥寓意的字，這與後來越南在後黎朝顯宗景興年間（一七四〇—一七八六）鑄造的景興雜寶錢有點類似。❹因此，我傾向於認為，嘉定鐵錢的寶文可能就是為了應瑞而選擇的一些具有吉祥寓意的字，應該有特殊的用意，只是我們現在還沒有解讀出來而已。這些寶名可衍化為「崇封之地」、「真人隆興」、「洪福正新」、「萬珍全至」、「大寶永安」等頌語。有的錢幣收藏者也將嘉定鐵錢的寶文編成韻語以便記憶，如「國用永安崇，平正新萬隆，元泉全大洪，真興玉珍封」。

---

❸另外十七種是：永寶、安寶、萬寶、全寶、崇寶、正寶、真寶、新寶、洪寶、珍寶、隆寶、泉寶、封寶、之寶、大寶、興寶、至寶等。

❹景興年號錢的寶文計有：巨寶、大寶、泉寶、至寶、用寶、重寶、中寶、內寶、正寶、順寶、永寶、太寶等十多種。

鐵錢作為一種特殊材質的貨幣，在中國古代兩千多年的貨幣流通歷史上，只有兩宋時期被正式作為貨幣使用。這是於特定的時期，在特定的地區，實行的一種特殊的貨幣政策。它既有經濟方面的原因，也有軍事和政治上的考量。但是，像嘉定鐵錢這樣違反傳統和慣例，創造出如此眾多且繁雜無比的錢文的現象，在中國古代鑄錢歷史上，確實也是前無古人後無來者。

這已經不能從經濟、政治、軍事上來找原因了，很可能是它的鑄造者寧宗面對內憂外患的局面，因為沒有應對之策，只好借助於搞一些應瑞的事，以求神靈的保佑，才創造了各種帶有吉祥寓意字的錢文。這從一個側面反映了寧宗朝統治階層的「三觀」，同時也是整個社會精神面貌的寫照。這實際上已經預示著南宋不可逆轉地走向了最後的滅亡。

23 交子：世界上最早的紙幣

幾乎地球人都知道，中國是世界上最早發明使用紙幣的國家。但是，紙幣是如何被發明出來的，又是怎樣被大家接受而成為交換媒介的呢？對這個問題，可能很多人都不一定能說得清楚。

下面就透過已知的世界上最早的紙幣——交子，來和大家一起探討紙幣是怎樣產生的。

一、紙幣原理的最初運用

早在北宋正式使用紙幣交子之前，中國就已經有過幾次使用紙幣的嘗試了。譬如西漢武帝時期的「白鹿皮幣」（以下簡稱「皮幣」）和唐憲宗時期的「飛錢」，可以說某種程度上已經具有了紙幣的性質，甚至有人因此認為它們已經是紙幣了。那麼「皮幣」和「飛錢」到底是怎麼回事？它們真的能算作紙幣嗎？

1. 皮幣

皮幣是兩千一百多年前漢武帝時代的東西，我們在前面「漢武帝的斂財手段」中已經做過介紹，這裡再簡單回顧一下。

皮幣的式樣以及用途在《漢書・食貨志》中都有記載，就是用白鹿的皮裁剪成每張一尺的正方形，邊緣飾以彩繪，一張作價四十萬。規定宗室王侯朝覲皇帝時，所送的見面禮玉璧，必須要用這張白鹿皮幣作為襯墊，否則將不會被接受。

漢武帝為什麼要這樣做呢？

實際上，漢武帝這樣做有兩個目的。一是為了進一步加強專制皇權，打擊宗室貴族的勢力；二是收斂一批錢財，補充因北征匈奴而耗空的國庫。因此，他就接受了張湯的建議，以恢復並加強禮制為名，發行白鹿皮幣，藉機向宗室貴族以及各地的諸侯征斂財富，在充實國庫的同時，又以恢復「禮制」的名義加強了他的獨裁統治，將「生財」與「復禮」兩件事巧妙地結合了起來。

白鹿皮幣本身沒有什麼價值，也不能算是實物貨幣，更沒有發揮貨幣的職能。但是，方尺大小的一塊鹿皮，作價四十萬，雖然不能轉讓，但是與大額虛價的紙幣，實際上並無太大的差異。因此，某種意義上可以說「白鹿皮幣」是中國古代紙幣的先驅，也可以被看作是紙幣的濫觴，但是它本身還不能算是紙幣。

2. 飛錢

飛錢是一千兩百多年前唐憲宗時代的東西。《宋史》在講到紙幣「會子」時，開篇就說「會子、交子之法，蓋有取於唐之飛錢」。《元史》在講到「元鈔」時，也說紙幣來源於唐代的飛錢。這樣說的原因是在《新唐書》裡有這樣一段記載：「時商賈至京師，委錢諸道進奏院及諸軍、諸使富家，以輕裝趨四方，合券乃取之，號飛錢。」❶

這裡「道」是唐朝的地方區劃，「軍」和「使」分別是指地方的軍政單位和官員，「進奏院」是指地方機構在京城設立的辦事處。整句話的意思是說，當時商人們到京城來做生意，掙了錢以後要再到各地去進貨。但是因為京城缺錢，朝廷規定不能運錢出城，於是商人就把現錢交給各地方軍政官員在京城的辦事機構或在京城的富商，領取一張票券。回到地方以後，再憑領取的票券取回錢幣，這就叫飛錢。憑一張紙質的票券就可以領錢，有的人就把這張票券看作是紙幣。這樣認為對嗎？

這要從唐代的「錢荒」說起。

所謂錢荒是指流通中的錢幣不夠用，用現在的話說就叫通貨緊縮。唐朝中後期為什麼會出現錢荒呢？原因很多。因為隨著唐朝商品貨幣經濟的發展，原來被當作貨幣使用的絹帛，逐漸開始回歸為日用品。再加上後來推行的兩稅法，又回籠了大量的貨幣，更增加了社會上對銅錢的需求。這又促使一部分人開始蓄積銅錢，使得大量的銅錢退出流通。銅錢的缺少帶來銅價上漲，鑄錢不敷成本使得政府減少鑄錢的同時，更導致了社會上銷錢為器的盛行，結果就是流通中的貨幣日益減少。這些因素互相疊加的結果，就以「兩稅法」的施行為起點，從唐朝中期開始，在貨幣流通中出現了通貨日趨緊縮的現象。這種社會生活中貨幣不足的矛盾日益突出，最終發展成為貫穿整個唐朝中後期及兩宋的錢荒難題。

為了應對錢荒，唐朝政府採取了很多措施，譬如「禁銅」，就是不許民間鑄造銅器，結果銅鏡等日常生活用具就非常缺乏，自然漲價，反過來又促使人們私下用錢幣「化銅作器」。政府甚至嚴令「盜鑄者死」，但是因為違背經濟規律而無實效。「禁銅」不行，又開始「禁錢」，就是要求有

❶《新唐書・食貨志》。

錢人家不許儲藏錢幣，必須拿出來購物。規定富家藏錢超過五千貫就是死罪，即便是王公貴族藏錢也要重罰，並且鼓勵告發，發現藏錢超過規定的，沒收部分的五分之一作為告發者的賞錢。為了彌補流通中錢幣的不足，又鼓勵兼用絹帛，甚至規定交易數額稍大，就必須「錢帛兼用」，乃至官員的工資俸祿也要發布帛等實物。人們耳熟能詳的白居易的〈賣炭翁〉詩中「半匹紅綃一丈綾，系向牛頭充炭直」，就反映了當時以布帛當錢幣的社會現實。

唐朝中後期，朝廷為了緩和京城的錢荒，曾禁止商旅攜錢出駱谷關、散關，各地方州縣往往也禁錢出境。貨幣流通因此受到限制，異地交易就產生了很大的矛盾。特別是作為京城的長安地區，因為集中了大量的中央政府、地方政府的官員和家屬，衛戍部隊軍人以及大批皇室貴族。這些人是商品經濟的主要支撐者。絲綢之路的交易市場也主要集中在這裡。散布在全國各地的絲綢、瓷器、藥材、手工藝品都要依靠商人販運到京師。每次交易結束後，商人們還要返回各地去採辦貨物。可是這樣做的結果，會使京城的錢幣大量外流，造成長安的錢幣緊缺狀況更加嚴重。當時絹帛的貨幣作用已趨於衰退，在白銀還未能發展成為流通手段的情況下，為滿足跨地域大宗交易的需求，飛錢這種匯兌業務便應運而生。

飛錢不限於京師，使用飛錢的人也不限於商人。這種合券取錢的辦法，實際是由借據轉化而來，只是將時間上的轉移變為了空間上的轉移。飛錢的核心，首先是現金的異地交付。先向京師的機構交付現錢領張票券，商人回到地方後再憑票券領回現金，這是一種「錢—錢」交付的過程，並不像買賣那樣是「錢—物」交易的過程，因此沒有行使貨幣的職能。其次是必須「合券」。商人拿「券」到本地相應機構去「合券」，也就是核對證明，才能支取現金。很明顯，這種方式僅僅是一種單向的匯兌。這種「券」，既不能用於購物支付，也不能流通，只能是定點兌現，所以它還只是一種匯兌憑證，雖然是紙質的，但並不能被當作紙幣。這種匯兌業務，在減輕商人去外地貿易需攜帶大量錢幣不方便的同時，也減少了對銅錢的需求，一定程度上緩解了錢荒的矛盾。飛錢的出現以及它後來的發展，客觀上為北宋交子的產生創造了條件。因此，它和皮幣一樣，雖然不是紙幣，也可以被視為紙幣的濫觴。

了解了漢代的皮幣和唐代的飛錢都不能算是紙幣之後，我們再來介紹北宋初年的交子。比較一下它們之間到底有什麼不同？為什麼說交子才是最早的紙幣？

二、交子

說到交子，要從北宋初年占據四川的後蜀說起。後蜀是「五代十國」中的十國之一，因為蜀地的銅錢供應不足，後蜀就鑄造了一部分價格低廉的鐵錢，配合銅錢一起使用。等到北宋攻下蜀郡以後，將當地的銅錢搜羅一空，運回開封，並禁止外地銅錢入境，使得蜀郡只好繼續鑄造鐵錢，以應付市場流通的需求。這樣一來，四川就逐漸成了一個獨特的鐵錢流通區。

因為鐵的價格比銅低廉，同樣的購買力比銅重，即鐵錢的價值遠遠低於銅錢，而重量卻超過銅錢。後蜀時代，銅錢與鐵錢的比價大致在四比十；入宋以後，漲到一比十，有時甚至到達一比十四。唐宋標準的銅錢，每枚應該重一錢，一貫是一千枚，重六斤半左右。但是同等價值的鐵錢就要十貫，重六十多斤。時人就說「街市買賣，至三五貫文，即難以攜帶」。當時四川是鹽、茶、絲綢的重要產地，貨幣流通量很大，但是鐵錢非常笨重，大錢一千枚重二十五斤，中錢也有十三斤，買一匹羅要中錢兩萬枚，就需肩挑車載。因此，數額稍大的交易使用鐵錢就非常不方便，對於長途販運的商人來說，更是不可承受之重。所以，來成都從事大宗交易，攜帶巨款的商人，就需要有人能代為保管現錢。於是一批專為商人保管現錢而收取保管費的鋪戶便應運而生。他們「收入人戶見錢，便給交子」，作為取款的憑證，被稱為「交子鋪戶」。交子的面額完全根據存款人所交現錢數額臨時填寫，「書填貫，不限多少」。因此，最初的交子更像是活期存款憑據或是現金支票，而與紙幣的性質還相差很遠。那交子又是怎樣發展成紙幣的呢？

1. 私交子

「交子鋪戶」都是財力雄厚，在商界素有威望的富豪，能夠做到隨時取兌，這為交子建立了較高的信譽。因此，交易雙方為了減少費用，逐漸願意接受用交子這種存錢憑據代替鐵錢來支付，使得交子「無遠近行用」。這樣，原本僅為存錢憑據的交子，在大額的商業貿易中，逐漸被當作信用貨幣使用起來。特別是淳化四年（九九三）王小波、李順起義後，蜀中鐵錢鑄造減少，更加劇了貨幣不足的矛盾，交子開始在民間交易中被用作貨幣。交子既可以向發行者兌換鐵錢，又可以在市場中購買商品，完成了由存錢憑據的角色向信用貨幣的轉換。於是，一種全新的貨幣形態——紙幣就這樣誕生了。

作為紙幣的交子是為了代替攜帶不便的鐵錢而出現的，笨重的鐵錢借助輕便的交子得以長期流通，無價但輕便的交子依賴笨重的鐵錢而有了價值，並廣為流通。鐵錢與交子相互依賴，互為補充，共同譜寫了宋代貨幣史中濃墨重彩的一章。

「交子鋪戶」作為商人，唯利是圖是其本性，為了圖利而不守信用，濫發交子、挪用存錢的情況時有發生。訴訟至官府之後，益州知府張詠對交子鋪戶進行了一次整頓，清退了實力不濟、信譽不佳的鋪戶，最後挑選了十六戶有實力的富商負責主持交子的發行，代價是這些富商每年夏秋兩季，必須給官府出一定量的徭役和實物。

官府將此前分散的交子鋪戶集中起來，希望以聯保的方式克服以往的弊端，但是並沒有收到預期的效果，這是因為有的富商從中又發現了新的商機。他們發現各個交子鋪戶所開出的交子數額，與客戶交來的鐵錢是等額的，都備有十足的準備金。因為商戶不會在同一天都來兌現，所以，儘管每天鐵錢有進有出，但是店鋪裡永遠堆積著相當數量的鐵錢。於是每到夏秋收購蠶絲糧食的季節，資金緊張之時，他們也會再印發一些交子，這些增發的交子雖然沒有準備金，但是因為有店裡的儲備做後盾，最初也能順利兌付。可是嘗到甜頭的鋪戶們膽子愈來愈大，後來竟然用增發的交子去買房置地而無錢兌付客戶，最終鬧成群體事件再次驚動官府。官府一氣之下不許再印交子，並銷毀了印版，私家商戶發行交子的階段至此結束。

2. 官交子

四川百姓慣用交子多年，突然被禁止之後，民間貿易受到阻礙，市場很快就蕭條了下來。民眾強烈要求恢復使用交子，最後引起了朝廷的關注。天聖元年（一〇二三）四月，薛田出任益州知府，受命對交子的存廢提出意見。薛田經過調研後，建議將交子的發行權從以往民間的交子鋪收歸官府，由政府負責發行。朝廷「詔從所請」，於十一月設「益州交子務」，次年即天聖二年（一〇二四）二月，在薛田主持下，發行了首次官交子。這裡我們要特別說明，薛田為中國紙幣的發展做出了重要貢獻，他不僅恢復了被廢棄的交子，使最早的紙幣死而復生，還是國家法定紙幣的創始人。

私家商戶發行的交子簡稱「私交子」，政府發行的交子簡稱「官交子」。它們不僅是發行者和管理者的身分不同，而且實際上是兩種性質完全不同的紙幣。「私交子」必須繳納鐵錢才能獲得，也可以隨時兌現鐵錢。用近代經濟學眼光看，它就是一種兌換券，屬於可兌換紙幣。「官交子」就不同了，與「私交子」相比，它最初雖然也可以兌換，但是後來逐漸就不能兌換了，而成為一種政府強制發行的信用紙幣，有如下特點：

首先是成立了專門的管理機構，叫交子務。所有交子都要加蓋交子務等官府的大印，並留有存根，兌現時要核對以防止偽造；其次是固定了交子的面額。因為私交子沒有固定面額，客戶交多少鐵錢，票面就寫多少。官交子最初將面額固定為一貫到十貫，分十個等級，後來簡化為五貫和十貫兩個等級，再後來又簡化為一貫和五百文（相當於半貫）兩個等級。面額的逐漸變小，說明交子已日益深入百姓的日常生活。

最後是控制交子的發行。這是諸項措施中最重要的一項。包括兩個方面：

一是設定界分。所謂界分，實際上就是有效期。官交子按期發行，每期三年有效，稱為「界」，到期後必須兌現。如果持有者還希望繼續使用，可以以舊換新，但是需要交一些成本費。

二是限制發行額。最初一次發行一百二十五萬貫，由政府撥付鐵錢三十六萬貫作為準備金，發行額是準備金的三到四倍。相對當時蜀地的商品流通量來說，這個發行額不大，反映了政府剛開始的謹慎態度。設定界分的主要目的也是能夠比較有把握地控制發行量。

這些措施實際上都是為了保證交子正常流通而採取的強制辦法。但是，後來因為對西夏用兵，以及統治者的貪婪，交子仍然沒能逃脫通貨膨脹直至最終崩潰的命運。

3. 交子被廢棄

當時宋朝雖然透過簽訂「澶淵之盟」以每年向遼輸送財物的方式，換取了北部邊境的相對平靜。但是在西北卻又面臨著西夏的崛起。為了應對西夏，在陝西、甘肅一帶大量駐軍，後勤供應成為一大難題。依照此前對遼戰爭的經驗，朝廷借用商人的力量向西北運送糧草，用格外從優的價格償付。可是西北地方貧瘠，當地的錢幣也不足。於是，手頭拮据的朝廷就動起了紙幣的主意。

因為到西北經商的商人大多來自蜀地，朝廷就向益州（成都）交子務「借」交子支付商人的糧草，讓商人持交子回成都去兌現。因為益州並沒有得到朝廷撥付的錢幣，所以發出的交子都是空頭紙幣。這種紙幣在蜀地固然可以流通，可是這實際上是一種超額發行。關鍵是朝廷嘗到一次甜頭後，就不斷用增發來解決財政上的困難。

交子改為以財政發行為主大概是在熙寧時期，這說明交子已經成為財政的支出手段，開始超額發行，並界流通，於是交子的購買力開始降低。這樣交子就由可兌換紙幣變為了國家強制流通的不兌換紙幣。徽宗時期更是將交子作為增加財政收入的重要手段，交子貶值幅度高達百分之九十以上，已形同廢紙。大觀三年（一一〇九）宣布已經發行的交子全部作廢，被新發行的「錢引」取代。至此，流通了近八十五年的交子，正式退出了歷史舞台。

4. 交子的形制

交子到底是個什麼樣子呢？很遺憾，至今還沒有發現交子的實物。因為交子在北宋不是正式貨幣，即便是在四川，標準貨幣是鐵錢，交子只是鐵錢的兌換券。所以人們最多把它用於臨時流通，而絕不會把它作為財富貯藏。好在《宋朝事實》這本書中，對十六戶富商發行的交子做了一點描述，說各家交子上面印有人物、房屋、樹木之類的圖案，以及各家鋪戶的隱祕記號。這些圖案有的用黑色印刷，有的用紅色印記。❷這樣設計的目的，絕不僅僅是為了好看，也不單純是為了結算，更重要的是為了防偽。另外，「朱墨間錯」說明交子還是中國彩色印刷的濫觴。

圖23–1　北宋時期的小鈔版拓片

二十世紀三〇年代初，骨董商中出現了一塊銅版，後流入日本，至今下落不明。但是，它的拓圖卻在社會上流傳很廣，並被很多人作為「交子」的圖案引用。這塊銅版上的圖案分三部分，上部畫了十枚銅錢，下部是一幅畫，畫著一座糧倉，有人正在搬運糧袋，中間印有一段文字：「除四川外許於諸路州縣公私從便主管並同見錢七百七十陌流轉行使」。既然是「除四川外」，那肯定就不是交子！又因為金國沒有占領四川，銅錢又是以八十為陌，顯然不是金代的；而元朝不用銅錢，行政大區為行省，且全國的紙幣是統一的，明顯也不是元朝的。因此，這塊鈔版只能是宋代的。它雖然不是交子，但是大致反映了那個時期紙幣的式樣。

交子作為世界上最早的紙幣，產生於北宋初年的四川絕不是偶然的。一方面這是當地發達的造紙、印刷技術與現實的貨幣需求之間相互結合的產物，缺一不可；另一方面它也是勤勞智慧的四川人民富有創新精神的體現。如果要評選第五大發明，那一定非交子莫屬。但是，如此富有創意的一項新生事物，在專制政體之下，為什麼沒有順勢成為促進商貿發展的交易工具，最後卻淪為統治者貪婪的斂財工具，而成為王朝滅亡的助推器，值得我們認真反思！

❷《宋朝事實》：「用同一色紙印造，印文用屋木人物、鋪戶押字，各自隱密題號，朱墨間錯，以為私記。」

第五章

遼夏金元的貨幣

由契丹、黨項、女真、蒙古建立的遼、西夏、金、元四個少數民族政權，歷史上又稱四朝，歷時四百五十多年，是中國多民族文化融合發展的重要時期。雖然它們各自的商品貨幣經濟發展程度不盡相同，但是都鑄造發行了貨幣，多有創新並富民族特點。

本章分六個專題，契丹與黨項都鑄造了銅錢，前者因文獻記載不詳，始終像籠罩在迷霧中一般；後者沒有間斷且成體系，因此成為打開被塵封千年的西夏王朝的鑰匙。金國鑄造了最早的銀鑄幣承安寶貨；元朝則實行純紙幣制度，這是一種具有無限法償能力的不兌換紙幣，與之配套的還有計畫周詳並富有創意的管理措施，對周邊國家以及地區的貨幣流通和文化交流都產生了重要影響。另外，元朝還鑄造了特有的供養錢，用於進香禮佛，這與蒙古統治者尊崇藏傳佛教有關。最後一個專題論述了元末起義軍鑄造的錢幣，並解釋了劉秉忠的預言，說明貨幣制度與社會的治亂有著密切的關係。

24 遼錢：籠罩在迷霧中的錢幣

中國國家發改委價格認證中心和中國價格學會，曾經以中國錢幣學會的名義，組織社會上的錢幣專家，召開過一次遼金錢幣價格鑑定技術操作規範課題研討會。

下面就根據研討會的情況，來和大家談談籠罩在迷霧中的遼代錢幣。

一、一項特殊的任務

二〇一四年六月二十三至二十四日，中國錢幣博物館應國家發改委價格認證中心及中國價格學會的邀請，以中國錢幣學會的名義，組織部分錢幣專家參加了發改委價格認證中心組織的遼金錢幣價格鑑定技術操作規範課題研討會。

當時我負責中國錢幣學會祕書處的工作，接受這項任務後，經過認真篩選，從社會上挑選了十四位專家，一起出席了在內蒙古呼和浩特市召開的研討會。

這些專家都是既有理論學術功底，又熟悉錢幣實物的鑑定專家，在會上他們充分發揮專業優勢，協助發改委價格認證中心解決了有關遼金錢幣價格鑑定中的難題，圓滿完成了任務，獲得了國家發改委價格認證中心領導的高度認可，取得了非常好的社會反響。

最初接到這項任務時，我充滿疑惑：國家發改委價格認證中心是一個重要的國家職能部門，在改革不斷深入推進的當下，有如此多直接涉及民生領域的價格問題需要他們去關注，怎麼就選擇了「遼金錢幣的價格」這樣一個看起來完全與現實無關的題目大做文章呢？我曾當面向原國家發改委價格認證中心主任、時任中國價格協會副會長、價格評估鑑證分會會長陳俊先生請教過。

陳俊主任解釋說，這是國家出於將來徵收遺產稅，以及給司法部門核定受賄文物及藝術品做價值評估的需要，而開展的一項調研工作。

實際上，他們從二〇一一年開始就針對不可再生物品價格鑑定技術操作規範課題開展了研究，選擇了看似簡單的「遼金錢幣」做試點，成立了遼金錢幣價格鑑定技術操作規範專題組，組織社會上一些專家展開了調研活動。本來是想以遼金錢幣為「標準器」總結經驗後再推廣到其他的「不可再生物品」，但是很快他們就發現，看似簡單的遼金錢幣實則真假難辨、魚龍混雜，稍不留意，就被引入了溝裡。後來，他們來到中國錢幣博物館，介紹了有關情況，希望能夠得到我們的幫助和支援，以便推動該項專題研究工作的完成。這就是我組織專家去內蒙古呼和浩特市參加遼金錢幣價格鑑定技術操作規範研討會的由來。

說遼錢籠罩在迷霧之中，主要是由於《遼史》這一研究遼錢最重要的文獻依據，因為編撰的時間太短，內容過於簡單、草率而造成的。《遼史》是傳統的二十四史之一，由元朝丞相脫脫組織眾人僅僅用了十一個月的時間就倉促編成。書中很多內容都記載得非常簡單，有關鑄錢的史料不但稀少，而且前後矛盾，錯誤百出。譬如遼道宗耶律洪基曾經鑄造了五種年號錢，但是《遼史》中只記載了四個，❶不但將最早的「清寧通寶」給遺漏了，而且還將年號「大康」誤記作「太康」、「壽昌」錯記成了「壽隆」。

因為文獻中記載得不夠準確，就給造假者提供了可乘之機。因此，研究遼代的錢幣，既不能不查看《遼史》，也不能完全相信《遼史》中的記載，而是需要針對錢幣實物進行分析，並結合遼朝的歷史發展做綜合的判斷。所以，鑑定、辨偽就成為遼錢研究中面臨的最大難題。

二、遼代的年號錢

建立遼朝的契丹人，原屬於東胡的一支。「契丹」這一名稱，最早見於二十四史之一的《魏書》。北魏初期的時候，契丹人游牧於遼河的支流西拉木倫河一帶。貞觀年間歸附唐朝，唐太宗李世民設立松漠都督府，下轄十個州，管轄契丹各個部落。五代後梁的時候，契丹迭剌部的首領耶律阿保機合併其他的部落，在漢人韓延徽的輔佐之下，於貞明二年（九一六）稱帝，建元神冊，國號「契丹」，定都上京，❷歷史上稱耶律阿保機為遼太祖。他創立文字，制定官制，初步具備了國家的體制。耶律阿保機的第二個年號為天贊（九二二—九二六），鑄造了「天贊通寶」錢，這是遼代最早的年號錢。在宋代洪遵的《泉志》中有記載，因為製作與一般的遼錢有異，曾經被質疑。直到一九九一年和一九九四年在遼寧瀋陽以及內蒙古的林西各發現一枚之後，特別是林西發現的那枚是出自一處遼代的窖藏，才確定確實鑄造過天贊通寶。

天顯元年（九二六）七月遼太祖去世，第二年他的兒子耶律德光繼位，稱太宗，他沒有改元，而是繼續沿用了天顯年號。天顯十一年（九三六）後唐的石敬瑭為了求得契丹的支持，將燕雲十六州獻給了遼太宗。從此，中原從戰略上喪失了防禦北方游牧民族南下的關隘。遼朝因為併入了大量的漢人，建立了「以國制治契丹，以漢制待漢人」的北面官、南面官制度。這樣在總體上，遼朝就創建了一個將游牧的草原文化與定居的農耕文化統一為一個國家的新的形式，這實際上就是現代「一國兩制」的最原始版本。會同九年（九四六）太宗滅後晉，第二年（九四七）改國號為「遼」。他鑄造了兩種年號錢，第一種是「天顯通寶」，銅質粗糙，書法粗劣。一九三五年北京駱氏曾獲得一枚，據說出自京郊竇店。後來經南北泉家鑑定屬於真品，抗戰後期輾轉流入日本，國內僅有拓片流傳。遼太宗鑄造的第二種年號錢是「會同通寶」。

《遼史》中雖然沒有記載，但是，遼寧的馮毅先生於一九八九年在朝陽廢品站撿得一枚，一九九〇年三月經專家鑑定為真品。

遼國的第三位皇帝是遼世宗耶律阮，文獻中雖然沒有記載他曾經鑄造過錢，但是二十世紀五〇年代卻發現了遼世宗的年號錢「天祿通寶」，被收入了《古錢大辭典》。錢幣學家鄭家相鑑定是真錢，因為不是科學發掘，在社會上仍然存有質疑。一九八一年八月內蒙古巴林右旗發現的一處窖藏中，出土古錢一百八十多公斤，發現遼錢九種一百二十三枚，其中就有一枚天祿通寶，現收藏於巴林右旗文化館。

第四位皇帝是穆宗耶律璟，《泉志》中收錄有一枚他的年號錢「應曆通寶」，字體、鑄工和天顯通寶一樣，都非常粗糙。一九八八年內蒙古哲里木盟（現通遼市）一處窖藏中發現一枚應曆通寶，由此證明這位殘忍好殺，每天睡至日中方起，被譏為「睡王」的穆宗，確實曾經鑄造過應曆通寶錢。

---

❶《遼史・食貨志下》：「道宗之世，錢有四等：曰咸雍、曰太康、曰大安、曰壽隆，皆因改元易名。」

❷上京又稱臨潢府，位於今天內蒙古巴林左旗附近。

第五位皇帝是景宗耶律賢，《遼史・食貨志下》記載：「景宗以舊錢不足於用，始鑄乾亨新錢，錢用流布。」但是，目前所見到的乾亨通寶錢，都是五代十國時期的南漢所鑄，多出土於嶺南一帶。因此，《遼史》記載的景宗鑄造乾亨錢可能有誤。另外，文獻中雖然沒有鑄造「保寧通寶」錢的記載，但是傳世的卻有景宗的年號錢保寧通寶，書法、鑄工相比前代都略有進步。一九七二年內蒙古巴林左旗林東鎮遼上京遺址窖藏中曾發現一枚，現藏巴林左旗文化館。

遼朝歷經世宗、穆宗、景宗三朝，至乾亨四年（九八二）景宗病逝，子耶律隆緒即位，是第六位皇帝，稱聖宗，年僅十二歲，由太后攝政，她就是遼國歷史上著名的蕭太后。第二年（九八三）改元統和，又將國號從「遼」改稱「契丹」。澶淵之盟就是蕭太后攝政時期簽訂的。聖宗在位四十九年，是契丹的全盛時期。鑄有「統和通寶」，雖然《遼史》中沒有記載，但是一九八一年七月內蒙古林西縣三道營子村村民，在原遼上京饒州遺址打井時發現一處錢幣窖藏，出土古錢二十餘萬枚，共七十七種，以唐宋錢最多。其中遼錢有十種，共兩百四十六枚，其中有一枚統和通寶，由此證明聖宗曾鑄統和通寶。另外，《遼史》記載聖宗「兼鑄太平錢，新舊互用」。但是，太平錢傳世較多，種類繁雜，哪種太平錢可以系之於遼代，因為沒有出土錢幣可資參考，還不能確定。

太平十一年（一〇三一）聖宗死後，子耶律宗真即位，這是遼國第七

圖24–1　統和元寶

圖24–2　重熙通寶、大康元寶

圖24–3　天慶元寶（遼）

位皇帝，稱為興宗，他基本上維持了國勢的強盛，鑄造有「重熙通寶」錢，《泉志》中有記載。重熙通寶雖然書法和鑄工都不及統和通寶，但是傳世數量較統和通寶多，而且範式不一，有一種比較輕薄的，是否是私鑄，也不能肯定。史載重熙二十二年（一〇五四）於長春州（吉林農安縣）置錢帛司，負責造幣。近年來在河北灤縣附近也曾經發現有遼代的造幣遺址，證明遼國鑄錢也不限於一處，輕薄的那種版式也可能是地方錢爐鑄造的。

興宗歿後，子耶律洪基繼位，是第八位皇帝，稱道宗，於咸雍二年（一〇六六）又將國號改回「遼」。道宗十分欽慕漢文化，曾經用兩千兩白銀鑄了兩尊佛像，並鑄銘文「開泰寺鑄銀佛，願後世生中國」，表明了對漢化的嚮往。他實行十年改元之制，在位四十八年，共用了五個年號，每個年號都鑄造了錢幣。但是《遼史》中只記載了四個，遺漏了最早的年號錢清寧通寶。道宗鑄造的清寧通寶、咸雍通寶、大康元寶（通寶）、大安元寶、壽昌元寶都有實物傳世，近年也有出土，數量還比較多。其中，清寧、咸雍、大康、壽昌四種年號錢的鑄工都比較平常，只有大安元寶較為精細。另外，大康錢有元寶、通寶之別；大安錢有長安、短安之分，這些變化明顯都是受了宋錢的影響。道宗一朝四十八年間所鑄造錢幣的數量，超過了此前諸朝的總和，這說明當時遼朝貨幣經濟較此前已有很大的發展，對貨幣的需求較為強烈。

遼國因為長期處於和平的環境中，奢侈、享樂之風日益興盛。道宗後期國勢急轉直下，內有權臣跋扈，外則強敵壓境，宮中更是奢侈無度，政治日趨腐敗。《遼史》記載「上下窮困，府庫無餘積」。在這種內外交困的形勢下，道宗死後，由他的孫子耶律延禧繼位，稱天祚帝，他是遼代最後一位皇帝，鑄造了兩種年號錢。《遼史》記載：「天祚之世，更鑄乾統、天慶二等新錢。」乾統元寶，書法鑄工都非常精美，是遼錢中的上品。天慶元寶形制同乾統元寶，但是書法稍差。

一九八四年遼寧建平縣萬壽鄉一處遼代遺址，出土窖藏銅錢一百九十七公斤，有一百七十一種，三萬八千一百六十八枚。其中遼錢有八種，共五十三枚。這是一次遼代錢幣的重要發現，統和以後的所謂「後八品」年號錢都有發現，這說明「後八品」已經是當時行用的錢幣。保大五年（一一二五）天祚帝被金軍俘獲，遼國滅亡，其間共傳了九帝，歷時二百一十年（九一六—一一二五）。

就在遼國即將被金人滅亡前的一一二三年，遼朝宗室耶律大石自立為王，率部西遷，並於一一三一年在位於今天新疆的塔城稱帝，後來在今天吉爾吉斯斯坦托克馬克附近的巴拉沙袞建都，建元延慶，國號仍為大遼，史稱西遼。一二一八年，西遼被西征的蒙古大軍所滅，共歷五帝，傳八十八年（一一三一—一二一八）。有人認為西遼曾發行過自己的錢幣，就是《古泉匯》卷十五著錄的「康國通寶」。這是因為耶律大石有一個年號為「康國」，其他的帝王也沒用過這一年號。另外，《錢錄》卷十二記載，宋代學者一一四九年曾提到一種「感天元寶」的錢幣，因為耶律大石的皇后塔不煙的稱號為「感天皇后」，同樣也沒有見其他帝王用過這一稱號或年號，因此，感天元寶也被認為是西遼的錢幣。雖然這兩種錢幣到目前為止還沒有在中亞地區被發現，但是近年俄羅斯學者在當地卻發現了一種「續興元寶」年號錢，被認為就是西遼鑄造的。

總之，《遼史・食貨志》記載的年號錢有：乾亨、太平、咸雍、大康、大安、壽昌、乾統、天慶共八種。《泉志》另外記有：天贊、應曆、重熙、清寧四種，兩書合計共有十二種。實際上鑄造

圖24–4　保寧通寶

圖24–5 續興元寶（旋讀）

了十三種年號錢，因為大康年號有元寶和通寶兩種。遼代從太祖建年號開始，到天祚帝共有二十二個年號，歷代錢譜共收有傳世年號錢十九種，非年號錢五種。

三、非年號錢及契丹文錢

遼代除了年號錢之外，還有幾種非年號錢以及契丹文錢。

第一種是「通行泉貨」。史書中沒有記載，一九八一年七月內蒙古林西縣三道營子村發現的錢幣窖藏中有一枚通行泉貨。一九八九年石家莊市工農路出土窖藏錢幣一萬四千餘枚，其中也發現一枚通行泉貨。據考證，這批錢幣窖藏的時間為九三九至九四六年，正值遼初太宗耶律德光執政時期（九二七—九四七）。由此可以證明，通行泉貨應該是遼代早期鑄造的非年號錢，可能是最早的遼錢。

第二種是「千秋萬歲」。《泉志》中有收錄，說明此前已有鑄造。但是《泉志》只有文字，沒有可靠的錢圖做借鑑。因此，難以在大小不一、版別各異的眾多千秋萬歲錢中甄別出來。即便按照《泉志》記載「錢徑三分」，將超出此標準的排除，也是種類繁多，難以定奪。因為千秋萬歲錢多出自與宗教寺院有關的佛寺遺址中，可能是供養錢的一種。

第三種是「牡國元寶」、「助國元寶」。這兩種錢幣的形制大小、書法風格都極為相似，明顯是同一錢爐所鑄，直徑二十三公釐，重二・四克，錢文旋讀，書法不精。舊譜中將牡國元寶列為無考品，助國元寶則因天福二年（九三七）後晉宣武軍節度使楊克遠曾進獻過，因此被說成是楊克遠所鑄。牡國元寶、助國元寶在原遼國境內多次伴隨遼錢出土的實例，說明這兩種文獻中沒有記載的錢幣應該屬於遼錢。另外，牡國元寶之「牡」字，有人考證為「狀」字的隸書變訛體，「牡國」實際上就是「狀國」，正好與「助國」寓意相同。

第四種是「大遼天慶」，屬於遼代大錢，直徑約四十七公釐，光背，鑄工及書法都非常精美，是遼錢中最精美的一種。它也可能屬於開爐錢，或是為慶典所鑄，數量極少，特別珍貴難得。

第五種是「大康七年」、「大康六年」。這兩種大錢都出自墓葬，應該屬於隨葬用的冥錢。

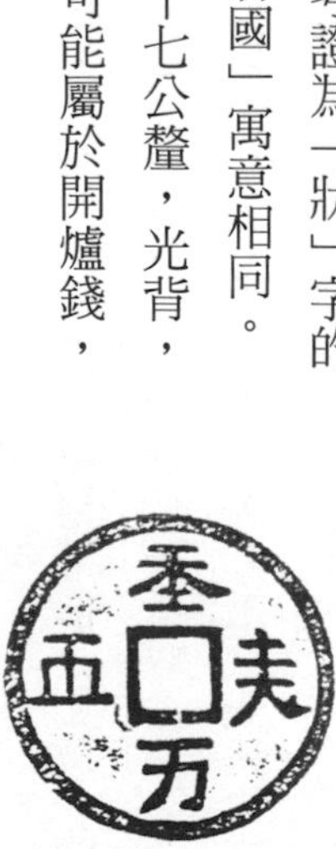

圖24–6　天朝萬順

第六種是「天朝萬順」。這是一種契丹文大錢，舊讀為「大泉五銖」，後來被契丹文字專家陳乃雄教授重新釋讀為「天朝萬順」，屬於非流通錢，有金、銀、銅等不同的材質，而且大小、輕重都不統一，可能是壓勝錢的一種，究竟鑄造於何時，因何而鑄，目前還都沒有切實的解讀，存有很多的疑問。

另外，傳世的還有「神冊通寶」、「大丹重寶」、「開聖丹寶」、「丹巡貼寶」、「百貼之寶」、「巡貼千寶」等幾種錢幣，也被認為是遼錢。這是因為《欽定錢錄》引用《遼史・食貨志》認定契丹建國號以前就鑄造錢幣了，並將一批無考錢歸為契丹建國號之前所鑄。但是上述錢幣既無文獻記載，又沒有出土證明，對真偽的認定不能輕易下結論，還有待於將來的考古發現來驗證。

四、遼錢的特點

契丹人建立的遼國立國兩百多年，社會經濟始終維持「蕃牧漢耕」的二元化狀態。最初的貿易形式主要是以物易物，多以布帛為等價物，如九五三年北宋使臣胡嶠記述上京還是「交易無錢而用布」。偶爾也使用從中原輸入的錢幣，這從遼代窖藏中有大量唐宋錢幣就可以得到證明。大抵重熙以後鑄錢數量才開始增加，此前的朝代都極為稀少。遼錢鑄造得都不精美，錢背經常出現錯範，文字也不規整，錢文都在隸楷之間，環讀，光背，拙而不秀，鑄工粗糙，甚至一枚錢上有兩種字體，反映了契丹人的文化水準和技術水準都很初級。遼代總體上鑄造的錢幣不多，直到天祚帝保大五年（一一二五）亡國之際，交易和支付還有用牲畜的，這說明契丹人一直維持著實物經濟的生活，貨幣經濟比較落後。遼朝雖然發明了契丹文，但是在流通錢幣中，還沒有發現鑄有契丹文的錢幣，說明錢幣主要是供漢人使用的。

借助於歷年來出土發現的遼錢實物、參照文獻資料並結合遼代的歷史發展進程，我們雖然大致上能夠梳理清楚遼錢的發展脈絡，但是，仍然有很多未解之謎。要最終消除籠罩在遼錢上的迷霧，還其本來的面目，還有待於考古發現。因為只有出土實物，尤其是窖藏的遼錢，對鑑定真偽才能進行一錘定音的判定。

25 西夏錢幣：見證了一個被塵封近千年的王朝

元朝修史的時候，對於西夏可能是因為征服的不順，或者是因為成吉思汗就在這期間病逝，導致蒙古人對西夏沒有好感。因此，沒有像遼、金那樣給西夏單獨立傳，而是在《宋史》的《外國傳》收入了《夏國傳》，保留了一點簡單的記述，既不系統，也不完備。中國歷史上很重要的一個王朝，就這樣幾乎被遺忘了。

很多人可能不知道，透過傳世及出土的西夏錢幣卻能再現西夏的歷史。下面就透過西夏錢幣，來給大家還原這個被塵封了近千年的王朝。

一、錢幣是打開西夏王朝的第一把鑰匙

由黨項族在西北地方建立的西夏，曾經是北宋的勁敵。為了抵禦西夏的進攻，宋仁宗不得不派出朝廷裡最能幹的韓琦、范仲淹率領近百萬人的龐大兵團，長期駐守在西北地方。范仲淹那首著名的〈漁家傲〉❶反映的就是當年駐防西北的邊塞生活。

與西夏的長期對峙給北宋造成了巨額的財政負擔，深刻影響了北宋後來的社會發展。正是解決財政上日益沉重的負擔的需要，引發了王安石的變法。同時，也是為了給防禦西夏的駐軍提供後勤供應，北宋朝廷在陝西、山西兩省區專門行使鐵錢，並因此又誘發了票據以及紙幣的使用和推廣。

立國將近兩百年、與兩宋及遼金保持了三國鼎立局面的西夏，是中國歷史上的一個重要王朝。但是，自從被蒙古滅國之後，黨項族就突然從人間蒸發，再不見蹤跡。

消失了近千年的西夏王朝，直到一九〇八年初俄國探險家科茲洛夫從位於額濟納的「黑水城」中發現了大量的西夏文書以及佛像之後，才重新被世人所關注。

實際上，早在科茲洛夫發現「黑水城」一百多年前的嘉慶十年（一八〇五），錢幣收藏家劉青園就在涼州（今武威）出土的一批西夏錢幣窖藏中，發現了一種此前他從未見過的錢幣。這種錢幣上鑄造的文字，初看像是漢字，但是仔細一看卻又不是漢字。這引起了劉青園極大的興趣，經過與一年前在涼州發現的，刻有漢文與西夏文兩種文字的石碑對照之後，他驚喜地發現，這種早在宋朝洪遵所編寫的《泉志》中就有收錄，並被稱為「梵字錢」的錢幣，實際上是西夏鑄造的錢幣。錢幣上的文字是西夏文，它是黨項人在漢字構成原理的基礎上，借用漢字的偏旁另外創造的一種文字。這一發現雖然沒有引起錢幣收藏界之外更多的重視，但是，它卻給我們打開塵封了近千年的神祕王朝西夏提供了一把鑰匙，為我們透過錢幣進一步了解西夏的歷史提供了實物的見證和觀察的視角。

因此，透過錢幣來講述西夏的歷史，既是必要的，也是可行的。這是因為：

首先，目前我們已經發現的最早用西夏文記載的文物，是李元昊之子毅宗李諒祚所鑄造的「福聖寶錢」，它比已經知道最早的用西夏文書寫的紙質文獻《瓜州審案紀錄》還要早十多年。

---

❶〈漁家傲〉：「塞下秋來風景異，衡陽雁去無留意。四面邊聲連角起。千嶂裡，長煙落日孤城閉。濁酒一杯家萬里，燕然未勒歸無計。羌管悠悠霜滿地。人不寐，將軍白髮征夫淚。」

其次，西夏從李元昊之後的每個皇帝都鑄造過年號錢，有的甚至還不止一種，既鑄有西夏文字的錢幣，也鑄有漢文字的錢幣。這些沒有間斷且成體系的錢幣，可以將西夏的歷史串聯起來，這是其他零散的資料所不可替代的。

最後，西夏錢幣作為西夏歷史的實物見證和文化的載體，記錄和保留了豐富的政治、經濟、軍事以及文化等方面的資訊，正好可以補充文獻資料的缺失以及記錄的過於簡單。

二、西夏的建立及其鑄錢

西夏最早的錢幣雖然是從李元昊之子毅宗李諒祚開始鑄造的，但是，西夏建國的歷史卻要從李元昊的爺爺李繼遷說起。

建立西夏的黨項族最初居住在青藏高原的東部，為了避免被吐蕃吞併，他們在唐朝初期就逐漸向東遷移到了現在的陝、甘、寧交會處至內蒙古的鄂爾多斯一帶。唐朝末年，居住在鄂爾多斯的黨項族拓跋部落的族長拓跋思恭，因為接受唐朝的調遣追剿黃巢有功而被賜國姓「李」。其後，這一族就一直以李為姓，並占據了以夏州為根據地的鄂爾多斯至陝西北部的廣大地區，形成一個事實上的獨立王國。等到宋太宗滅北漢的時候，身為族長的李繼筠曾出兵相助。九八〇年，李繼筠之弟李繼捧即位後歸順宋朝。但是，同族的李繼遷卻起兵鬧獨立，占據靈州，並定都於此，奠定了西夏建國的基礎。一〇〇三年李繼遷死後，其子李德明繼位，繼續擴張勢力。一〇三一年李德明去世，第二年太子李元昊繼位，一〇三八年稱帝，以興慶府（今銀川）為首都，定國號為「大夏」。李元昊棄用唐宋兩朝所賜的國姓，建立官制、設立年號、創建文字，將原來的一個小部落王國，變成了與北宋平起平坐的獨立國家。

隨著李元昊的登台，自一〇〇四年簽訂「澶淵之盟」以來暫時得以穩定的亞洲東方的政局，驟然間發生了突變。李元昊在位十六年（一〇三二－一〇四八），其間對外戰爭不斷。他擊敗吐蕃後，向西控制了甘州回鶻以及敦煌的歸義軍；向東侵擾北宋，挑起了長達十年的戰爭（一〇三四－一〇四四）。經過耗資巨大的消耗戰，雙方議和，宋朝封李元昊為「夏國主」，用歲賜的巨額財物買了一個臣屬的名義。宋神宗時戰端又起，宋哲宗時再度議和。不久，北宋就亡國了。

在交易方面，黨項族早期與契丹和女真人一樣，也是實行以物易物，並不使用錢幣。這在唐朝大曆五年（七七〇）的《平黨項德音》中就說得很清楚，說黨項部落中除了禁止兵器之外，其他的物品都以物物交換的方式進行交易。後來黨項人受北宋的影響，逐漸開始過渡到貨幣交換，最初使用的也是北宋錢，還沒有自己鑄錢。李元昊時期雖然國勢強盛，並且多有創設，但是，因為每年能夠從宋朝獲得大量的歲幣收入，因此，也沒有鑄錢，直到他的兒子即位之後，西夏才開始鑄錢。因此，我們講述西夏的錢幣，應該從他的兒子開始講起。

李元昊死後，他二歲的幼子即位，史稱毅宗，由小皇帝的母親攝政。這期間鑄造了西夏文的福聖寶錢，這是目前所知最早的西夏文文物。一九一四年羅福萇寫的《西夏國書略說》中，最早著錄了此錢並附有拓本。一九八五年在寧夏鹽池縣萌城鄉的一處窖藏出土兩枚，為傳世品的認定提供了依據。但是只鑄造了這一種西夏文字的錢幣，而且僅僅發現了三枚。當時鑄造錢幣，應該是為了政治上宣示獨立，社會上流通使用的應該還是宋錢。

此後的惠宗、崇宗也都是孩提即位，由皇太后攝政。惠宗鑄造了西夏文的「大安寶錢」和漢文的「大安通寶」。大安寶錢是西夏文錢幣中出土最多、著錄最早、流布最廣的一種。最早見於宋朝洪遵的《泉志》，因為不認識西夏文字，而被歸為屋馱、吐蕃，稱其為「梵字錢」。乾隆朝的《欽定錢錄》轉襲《泉志》的觀點仍然將其歸為「梵字錢」。嘉慶年間初尚齡的《吉金所見錄》才將它與西夏聯繫起來，直至《西夏國書略說》才最終將錢文釋譯出來，並特別說明這是以往的古錢幣收藏家所不知道的。直到這個時候，學術界才知道西夏除了用漢字鑄造錢幣之外，還鑄造了西夏文字的錢幣。

大安通寶是目前發現的西夏鑄造的最早的漢文錢。錢文是隸書對讀，舊錢譜中都沒有收錄。一九八一年在內蒙古林西縣遼代窖藏出土的二十多萬枚錢幣中，發現了一枚大安通寶，同時出土的還有一枚西夏文的大安寶錢。惠宗年間同時鑄造漢文大安通寶和西夏文的大安寶錢，反映了西夏國內圍繞實行漢禮還是蕃禮，即與大宋王朝和好還是對抗，兩種政治勢力之間激烈鬥爭的情況。惠宗親政之後，主張恢復漢禮而鑄造了大安通寶漢文錢。但是，堅持蕃禮的梁太后對惠宗的政策不滿，就發動政變囚禁了惠宗，引起國內大亂，北宋也乘機發兵。梁太后為謀應對之策，就用西夏文字鑄造了大安寶錢，想以此喚起黨項民族的獨立意識，凝聚人心，與國內的親宋勢力相抗衡。鑄錢成了國內政治鬥爭的工具，這是西夏不同於遼和金朝的地方。

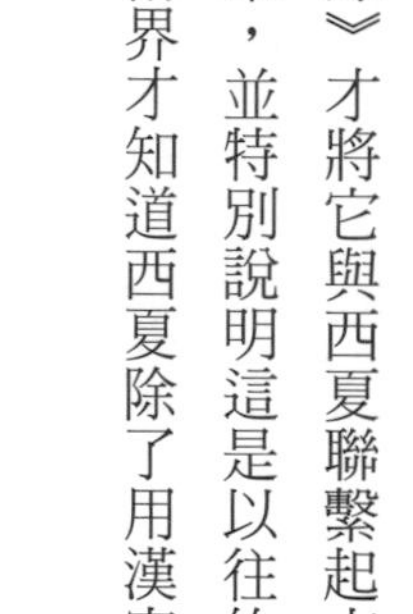

圖25-1　大安寶錢（西夏文）

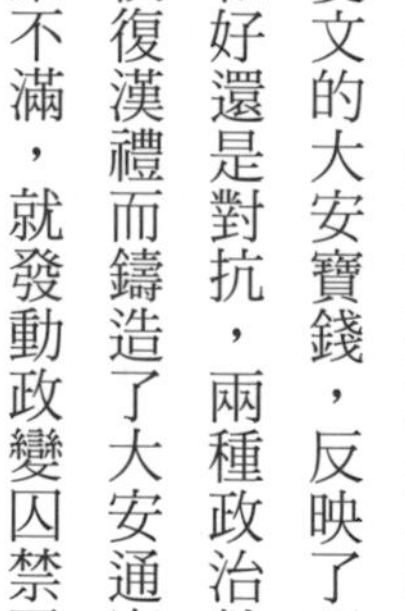

圖25-2　大安通寶

崇宗鑄造了西夏文的「貞觀寶錢」和漢文的「元德通寶」以及「元德重寶」。西夏文貞觀寶錢在清代錢譜中沒有著錄，一九三七年才被發現，是發現最晚的一種西夏文錢。錢文中的第四個字與其他西夏文錢不同，該字的原意為「根本」的「本」，引申為「錢」字。該錢發現數量極少，一九九八年寧夏鹽池縣曾出土一枚，收藏於寧夏博物館。元德通寶有隸楷混書與楷書兩種，嘉慶年間發現於涼州，收錄於《吉金所見錄》。另外山西省博物館收藏有一枚傳世品。元德通寶是西夏漢文錢幣中發現最少的一種，因為文獻中沒有記載，存世又極為稀少，因此曾經被認為是安南的錢。一九八七年內蒙古伊克昭盟（現鄂爾多斯市）烏審旗發現一處窖藏，出土錢幣六百零五公斤，其中有元德通寶三枚，證明該錢確實為西夏所鑄。元德重寶，為折二錢，以重寶做錢文，到目前為止，西夏錢幣中只發現這一例。一九七九年內蒙古鄂托克旗二道川出土一枚，現藏於中國錢幣博物館。

第五代皇帝仁宗在位五十四年（一一四〇—一一九三），這時西夏的經濟、文化都達至鼎盛。仁宗鑄造了漢文錢「天盛元寶」、「乾祐元寶」和西夏文錢「乾祐寶錢」。《宋史・夏國傳》記載天盛十年（一一五八）「始立通濟監鑄錢」，這是有明確記載的西夏錢幣。天盛元寶有銅質、鐵質兩種，是西夏錢幣中出土數量最多、鑄工最好，也是錢文最美的一種，是西夏社會經濟文化高度發展的體現。西夏文字的乾祐寶錢，最早發現於嘉慶年間的涼州，收錄在《古泉匯》中，被歸類為「西夏梵文錢」，後來在寧夏、甘肅、內蒙古等原西夏故地時有發現。歷史上，以「乾祐」為年號的政權，有「五代」的後漢隱帝劉承祐、「十國」中北漢劉旻以及西夏的仁宗李仁孝。其中，後漢鑄造的是漢元通寶，北漢則沒有鑄錢，乾祐元寶為西夏仁宗所鑄。它最早收錄於《吉金所見錄》，二十世紀五〇年代以來，曾有多次出土，有銅質、鐵質兩種。鐵錢大小懸殊，輕重不一，版別較多。銅錢中還有一種錢文是行書的，與楷書組成對錢。這也是同時期的

圖25–3　乾祐寶錢（西夏文）

圖25–4　乾祐元寶

遼和金所沒有的。

仁宗以後的三十多年間，西夏統治者內鬥不止，桓宗、襄宗相繼被廢，國勢日衰。對外又與南宋、金朝時常交惡，後來更是遭受到蒙古的六次入侵。神宗在內外交困的形勢下，將帝位禪讓給了太子李德旺，史稱獻宗。獻宗後來因為蒙古的入侵，受到驚嚇死去，第二年（一二二七）西夏就被蒙古所滅。黨項族建立的西夏政權，從李元昊稱帝開始，共傳了十帝，歷時一百八十九年。如果從九八〇年李繼遷建都靈州算起，黨項族建立的這一政權實際存在了兩百四十七年。

圖25–5　天慶元寶

桓宗鑄造了西夏文的「天慶寶錢」和漢文的「天慶元寶」。天慶寶錢，最早收錄於《古泉匯》，錢體美觀精整，文字清晰端莊，是西夏文字的錢幣中鑄造最精美的一種。天慶元寶，嘉慶年間出土於涼州，最早收錄於《吉金所見錄》，傳世和出土的數量都很少。

襄宗鑄造了「皇建元寶」，嘉慶年間曾出土於涼州，最早收錄於《吉金所見錄》。賀蘭山等處發現的窖藏中經常有出土，數量不少，而且字體美觀，鑄造精整。皇建年號僅僅使用了一年，當時正處於蒙古大舉圍攻興慶府（今銀川）的戰爭年代，還能鑄造出如此精美的錢幣，這也從一個側面證明了西夏鑄錢業的發達和較高的技術水準。

神宗鑄造了「光定元寶」，錢文有楷書、篆書兩種，也屬於對錢。嘉慶年間曾出土於涼州，最早收錄於《吉金所見錄》。楷書文字的較多，數量僅次於天盛元寶；篆書文字的極為罕見，一九八四年在賀蘭山發現的一個窖藏中出土了三萬枚錢幣，從中只揀選出一枚篆書光定元寶，為孤品。

另外，還有一種「大朝金合」，大小和當十錢一樣，字體為楷書，製作規矩。北宋紹聖（一〇九四—一〇九八）年間李孝美在《歷代錢譜》中最早提到了這枚錢，說是外國錢，但是沒有具體所指。因為蒙古在建元之前曾經鑄造過一種「大朝通寶」銀錢，有人因此認為它也是蒙古鑄造的。但是成吉思汗大約在李孝美一百年之後才降生，因此不可能是蒙古錢。從文字書法及銅色製作上，又不像是遼錢，很有可能是西夏錢，但這還僅僅是一種推測，需要將來的考古發現證明。

三、西夏錢幣的特點

十至十四世紀，在中國北方乃至全國，相繼出現了由北方游牧民族契丹、黨項、女真、蒙古建立的遼（契丹）、西夏、金、元四個少數民族政權，歷史上又稱為「四朝」，歷時四百五十多年，是中國多民族文化發展融合的重要時期。雖然四朝的商品貨幣經濟發展程度不盡相同，但是都有錢幣的鑄造發行。其中，西夏鑄造的錢幣不僅種類多，而且規整。這從一個側面反映了西夏社會經濟的發展水準，以及文化上受宋朝影響的程度。

迄今為止，已經出土發現的西夏錢幣約有二十多萬枚。銅錢近兩萬枚，鐵錢約十八、九萬枚。錢幣上共出現了九個年號，鑄造了十三種錢幣。其中，西夏文錢幣五種，漢文錢幣八種。

西夏錢幣文字規矩，製作精整，無論是錢文的書法，還是鑄造工藝都超過遼錢甚遠，即便是與宋、金錢幣相比，也毫不遜色，這說明西夏的文化和手工技術都優於遼。西夏與遼國都鑄有「天慶元寶」，西夏鑄的天慶錢文字勻整秀氣，鑄工精美；而遼國鑄造的天慶錢則文字拙而粗獷，鑄工粗糙。由此就可以看出西夏錢與遼錢的差別。

整體上看，西夏錢幣以元德為界，可以分為前後兩個時期。前期鑄工粗疏，文字淺顯，形制不整；後期則鑄工精細，文字深峻，形制規整。這與西夏的漢化程度，換言之就是受宋朝經濟、文化影響的深度呈正相關的關係。

與遼、金相比，西夏錢幣總體上比較注重規律化、制式化。錢文多以「元寶」為名，書體多用正楷，光背，環讀，整齊劃一；面值以小平錢為主，偶爾也鑄有折二錢；材質以銅為主，間或也鑄有鐵錢，銅、鐵錢並行。流通使用以漢文錢為主，錢文書體包括篆、隸、楷、行各體，並有對錢，這些顯然都是受宋錢的影響。西夏文錢的鑄造，雖然早於漢文錢，但是文獻中沒有記載，只能依照錢文年號來推算鑄行的大致年代，這樣可能會與史實有出入，但也沒有其他的辦法。鑄有西夏文字的錢幣，錢文多稱「錢寶」，而不是漢文錢的「元寶」或「通寶」，有闊緣、窄緣兩種，文字筆劃較肥。西夏錢幣，雖然用漢文和西夏文這兩種文字鑄錢，但是每一種錢幣上卻只用一種文字。

西夏鑄錢數量總體上較少，流通使用中以宋錢為主。這從西夏錢幣窖藏中主要為北宋錢，西夏錢不到百分之二、三就能得到證明。因為鑄造的錢幣少，所以，《西夏法典》對私運或銷毀銅錢的禁令極為嚴厲。❷

西夏錢幣中只有天盛元寶較多，其餘的都比較少。天盛元寶的鑄工、錢文都屬上乘，這是西夏社會經濟文化高度發展的體現。西夏錢幣中的鐵錢，有天盛元寶和乾祐元寶兩種，其中又以乾祐元寶較多。西夏在天盛、乾祐年間，鑄錢的數量突然有很大的增加，並且都是銅、鐵錢並行。這可能與當時北宋滅亡，西夏沒有了歲幣來源，而且金兵又不斷騷擾，致使軍費增加的時局變化有關。因此，西夏於天盛十年（一一五八）又設通濟監鑄錢。西夏沒有像北宋、金朝那樣鑄造大錢，基本都是小平錢。這可能與大量用銀有關。

正史中有關西夏歷史的記載，因為既零散，又不系統，使得西夏歷史的研究者，始終苦於尋找不到打開這個被塵封了近千年神祕王朝的鑰匙。近年來大量出土發現的西夏錢幣，不但數量多，而且年號沒有間斷且成體系，能夠將西夏的歷史串聯起來，已經成為研究西夏歷史不可或缺的實物標本和歷史進程的實物見證。這也正是少數民族錢幣在證史、補史方面能夠發揮的不可替代的作用，應引起我們的重視。

❷《西夏法典》：「禁止任何人向他國販賣錢幣，禁止工匠毀鑄或走私錢幣」，「鼓鑄走私百文直五百文者，處三個月苦役」，「十緡者處十二年苦役」，「過十緡者，對罪犯處絞刑」。

26 承安寶貨：最早的銀幣

《金史》記載承安二年鑄造過一種「承安寶貨」銀錠，因為沒有實物傳世，不能確定它形制上是方孔錢還是銀錠。民國時期曾出現承安寶貨方孔銀錢，但是始終存有爭議。直到一九八一年黑龍江省人民銀行清理金庫的碎金雜銀時，發現了束腰形的承安寶貨銀錠，有關中國古代最早銀幣的這一疑案終於水落石出。

下面結合金章宗時期的貨幣流通情況，介紹承安寶貨銀幣的鑄造背景，並在此基礎上，從古代白銀貨幣化的視角，分析承安寶貨銀錠作為中國真正意義上最早的銀幣，在金代出現的必然性。

一、發現承安寶貨銀錠

承安寶貨銀錠的發現並非偶然，它是黑龍江省人民銀行根據中國錢幣學會的要求，於一九八一年九月組織清理各市縣從當地收兌後上繳碎金雜銀時發現的，共有四枚，形狀、大小都完全一樣。整體呈扁平狀，銀錠的兩端為圓弧，中間為束腰，表面微凹，兩邊凸起，背面呈蜂窩狀。銀錠長約四十八公釐，首寬三十公釐，束腰寬二十公釐，厚五公釐，重約六十克，銀質泛白，成色在百分之九十五以上。銀錠的正面鏨刻有三行銘文，上端從右向左橫書「承安」兩字，其下右側直書「寶貨壹兩半」，左側直書四個字，僅能辨認出第一個「庫」和三個字「部」，其餘兩字難以辨識。毫無疑問，這就是《金史・食貨志》中記載的金章宗完顏璟於承安二年（一一九七）鑄造的「承安寶貨」銀錠。

這是中國貨幣史上的一次重大發現，消息一經公布，立即就引起了社會上的極大關注。隨著媒體的報導，不久又有兩處發現了承安寶貨銀錠：一處是黑龍江省阿城楊樹鄉，一九八五年八月間一位種地的農民在挖地時挖出了一枚面值為一兩半的承安寶貨銀錠。另一處是內蒙古興和縣，

圖26–1　金代五十兩重銀錠

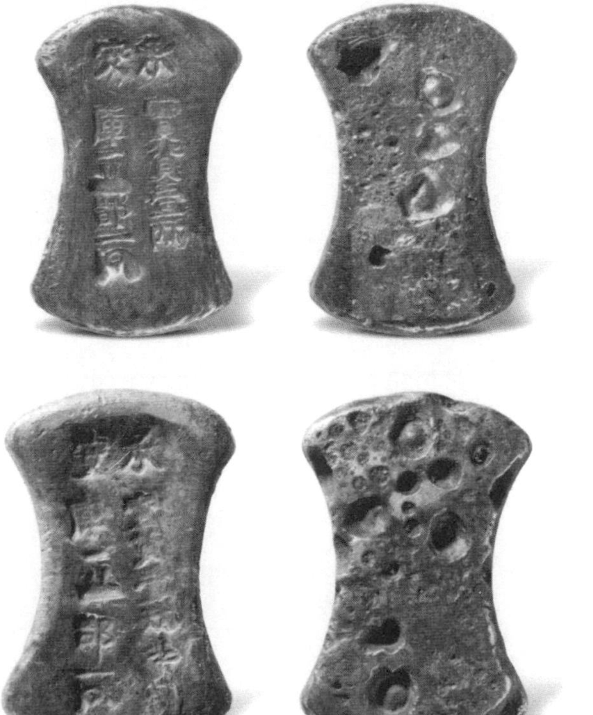

圖26–2　承安寶貨銀錠

一九八七年六月也是一位農民在田間撿到了一枚承安寶貨銀錠，也是一兩半面值的。

發現承安寶貨銀錠是中國錢幣界二十世紀八〇年代末、九〇年代初的一件大事。一九九四年中國錢幣學會評選第一屆優秀學術成果「金泉獎」時，黑龍江省人民銀行就因為發現了承安寶貨銀錠而榮獲了「金泉獎」中的「重大發現」這一專項獎。「金泉獎」總共評選過四屆，其中的「重大發現」專項獎，只有第一屆評選時因為發現了承安寶貨而獲獎，其餘三屆都是空缺。這也從一個側面反映了承安寶貨銀錠的發現在中國錢幣界所產生的重要影響。

二、承安寶貨銀錠的鑄造背景

「承安」是金朝第六個皇帝金章宗完顏璟的第二個年號，時間是從西元一一九六至一二〇〇年，共有五年。據《金史・食貨志》記載，承安寶貨銀錠是承安二年十一月鑄造的，面值自一兩至十兩共分為五個等級，這實際上已經是一種小面額的銀鑄幣了。因此，承安寶貨銀錠可以說是中國歷史上最早的且真正意義上的銀幣。

此前曾介紹過漢武帝於西元前一一九年（元狩四年）鑄造的「白金三品」。這裡的白金是古人對銀的一種稱呼，它名義上雖然叫白金，實際上卻是一種銀錫合金，含銀量很低，並且是一種虛值的貨幣。因此，嚴格地講「白金三品」還不能算是真正意義上的銀幣，只能說是銀幣的濫觴。又過了一千三百多年，到了宋金時期，這期間雖然白銀的貨幣屬性在逐漸增強，使用的範圍也愈來愈廣，但是白銀每次使用都得稱重驗色，還屬於稱量貨幣，而不是按枚數來計算價值的鑄幣。這種情況下，金章宗為什麼突然要在承安二年鑄造小面值的銀幣，而不再是繼續鑄造那種五十兩重的大銀錠呢？

實際上，這一方面與當時金朝同新崛起的蒙古之間所進行的軍事鬥爭有關，鑄造這種小面值的銀幣是為了給防禦蒙古侵擾的軍士們發餉時，便於他們日常使用，某種意義上也可以說它們是一種軍用貨幣。另一方面，這也是自漢代以來，漫長的白銀貨幣化過程的必然結果。

1. 為了給防禦蒙古的駐軍使用

建立金朝的女真族完顏部落崛起於東北的松花江流域。這個以狩獵為主，兼營農耕、捕魚的民族，異常強悍。為了反抗契丹人的奴役，女真人在完顏部首領阿骨打的領導下，於一一一四年起兵反遼。阿骨打說遼國以鑌鐵為號，鑌鐵雖然堅硬，但是也會因氧化腐爛，只有黃金不會腐爛，永遠能夠保持鮮豔的光澤。因此，他要超過遼國，就以「金」為國號，於第二年稱帝建立金朝。十年之後，即一一二五年金朝就攻滅遼國，次年又順勢滅亡了北宋，占領華北廣大地區，與南宋、西夏形成對峙的局面。但是，強中更有強中手，就在金朝經過號稱是「小堯舜」的金世宗長達二十九年的統治，奠定了「大定盛世」的時候，一支更加強悍的勢力，已經開始在金國北部的蒙古草原崛起，這就是成吉思汗率領的蒙古人。

以游牧維生的蒙古人時常進入金國境內搶劫，不堪其擾的金章宗，就在東北老家與蒙古草原交界的地方開挖壕溝，修建邊牆，並派駐大軍防禦蒙古人的侵擾。甚至在明昌六年至承安三年（一一九五—一一九八）這四年間，還曾經三次派兵深入蒙古草原進行討伐，最終都無功而返。但是，在這場消耗戰中，金朝卻耗費了大量的人力、物力。為了彌補財政上日趨嚴重的虧空，金章宗唯一能想到的辦法就是大量發行紙幣，實行通貨膨脹政策。

在講金章宗的通貨膨脹政策之前，有必要先來介紹一下金朝的貨幣使用情況。

在交易方面，女真人最初與契丹和西夏一樣，都不使用錢幣，而是以物易物。❶後來因為受到契丹和宋朝的影響，女真人才逐漸開始使用遼、宋的舊錢。但是，金朝的特殊之處是，它最先使用的貨幣是紙幣，而不是銅錢，銅錢是在紙幣使用了四年之後才開始鑄造的，這都是在海陵王完顏亮統治時期進行的。

完顏亮是金朝的第四位皇帝，自幼聰明好學，能詩善文，有很高的文化素養。最初他深得金熙宗的信任，被拜為右丞相。後來兩人產生分歧，完顏亮就殺金熙宗自立。完顏亮雖然為人殘暴，但是能力很強，在位十二年，多有建樹。都城就是他力排眾議，從偏於東北一隅的上京會寧府遷到燕京，改稱中都，就是今天的北京，這對於鞏固對華北地區的統治非常重要。他可以說是金朝歷史上一位頗有作為的皇帝，但是，因為他最後是在正隆六年（一一六一）伐宋時死於內亂，被廢為庶人，沒有諡號，歷史上被稱為海陵王。

海陵王首先是在貞元二年（一一五四）發行紙幣「交鈔」，後來又於正隆三年（一一五八）設置錢監，鑄造正隆通寶銅錢，中間相差了四年，這是因為華北地區缺少銅礦，鑄錢的成本也比較高。因此，他最初是想推廣使用紙幣，後來因為民間習慣使用銅錢，才又開始設置錢監鑄造銅錢。這種銅錢與紙幣並行使用的格局大約維持了三十五年，到大定二十九年（一一八九）金世宗剛一去世，新即位的金章宗就立即推行幣制改革。

金章宗的幣制改革主要有兩點：一是罷廢了耗資巨大且得不償失的鑄錢監，從此停止鑄造銅錢，完全依靠使用紙幣來滿足社會上的流通需要。二是廢止了在這之前交鈔每七年就要換發的限制，允許交鈔不限年月，永久使用。這樣一來交鈔就變成了無限流通的紙幣，這比南宋的紙幣會子無界發行還早了將近六十年，這在紙幣發行史上具有劃時代的重要意義。同時，這也使金朝的紙幣，因為不受換界的限制，而陷入了無限增發的貶值境地。於是，紙幣交鈔的面值就愈發行愈大。

這種情況下，金章宗為了彌補與蒙古人戰爭中的巨大開銷，就只能實行通貨膨脹政策，加大了貨幣的發行。他在增加紙幣發行量的同時，也增加了白銀的使用。給官員、兵士們的薪俸以及軍需款項都是紙幣與白銀搭配發放。❷因為紙幣的面值愈發行愈大，白銀又是鑄成束腰型的銀錠，基本上每個都重達五十兩，小一點的也有二十多兩。所以，駐守在東北邊境防範蒙古入侵的兵士們，領到軍餉之後，因為面值過大，小額日常使用時，就非常不方便。有的兵士就將銀錠截鑿成小塊使用，❸這樣每次使用時，又需要驗成色、稱重量，非常麻煩。於是，金朝政府為了彌補因為銅錢不足而導致的兵士們小額交易的不方便，就於承安二年鑄造了一種從一兩至十兩，分為五等面值的小額銀錠，稱為「承安寶貨」。規定承安寶貨銀錠一兩可以兌換銅錢兩貫，就是兩千枚。無論是官府還是個人，都可以將承安寶貨銀錠視作現金，與銅錢一樣使用，並且明令禁止私銷、私鑄，也不允許以任何理由拒絕接受，或者是擅自稽留、蓄藏等行為的發生。

❶宣和七年（一一二五）北宋許亢宗出使金國，記其京城仍「無市井，買賣不用錢，惟以物相易」（《宣和乙巳奉使行程錄》）。

❷《金史・食貨志》：「所給官兵俸及邊戍軍須，皆以銀、鈔相兼。」

❸《金史・食貨志》：「民間或有截鑿之者，其價亦隨低昂。」

2. 白銀貨幣化過程的必然結果

金章宗正是為了便於軍士們的日常使用，才鑄造了被分為五個等級的小面值承安寶貨銀幣。這是從金章宗當時與新崛起的蒙古之間軍事鬥爭的視角所做的具體分析，似乎有一定的偶然性。但是，如果我們將考察的視線上溯到漢武帝鑄造「白金三品」所開啟的白銀貨幣化的進程，就會發現「承安寶貨」銀幣的出現，實際上是自漢代以來漫長的白銀貨幣化過程的結果，又有其必然性。

有關貨幣起源的理論說：「金銀天然不是貨幣，但貨幣天然是金銀。」這是從西方貨幣發展史中總結出來的一套經典理論。說它經典，是因為這一理論普遍適用於西方社會。但是，它卻不完全適用於中國。因為，中國古代長期選擇使用賤金屬銅，有時甚至是鐵作為貨幣金屬。而作為貴金屬的白銀，在秦朝統一中國之後，就被法律明確規定不能用作貨幣，這就是《史記•平準書》中所記載的：「珠玉龜貝銀錫之屬為器飾寶藏，不為幣。」意思是說白銀和珠、玉、龜、貝以及錫，都只能用來製作器物或裝飾，不能再當作貨幣使用。能夠用作貨幣的金屬只有兩種：一種是黃金，稱為「上幣」，以「鎰」為單位，屬於稱量貨幣；另一種是銅錢，稱為「下幣」，以「半兩」為單位，形制為圓形方孔，屬於鑄幣。

白銀雖然在秦朝就被法律規定不是貨幣金屬，不能用作交易。但是，後來因為受到域外國家的影響，白銀的貨幣屬性逐漸開始增強，使用範圍也愈來愈廣。如漢武帝鑄造的「白金三品」銀幣，形式上與中國傳統的錢幣形式完全不同，這明顯是受了西域貨幣的影響。因為出使西域回來的張騫，向漢武帝介紹了安息國的銀幣「以銀為錢，錢如其王面」。估計漢武帝就是受此啟發而鑄造了白金三品，只是將安息銀幣上的王面改換成了龍、馬以及龜的圖飾，賦予了其中國文化的內涵。

但是，白金三品還不能被認為是真正意義上的銀幣，因為它含銀量很低，主要是銀錫合金，並且是一種虛幣。因此，只能說是法定銀幣的濫觴，開啟了中國古代白銀貨幣化的進程。此後從晉到隋的三、四百年間，金銀直接用作貨幣，發揮購買手段或流通手段職能的地方，就有廣州、交州和河西地區。其中，廣州、交州地區，金銀還是稱量使用，屬於稱量貨幣。只有西域以及河西地區流通使用的是東羅馬金幣和波斯銀幣。這明顯都是受國外的影響，與海上和陸路絲綢之路貿易的興盛有關。

從唐朝中後期開始，推動白銀貨幣化的動力主要來自國內。這是因為隨著商品經濟的發展以及人口的增加，對流通領域貨幣數量的需求愈來愈高，賤金屬銅鐵已經不能滿足這種日益增長的需求。因此，貴金屬白銀取代銅錢成為流通中的主要貨幣，已經是一種必然的趨勢。因此，從唐末、五代時期開始，白銀的貨幣性逐漸開始加強，並出現了正式進入流通領域的趨勢。

兩宋時期，白銀的地位變得更加重要，甚至超過黃金發揮了更多貨幣職能的作用。這有以下四方面的原因：一是宋代商品經濟高度發達，海內外貿易繁盛。原來適合小商品交換的銅錢已不能滿足流通的需求，於是重量輕、體積小、價值大且便於攜帶的貴金屬白銀，以彌補銅錢不便大額交易及長途運輸的缺陷而開始發揮愈來愈重要的作用。二是因為宋代銅錢大量外流，出現了嚴重的錢荒現象，這更促進了白銀的使用。三是自五代以來各地貨幣的不統一，到宋代變得更為嚴重。宋代形成了銅錢、鐵錢以及各種名號不同的紙幣，都各自分區流通，只有白銀不受區域限制，能夠通行全國。四是每年要向遼、金、西夏等國輸出巨額的歲幣銀，這也勢必要增加稅賦中徵銀的比重。

宋代白銀的使用數量及範圍，雖然比以前都有顯著的增加，並且已經初步具備了部分的貨幣職能。但是，在交換媒介和價值尺度這兩個貨幣最為核心的職能上，白銀與銅錢、紙幣，甚至是鐵錢相比，地位還都很有限，發揮的主要是價值高、體積小、便於攜帶的作用。但是，因為紙幣的發明和大規模的流通使用，又在一定程度上限制了白銀優勢的發揮，這是宋代白銀貨幣化進程緩慢的一個重要原因。

宋代白銀貨幣化進程加速的一個重要表現，是白銀的式樣基本確定為鋌形並固定下來。實際上銀鋌早在唐末五代時就已經出現，當時又稱為鋌。宋以後很少再用鋌，專用錠，稱為銀錠。大型的銀錠重五十兩，中小型的銀錠重二十多兩至十多兩不等。

金人原本就有用銀的習慣，入主中原之後，更在宋人的基礎上而有所發揚光大。金代中後期，為彌補華北地區因紙幣貶值、銅錢不足而導致的通貨短缺，開始使用黃金、白銀以及絹帛。特別是白銀取代銅錢、紙幣，不僅作為流通手段，而且還具有了價值尺度的功能，獲得了主要貨幣的地位。例如金朝中後期，米、茶等日用生活品的價格，也已經逐漸開始從以銅錢標價變為以白銀標價。這說明到金朝後期，即金章宗時期，白銀開始取代銅錢及紙幣成為主要貨幣，這為元代白銀價值尺度的確立，以及明朝中葉白銀成為法定貨幣，最終完成貨幣化奠定了基礎。承安寶貨銀幣正是在這種背景下鑄造的，自有其必然性。

三、承安寶貨銀幣的面值

金章宗鑄造承安寶貨銀幣，規定每兩折銅錢兩貫，交易中兩貫以上要求用紙幣和承安寶貨銀幣，不許用銅錢，一貫以下民眾自便，以銀為貨幣的目的已經非常明顯。當時社會上已經開始普遍使用白銀，加之承安寶貨銀幣從一兩至十兩，分為五等面值。它們的大小適中、重量統一、成色一致，使用起來非常方便，很受歡迎。於是，不法之徒就開始打起私鑄的主意。他們在銀錠的中間摻雜一些銅錫，成色、重量也任意減少。因為有大量的假承安寶貨銀幣充斥市面，商人難以辨識就拒絕接收，最終導致了罷市。無奈的朝廷，使用了三年多就於承安五年（一二〇〇）十二月廢止了承安寶貨銀錠。這是自漢武帝鑄造白金三品以後，第一次由政府鑄造的正式用於流通的銀幣，對後世用銀影響較大。

文獻記載承安寶貨銀錠，自一兩至十兩分為五等面值，但是沒有說明中間三個等次的重量。日本著名的貨幣史學家加藤繁先生根據貞元以後交鈔的面值，推測是一兩、二兩、三兩、五兩、十兩。但是，一兩半面值承安寶貨銀錠的發現，證明加藤繁先生所推測的這五個整數面值是錯的。但是，他以交鈔五等為承安寶貨五等的思路是對的。按照這個思路一兩半面值的銀錠對應的是三貫的交鈔，那五貫的交鈔對應的就應該是二兩半的銀錠，十貫交鈔對應的是五兩銀錠。這樣，承安寶貨銀錠的五等面值就應該是：一兩、一兩半、二兩半、五兩、十兩。當然，這只是推斷，究竟如何，還需要等待新的發現來證實。

女真人崛起於東北的白山黑水之間，一個居於彈丸之地的蕞爾小邦，竟然於十年間就滅了契丹人建立的遼國，第二年又順勢滅了北宋。因此，世人都以為女真族僅僅是個只會騎馬打仗的強悍民族。從錢幣文化的角度來看，我們卻發現女真族並不是一味地蠻幹，而是一個非常善於捕捉機會並有創意的民族。否則，他們不可能發行世界上最早的不受時間限制、可以永久使用的紙幣，也不可能鑄造出最早的銀幣承安寶貨，更不可能鑄造出像泰和通寶那樣堪比機制幣的銅錢。這應該是研究承安寶貨銀幣的一點啟發。

27 供養錢：元代特有的一種錢幣

元朝為了推行紙幣，曾明令禁止使用銅錢，除了武宗和順帝短期鑄造過銅錢之外，其他皇帝都沒有鑄造用於流通的銅錢。但是，官府和民間卻鑄造了大量的用於敬神禮佛、祈求神佑的各式「供養錢」。這樣大量地鑄造供養錢的做法，既不見於此前的唐宋，也不見於後來的明清，而成為元代特有的一種錢幣文化景觀。這是為什麼呢？

下面就結合錢幣實物及有關文獻資料，向大家介紹元朝特有的這種供養錢。

一、什麼是「供養錢」

所謂「供養錢」，是指古代由官府或寺院鑄造的，專門供信徒布施於神廟，用來敬神禮佛、祈求神佑的一種錢幣，又被稱作供佛錢、香火錢。說香火錢，大家可能就比較容易理解了，因為我們現在去寺廟燒香拜佛，也要花香火錢。但是，供養錢與我們現在所理解的香火錢卻並不完全一樣。因為這種錢幣多數是由寺院鑄造，並且專門是為供奉寺廟裡的神像用的，因此又被稱為廟宇錢，屬於厭勝錢一類。

歷史上用錢來供佛、敬神的習俗，很早就有了。《華嚴經・普賢行願品》中就有佛家要以財來供養的說法。唐朝末年，房千里在《投荒雜錄》中記載說，人如果生病，可以用紙做成一個方孔錢，放在佛像旁就能治病辟邪。《元史・不忽木傳》中更有「釋氏請以金銀幣帛祠其神」的記載。

在元朝之前，信徒們用作供養的錢，幾乎都是流通錢，就是日常使用的錢。如南朝的梁武帝布施給同泰寺的錢，用的就是當時流通的鐵錢。也有用金銀錢的，最著名的就是一九八八年春天維修五台山佛塔時發現的佛像金幣，重約十二克。正面錢文為行書「淳化元寶」，背面鑄有左立、右坐的兩尊佛像。坐像為觀音，立像手持如意為善財童子。佛像造型逼真，體態栩栩如生，五官清晰可辨。淳化是北宋太宗年號，行書錢文是宋太宗的御筆。這批造型奇特的佛像金幣，顯然是宋太宗專門鑄造並敬奉五台山寺廟的供養錢。但是，到了元代情況卻為之一變，信徒們供奉寺廟所用的供養錢，已經不再是日常交易使用的錢，也再沒有鑄造佛像金幣，而是專門鑄造一種特殊的銅錢。這樣一來，元朝的貨幣制度就有點特殊了，即為了推行紙幣，雖然幾乎不鑄造流通使用的銅錢，卻另外鑄造了一種專門用來敬神禮佛、祈求神佑的「供養錢」。

元代為什麼會鑄造「供養錢」這樣一種特殊的錢幣呢？這與元朝實行純紙幣制度，日常交易中不再使用金屬貨幣的規定有點關係。因為紙幣的面值都比較大，體積也大，不太適合當供養錢使用，因此需要另外鑄造。但更主要的原因則是蒙古上層與藏傳佛教界建立起了一種特殊的關係，供奉神佛、布施功德，已經成為一項重要的社會活動。實際上，鑄造供養錢與元朝統治者積極推行扶植、優待佛教的政策也有密切的關係。

在具體講供養錢之前，首先要介紹蒙古統治者與藏傳佛教的關係。這要從元朝建立之前，闊端與薩迦班智達舉行的「涼州會談」說起。

二、涼州會談

當蒙古大軍西征凱旋的時候，太宗窩闊台的次子闊端受命經略西藏，於是他就率領大軍駐守在被稱作涼州的今甘肅武威。當時的西藏地區，強盛一時的吐蕃政權自唐末崩潰之後，就一直內亂不止，地方勢力割據，宗教派別林立。其中，薩迦派（意為白土，又稱花教）的勢力比較強大。薩迦派創立於薩迦地區，薩迦寺在日喀則以南，距珠穆朗瑪峰僅一百多公里。一九九六年我曾經專門去薩迦寺考察過那裡發現的元代紙幣。

面對蒙古大軍的壓力，西藏各派共同推舉薩迦派的首領薩迦班智達出面與蒙古進行談判。大約在一二四四年，已經六十三歲的薩迦班智達帶著他的兩個侄子，大的是年僅十歲的八思巴，小的是年僅六歲的恰那多吉，從薩迦寺動身前往涼州。歷經兩年多的艱苦跋涉，終於在一二四六年八月抵達涼州。一二四七年，闊端與薩迦班智達分別代表蒙古汗廷和西藏地方勢力舉行了會談，這就是歷史上著名的「涼州會談」。

會談的過程非常順利，達成的結果更是具有重要的歷史意義。薩迦班智達代表西藏地方勢力表示歸順大蒙古國中央，闊端則代表大蒙古國授予薩迦班智達管理西藏地區僧俗人眾的權力。會談後薩迦班智達給西藏的僧俗民眾寫了一封公開信，題目就是「致西藏善知識大德及諸施主」。這裡「善知識大德」是指各派宗教首領、「諸施主」是指世俗民眾。信中除了說明歸附蒙古大汗的必要性之外，還要求各地官員清查戶口、人口，確定本地貢稅，造冊上繳，由薩迦寺任命地方官，等等。我們常說，自元朝以來西藏的主權就歸屬中國，闊端和薩迦班智達的涼州會談和致西藏僧俗的信就是法理依據。

一二六〇年，忽必烈登上汗位，建立了元朝。這時薩迦班智達已經去世，忽必烈就任命薩迦班智達的侄子八思巴為帝師。元朝在中央機構裡設立「宣政院」，統管全國佛教事務，兼管西藏事務，由帝師擔任長官。從此以後，直到元朝末年，歷任皇帝都任命有帝師，而且帝師都是由薩迦派的傳人來擔任。這樣一來，以薩迦派為代表的藏傳佛教，在蒙古宗室貴族中就具有了重要的政治地位。

因為元朝宗室尊崇佛教，厚遇僧侶，使得僧道在社會上劃分的十個職業等級中，分別位居第三、第四等，其特權絲毫不比位居第一、第二等級的官吏遜色。經濟上，朝廷每年用於醮祠佛事的費用占到全年財政收入的百分之五十。此外，佛教寺院還擁有大量賜地，可獲得租賦。寺院的財力甚至超過了國庫，以至於皇帝賞賜時，有時還需要寺院出錢。《元史・趙孟頫傳》記載，延祐三年（一三一六），仁宗想賞賜臣下五百錠鈔，對侍臣說，中書省經常說國用不足，肯定不會同意，就叫被賞的臣下從普慶寺儲藏的鈔裡領取。致和元年（一三二八）泰定帝死後，大臣燕帖木兒擁立文宗發動政變，就是從京城寺觀借錢招募死士，購買戰馬，而取得成功的。因此，有元一代，享受政治特權並擁有雄厚財力的寺院，就鑄造了一種形制大小各異、工藝精粗不一的各式供養錢，供信徒們敬神禮佛、祈求神佑的時候使用。因此，元朝的錢幣中就出現了供養錢這樣一種特殊的錢幣。

三、供養錢的種類

元代的供養錢門類繁雜，種類眾多。概括地講，大致可以分為如下七種。

一是年號錢。與普通的年號錢相似，錢幣上的文字是以年號加通寶、元寶為主。元代幾乎每個

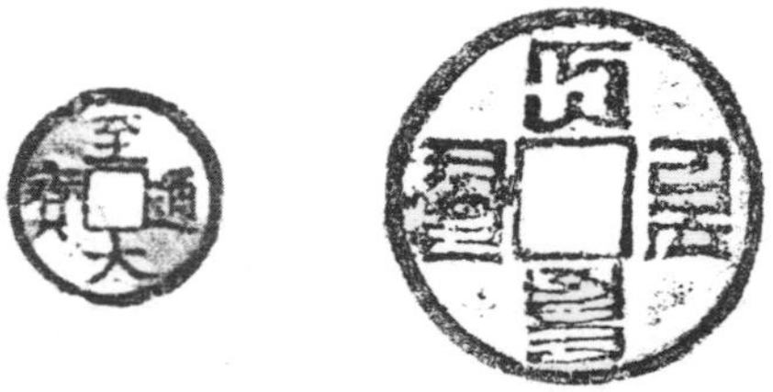

圖27–2　至大通寶、大元通寶

圖27–1　至大元寶

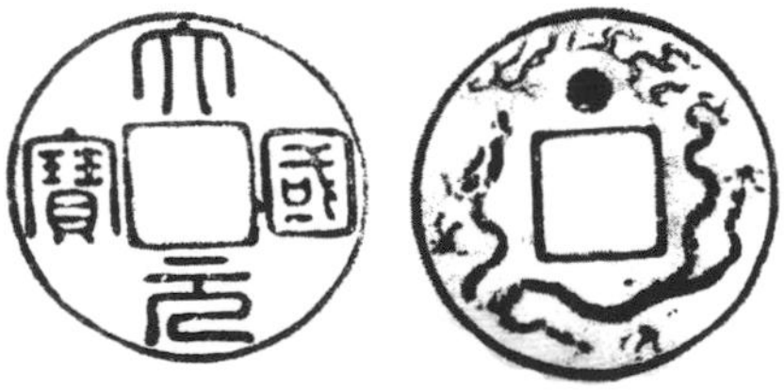

圖27–3　大元國寶

圖27–5　四體文花錢

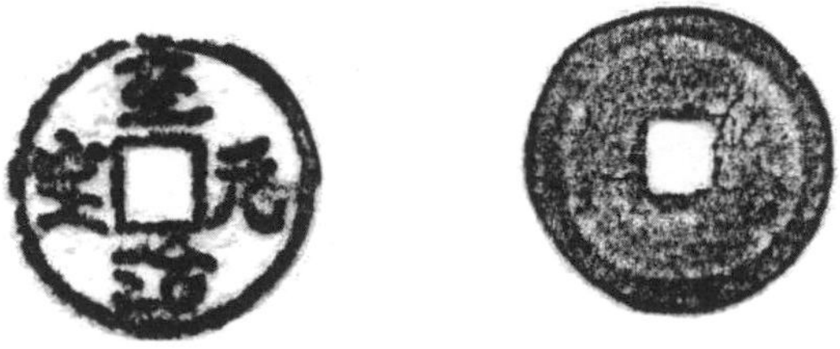

圖27–4　至治元寶

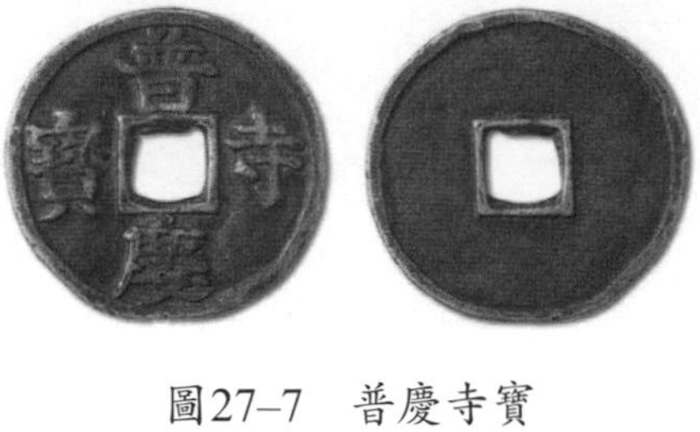

圖27–7　普慶寺寶

圖27–6　大元元年

年號都有年號錢傳世，從世祖的中統年號到順帝的至正年號，元朝共歷九個皇帝、十六個年號。據《古錢大辭典・拾遺》統計，傳世的年號錢只缺「天順」一種，卻多了一種「定天」，這也可能是將「天順」誤寫成了「定天」。另外，至大三年雖然鑄造了行用錢「至大通寶」和八思巴文的「大元通寶」。但是，「至大元寶」以及漢文「大元通寶」錢，應該也屬於供養錢。

二是國號加年號錢。僅有「大元至治」一種。形制與一般錢不同，面、背都鑄有四出文，錢文楷書，直徑二十三・三公釐，厚一・九公釐，重四克。

三是紀年錢。如「至治元年」、「延祐三年」、「泰定元年」等。這種紀年錢形制一般都比較小。

四是寺院名號錢。錢文用的都是寺院的名稱，如「聖壽萬安」（背「穆清」）、「承華普慶」、「普慶寺寶」、「大安福寺」、「大帝覺寺」、「延祐通寶」（背「大昊天寺」）等。

五是佛家名號錢。錢文用的都是佛經的名號或專用語，如「大悲神咒」、「寶珠菩薩」、「佛法僧寶」、「阿彌陀佛」等。

六是吉語錢。如穆清銅寶（背「至正」）錢。「穆清」就是「穆如清風」的簡稱，語出《詩經・大雅・烝民》表示陶冶人的性情要像清和的風化育萬物。除穆清銅寶之外，還有「穆清銀寶」、「穆清金寶」，雖然名稱用的是銀寶、金寶，但是材質卻都是銅質的。

七是進香錢。如「進香直社」（背「神」）、「真定獻香」（背「清旗小社」）、「至順壬申」（背「護聖」）、「至順通寶」（背「太

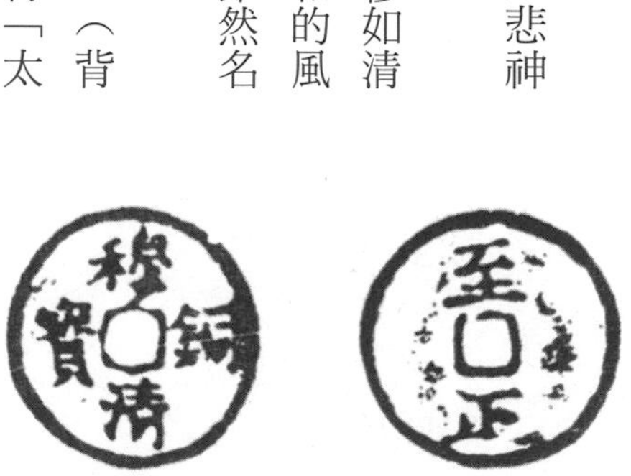

圖27-8　穆清銅寶

乙」）、「至元戊寅」（背「香殿」）等。

下面選取有代表性的幾種供養錢，來給大家做進一步的介紹。

1. 至元通寶（背「玉」）

元代供養錢的背文，多為寺院、宮、殿的全名或簡稱。至元通寶背「玉」字，有楷書、草書兩種字體，指元室皇宮內供佛的玉德殿，皇帝常在此做佛事。《輟耕錄》卷廿一宮闕制度條記「玉德殿在清灝外，七間，東西一百尺，深四十九尺，高四十尺，飾以白玉，甃以文石，中設佛像」。《元史·文宗紀》載天曆二年五月「又於玉德殿及大天源延聖寺作佛事」。

另有一種背鑄三種少數民族文字的「至元通寶」當十大錢。背穿上的文字，被錢幣學家方若識為八思巴文「至」，其餘三字為內蒙古大學陳乃雄教授於一九八五年識出，穿下為八思巴文「治」；穿右為察合臺文（又稱老維吾爾文），為漢語「通寶」中「通」的讀音；穿左為西夏文，為漢語「通寶」中「寶」的讀音。四字按上下右左的順序應讀為「至治通寶」。按至治（一三二一—一三二三）為英宗的年號，較世祖至元（一二六四—一二九四）晚三十到六十年，這枚錢幣應是至治年間用至元通寶錢範，背加鑄三種民族文字而成。這與敦煌莫高窟窟名碑、建於至正五年（一三四五）的北京居庸關過街塔石刻，以及至正八年（一三四八）速來蠻西寧王及其眷屬等所立用漢、梵、藏、西夏、八思巴、回鶻等六種文字書寫的六字真言碑一樣，都使用了多種民族文字，反映了元朝多民族文化融合的特點。

圖27–9　至順壬申

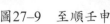

2. 進香直社（背「神」）

「直」字或為真字之誤，即真定進香之義。「神」字是指神御殿，為供祭帝、后御容的地方。《元史・祭祀志四》載「神御殿，舊稱影堂，所奉祖宗御容，皆紋綺局織錦為之」。另有「真定獻香」背鑄「清旗小社」，此類供養錢應該是真定祭祀時專用的。

3. 聖壽萬安（背「穆清」）

「聖壽萬安」為寺名，指的是今天北京的白塔寺。《元史・祭祀志四》載「影堂所在，世祖帝后大聖壽萬安寺，裕宗帝后亦在焉」。「穆清」一詞，出自《詩經・大雅・烝民》：「吉甫作誦，穆如清風，仲山甫永懷，以慰其心。」後世就用「穆清」來指天，又引申指清和之氣或太平祥和。後來的宮殿也多用「穆清」來命名。如五代時的南唐、北宋都建有穆清殿，元朝也在聖壽萬安寺中建有穆清殿，又稱穆清閣。另外，還鑄有「穆清銅寶」、「穆清萬安」等穆清系列的供養錢，應該都是聖壽萬安寺舉行祭祀的時候所使用的供養錢。

4. 至順壬申（背「護聖」）

至順壬申是指一三三二年，「護聖」是大承天護聖寺的簡稱，建於天曆二年（一三二九），位於玉泉山東。據《嘉慶重修一統志・京師》記載，「功德寺，在玉泉山東麓，本元大承天護聖寺」。《元史・順帝紀》記元統元年（一三三三）「奉文宗皇帝及太皇太后御容於大承天護聖寺」。因此，「至順壬申」（背「護聖」）及「至順通寶」供養錢，應該都與祭祀文宗有關。

5. 至順通寶（背「太乙」）

太乙為道教名稱，《元史・釋老傳》記載：「太一（乙）教者，始於金天眷中道士蕭抱珍……至元十一年建太一（乙）宮於兩京。」《元史・文宗紀》記載：「道士建醮於玉虛、天寶、太乙、萬壽四宮於武當、龍虎二山。」天曆、至順都是文宗的年號，建醮是文宗為他的哥哥明宗資冥福而作。「至順壬申」及「至順通寶」（背「太乙」）供養錢，記錄了文宗為爭奪帝位，毒殺他的哥哥明宗，事後卻又為其大做道場，這段兄弟相殘的歷史。

6. 至元戊寅（背「香殿」）

香殿為玉德殿的配殿，也是元代帝王禮佛的地方。以前人們認為此錢屬於順帝後至元四年（一三三八），孫仲匯考證「香殿」見於《元史》者共有四處，都在世祖忽必烈的時候。因此，認定這枚錢幣應該鑄於前至元時期。《輟耕錄》卷廿一「宮闕制度」條記載「東香殿在玉德殿東，西香殿在玉德殿西」。《輟耕錄》另記有東宮香殿，在御苑中，「香殿在石假山上，三間……三門之外有太子斡耳朵荷葉殿二，在香殿左右，各三間」。因此，此錢可能與忽必烈太子真金有關，戊寅或為紀年，當指至元十五年（一二七九）；或為紀日，有可能是真金的生日。因為元代有擇日祭祀的習俗，至元十九年三月，阿合馬就是以戊寅日太子回宮做佛事為由被誘騙出迎而遭刺殺的。

7. 大悲神咒

「大悲神咒」為佛教中的經咒名，是觀世音菩薩《大悲心陀羅尼經》中的主要部分，共有八十四句。完整的名稱為「千手千眼觀世音菩薩廣大圓滿無礙大悲心陀羅尼經大悲神咒」。佛家認為救人苦厄之心曰悲心，菩薩之悲心廣大無邊，故曰大悲，元代建有大悲寺。這枚佛家名號的供養錢，應該是為祈佛求福做法事時用的。

8. 宣光之寶（元寶）

至正二十八年（一三六八），徐達、常遇春攻占大都（燕京），並破開平，元順帝北遁和林。三年後順帝死，子愛猷識理達臘繼位，改元宣光，史稱北元，在位八年而亡，曾經鑄造了「宣光之寶」及「宣光元寶」兩種年號錢，直徑僅十公釐及十四公釐。宣光元寶背穿上鑄有八思巴文「午」字紀年，也屬於供養錢，傳世稀少，名貴異常。

四、供養錢的價值

供養錢，除了寺廟鑄造的之外，還有一部分是官府鑄造的，主要是供恩賞或者是皇家、宗室進香禮佛時專用。它們既不屬於民間私鑄，也與國家正規鑄造的錢幣不同。因為都不是作為流通使用的貨幣，因此，供養錢總體上來說也可以被視為民俗錢的一種，是元朝錢幣家族中重要的一員，記錄和反映了元代社會各個階層的宗教信仰情況，對於宗教史、社會史研究具有重要的參考價值。

因為供養錢的功能是表達信徒對神靈的虔誠心願，僅僅具有象徵性的意義。因此，它的尺寸一般都比行用錢要小。但是，所選用的銅質普遍都比較好，有的材質選用的甚至就是金銀。製作都很規整、精美。除了用作供養布施之用外，金銀質地的供養錢還因經常被貴族、宗室婦女作為喜愛的首飾佩戴出行，而流行一時。

供養錢雖然不做流通使用，但是，每當紙幣濫發，貶值到形同廢紙的時候，民間交易就開始使用供養錢。於是民間的不法之徒，就披著供養錢的外衣，大肆私鑄，而行逐利的目的。我們現在所看到的那種銅質窳敗、製作粗劣的供養錢，應該就是那些造假者所為。

官府所鑄造的供養錢多半是年號錢。元代除了武宗鑄造的至大通寶、大元通寶，史籍中有明確的記載之外，其他各位皇帝都沒有鑄錢的記載。但是，元代不論哪朝都有年號錢傳世，幾乎各個皇帝一無所缺。《新元史‧食貨志》也記載說：（元代）「歷朝並鑄銅錢，蓋以備布施佛寺之用，非民間通用也。」這說明元代的年號錢都是官鑄的供養錢，雖然出自官爐，也是用於賞賜、餽贈以及慶典等，不用作流通。因此，正史中都沒有記載。

除了年號錢之外的供養錢，大部分都是寺廟所鑄。它們多不遵守官鑄行用錢的標準，而是隨意命名，任意創作。如名稱上的穆清銅寶、普慶寺寶、佛法僧寶等，都殊為別致，為元代所獨有；製作技術上，簡單粗陋，尺寸多變，大小不一，厚薄懸殊；文字書寫上，更是隨意發揮，但是卻表現出了元代特有的那種樸實豪邁、卓爾不群、富有個性的特點。有的甚至還出現了最早的簡化字，如寶省作「宝」、慶省作「庆」，真是千奇百怪，不一而足。

元代宗教盛行，各地廟宇寺觀林立，佛、道尤其受到朝廷的尊崇，這是供養錢盛極一時的基礎。元朝政府因為推行紙幣，注重鈔法而忽視鑄錢。因此，元代的供養錢大部分並非官鑄，而是出自廟宇、道觀或信徒，鑄造的目的是供奉神佛，布施功德，以求庇護降福。這些供養錢作為民俗錢的一種，形制不一、種類龐雜，它們雖然沒有參與社會流通，卻記錄和反映了元代社會各個階層的宗教信仰情況，對於宗教史、社會史的研究具有重要的參考價值。

28 元鈔：深刻影響了世界歷史發展的紙幣

紙幣雖然是中國古人最早發明使用的。但是，最早發現中國古代紙幣的卻是一位名叫科茲洛夫的俄國人。他所發現的元代紙幣，是目前我們所能見到的世界上最早的紙幣，因為印證了《馬可・波羅遊記》中有關元代紙幣的記載而轟動了歐洲。

下面結合元鈔被發現的過程，向大家介紹元朝完備的紙幣制度及其對人類歷史所產生的深遠影響。

一、元鈔的發現

最早發現元鈔的是俄國人科茲洛夫。他是一位著名的中亞探險家，一九〇八年初受俄國地理學會派遣第五次來中國探險時，在內蒙古阿拉善一座被廢棄的古城——哈拉浩特，發現了元代的「寶鈔」。他發現元鈔的過程頗有點傳奇，彷彿被深埋了五個多世紀的元鈔就專門等著他去發現似的。因為，科茲洛夫費盡艱辛第一次進入哈拉浩特古城挖掘時，只找到了一些古文書、佛像、紡織品、陶瓷以及古錢幣等。就在準備離開古城的時候，才偶然在一堆沙子下挖掘出厚厚一疊灰紙。因為每一張上面都蓋有紅色的官府印章，科茲洛夫因此認為這是中國的紙幣，就把它們裝進箱子，向青海進發了。他此行的計畫是經青海湖進入黃河上游考察，但是他心中總是惦記著哈拉浩特古城，似乎有什麼在召喚著他。於是，他又折返阿拉善，再次挖掘哈拉浩特古城。這次他選擇的是古城外的一座佛塔，打開佛塔後發現了堆積如山的經卷、圖書，以及各種材料製成的佛像。足足忙碌了四個多星期，才將挑選出來的三百多件佛像和兩千多冊書籍打包裝箱並運回了俄國。

這批文物的價值不可估量，其中有兩點最引人注意：一是有大量的西夏文圖書。西夏文是西夏仿照漢字的造字法則另外創造的一種文字，西夏政權覆滅之後，西夏文就隨之消失了。元朝以後，就已經完全沒人認識了。科茲洛夫發現的大量西夏書籍，對於了解西夏的歷史和文化自然有非常重大的意義。特別是其中還有幾部西夏—漢文字典，這對釋讀西夏文有非常重要的作用，俄國因此成了世界上西夏學的研究中心。另一點就是蓋有官府紅印的古代紙幣。這些紙幣經過俄國學者的辨認，被確定為是元朝的紙幣。雖然《元史》中記述了元代的紙幣，但是，在此以前根本沒有人見過元鈔實物，不知道元代的紙幣到底是什麼樣子。當年秋天，俄國就將其中的一部分在聖彼得堡俄國科學院亞洲博物館展出。因為這是保留下來的最早的古代紙幣實物，立刻在西方學術界引起了轟動。

當時正好有日本學者在歐洲考察，途經聖彼得堡時，就將展出的元鈔拍了照片帶回日本，送給了在日本的中國學者羅振玉和王國維。羅振玉隨即把它們收進了他正在編輯的《四朝鈔幣圖錄》中。儘管這些照片都是隔著玻璃拍的，模糊而且沒有比例，但是，這卻是中國人第一次見到元代紙幣的實物照片。

中國人第一次見到元代紙幣的實物是在新疆。那是一九〇九年正月，就在科茲洛夫到達哈拉浩特前後，在新疆吐魯番地區的托克遜縣，有一位農民進山砍柴，意外地撿到一個包袱交給了官府，裡面發現一張「中統元寶交鈔」紙幣，於是又上交給了正在主持編纂《新疆圖志》的新疆布政司王樹枏。王樹枏雖然在新疆做官，卻是當時著名的學者，知識非常廣泛，對經學、歷史、地理、金石、文字甚至對俄國、希臘都有研究。他仔細檢閱之後，就將這張元鈔收進了他正在編纂的《新疆訪古錄》中，還附了一張他臨摹的圖。王樹枏比照實物親手描繪的「中統元寶交鈔」紙幣摹本，面值為二貫，並題寫「收藏家所僅見也」，意思是說以往的收藏家從來沒有見過這類東西。因為王樹枏的這本書印數很少，流傳不廣，所以這張很重要的紙幣始終也沒有被人重視。此前世上已發現的「中統元寶交鈔」全是一貫面值的，面值二貫的只有王樹枏描摹的這一張。可惜的是，這張二貫文的元鈔實物，在王樹枏描摹過之後，就下落不明了。

上面介紹的兩次發現都發生在清末。一九四九年新中國成立之後，元鈔又有四次重要的發現。

第一次是一九五九年，文化部在西藏進行文物普查時，在西藏的薩迦寺發現了兩張元朝的紙幣，一張是「中統元寶交鈔」，面值一貫；另一張是「至元通行寶鈔」，面值二貫。

第二次是一九六〇年，在江蘇無錫一座元代夫婦合葬墓中，出土三十三張紙幣，全部是「至元通行寶鈔」，面值有五百文和二百文兩種。

第三次是一九八二年，內蒙古呼和浩特市重修白塔時，發現一張「中統元寶交鈔」，面值為十文。

第四次是一九八五年八月，在湖南

圖28–1　中統元寶交鈔（王樹枏摹本，引自《新疆考古錄》）

圖28–2　中統元寶交鈔壹拾文

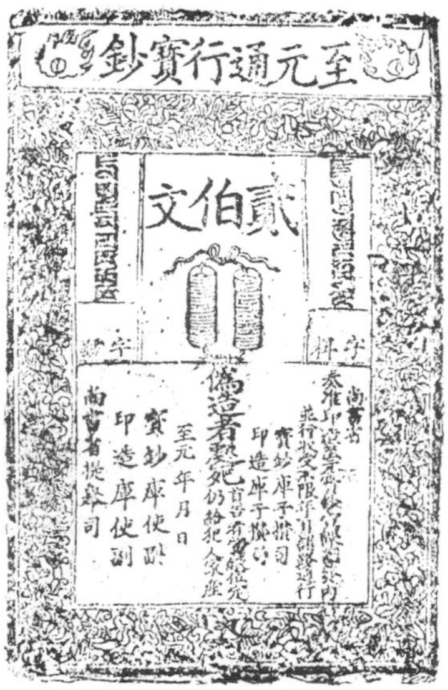

圖28–3　至元通行寶鈔貳佰文

沅陵江邊的雙橋鎮施工取土時挖出一口棺材，在隨葬的衣物中發現一個小錦包，裡面是一疊紙幣，全部是「至元通行寶鈔」，共有七張，每一張一個面值，分別是：五百文、三百文、二百文、一百文、五十文、三十文、二十文。其中，三十文面值的，是中國國內發現的元鈔中唯一的一張。

大家可能注意到了，清末兩次，新中國成立後四次，總共六次發現元鈔的地域分布很廣，並且元鈔的面值也都很小。這說明元代紙幣已經是百姓日常生活中普遍使用的貨幣，流通全國，暢行無阻。這需要有一套非常完善的管理制度來做保證。

二、元鈔的使用

蒙古人使用紙幣，完全是受金朝的影響。因為給蒙古人創制立法、度支理財的大臣，多半都是金國的漢人。他們在金朝紙幣制度的基礎上加以改進，給蒙古人制定了以紙幣為主的貨幣制度。早在忽必烈稱帝之前，蒙古就曾經在華北地區發行過三次紙幣。第一次是太宗窩闊臺時期，第二次是憲宗蒙哥時期，第三次是忽必烈稱帝之前在自己的封地發行的交鈔。這三次持續的時間都很短，流通的地域不廣，影響也不大。但是，第二次發行的紙幣，因為被一二五三年奉命出使蒙古的法國傳教士魯布魯克記載在他寫給教皇的出使報告《魯布魯克東行記》裡了，而成為歐洲人最早見得到記載的紙幣。魯布魯克是這樣描述蒙哥紙幣的：「契丹通行的錢是一種棉紙，長寬為一巴掌，上面印有幾行字，像蒙哥印璽上的一樣。」這是歐洲有關中國使用紙幣的最早報導。但是，因為《魯布魯克東行記》是寫給教皇看的，知道的人不多。因此，在社會上的影響反而不如後來的《馬可•波羅遊記》的影響大。

據文獻記載，中統元年（一二六〇）忽必烈即位之初，原來計畫是像南宋一樣，銅錢和紙鈔並用。後來因為聽從了劉秉忠的陰陽術數之說，認為蒙古人不適宜使用銅錢，而專行紙幣的。實際上，這僅僅是一種說辭，忽必烈決定選擇使用紙幣是由當時華北地區的現實條件決定的。

因為自金代以來，華北地區的銅錢以及銅料便嚴重不足，鑄錢的成本巨大，這是財力空虛且正與阿里不哥爭位的忽必烈所難以承受的。另外，作為稱量貨幣的白銀，主要用於上層的賞賜，底層的民眾很難有機會接觸到，加之白銀價值高，使用時又需要稱重驗色，完全不適合百姓的日常小額交易。印造紙幣的成本低廉，便於操作，而且民眾也已經普遍接受；同時也便於收兌華北地區各個割據勢力所發行的紙幣，實現貨幣的統一。因此，忽必烈在稱帝的當年，便頒旨開始印造紙幣。在此後不及一百年的歷史中，元朝曾經先後發行過四種紙幣，它們分別是：忽必烈即位後發行的「中統元寶交鈔」（簡稱「中統鈔」）和「至元通行寶鈔」（簡稱「至元鈔」）；武宗時期發行的「至大銀鈔」，時間非常短暫；最後一次是順帝時期發行的「至正通行寶鈔」（簡稱「至正鈔」）。

其中，最初由王文統主持發行的中統鈔最重要。王文統是一位精明能幹的政治家，很受忽必烈賞識，登基後就被任命為中書平章政事，實際負責政務。王文統認真總結了金朝發行紙幣的經驗教訓，提出了發行中統鈔應該遵循的原則，大致有五條：一是中統鈔沒有時間和地域限制，可以在境內各處長期使用；二是各路原來發行的舊鈔，限期盡數收換，不再流通；三是各種賦稅，都收中統鈔；四是以銀作鈔本，可以隨時兌換白銀；五是印鈔只限於流通，不許挪作他用。上述措施，保證了中統鈔的信用。另外，元朝政府還在各路設立交鈔庫（或稱行用庫）作為兌換機關，同時下發新鈔和相應數目的鈔本銀，也就是準備金。百姓持紙鈔來兌換白銀、用白銀來兌換紙鈔，或是用舊鈔兌換新鈔，都依數支發，每兩收取手工費三分，收兌的白銀就作為準備金儲存在鈔庫。

應該說中統鈔發行之初，管理制度完善，購買力一直都比較穩定。但是，從平定南宋前後開始，元朝政府將加印紙幣作為彌補財政虧空的手段，實行通貨膨脹政策，紙幣就開始了不斷的貶值。一變於武宗的「至大銀鈔」，再變於順帝的「至正鈔」。兩次變更鈔法，都違背了忽必烈當初專行紙幣的政策，試圖錢鈔並行，最終陷入了南宋及金朝曾一再出現的錢重鈔輕的通貨膨脹之中，終至一發不可收拾。因此，可以說元朝最後的滅亡與紙幣制度的破產有密切的關係。

三、元鈔對周邊國家的影響

元代的貨幣制度無疑是當時世界上最先進的，而元朝又是一個具有世界影響力的王朝。因此，隨著蒙古的對外擴張以及征服，元代的紙幣制度對周邊國家以及地區的貨幣流通、亞歐大陸間的貿易關係，以及中外文化交流等方面，都曾經產生了深遠而重要的影響。

一是大量的白銀被輸入中亞、西亞乃至歐洲，開啟了歐亞大陸貨幣一體化的進程。元朝政府推行紙幣，禁止金銀流通。閒置出來的大量銀錠，被稱為「斡脫」的與蒙古貴族關係密切的西域商人借貸後，運往當時苦於白銀不足的中亞、西亞出售，牟取暴利。這些白銀後來又隨貿易流入歐洲。據日本黑田明伸的研究，十三世紀末至十四世紀中期，亞歐大陸上白銀的使用較之以往顯著增加，顏色也變白了。這批突然新增加且顏色較白的銀子，顯然來自中國。這是因為中國所產白銀含有較多的銻，呈白色的緣故。這種推測有一定的道理，特別是考慮到十四世紀後半期，亞歐大陸兩端的貨幣流通在同一時期所發生的互動變化，即隨著元朝末年紙幣制度的崩潰，社會上重新恢復使用銀錢交易這種幣制上的變化後，中亞、西亞以及歐洲流通的白銀也明顯地開始減少，且變得愈來愈稀缺。換言之，元朝紙幣體系的崩潰是與歐亞大陸白銀供給的減少相繼發生的。亞歐大陸東西兩地，同一時間段上貨幣流通發生如此緊密的互動變化，更印證了上述推測的合理性。

中亞地區的商務契約，以前一直使用布或銅錢，蒙古統治時期則一變而為銀錠，並發生了前所未有的變化，開始使用一種叫索莫（somo）的銀塊進行交易。這種被稱為索莫的銀塊顯然就是來自中國的銀錠，在傳入中亞、西亞的過程中，蒙古語稱之為sukes（斧頭），回鶻語則稱為yastuk（枕頭）。實際都是對束腰形的元代銀錠的形象稱呼。在亞歐大陸的許多地方，參照中國的白銀稱量單位「兩」，確立了一個重約三十七克（相當於一兩）的標準貨幣單位，稱為騰格（tenge，或譯為天罡），用於長途支付和納稅，直到近代都在使用。在白銀從中國流入中亞、西亞的同時，由西方輸入中國最重要的貨物是鈷，它是製作元代著名的青花瓷的必備原料。

二是銅錢大量向東流入日本，使得日本在長達六百多年的時間裡不鑄錢，專用中國銅錢。

元代在至大（一三〇八—一三一一）以前，為推行鈔法，禁止使用銅錢，民間所藏舊錢大多被銷毀或賣與商人，透過對外貿易而販運至國外。元朝限制銅錢流通的政策，恰逢日本大量需求銅錢之時。因此，銅錢主要是流向日本及東南亞地區。《元史・日本傳》記載，「至元十四年（一二七七）日本遣商人持金來易銅錢，許之」，反映的就是這種情況。除用黃金交換銅錢外，日本更多的是透過貿易大量進口中國銅錢。如至正元年（一三四一）日本將軍足利直義派兩艘商船來中國貿易，要求回去繳納銅錢五千貫，用以建造天龍寺。據說以後年年派遣，稱之為天龍寺船。一九七八年韓國在位於全羅南道的海底打撈出一艘元代的沉船，船上發現中國古錢四百七十箱，重兩萬六千七百七十五公斤，主要為宋錢，沉船是當時與中國進行貿易的日本貨船。

日本直至明朝萬曆年間，在長達六百多年的時間裡，完全依賴從中國輸入貨幣來滿足國內流通需要。據日本學者對馬等四十八個地方所出土古錢幣的統計分析，除了無法辨別的不計外，在總數五十五萬多枚出土錢幣中，中國錢幣占百分之九十九・八，其中宋錢占到百分之八十二・四。中國古代銅錢與古代日本關係之密切、對其影響之深遠，由此可見一斑。

三是紙幣制度被傳入中亞、南亞以及西亞的伊朗，並進而傳播了中國古代的印刷術。

元代的紙幣制度對周邊國家及地區曾產生重要的影響。文獻記載，日本在十三世紀末的足利將軍時代也曾用過紙幣，直至延祐六年（一三一九）才停止發行，據說一部分流通到十五世紀。印度的杜格拉克王朝據說在至順初年（一三三〇—一三三一）也曾試用過紙幣。越南、朝鮮、伊朗等國更是仿照元朝使用過紙幣，其中以蒙古西征後建立的伊利汗國統治時期的伊朗，為解決財政困難而仿效元朝發行紙鈔的影響最大。據多桑《蒙古史》記載，一二九四年，伊朗在出使伊利汗的元朝丞相孛羅的指導下，於都城帖必力思❶發行紙幣，完全是仿照中統元寶交鈔，並蓋有漢文專用印章。

紙鈔雖然在強制實行兩個多月後便被迫廢除，但是在中外文化交流史上卻留下了一筆。

一方面使當時的波斯、阿拉伯人最早認識了中國的紙幣制度，並進而傳入了歐洲。紙雖然在十世紀中葉就已傳入歐洲，但是，歐洲根本想不到能用它作為交易媒介進行商品買賣。直到《馬可・波羅遊記》問世後，才聽說「中國人用棉紙製成通用貨幣進行商業貿易」，「用最便宜的材料能交換最貴重的東西」，但被視為天方夜譚，難以置信。在這種背景下，伊朗仿效元朝實行紙幣制度，使當時的波斯人、阿拉伯人因此而認識了世界上最早實行的中國紙幣制度，並進而傳入歐洲，不僅使之大開眼界，學會了使用紙幣，同時更為其後來進行大規模的商業活動帶來了便利。波斯語中至今仍將紙幣稱作「鈔」（Chao），影響之深可以想見。

另一方面是推動了中國古代雕版印刷技術的西傳。早在八世紀初，唐朝已開始使用雕版印刷技術大量印刷佛經、書籍傳播知識了，而同時期的波斯、阿拉伯以及歐洲基督教的寺院裡，還停留在手抄古代傳本的古老方式上，有可能接觸書籍的僅限於宗教人士及貴族。在這種背景下，一二九四年伊朗仿照元朝「鈔印用木為版」的技術印刷紙幣，是雕版印刷技術西傳的最早紀錄，具有十分重要的意義。它打破了教會對知識的壟斷，擴大了受教育的範圍，為文化知識的傳播和普及發揮了重要作用。

元朝是世界上最早實行純紙幣制度的國家，貴金屬金銀以及銅錢都不許流通，替代金屬貨幣流通的是國家強力推行的紙幣。這種紙幣統一由戶部發行，流通使用，不限年月，不分地域，是一種

---

❶ 帖必力思即今伊朗大不里士。

具有無限法償能力的不兌換紙幣，與之配套的還有計畫周詳並富有創意的管理措施。如：國內專用紙幣、禁用金屬貨幣、集中金銀並禁止出口、設置紙幣發行準備金、平準鈔價、統制物價等。

這種近代社會才通行的紙幣政策，在七百多年前元代的鈔法中大致上都已經具備。因此，我們可以說元代的紙幣基本上已經具備了近代紙幣的雛形。對於元代極富創新精神的紙幣制度，我們應該給予充分的重視，不能因為元朝財政上的失敗而否定它貨幣制度上的創新性及前瞻性。

29 元末起義軍錢幣：不幸被應驗的咒語

元朝末年，民間流傳一首曲牌名為〈醉太平〉的民謠：「堂堂大元，奸佞當權，開河變鈔禍根源，惹紅巾萬千。官法濫，刑法重，黎民怨。人吃人，鈔買鈔，何曾見。賊做官，官做賊，混愚賢，哀哉可憐。」這裡「開河」是指政府治理黃河，「變鈔」是指政府的貨幣政策，「紅巾」則是指當時的農民起義。這一切中時弊的民謠廣為流傳，真切地道出了開河、變鈔所引發的風起雲湧的元末農民起義。

實際上，這首民謠所反映的結果，早在一百多年前元朝建立之初，就被忽必烈的謀士劉秉忠給預言到了。下面就透過劉秉忠的預言，看看貨幣制度與天下大亂之間有著怎樣的關係。

一、劉秉忠預言背後的「錢荒」現實

據王惲《中堂事記》以及陶宗儀《南村輟耕錄》的記載，中統元年（一二六〇）忽必烈即位之初，曾計畫將來「以錢、鈔互為表裡」，意思就是實行紙幣和銅錢並用的貨幣政策，並徵求親信謀士劉秉忠的意見。劉秉忠出於佛、道之間，又長於陰陽術數之學。於是，他就引用道教的陰陽術數理論對忽必烈說，銅錢適合向陽的地區使用，紙幣適合背陰的地區使用。中原地區是陽明之區，塞外是幽陰之域。陛下您龍興於塞外，君臨中原，應該使用紙幣，子孫後代也要堅守這一點。如果使用銅錢，將會導致天下大亂。❶劉秉忠的這番話對忽必烈產生了很大的影響，促使他最後決定廢棄銅錢，專門使用紙幣。

後來的發展，完全應驗了劉秉忠的觀點。元順帝於至正十年（一三五〇）十月，置諸路寶泉提舉司於京城，鑄造「至正通寶」錢之後，第二年即至正十一年（一三五一）五月，果然就如劉秉忠所預言的那樣，爆發了以韓山童、劉福通為首的白蓮教起義。從此天下大亂，僅僅十七年之後，元朝就被明朝給取代了。

劉秉忠預言的背後，實際上反映了宋金以來長期困擾華北地區的錢荒現實。

所謂「錢荒」，實際上就是指流通領域中的銅錢不敷社會需求的一種通貨緊縮現象。古人因為不懂這種現象背後的經濟學原理，只是直觀地感覺到市面上錢少，於是就用「錢荒」來表示。這一專用術語雖然產生於宋代，好像最初就出自歐陽修的筆下。但是，錢荒這種現象卻是早在唐朝中期就已經出現。這與商品貨幣經濟的發展、人口的增加，特別是實行「兩稅法」實物稅改徵貨幣稅以後，社會上對銅錢的需求量加大，而鑄造量有限的供需矛盾加劇有關。經過唐末五代的戰亂，入宋以後，錢荒問題不但未能緩解，反而變得更為突出，持續的時間也更長，成為當時朝野熱議的一個焦點問題。

金人占據華北之後，錢荒的矛盾變得更為突出。這主要是因為很多礦坑都被廢棄，斷絕了銅源；其次是社會上窖藏盛行，這又減少了銅錢的流通；另外，還有佛寺耗費、毀錢鑄器、貿易外流等原因，疊加起來就更加加劇了銅錢供需的矛盾。《金史》中有段記載，說是大定十年（一一七〇）皇太子曾經向山東來的使者詢問「民間何所苦？」，使臣回答說「民間無錢，以此苦之」。就反映了錢荒的現實。

面對日益嚴重的錢荒現象，金朝政府的應對措施除了從南方大量吸納宋錢之外，首先想到的辦法就是模仿宋朝發行紙幣，而沒有像大多數政權那樣去鑄造銅錢，這也是金朝幣制上不同於其他朝代的地方。這樣做的原因，是因為華北地區既缺少銅礦，同時鑄錢的成本又比較高。因此，海陵王於貞元二年（一一五四）首先發行了紙幣「交鈔」，他想透過推廣紙幣來解決錢荒的難題。但是，因為千百年來民間已經習慣於使用銅錢，所以他才在四年之後，又設置錢監開始鑄造銅錢。這種銅錢與紙幣並行使用的局面僅僅維持了三十五年，到大定二十九年（一一八九）金章宗剛一即位就立即被廢止了。

金章宗的辦法，首先是罷廢了虧損嚴重的兩個鑄錢監。據《金史・食貨志》記載，當時這兩個錢監「歲鑄錢十四萬餘貫，而歲費乃至八十餘萬貫」。鑄十四萬貫錢的成本竟然高達八十多萬貫，鑄錢真的成了賠錢賺吆喝的事！金朝停止鑄造銅錢之後，就完全依靠使用紙幣來滿足社會上的流通需要。金章宗的另一項措施是，既然廢棄銅錢使用紙幣，那就索性廢止了在這之前交鈔每七年就要換發的限制，允許交鈔不限年月，永久使用。這是極富創意的做法，意味著世界上出現了最早的無限流通的紙幣，這在紙幣發行史上具有劃時代的重要意義。可能正是這一點啟發了後來劉秉忠建議忽必烈實行純紙幣制度。蒙古滅金以後，占據了華北地區。幫著蒙古人創立制度、度支理財的大

❶《南村輟耕錄》（卷二）：「世祖嘗以錢幣問太保劉秉忠，對曰：『錢用於陽，楮用於陰；華夏，陽明之區；沙漠，幽陰之域。今陛下龍興朔漠，君臨中夏，宜用楮幣，俾子孫世守之。若用錢，四海且將不靖。』遂絕不用錢。迨武宗頗用之，不久輒罷。」

部分都是金國的漢人。受他們的影響，蒙古人在建立元朝之前，窩闊臺、蒙哥以及忽必烈就已經開始借鑑金人的辦法，在華北地區的一些地方，短暫地發行過三次紙幣。當時歸順蒙古的一些地方割據勢力也都發行過紙幣。譬如何實在博州、劉肅在邢州、李璮在益都，就曾經行過鈔。二〇〇五年山東淄博市發現的「淄博交會」銅鈔版，就是那一時期的實物見證。這些紙幣大都是模仿金朝的交鈔，只限於在當地流通使用。

二、忽必烈的貨幣政策

忽必烈稱帝建立元朝之後，他既可以選擇繼續像金朝一樣，紙幣、銅錢與白銀三者都相兼行用，也可以選擇像宋朝那樣紙幣和銅錢並用的貨幣政策。顯然忽必烈是想採用後者，就是同時使用紙幣和銅錢的辦法。但是，他的這一設想被劉秉忠給否定了，劉秉忠建議他只使用紙幣而不用銅錢。

忽必烈最後採納了劉秉忠的建議，這是由當時華北地區的現實條件所決定的。實際上，這也是沒有辦法的辦法。

首先是因為自金代以來，華北地區的銅錢以及銅礦資源就嚴重不足，鑄錢的成本又耗資巨大，虧損嚴重。這是財力空虛並且正在與阿里不哥爭奪皇位的忽必烈所難以承受的。

其次是作為稱量貨幣的白銀，價值高，使用時又需要稱重、驗色，非常不適合老百姓的日常小額交易，主要是用於上層的賞賜和大額支付。實際上，當時底層的民眾也很難有機會接觸到白銀。因為，大部分的白銀都被充當斡脫商人的回鶻人，販運到中亞、西亞去放高利貸了，華北地區實際上是很缺銀的。

最後，也是最關鍵的是印造紙幣的成本很低，又便於操作。紙幣既可以解決錢荒的難題，又能為統治者提供財政上的支援。特別是經過金朝一百多年來的推行和實踐，華北地區的百姓已經普遍接受了紙幣。另外，使用紙幣也便於收兌此前華北地區漢人世侯、投下領主等割據勢力所發行的紙幣，有利於盡快實現貨幣的統一。

基於上述幾點，忽必烈在他稱帝的當年，即中統元年（一二六〇）七月就頒布聖旨，印造紙幣。從中統元年到至元二十四年（一二六〇—一二八七）的二十八年間，忽必烈曾經先後七次下達詔令，要求改革幣制，統一鈔法，最終建立起了世界上最早實行的純紙幣制度。這種紙幣流通使用不限年月，不分地域，是一種具有無限法償能力的不兌換紙幣，與之配套的是比較完備的管理辦法和措施。這些實際上已經基本具備了近代紙幣的雛形。這一極富創意的純紙幣制度無疑是當時世界上最先進的。

三、不幸被應驗的咒語

劉秉忠建議忽必烈廢棄銅錢、專用紙幣的觀點，如果拋開其源自道家的陰陽術數的讖緯外衣，單從宋金以來長期困擾華北地區的錢荒的背景分析，可以說是非常有見地並富有創意的。這一點可能大家都比較容易理解。但是，劉秉忠又說，如果使用銅錢，將會導致天下大亂。這又是為什麼呢？

劉秉忠建議忽必烈實行的是純紙幣制度，他這是借鑑和分析了南宋以及金朝因為實行錢鈔並行，即銅錢和紙幣同時流通的弊端而提出來的建議。這是有針對性的。因為銅錢本身是有價值的，受銅礦資源以及鑄錢成本的限制，銅錢的總數量是有定數的。而紙幣幾乎是沒有成本的，在專制時代可隨用隨印，數量是無法控制的。因此，錢鈔並用的結果，必然使得民眾「惟錢之是用」，就是誰都願意將紙幣兌換成銅錢。這一定會加速紙幣的貶值，帶來物價的飛漲。南宋以及金朝就是因為錢鈔並用，而一再陷入「錢重鈔輕」的通貨膨脹泥潭，最終導致天下大亂、政權毀滅的。因此，劉秉忠才警告說如果使用銅錢，將會導致天下大亂。

劉秉忠的預言，就像是一個不幸應驗的咒語。元順帝至正十年十月鑄造「至正通寶」錢之後的第二年，即至正十一年五月，果真就爆發了白蓮教起義，從此天下大亂。

各路揭竿而起的英雄豪傑們，彷彿也都相信劉秉忠的預言似的，都紛紛地搶著鑄造錢幣，希望以此加劇蒙古天下的亂局，以便自己能夠亂中取勝。時間雖然已經過去了六、七百年，過往的一切也都早已灰飛煙滅了。但是，留存下來的這些錢幣，卻依然記錄下了預言應驗後的歷史。

就像本節開頭所引民謠〈醉太平〉唱的那樣，是「變鈔」和「開河」引發了風起雲湧的元末農民起義。前面已經介紹了變鈔，下面再簡單介紹開河所引爆的農民起義以及起義軍鑄造的錢幣。

四、農民起義軍及其鑄造的貨幣

一三五一年，河南潁川的劉福通，乘元朝政府聚集十五萬民工修復黃河之機，聯繫白蓮教首領韓山童，在社會上大肆宣傳「彌勒下生」、「明王出世」、「石人一隻眼，挑動黃河天下反」，並暗中鑿了一個獨眼石人，刻上「莫道石人一隻眼，此物一出天下反」幾個字，埋在即將挖掘的河道上。這和最早發動農民起義的陳勝、吳廣，將事先寫好的布條「陳勝王」放在魚的肚子裡，然後再派人去集市上買回來的手段，如出一轍。時間雖然相差了一千五百多年，但是所產生的效果卻是驚人地一致。等河工們看到挖出的石人後，都驚詫不已。人心浮動之際，劉福通振臂一呼，吹響了反元的號角。

這就如同推倒了多米諾骨牌一般，黃淮一帶遭受水災，正無著落的流民、饑民群起響應。因為大部分起義軍都頭裹紅巾作為標誌，因此被稱為紅巾軍。起義隊伍後來逐步形成了以劉福通、徐壽輝、張士誠、陳友諒、方國珍、明玉珍、朱元璋等為首的幾支。它們各占據一塊地盤，相對穩定之後，都創建年號，建立政權並鑄造了錢幣，但是都沒有發行紙幣。

鑄造錢幣是有特殊用意的。一方面表示與元朝徹底決裂，並爭相宣示自己政治上的正統地位，另一方面則是能夠獲得鑄幣稅，籌集經費。因此，各路起義軍都紛紛開爐鑄錢，使元朝末年成為歷史上起義軍鑄錢最多的時期。下面我就根據鑄錢的時間順序簡單做一介紹。

1. 張士誠鑄造了「天佑通寶」

張士誠是泰州人，「以操舟販鹽為業」即走私鹽販。紅巾軍起義爆發後，他於至正十三年（一三五三）正月起兵攻占泰州，第二年正月自稱誠王，國號大周，改元天佑。攻陷蘇州之後，自稱吳王，以承天寺為王宮，銷毀佛像鑄造天佑通寶錢。錢文正楷對讀，書法流暢。有小平、折二、折三、當五，共四種。背面有紀值，小平錢、折二錢分別鑄「一」、「貳」，字體為楷書；折三錢、當五錢分別鑄「叁」、「五」，字體變為篆書。另外，有一種光背的小平錢，極為珍稀。天佑通寶錢，形制上有至正錢的風格，銅質以及鑄工都屬上乘。張士誠雖然不是最早起義的，但是他卻是最早鑄造錢幣的，同時所鑄造的錢幣也是最為精美的。

2. 劉福通鑄造了「龍鳳通寶」

劉福通是潁川人，至正十一年五月初，在潁上自稱是南宋抗金名將劉光世後人，宣稱白蓮教首領韓山童為宋徽宗八世孫，打出「虎賁三千，直抵幽燕之地；龍飛九五，重開大宋之天」的戰旗，揭開了反元起義的序幕。至正十五年（一三五五）劉福通擁韓林兒稱帝，建都亳州，國號宋，改元龍鳳並鑄龍鳳通寶，有小平、折二、折三，共三種。錢文書法恭敬，輪郭周整，光背，鑄工精緻。

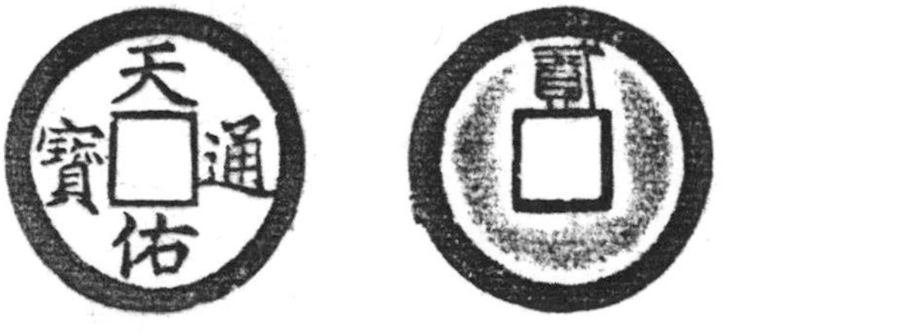

圖29–1　天佑通寶（背貳）

圖29–2　龍鳳通寶

3. 徐壽輝鑄造了「天啟通寶」、「天定通寶」

徐壽輝是湖北蘄州人，以販布維生。至元十一年八月，在蘄州發動起義。十月建立政權，國號「天完」，意思是要壓倒「大元」，他是起義軍中最早建立政權的。至正十八年（一三五八）徐壽輝改元天啟，鑄造了天啟通寶，錢文楷書，對讀，光背。有小平、折二、折三，共三種。其中，折二、折三錢文另有篆書。這可能是明玉珍建元天統之前，奉徐壽輝天啟年號為正朔時期鑄造的。民國初年篆書天啟通寶錢曾經在重慶泗水溝出土過，就是證據。篆書天啟通寶錢極為罕見，是古錢幣中的大名譽品。

至正二十年（一三六〇），徐壽輝改元天定，又鑄造了天定通寶錢。錢文楷書，對讀，光背。面值也分小平、折二、折三，也是三種。書法挺秀，與天啟通寶錢風格一致，明顯是出自同一個人的手筆。

4. 陳友諒鑄造了「大義通寶」

陳友諒本來是徐壽輝的部屬，至正二十年，陳友諒殺徐壽輝自立，建都江州（今九江），國號大漢，改元大義，鑄大義通寶錢。錢文正楷對讀，書法和天啟錢有點像，但是神韻欠佳，銅質以及鑄工也不精整。背面沒有文字，面值有小平、折二、折三，共三種。

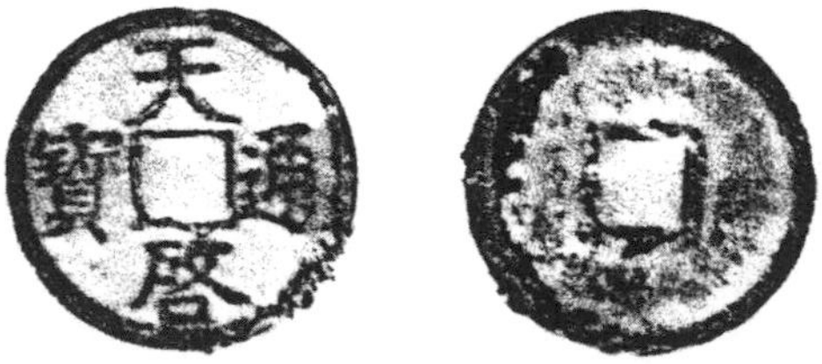

圖29–3 天啟通寶

圖29–4 天定通寶

圖29–5 大義通寶

5. 明玉珍鑄造了「天統元寶（通寶）」

明玉珍最初也是徐壽輝的部屬，至元二十三年（一三六三）占據重慶。陳友諒殺徐壽輝後，明玉珍也自立稱帝，國號大夏，改元天統，鑄造了天統元寶以及天統通寶兩種錢。錢文對讀，有楷書、篆書兩種。今人只見到小平錢一種，鑄工精整，傳世極少。

6. 朱元璋鑄造了「大中通寶」

朱元璋是濠州（今安徽鳳陽）人，出身貧寒，年輕時父母及長兄都早逝，曾入皇覺寺為僧。至正十二年加入郭子興領導的紅巾起義軍，最初歸屬劉福通建立的宋政權，用龍鳳年號，後來逐漸自立。至元二十一年（一三六一），朱元璋稱吳國公，在金陵設寶源局，鑄造大中通寶錢。錢文為正楷，對讀，書法端嚴渾厚。有小平、折二、折三、當五、當十，共五種。

至元二十四年朱元璋打敗陳友諒之後，稱吳王。在江州（今江西九江）設泉貨局，一仍金陵形制，鑄造五種面值的大中通寶錢。後來在各省分設寶泉局鼓鑄，背面鑄有各省局名。現在傳世的有京（金陵）、濟（濟南）、豫（河南）、鄂（湖北）、廣（廣東）、桂（廣西）、浙（浙江）、福（福建）、北平（燕京）等九種。但是，洪武元年（一三六八）四月湯和才平定

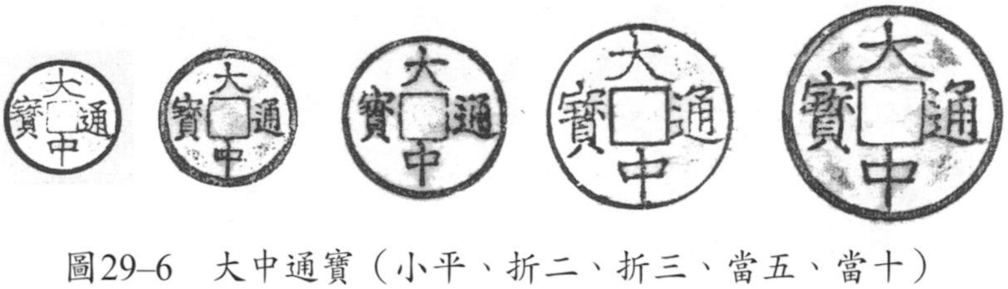

圖29–6　大中通寶（小平、折二、折三、當五、當十）

福建，八月徐達始攻克燕京，下詔改名為北平。大中通寶錢應該是在洪武紀元之前鑄造的，但是不知道為什麼竟然會出現背面紀有「北平」與「福」兩處局名的大中通寶錢，而且數量比較多，不像是後來補鑄。這是至今困擾錢幣界的一個不解之謎。

元代的貨幣制度，很好地詮釋了劉秉忠預言的前瞻性。在忽必烈時代因為很好地執行了廢止銅錢、專用紙幣的貨幣政策，物價穩定，比較長的時間內紙幣都保持了較好的信用。遺憾的是專行紙幣這一政策，後來沒能很好地貫徹執行。一變於武宗至大二年（一三〇九），再變於順帝至正十年（一三五〇），兩次變更鈔法，都違背了忽必烈當初專行紙幣的政策，試圖錢鈔並行，最終導致元朝也步了南宋以及金朝的後塵，陷入了「錢重鈔輕」的惡性通貨膨脹之中。因此，我們可以說元朝的最後滅亡，與鈔法的失敗有著密切的關係。這說明天下是大亂還是大治，實際上與貨幣制度之間有著密切的關係。劉秉忠正是看到了這一點，所以，他才能在一百多年前就預見到了元朝末年發生的情況。

第六章
明代落後的幣制

明代幣制的落後性體現在，中國貨幣流通領域經過宋金以及元朝的發展，到了元朝末年已經出現了由賤金屬銅向貴金屬白銀過渡的重大轉型。但是朱元璋建立明朝之後卻禁止使用白銀，最初選擇銅錢，後來又推行無保證金的紙幣，廢棄白銀和銅錢，因此是一種落後的幣制。

本章分五個專題，五等制的洪武通寶，是重農輕商的「洪武型體制」的見證者。因為滿足不了社會上對貨幣流通量的需求，洪武八年（一三七五）又決定印發「大明通行寶鈔」，將紙幣視作斂財的工具，隨意印發，愈積愈多，到永樂初年就開始貶值。隆慶通寶見證了隆慶開關後中西最初的貿易。隨著海外白銀的大量輸入，明朝中後期逐漸實現了白銀的貨幣化。永曆通寶見證了明末清初之際，中國大陸、臺灣以及日本之間的一段特殊的關係。跑馬崇禎在預言明朝滅亡的同時，反映了基層民眾的一種美好願望。

30 洪武通寶：重農輕商的「洪武型體制」的見證者

朱元璋雖然以「驅逐韃虜、恢復中華」為號召，但是推翻元朝之後，他所創設的制度，實際上並沒有「恢復中華」，反而距離宋朝原有的制度非常遙遠，更多的是複製了元朝的一些做法，結果形成了一個雜糅蒙古和宋朝兩種傳統，並印有朱元璋特有元素的一種新的統治模式，歷史上稱為「洪武型體制」。

下面就透過洪武通寶錢幣的鑄造以及流通，來透視「洪武型體制」在貨幣流通方面所表現出來的落後性，及其對明代社會經濟發展的嚴重束縛。

一、「洪武型體制」的建立

早在十一至十三世紀的宋朝，中國社會就已經開啟了被後世稱為「唐宋變革」這樣一種向近代化轉型的趨勢和契機。但是，後來因為蒙古人的野蠻入侵，這一社會轉型不但被打斷了，更因為蒙古是一個來自草原的、具有濃厚中世紀色彩的征服民族，所以，蒙古人用武力強加給中國的是一種野蠻、落後的管理方式和蒙昧、粗俗的生活習俗，迫使中國社會的發展在蒙古統治時期出現了全面的倒退。

朱元璋及其夥伴們，作為來自草根的流氓無產者，雖然以恢復中華文明為號召，但是因為缺乏制度設計者應有的視野，幾乎全盤沿襲了蒙古人的治理辦法。譬如在中原地區早已消失的家產制（分封制）、家臣制、廷杖制、匠籍制、路引制、肉刑與酷刑制度、人殉制、宵禁制等等野蠻落後的制度，又都被朱元璋給接了過來。而更為遺憾的是蒙古人原有的重商主義觀念、對外開放的胸懷、以世界為視野的格局，以及意識形態上的多元化，寬鬆、簡約的治理方式，卻被朱元璋這個極度保守的農民給全部廢除了。因此，朱元璋所創立的「洪武型體制」，不但與被蒙古人阻斷的「唐宋變革」背道而馳，就是與蒙古人所建立的元朝相比，很多方面也顯得非常保守、專制和僵化。他甚至留下遺訓，要求後世子孫「我已成之法，一字不可改易」。於是，「洪武型體制」就成為整個明朝不可逾越的祖制，被朱元璋的後繼子孫們所遵行，嚴重阻礙了中國社會的轉型和發展。

二、五等制的「洪武通寶」錢

明朝的錢幣有個特點，就是名稱上只有「通寶」一種，而不像其他朝代那樣還有「元寶」或「重寶」。這是為了避朱元璋的諱，因為朱元璋的小名叫「重八」，因此「元」和「重」都不能用，只能用「通寶」。

一三六八年朱元璋稱帝時選用「洪武」作為年號，並頒布「洪武通寶錢制」，鑄造了洪武通寶錢。它雖然是明朝最早的年號錢，卻不是朱元璋最早鑄造的錢。因為早在稱帝之前，朱元璋就在金陵（今南京）設寶源局，鑄造了「大中通寶」錢，這屬於元末農民起義軍鑄錢的範疇，還不能正式算是明朝的錢。大中通寶的面值有小平、折二、折三、當五、當十，共五等，洪武通寶的面值沿襲大中通寶的五等制，也是分為五種，小平錢在背面穿孔，右邊鑄有「一錢」兩字，這是紀重錢，表示重量是一錢。折二為二錢、折三為三錢、折五為五錢、當十為一兩，都表示的是重量。當十錢的背面，除了「一兩」二字之外，穿孔的上方還鑄有一個「十」字，表示當十枚小平錢。在各省則分別設立了寶泉局，與京師的寶源局一起負責鑄造錢幣。

不要小看了分為五等制的洪武通寶錢，因為朱元璋是一個做事特別精細並有規劃的人，他所設計的分為五個等次的洪武通寶錢，從一個側面甚至可以說就是專門為他所設計的太平盛世的藍圖服務的。

三、唐宋之際「錢荒」出現的原因

回溯歷史我們知道，自秦漢以來，中國老百姓對國家所承擔的義務，主要可以歸納為兩大類，一類是徭役，由成年男丁負擔，每個法定年齡段的成年男子，每年都要為國家無償提供若干天的勞役，這是按人頭計算的，屬於人頭稅；另一類是田賦，它是按田畝徵收的，屬於土地稅。早期的徭役都需要本人親自去服役，這在農忙時節非常影響農業生產的正常進行。田賦最初徵收的都是土地上所出產的用於吃穿

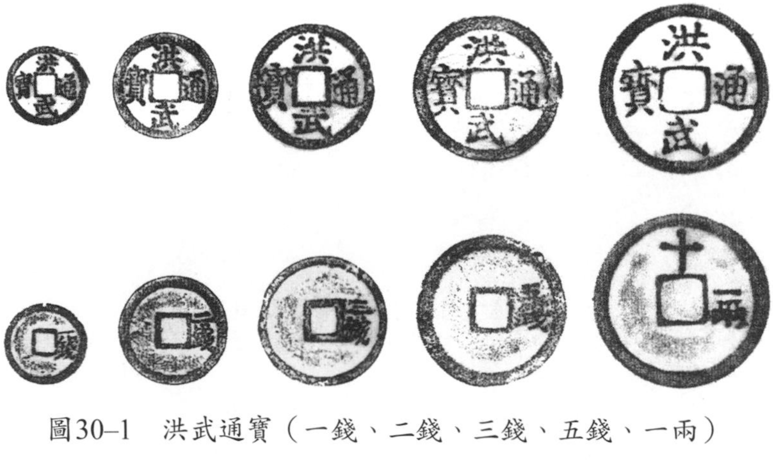

圖30–1　洪武通寶（一錢、二錢、三錢、五錢、一兩）

用度的糧食、麻布等實物，屬於實物稅的範疇。這些食物需要儲存、運輸，特別是在交通不便的邊遠山區，給農民增加了很多的負擔。後來隨著經濟的發展、人口的增加、貿易的繁榮以及社會的進步，傳統的賦稅制度在唐朝和北宋時期，分別進行了兩次比較大的調整。

1. 唐朝的調整

唐朝的調整發生在安史之亂以後。因為戰亂的破壞以及豪強地主的兼併，政府手裡已經沒有可以分給百姓的土地，均田制遭到了破壞，與之配套的「租庸調」制自然也就成了無源之水。這裡需要對租庸調制做一簡單的介紹，唐朝實行的是北魏以來的均田制，政府將土地按一定標準分給成年男子，領有土地的人需要承擔三項義務：一是「租」，指田租，繳納的是粟或米。二是「庸」，成年男子每年要服徭役二十天，如不服役，可輸絹或布代役，稱為庸。三是「調」，原來是指常額之外徵調的物品，按戶徵收，又稱戶調。這裡指每戶應繳納一定的絹、麻或布。

安史之亂以後，面對租庸調制已經很難維持下去的局面，為了增加財政收入，唐德宗於建中元年（七八〇）接受宰相楊炎的建議，對稅制進行了改革。因為新的稅制規定每年分春秋兩季徵收，所以被稱為「兩稅法」。主要內容是以原有的地稅和戶稅為基礎，按照「量出制入」的原則來確定總的稅額，地稅徵糧，戶稅徵錢，原來的租庸調也都折成銅錢併入了戶稅。兩稅法屬於並稅制改革，既簡化了稅制，又減少了實物的徵收。因為加大了貨幣稅的分量，而方便了運輸，加強了貨幣在國家財政中的地位和作用，這是中國賦稅制度上的一次重大變革。兩稅法因為既納錢又納糧，合稱為「錢糧」，從此「錢糧」就成了中國古代賦稅的代名詞。

2. 北宋的調整

北宋的調整是指宋神宗時期王安石變法中所推行的「募役法」。王安石根據宋代商品經濟高度發達，雇工現象比較普遍的實際情況，廢除了百姓原來必須按每戶的等級輪流充當官府差役的辦法，而改為統一由官府在社會上招募專人來承擔差役，百姓只需按規定繳納役錢就行了，不用再親自去服勞役了。原來不用負擔差役的女戶、寺觀，也要繳納半數的役錢，稱為「助役錢」。募役法還將民戶按財產的多少分為十等，規定城市中六等以下、鄉村中四等以下的貧困戶享受減免的優待。這樣不但減輕了鄉下窮人的負擔，還使他們可以專心去從事農業生產。

無論是楊炎的「兩稅法」，還是王安石的「募役法」，它們共同的一點都是增加了貨幣在稅收中的比重。大家也不要小看這一點，它標誌著中國古代的賦稅開始由實物稅為主向貨幣稅為主的方向轉變，說明政府對社會的管理更多地開始重視並發揮貨幣的功能。實際上，從某種意義上也可以說，這一變化正是「唐宋變革」的經濟基礎。

3. 出現「錢荒」

賦稅徵錢在進一步促進商品貨幣經濟發展的同時，也增加了社會上對貨幣流通量的需求。因此，以唐朝中期推行兩稅法為轉捩點，中國古代貨幣流通中出現了通貨日趨緊縮的趨勢。這種貨幣不足矛盾的日益突出，最終發展成為貫穿整個唐朝中後期的「錢荒」難題，這對底層百姓的生活造成了很大的影響。當時著名的現實主義詩人白居易，在他的〈贈友詩〉中針對「錢荒」現象，對於賦稅徵錢的做法，曾經表達了強烈的不滿，發出了「私家無錢爐，平地無銅山。胡為秋夏稅，歲歲輸銅錢？」的質問。但是，客觀地講，用以「資產為宗」的兩稅法代替以「丁夫為本」的租庸調制，是中國古代賦稅制度發展進程中的一大進步。因此，兩稅法的施行，雖然表面上帶來了「錢荒」現象，但是，它卻促使了由實物賦稅向貨幣賦稅的轉變，這是社會發展進步的一大表現。

「錢荒」的出現，原因雖然是多方面的。但是，最根本的原因則是隨著商品貨幣經濟的發展以及人口的增加，社會上對流通領域貨幣數量的需求愈來愈高，而賤金屬銅已經不能滿足這種日益增長的需求而造成的。因此，貴金屬白銀取代銅錢成為流通中的主要貨幣，或者是使用金屬貨幣的價值符號紙幣來作為流通的手段，就成為歷史的必然選擇。

四、唐宋金元應對「錢荒」的辦法

唐朝針對「錢荒」的現象，先後推行了多種解決的辦法，如開放銅山，獎勵採銅，增加鑄錢數量；嚴禁銷毀銅錢，禁止百姓鑄造銅器、儲藏錢幣以及攜帶出境；實行省陌制度（就是不足一百枚也可以當一百枚使用）；鼓勵大額交易使用絹帛，實行貨幣多元化的政策。甚至於會昌五年（八四五）採取了毀佛鑄錢的極端手段。「飛錢」也是為了應對「錢荒」而出現的，它只是一種匯兌的憑證，還不能算是真正意義上的紙幣，但是卻是紙幣的濫觴，為北宋交子的產生創造了條件。

進入宋朝以後，隨著商品經濟的進一步發展，國內以及海外的貿易日益繁盛，特別是「募役法」的實行，社會各界對於貨幣的需求更加廣泛，「錢荒」的矛盾也就變得更趨嚴重。為了解決這一難題，宋朝政府從三個方面採取了措施。首先是增加鑄錢的數量，熙寧、元豐年間甚至達到了中國古代鑄錢數量的最高峰。除了傳統的銅錢之外，另外還鑄造了大量的鐵錢。其次是創造性地發明了使用紙幣，最初是「交子」，後來是「錢引」、「會子」、「關子」等。使用範圍也由僅限於四川一地流通，到整個鐵錢區，再到全境流通，紙幣的使用愈來愈普遍，最後是積極推廣貴金屬白銀作為貨幣的使用。無論是在官府還是民間，白銀的使用在數量上、範圍上都有顯著的增加，貨幣化的功能逐漸在增強。

金朝和元朝是兩個憑藉武力入主中原後建立的少數民族政權，雖然它們的經濟和文化都要比中原地區落後，但是面對日趨嚴重的「錢荒」難題，卻能夠順應商品貨幣經濟發展的規律，比唐、宋採取了更富有創意的解決辦法。

金朝採用了先印紙鈔、再鑄銅幣的辦法，後來因為鑄造銅錢成本過高，索性停鑄銅錢，主要使用紙幣。金代發行的紙幣，行用流通與銅錢沒有任何區別，屬於真正意義上的流通紙幣。還廢止了宋代要定期換發新鈔的規定，可以永久使用，不限年月，這在紙幣發行史上具有劃時代的重要意義，標誌著紙幣作為金屬貨幣的符號，在商品交換中取得了更加重要的地位。除了大量流通使用紙幣之外，金朝還鑄造了最早的銀幣「承安寶貨」。金人以紙幣與白銀為主要的貨幣，而將銅錢視作輔幣，僅僅用於小額的支付，這已經有捨棄銅錢而用紙幣、白銀的趨勢。

元朝則在金人的基礎上又有所創新，實行純紙幣制度，貴金屬金銀以及銅錢都不許流通，替代金屬貨幣流通的是國家強力推行的紙幣，它的使用不限年月，不分地域，是一種有無限法償能力的不兌換紙幣，並有一套比較完善的管理辦法與之配套，已經基本上具備了近代紙幣的雛形。元代是中國古代貨幣發展史上的一個重要轉捩點，在此之前是以銅錢的貨幣單位「文」為價值尺度，給商品標價。而到了元朝則改為「兩」、「分」，這是紙幣和白銀的貨幣單位。這說明中國的貨幣即將結束以賤金屬銅為主要幣材的歷史，而進入以貴金屬白銀或紙幣為主幣的新的歷史時期。

五、「洪武通寶」五等制的落後性

經過宋金以及元朝的發展，到了元朝末年中國貨幣流通領域中出現了由賤金屬銅向貴金屬白銀過渡的重大轉型變化。但是，朱元璋建立明朝之後，卻選擇了銅錢，並鑄造流通分為五個等次的洪武通寶錢，而放棄了使用白銀和紙幣，這是為什麼呢？

這要從朱元璋的身世以及他所追求的理想社會說起。朱元璋來自社會的最底層，苦難的童年讓他認識到：社會上的不公都是源自對土地占有的不公，社會的動亂是因為失去土地的農民變成流民造成的，而政權的更替則是因為賦稅的流失，使得國家沒有財力、物力組織軍隊鎮壓叛亂。因此，稱帝以後的朱元璋所憧憬的理想社會，就是在封閉的農村共同體內，首先要做到家家有田可耕，只有將老百姓都牢牢地拴在土地上，才能保證國家的賦稅和百姓的吃穿用度。他推行的是中國傳統的重農輕商的政策，認為商人屬於不勞而獲的食利階層，制定了很多歧視和限制商人的政策，譬如商人不許穿絲綢、不許乘轎，子女不許參加科舉考試等。他認為只有這樣才能實現聖人所倡導的人人有糧吃、有衣穿的太平盛世。

為了實現這一藍圖，朱元璋對全國大部分地區的戶籍、土地狀況都進行了清查，編造了記載戶籍的「黃冊」和記載土地狀況的「魚鱗圖冊」，作為徵收賦稅的依據。對土地所有者根據土地的面積、土質等級徵收田賦，一般按收穫量的十分之一徵收。田賦徵收實物，稱「本色」，包括糧食、絲、麻、棉等農作物；如果折為錢、銀等貨幣形式，就稱「折色」。對人戶則徵發「職役」，對十六到六十歲的男丁徵發「均徭」；出勞動力者稱為「力差」，如果出錢、物代替力役者稱「銀差」，還有為官府提供種種勞役的「雜泛」。這仍然是按田畝徵收田賦，按戶、丁徵發徭役的賦役制度。

在朱元璋所規畫的這種理想的小農經濟生活中，每個家庭都是男耕女織，衣食上基本可以做到自給自足，國家徵收的田賦也多為糧棉等實物。因此，滿足基本的生活需求不用花費太多的錢，日常生活中實際使用貨幣的機會和數量都很有限，有銅錢就足夠了，對白銀以及紙幣等高幣值的貨幣需求並不大。因此，就廢棄了金、元兩朝都大量使用，並已成為主要流通手段的紙幣和白銀，甚至法律規定禁用白銀，只允許使用銅錢。為了照顧日常的零星使用和大額支付，他又將銅錢的面值分為小平、折二、折三、當五、當十，五個等次。這裡需要解釋一下，所謂「小平錢」就是俗稱的一文錢，是銅錢中最小的，也是最基礎的貨幣單位；折二、折三，就是當兩枚小平錢、當三枚小平錢的意思，後因減重都屬於虛值大錢了。

朱元璋主觀上所設計的這一藍圖，客觀上違背了隨著經濟的發展、人口的增加以及貿易的繁榮，社會上對貨幣流通量的需求將會日益擴大的經濟規律。因為銅屬於賤金屬，銅錢的價值低，重量大，不便進行大規模長距離的交易。因此，到洪武八年朱元璋就決定印發「大明通行寶鈔」，使用紙幣。規定百文以上用紙幣，百文以下用銅錢。從形式上看，這一設計似乎很完美，大額的支付與小額的交易都能兼顧到。但是，因為朱元璋及其後續者們只是將紙幣視作斂財的工具，發行紙幣既無保證金，可以隨意印發，又沒有完善的回收辦法。因此，紙幣愈積愈多，到永樂初年就開始貶值。洪武二十七年（一三九四）為了推行紙幣，又禁用銅錢。後來因為銅錢匱乏，私鑄盛行，民間又開始使用白銀，銅錢流通更加不暢，許多地區甚至以物易物，錢鈔兼行的幣制宣告瓦解。

正統元年（一四三六），受形勢所迫，明英宗不顧朱元璋的遺訓，廢除了用銀的禁令。到了萬曆九年（一五八一），張居正又進一步推行名為「一條鞭法」的稅制改革，以資產計稅為主代替了原來的以人頭為主的稅收制度，將各種賦役都盡可能地歸併為幾項貨幣稅，以徵收貨幣代替徵收實物和徵發差役。以此為契機，明朝的貨幣及賦稅制度最終擺脫了朱元璋所設計的「洪武型體制」的束縛，以貨幣稅代替實物稅，以繳納貨幣代替直接服役，並統一折成白銀來徵收。這樣明代的貨幣才重新回到了自唐末五代以來，歷經宋元，由賤金屬銅向貴金屬白銀過渡的軌道上，並實現了白銀的貨幣化。從此白銀排擠了紙幣，並取代銅錢成為流通中的主要貨幣，形成了以銀為主、錢為輔的銀錢兼行的貨幣流通制度。但是，這已經是朱元璋建立「洪武型體制」兩個多世紀以後的事了。

總之，我們只有在「唐宋變革」這個大的歷史背景之下來分析洪武通寶錢幣，才能夠看清楚朱元璋在明初建立的「洪武型體制」在貨幣流通和賦稅徵收等方面所表現出來的落後、保守、專制和僵化的本質屬性。

以重農輕商為特點的「洪武型」財稅貨幣制度，與十四至十六世紀西歐盛行的重商主義背道而馳，明朝因此錯失了最好的發展時機。從此，中國被歐洲超過並愈落愈遠。只有遺存下來的洪武通寶錢，作為重農輕商的「洪武型體制」的代表物，成為中西國運逆轉的歷史見證者，而這一點卻是一般錢幣收藏者所不知道的，需要我們做專業研究的同仁去闡釋清楚。我想這也是研究錢幣的意義所在。

31 大明通行寶鈔：一種落後的紙幣制度

一九七四年維修山西應縣木塔時，發現一張明永樂二十年（一四二二）的布告，內容是官府告誡百姓要接收紙幣，不得拒用，反映了當時紙幣流通不暢的實際情況。[1]

洪武八年發行「大明通行寶鈔」，距離這張布告還不到五十年，寶鈔就要強制推行，甚至以殺頭或全家充軍相威脅，說明鈔法出現了嚴重的問題。此後僅僅幾十年，紙幣就被市場淘汰，白銀乘勢崛起。從此，中國的貨幣似乎走進了白銀時代，古紙幣漸漸退出了貨幣舞台。

下面就說說明代的紙幣，看看它與元代的紙幣有什麼不同。這對於加深對中國古代紙幣的本質，以及古代從賤金屬銅向貴金屬白銀過渡的認識，都有啟示意義。

一、明代發行紙幣的目的

元朝末年因為紙幣制度的崩潰，社會上又重新恢復了銅錢的流通，各路起義軍紛紛鑄造了銅錢。朱元璋在稱帝之前鑄造了「大中通寶」銅

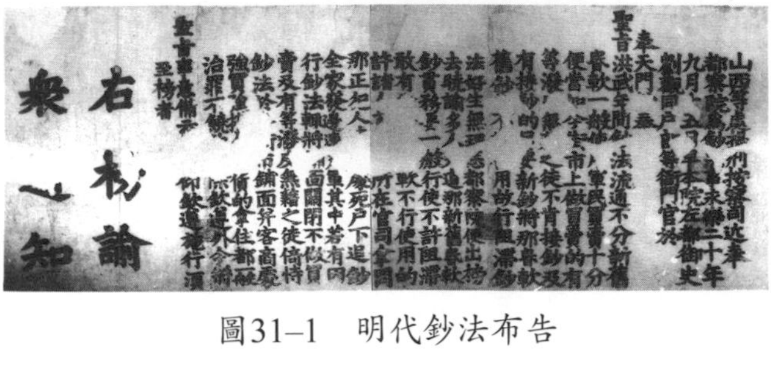

圖31–1　明代鈔法布告

錢，稱帝之後又鑄造了「洪武通寶」。到了洪武八年，朱元璋卻又突然改行鈔法，使用紙幣。這是為什麼呢？

《明太祖實錄》對此解釋說，一方面是因為朱元璋看到老百姓為了完成繳納鑄錢銅料的配額任務，「皆毀器物以輸官」。他認為鑄錢不但增加民眾的負擔，還給奸民以盜鑄的機會。另一方面是銅錢本身的原因，因為銅錢重，不便進行大額交易或長距離運輸。因此，朱元璋想到了宋元時期曾經使用過的紙幣，他認為紙幣「其法省便，易於流轉」，並且還「可以去鼓鑄之害」，因此決定模仿元朝的做法，繼續使用紙幣。

明代的紙幣稱「大明通行寶鈔」（以下簡稱「寶鈔」），用桑皮紙製成，不但有實物傳世，還發現了印製紙幣的鈔版。因此，我們知道明朝的寶鈔，形制上是模仿元代的「至元通行寶鈔」的款式來設計印製的，但是名稱上卻與元鈔有所不同。元鈔以年號為名，如「中統元寶交鈔」、「至元通行寶鈔」、「至大銀鈔」等，都是冠以年號。明代的寶鈔則是以國號為名，並且只有「大明通

❶布告雖然有破損，但是內容基本清楚，個別缺漏的字，根據前後文也可以補齊（在括弧內標注）。為了讓老百姓明白官府的要求，布告所使用的語句都是當時的白話，節錄一段：「奉聖旨……如今街市上做買賣的，有等潑（皮）無（藉）之徒，不肯接鈔，及有接鈔的，（只）要新鈔，將那昏軟舊鈔，（拒）不（肯使）用，故行阻滯鈔法，好生無理。（應）都察院便出榜去曉諭多人（知）道，那新舊昏軟鈔貫，務要一般行使，不許阻滯。敢有（拿到那昏）軟不行使用的，許諸（人首告，其）所在官司拿問。那正犯人（就地處）死，戶下追鈔，全家發邊遠（充）軍。其中若有因行鈔法，輒將（鋪）面關閉，不做買賣，及有等潑（皮）無藉之徒，倚恃鈔法，於（各街市）鋪面並客商處強買強（抬占百）貨的，拿住都一般治罪不饒……」

行寶鈔」一種，使用的都是洪武年號，並以一貫為最高面額，即使寶鈔後來貶值，也沒有再發行更大面額的紙幣。不管面值大小，尺寸都完全一樣。表面上看，明代的寶鈔可以說是中國古代形制最為規範和統一程度最高的紙幣。但是，在寶鈔的實際發行、數額控制以及新舊寶鈔的兌換等制度方面，明朝所推行的措施都屬於「一時權宜」之計，而「不為常制」。這與元朝的紙幣制度完全不可同日而語。

明朝寶鈔發行之後，為了保證能夠暢通使用，政府嚴令禁止民間以金銀交易，但是准許銅錢與寶鈔兼行流通。規定百文以下的交易只能使用銅錢，但是政府的收支則全部用寶鈔來支付。

明代發行寶鈔因為沒有儲備金，數量不受限制。因此，寶鈔自發行之後價格就持續跌落，到洪

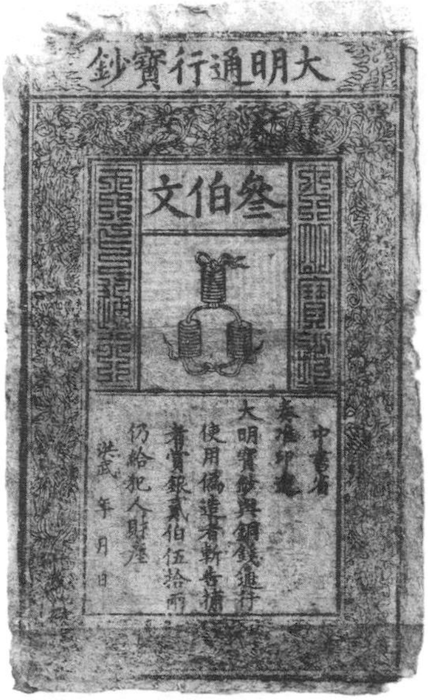

圖31–2　大明通行寶鈔三百文（正）

圖31–3　大明通行寶鈔三百文（背）

武二十三年（一三九〇）十月，兩浙地區寶鈔一貫只能折銅錢兩百五十文，鈔值比官方規定的已經下降了百分之七十五。四年之後，浙江、江西、閩廣一帶，寶鈔一貫僅值銅錢一百六十文，貶值達到了百分之八十四。沿海地區已經普遍使用白銀，到洪武三十年（一三九七），杭州一帶的商人，不論貨物貴賤，都一律以金銀定價。這說明在洪武末年寶鈔的流通就已經發生了停滯。

到永樂年間（一四〇三－一四二四），因為朱棣五次北伐蒙古、營建並遷都北京，以及鄭和船隊七次下西洋，這些活動都耗費巨大，財政的虧空全靠印鈔來彌補，這就更加速了寶鈔的貶值，《明史》中說「由是鈔法益滯不行」。明政府就以政權的力量強力推行寶鈔的流通，規定百姓買鹽、贖罪、商人繳納攤稅、商稅等，都要用寶鈔繳納，但是收效甚微。洪熙、宣德年間還有百文的小鈔流通，到成化、弘治年間就只有一貫的大鈔了。實際上，正統以後，寶鈔在社會上已經不流通了，只有官吏以及軍士的俸餉，還有一部分折鈔發放。

我們前面介紹的那張永樂二十年的布告，就反映了永樂末年全國「鈔法益滯不行」的整體狀況。實際上，弘治以後寶鈔在貨幣經濟上已經沒有意義，鈔法作為一種貨幣制度實際上早已壽終正寢。此後，寶鈔就退出了流通領域，只是在與國家財政有關的某些方面還在使用，商業交易以及民間日常支付，都已經完全使用白銀和銅錢。其後，政府雖然仍然在印鈔，不過是作為保存祖制的一種象徵措施而已，已經毫無實際意義。百姓日常支

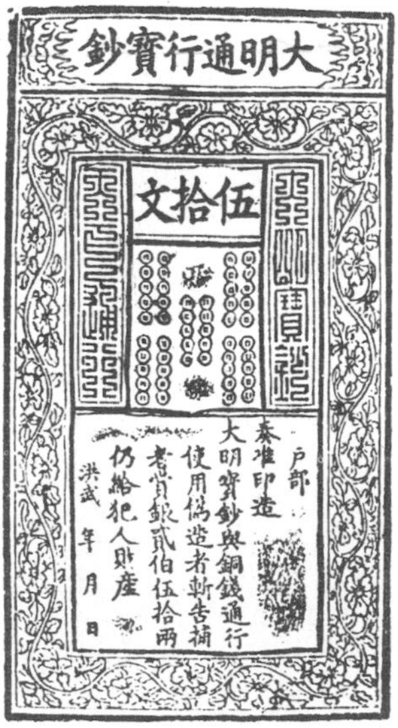

圖31–4 大明通行寶鈔 伍拾文鈔版

付中雖然已經不用寶鈔，但是因為「鈔」已經被普遍接受，因此，明末還用「鈔」來代表貨幣，如《今古傳奇》中說「常言道，妓愛俏，媽愛鈔」，這裡「鈔」所指顯然已經不是寶鈔，而是泛指貨幣。再如《金瓶梅》等書中常有錢鈔或銀鈔的稱呼，實際所指的就是銅錢或白銀。

二、明代紙幣流通不暢的原因

明代的寶鈔發行僅僅二十多年後便流通不暢的根本原因，是明朝政府將鈔法視作斂財的工具。雖然朱元璋實行鈔法時有避免因鑄錢徵銅而擾民和盜鑄現象的發生，以及便於遠距離攜帶的考慮。但是，因為對鈔法本質認識上的不足，以及制度設計上的缺陷，最終使鈔法成為統治者斂財的手段。加之吏治的腐敗、惡商的操縱，使得本來應該能夠增加財政收入、促進商業發展，也便利百姓交易的紙幣制度，非但沒有發揮積極的作用，反而成為統治者洗劫民眾、搜刮社會財富的工具，更加加重了社會的危機。

明代寶鈔流通不暢的原因，大致可以概括為以下四個方面：

首先，明朝發行紙幣，完全沒有鈔本即儲備金，並且不受數額的限制，似乎還不明白紙幣的原理。因此，寶鈔流通的依據主要不是經濟上的，而是靠政權的強制力及信用。所以，明朝的鈔法極為簡單，政府印出寶鈔後，規定價值，然後發行出去就行了。明代紙幣的發行方式僅有兩種：一種是用來兌換民眾手中的金銀，這由寶鈔提舉司所屬的行用庫來負責。行用庫設於正式發行寶鈔的洪武八年（一三七五），到仁宗即位後，民間的金銀已被兌換得差不多了，行用庫就被撤銷了。另一種是用於財政上的支出。政府原來很多需要用白銀、銅錢或是實物支出的開銷，使用紙幣之後，都改用寶鈔來支付了。

其次，明朝的鈔法只重視發鈔，而不管回收。百姓可用金銀向國家兌換寶鈔，卻不能用寶鈔向國家兌回金銀。因此，回收寶鈔便只有賦稅一條途徑。但賦稅收入主要靠田賦，而明初規定寶鈔在財政上的用途，是按鈔七錢三的比例繳納商業稅，並不包括田賦。因此，寶鈔回收的數量非常有限，貶值便不可避免。《明史》記載，到成化年間（一四六五—一四八七），新鈔一貫值銅錢十枚，舊鈔僅值一、兩枚銅錢。寶鈔掉在市面，過往行人甚至都不看一眼。一百多年的時間裡，寶鈔價值僅剩原來的千分之一左右。

再次，明朝沒有制定一個健全的倒換（以舊換新）制度。最初實行紙幣的時候，朱元璋和他的大臣們似乎沒有考慮到舊鈔需要更新的問題，因此，直至洪武九年（一三七六）舊鈔問題出現之後，才制定了以新換舊的「倒鈔法」。該法規定：各地設立行用庫，用新鈔倒換舊鈔，每貫收取工墨費三十文，五百文以下遞減。收到舊鈔後，在上面用墨印「昏鈔」二字，封收入庫，在京城按季，外地則半年一次送交戶部。雖然有了規定，但是「倒鈔法」實行的時候卻不多。明代寶鈔因為不能嚴格控制發行額，又不分界，更不能健全倒換，因此，舊鈔愈積愈多，難以保持新舊紙幣等價流通的原則，不久便出現了新舊寶鈔差價使用等問題。舊鈔的迅速貶值不僅引起物價的上漲，更刺激新鈔的增發以及購買力的降低，這又進一步推動貶值，於是就形成惡性循環。

最後，明朝政府為了防範偽鈔所採取的一些措施，也阻礙了寶鈔的流通使用。譬如《明會典》卷一六四〈鈔法〉規定，使用偽鈔無論知情與否，都要承擔法律責任，特別是用鈔「折納諸色課程」時還需在背面蓋章。這樣一來，使用寶鈔不但不方便，還成為需要為此承擔法律風險的事，更加使得「鈔法益滯不行」。

三、明代紙幣制度的落後性

自元末鈔法失敗之後，社會上就開始恢復使用銅錢、金銀，甚至是物物交換，再未使用過紙幣。明初在這種背景下推行鈔法，使用紙幣，首要的問題就是如何來確定金銀以及銅錢的貨幣地位。對此，明朝政府於洪武八年發行寶鈔時，最初的做法是，禁用金銀，限制銅錢。後來，因為紙幣的流通出現了問題，為了確保寶鈔的發行和流通，不僅將金銀的禁令執行得更加嚴格，甚至連銅錢的使用也被禁止了。似乎是想仿照元朝實行純紙幣制度，但是，因為沒有《至元寶鈔通行條劃》那樣一個比較全面的紙幣發行管理辦法，僅僅是將紙幣視為方便斂財的工具，表現出嚴重的落後性，失敗是必然的。

另外，明朝在中國古代貨幣的發展史上，正處於從賤金屬銅向貴金屬白銀過渡的後期，自唐末宋初以來，歷經金、元兩朝的發展，白銀已經具有了支付手段、流通手段、價值尺度等貨幣的主要職能，白銀的主幣地位即將確立。當時紙幣僅是這一過渡階段特有的貨幣形態，如果處理不好紙幣與白銀以及紙幣與銅錢之間的關係，紙幣存在的基礎就不復存在，失敗也是必然的。下面分別從寶鈔與銅錢以及白銀之間的關係，來進一步分析它的落後性。

1. 寶鈔與銅錢之間的關係

朱元璋當初為了推行紙幣，實行的是禁用金銀、限制銅錢的政策，規定「百文以下止用錢」，即「大數用鈔，小數用錢，錢鈔兼行，以鈔為主」的貨幣制度。洪武二十七年八月，寶鈔發行還不到二十年，朱元璋就下令禁用銅錢，原因是兩浙地區民眾重錢輕鈔，使用時寶鈔折錢的比價很低，有的地方甚至以銅錢一百六十文折寶鈔一貫。《明太祖實錄》卷二三四記載，「時兩浙之民重錢輕鈔，多行折使，至有以錢百六十文折鈔一貫者」。此外，福建、兩廣、江西等處，也都基本這樣，物價因此上漲，寶鈔愈發壅塞不通。朱元璋於是就將紙幣流通不暢的原因歸罪於銅錢，在嚴禁金銀的同時，也開始禁用銅錢。這就破壞了錢鈔兼行的原則。雖然此前已經發行了最小面額為十文的寶鈔，但是因為小面額紙幣易破損，倒換制度又不健全，禁用銅錢之後，寶鈔貶值更趨嚴重。《明英宗實錄》卷一六六記載，正統十三年（一四四八），市面上「每鈔一貫，折銅錢二文」。

從永樂至宣德朝，明政府雖然透過多種斂鈔措施強力推行紙幣，但是因為其根本出發點是視鈔法為聚斂社會財富的工具，不限量發行沒有鈔本的寶鈔，流通不暢是必然的，這種情況下民眾自然棄紙幣而使用銅錢。自洪武八年至正德年間，明政府行、禁銅錢約有十次之多。宣德十年（一四三五）十二月弛禁，改錢鈔兼行，又禁於正統十三年，三禁於景泰七年（一四五六），天順元年（一四五七）再弛其禁。成化元年（一四六五）試圖恢復錢法，《明憲宗實錄》卷十九記載：「凡征商稅課程，錢鈔中半兼收，每鈔一貫，折錢四文，無拘新舊，年代遠近，悉驗收，以便民用。」銅錢如此反覆地被行、禁，表面上雖然反映了朝廷推行紙幣意願被民眾拒用後的無奈，實質上則是揭示了古代紙幣作為金屬貨幣的價值符號，必須遵守能與金屬貨幣實現自由兌換的原則，否則，紙幣就沒有了存在的基礎，失敗是必然的。

2. 寶鈔與白銀之間的關係

自唐末宋初開始的白銀貨幣化過程，到明初已經基本完成，白銀已經具有了貨幣的各項主要職能。但是，《明史》記載，洪武八年，為了使寶鈔能夠順利流通，「禁民間不得以金銀物貨交易，違者罪之。以金銀易鈔者聽」。金銀自此變成了不合法的貨幣，《大明會典》中有鈔法、錢法，而無銀法，萬曆朝之前甚至禁開銀礦。

雖然政府禁用金銀，但是，民間承襲金元以來的傳統，早已習慣使用金銀。洪武二十七年禁用銅錢之後，許多地方專用白銀交易，如《明太祖實錄》記載，洪武三十年「杭州諸郡商賈，不論貨物貴賤，一以金銀論價」。永樂九年（一四一一）曾一度解禁，洪熙元年（一四二五）、宣德元年（一四二六）又重申金銀交易的禁令，尤以宣德元年最為嚴厲。

《明史》記載，當時規定：「交易用銀一錢者，罰鈔千貫，贓吏受銀一兩者，追鈔萬貫。」政府雖然三令五申禁銀，但是都形同具文。因為此舉違背了社會經濟發展的規律，民間用銀交易始終都在進行。史載宣德年間「民間交易惟用金銀，鈔滯不行」。英宗正統元年又弛銀禁，並將江南、湖廣等地的田賦米麥四百餘萬石折收銀一百餘萬兩，即所謂的「金花銀」，白銀的貨幣地位最終得到官方認可。此後，《明史》記載：「朝野率皆用銀，其小者乃用錢。」大數用銀、小數用錢，銀錢兼行的貨幣制度最終形成，寶鈔被徹底排擠出了流通領域，終止了已經行用四百多年的紙幣貨幣形態。自此白銀成為主幣，直至一九三五年民國政府實行法幣改革。

明初對於白銀的流通時禁時弛，反覆多次。這一方面是為了推行紙幣制度，政府運用國家的力量強力禁止民間交易使用金銀；另一方面則是自宋元以來，隨著商品經濟的發展，流通中日益需要貴金屬白銀充當主要的交易手段。看得見的政府之手與看不見的市場之手鬥爭的結果，迫使政府屈服於市場，於正統元年解除了用銀的禁令。白銀的主幣地位確立後，紙幣存在的必要性降低，被排擠出流通領域也就成為必然。

從中國古代貨幣發展史的角度來看，紙幣出現於宋元之際不是偶然的，正是自唐中期實行兩稅法後，伴隨著長期困擾宋金的「錢荒」難題，中國古代貨幣開始由賤金屬銅向貴金屬白銀緩慢過渡，即開啟了白銀的貨幣化。兩宋的交子、會子，以及金代的交鈔，就是在這一過渡階段，作為金屬貨幣的價值符號，代替價值低且體積重的賤金屬貨幣，在緩解「錢荒」的同時，更便於進行大額遠距離貿易而出現的。因此，中國古代的紙幣是一種早產的、過渡性的貨幣形態。明朝中期，當白銀的貨幣化已基本完成，白銀主幣地位即將確立的情況下，明朝政府為了搜刮社會財富，禁用白銀、銅錢，強制推行既無鈔本，又不限額的紙幣，更缺乏舊鈔的回收制度，這是封建專制主義在貨幣政策上的體現。因此，可以說明代所推行的鈔法，完全是一種超經濟的掠奪，違背了社會經濟發展的規律，嚴重阻礙了白銀貨幣化的進程。因此，我們說它是一種落後的、阻礙了社會經濟發展的貨幣制度。

32 隆慶通寶：見證了中西方貿易的錢幣

「改革開放」是中國當前正在進行的一場社會變革。可能很少有人想到，早在四百五十多年前的明朝中期，也曾經有過一次改革和開放，那場「改革」是指張居正所倡導的「一條鞭法」財稅改革，「開放」則是指隆慶元年（一五六七）的開關。張居正的「一條鞭法」最終半途而廢，沒能實現中國社會的轉型。但是，隆慶開關卻持續了四十多年，開啟了中西直接貿易，深刻影響了中國社會的發展並被融入了國際白銀資本。

下面就以「隆慶通寶」錢幣為切入點，和大家聊聊隆慶開關的背景，以及由此開啟的中西貿易和借助美洲白銀而完成白銀貨幣化的過程。

一、明代錢法的變化

銅錢本來是中國古代使用最普遍，同時也是最重要的一種貨幣，但是，這種最基礎的貨幣，到了明代其身分的合法性卻成了問題！歷朝歷代都慣用的銅錢，在明代之所以會出現如此尷尬的一幕，是因為明朝政府為了在社會上全面推廣使用紙幣，而在政策上所做的一些調整導致的，使得銅錢經歷了一個由合法到非法，再由非法到合法的曲折過程。明代貨幣上的這一變化過程，實際上預示了中國社會即將發生一場深刻的變革。下面我們先來看看明代銅錢的身分是如何變化的。

在明朝政府於洪武八年三月正式使用紙幣之前，銅錢是合法的貨幣，允許使用。發行紙幣之初，雖然對銅錢的使用有所限制，但是並沒有禁止銅錢的流通。直到洪武二十七年八月，朱元璋因為顧慮銅錢的使用會危及紙幣在社會上的推廣，對銅錢的限制才進一步升級為完全的禁用。雖然宣德十年十二月，廣西梧州知府李本奏請用錢之後，曾經一度解禁，但是歷時不長，到正統十三年五月，又再次下令禁用銅錢。景泰四年（一四五三），禁令有所放鬆，「錢鈔聽民相兼行使」。成化元年又規定繳納商業稅時，銅錢和紙幣可以各占一半。弘治十六年（一五〇三）才正式恢復鑄錢。因此，直到明朝中葉以後，隨著紙幣制度的失敗，政府才最終取消錢禁，銅錢作為僅次於白銀的貨幣，再度具有了合法身分。

正是在這一歷史背景之下，隆慶皇帝即位之後，於隆慶四年（一五七〇）鑄造了隆慶通寶錢。錢文為楷書，文字對讀，僅有小平錢一種，重一錢三分，沒有鑄造大錢，背面也沒有鑄文字。銅質和鑄工都很精美，超過了此前的嘉靖通寶錢。但是，鑄造的數量卻非常少，僅有兩百萬枚。

這裡有兩個細節不知道大家注意到了沒有：一個是隆慶繼位之後，並沒有按照慣例當年就立即鑄錢，而是等了四年之後才鑄；另一個是銅錢鑄造的數量非常少，只有區區兩百萬枚。這是為什麼呢？鑄造這麼少的銅錢，能滿足社會上的流通需要嗎？

如果這是發生在唐宋時代，或者是在明朝初年，鑄造這麼少的銅錢，肯定不能滿足社會流通的需要，而鬧出「錢荒」。但是，到了明朝中期以後，因為白銀的貨幣屬性在逐漸地增強，並且已經開始在社會流通中

圖32–1　隆慶通寶

發揮愈來愈重要的作用。銅錢在那個時候已經降為了輔助貨幣的角色，鑄造的多一點，或少一點，實際上都已經變得不重要了。但是，穆宗在繼位之初的隆慶元年，沒有立即鑄造銅錢，卻是事出有因的。因為當時朝廷上正在醞釀一場重大的政策調整，準備改變朱元璋制定並已經執行了近兩百年的「海禁」這一祖宗成法，實行新的對外開放的政策——允許民間商人駕船出海，去東、西二洋和外國人做生意。這就是歷史上著名的「隆慶開關」。從此，以往被嚴厲禁止的民間海外貿易，瞬間獲得了合法的地位。於是，東南沿海從事民間海外貿易的商人，迎來了一個全新的、飛速發展的時機。

二、隆慶開關的背景

隆慶皇帝為什麼一繼位就要改變祖宗成法，廢除海禁，實行對外開放的政策呢？這實際上是由當時國內、國外兩方面的因素推動的。從國內來看，明朝建立之初，為了防範倭寇等海盜對沿海地區的騷擾，朱元璋於洪武四年（一三七一）首次頒布海禁令，要求「瀕海民不得私自出海」。意思就是說，不允許民眾私自下海與外國商人進行貿易，這就叫「海禁」，它是朱元璋立下的祖宗規矩，要求後來的皇帝都要遵守。永樂年間，雖然出現了政府組織的鄭和七下西洋的壯舉，但是對於民間的海外貿易仍然是嚴令禁止的，規定「原有海船者，悉改為平頭船，所在有司，防其出入」。❶實行海禁政策之後，替代民間海外貿易的是朝貢貿易。

所謂「朝貢貿易」，就是將國家與國家之間的貿易納入了「朝貢」的框架裡。「朝貢」實際上就是把國內皇帝與臣民之間的關係，放大並移植到與周邊國家之間的關係當中。周邊藩屬國的國王，只有得到中國皇帝的冊封才算合法，他們要不定期來朝貢，向中國皇帝進獻土特產，中國的皇帝則居高臨下地給他們賞賜。朝貢的物品很少，屬於象徵性的土特產一類。但是，賞賜的卻是大量的生活必需品，如絲綢之類。這是一種不等價的交換，主要體現的是政治關係，而不是經濟關係。正是這種「朝貢貿易」關係，維繫了中國作為天下共主的地位。它給予中國的是統治者所渴望獲得的萬邦來朝的國際地位，而其他國家則得到了現實的貿易機會。

朝貢使節每次來到中國，都隨船帶有一些商人，他們登陸以後，允許在下榻的賓館附近與當地的商人進行小額的貿易往來，然後趕到北京，在禮部官員的安排下，首先對皇帝進行朝拜、敬獻貢品並領取賞賜。進貢剩下的土特產品，也可以在住地附近進行交易。但是，交易的內容和形式都有嚴格的限制。

自明成祖永樂皇帝去世之後，朝貢貿易開始萎縮，同時海禁令的執行也逐漸廢弛，違反海禁私自出洋的海商活動日趨頻繁。因為官府的圍剿，這些海商大部分都與武裝的海盜、倭寇相勾結，以至於海商與海盜很難區分。當時的朝廷為了重建中國沿海的秩序，對海禁政策的存廢產生分歧。特別是嘉靖年間發生大規模倭亂之後，朝野曾經就有關海禁的政策進行過一場激烈的辯論，其焦點就是要不要放棄傳統的海禁政策，開放民間的海外貿易。雖然很多人仍然抱著既定的海禁政策不放，但是，已經有一批有識之士看到了海禁與海寇之間的關係。其中，以福建巡撫許孚遠提出的「市通則寇轉而為商，市禁則商轉而為寇」❷的觀點最有代表性，他主張開放海禁，以便根除海寇。曾任

---

❶《明成祖實錄》卷二十七。

過福建巡撫的譚綸也積極倡導開海，奏請朝廷允許福建商民在近海與外商進行貿易，得到了朝中一部分大臣的認同和東南沿海民眾的積極回應。

從國際方面看，開放海禁也是外在的全球經濟一體化推動的結果。大家知道，從十五世紀末到十六世紀初，世界歷史上出現了一大變局，人類的發展進入了一個新的時代——地理大發現時代，或稱大航海時代。這個新時代的出現，是由兩大新航線的發現促成的。一條是葡萄牙人沿著非洲的西海岸南下，繞過非洲最南端的好望角進入印度洋，開闢了一條通向印度和中國的新航路。透過這條新發現的航線，歐洲人來到印度和中國，從此開始了中國和世界的對話；第二條是西班牙人越過大西洋發現了美洲新大陸，隨後又開闢了由墨西哥的阿卡普爾科橫跨太平洋到菲律賓馬尼拉的新航線。這樣一來新舊大陸就連成了一個整體，開啟了世界經濟一體化的進程。這是一個劃時代的偉大發現，可以稱為是人類歷史上的里程碑。西方的歷史學家把它作為中世紀和近代的分界線，因為它標誌著世界近代史的開端。從此，歐洲人的海上貿易就不再局限於地中海一隅，而是開始面向全球。

在這種全球化貿易的大背景之下，明朝所推行的海禁政策顯然是不合時宜的，是違背歷史潮流的。因此，最早來到中國東南沿海的葡萄牙、西班牙以及荷蘭等國的商人，就和中國沿海的商人聯合起來進行走私貿易。這一時期，在東南沿海一帶出現了很多走私貿易的基地，如浙江舟山群島上的雙嶼港、福建沿海的浯港和月港。這樣就在官府的海禁政策和民間的反海禁勢力之間，爆發了尖銳的衝突。朱紈的悲劇自殺、王直的受騙被斬，就是這兩股勢力激烈鬥爭的具體表現。

世界潮流浩浩蕩蕩，順之者昌，逆之者亡。在國內和國外兩方面動因的共同衝擊之下，明初朱元璋制定的「海禁—朝貢」體制與世界潮流格格不入，閉關鎖國的局面已經維持不下去了，對外開放已是大勢所趨。因此，當頑固堅持海禁政策的嘉靖皇帝病逝之後，新繼位的隆慶皇帝立即於隆慶元年詔告群臣說：「先朝政令有不便者，可奏言予以修改。」❸於是福建巡撫都御史涂澤民，利用隆慶改元而政治布新的機會，奏請朝廷在福建漳州的月港開放海禁，准許商民出海往東西二洋貿易。奏議迅速得到批准，並以月港鎮為治所升格為海澄縣，設立海防館，負責管理私人海外貿易並對進出口貨物徵收關稅。「隆慶開海、月港開放」，原來的走私貿易於是就變成了合法貿易。以此為開端，明代的對外貿易進入了一個新的時代。

三、隆慶開關的影響

隆慶開關，是明代繼鄭和下西洋之後對外關係中的又一件大事，影響深遠。它標誌著明朝的對外交往從官府層面轉向了民間，突破了以往朝貢貿易的局限，促進了民間私人貿易的蓬勃發展，推進了中國與國際市場的聯繫；它打開了阻礙社會發展的枷鎖，釋放了民間被抑制的商業活力，給明朝的經濟發展注入了新的動力；它甚至在國家安全方面，也產生了積極的作用——不但減輕了長期騷擾東南沿海的倭患，而且在開關後的第三年，即隆慶四年，又與北方的蒙古實現了封貢互市，結束了與蒙古長達兩百多年的軍事對峙，明朝第一次在南北兩個方向同時獲得了和平的發展環境。

❷許孚遠，《疏通海禁疏》載於《明經世文編》（卷四百）。

❸《明穆宗實錄》。

即便如此，隆慶開關最大的影響，或者說是它所帶來的最重要的結果，實際上是體現在對中國古代貨幣制度的影響上。正是隆慶開關所開啟的中外貿易而流入的大量白銀，最終促使中國完成了白銀的貨幣化。這對中國後來的社會發展、與西方的關係，乃至世界經濟一體化的進程，甚至是近代世界格局的形成都產生了重要的影響。

中國雖然使用白銀的歷史很悠久，但是在西漢以前，白銀還主要是用於工藝上，而不是用作貨幣。漢武帝的「白金三品」中，錫的含量超過了銀，使用時間也很短。白銀直到宋代才成為一種輔助性的支付工具，金代雖然鑄造了承安寶貨銀錠，流通的時間也不長，元代白銀仍然算不上十足的貨幣，使用也不普遍。直到十五世紀三〇年代明英宗時期，因為紙幣的破產，正式取消用銀的禁令之後，白銀才成為法定的貨幣。中國古代白銀貨幣化的過程曲折而漫長，直至明朝中葉才最終完成。這臨門一腳，實際上就是隆慶開關。

十六世紀初，隨著新航路的開通，歐洲商人遠涉重洋、不畏艱辛來到東方，就是為了獲得中國所產的絲織品、瓷器以及茶葉，這些質高價廉的生活必需品深受歐洲各國的歡迎。當時的歐洲雖然沒有能夠滿足中國需要的名優商品，但是歐洲商人掌握了在美洲發現的大量的白銀。為了從中國購買商品，歐洲只能輸出白銀。而中國為了補充貨幣供給的不足，又正需要這些白銀。白銀是當時最理想的貨幣，出現的也正是時候。於是，中國與歐洲這種互補性的貿易，催生出了對白銀的大量需求。福建商人敏銳地抓住了這一商機，他們每年出海的時間都經過精心計算，以便對接從墨西哥阿卡普爾科港駛往馬尼拉的帆船春季到港的時間。等兩邊的船隻都到港後，便開始協商價格，支付關稅，最後銀貨兩訖，趕在六月季風之前都要各自返航。這樣，白銀就架起了從月港到馬尼拉、福建到美洲、明朝到西班牙，以及中國到歐洲的橋梁。葡萄牙、荷蘭則以澳門和臺灣為據點，開展對日貿易。於是，美洲和日本兩地所產的大量白銀最終都流向了中國。十六世紀的全球經濟，實際上就是圍繞著這個供需結構進行的。正是白銀將分處異地的地區性經濟，連接成為奠定今日全球模式基礎的跨地區交易網，並最終形成了一體化的世界經濟格局。

因為每年從馬尼拉運來巨額的白銀，使得菲律賓藏有銀山的謠傳不脛而走，甚至引起了時任福建稅監的太監高寀的注意，於一六〇三年專門派人前去打探這一消息的真實性。雖然在菲律賓沒有發現銀山，但是民間對南海之外有座銀山的傳說深信不疑。實際上，確實有這麼一座銀山，只是它遠在南美的波多西，正是那裡出產的白銀源源不斷地流入了中國。

四、美洲及日本白銀大量流入中國

隆慶開關給明朝政府帶來了十分可觀的財政收入，當時的人甚至將月港看成是「天子之南庫」。月港的海防館後來也改稱「督餉館」，這實際上相當於後來的海關，專門負責管理民間海外貿易和收稅。那隆慶開關之後，到底有多少白銀流入了中國呢？

因為民間的貿易不會留下太多的統計數字，因此我們只能從不同的側面來推論。雖然資料不盡相同，但是仍然反映了當時總體的趨勢。

經濟史專家梁方仲先生推論，由萬曆元年到崇禎十七年（一五七三—一六四四）的七十二年間，因為貿易的關係而流入中國的白銀貨幣是一萬萬（一億）銀圓。他的結論是「此時中國為銀的入超國家，已毫無疑問」。

經濟史專家全漢昇，研究太平洋絲綢之路，以及中國與西屬美洲的貿易。他推定一五七一至一八二一年的兩個半世紀裡，從美洲運入中國的白銀貨幣大概是兩億西班牙貨幣，或者更多。他的這一觀點被法國的年鑑派學者布羅代爾認可。

德國學者弗蘭克在他的著作《白銀資本》中，對各個國家學者的研究成果進行綜合分析，認為十六世紀到十七世紀中葉，美洲產白銀三萬噸，日本產白銀八千噸，兩者合計三萬八千噸。流入中國的白銀數量約為七千噸到一萬噸，即流入中國的白銀約占世界白銀產量的五分之一至四分之一。

海外白銀的大量流入，改變了中國古代兩千多年來以賤金屬銅錢為主幣的貨幣形態，貴金屬白銀開始成為社會流通領域的主幣，形成了「大數用銀，小數用錢」的銀錢兼行的複本位制，這是中國古代貨幣制度上的一大變革，影響極為深遠。從此以後，中國的貨幣問題，已經由傳統的「錢荒」難題，演變成更為複雜的「銀錢比價」問題。明朝政府在「朝野率皆用銀」的形勢下，為了維繫銅錢在貨幣體系中的地位，曾經施行以錢折俸的政策，並多次申令收錢之例，規定在貨幣稅收中，除紙幣、白銀之外，必須收納一定比例的銅錢，甚至用法令的形式確定銀錢的比率。但是，因為私鑄氾濫以及政策上的失誤，課稅收錢的規定在執行中大打折扣。為了改變錢法式微的局面，隆慶元年又制定了收稅時銀錢兼使以及專令使錢的規定。這實際上是等於對銅錢實行有限法償，意味著銅錢已正式降為白銀的輔助貨幣。另外，以錢折俸政策中，銅錢僅占十分之一的比重，說明銅錢在明代中期幣制中的地位已經非常有限。這就是我們前面提到的隆慶繼位四年之後才鑄造隆慶通寶，並只鑄造兩百萬枚的原因。

稱量使用的白銀成為主幣之後，削弱了國家對鑄造銅幣以及印刷紙幣這一傳統貨幣鑄造權的壟斷，促進了商品經濟的發展，削弱了封建依附關係。隨著商人地位的提高，市民階層開始形成，世俗文化的發展更加促進了思想的解放以及社會的轉型。但是，因為中國缺乏銀礦資源，作為主幣的白銀幾乎完全依靠海外貿易的輸入。這種情況下，政府調控貨幣的能力受到了極大的限制。因此，從明朝中後期開始，歷經清朝，直至一九三五年的法幣改革，中國的幣制始終深受國際銀價變動的影響，自主性日益減少，依附性日益加深，二十世紀三〇年代爆發的「白銀風潮」就是典型的例證。可以說，中國從明代中期開始就逐漸被納入了由西方殖民者所掌控的國際白銀資本體系當中，近代世界的格局，即資本控制生產、海洋主導大陸、西方主宰東方的局面已初步形成。

33 永曆通寶：記錄了鄭成功「反清復明」大業的錢幣

在中國古代錢幣中，有一種銅錢很特殊，它不但鑄造流通於大陸，也流通於臺灣，並因此成為臺灣流通最早的銅錢。更特別的是它還在日本鑄造過，因此又成為中國歷史上唯一的由外國鑄造、用於流通的圓形方孔銅錢。它就是「永曆通寶」錢。

這是一段特殊歷史背景之下發生的特殊事例，反映了明末清初之際，中國大陸、臺灣以及日本之間一段特殊的關係，而將這三者串聯起來的人物正是傳奇的民族英雄鄭成功。

下面就透過永曆通寶錢幣，向大家介紹鄭成功反清復明以及收復臺灣偉大壯舉中一段鮮為人知的歷史。

一、南明政權

所謂「南明」政權，是指明朝滅亡之後，明朝宗室先後在南方建立的幾個地方性政權的統稱，它包括弘光政權、隆武政權、魯王監國、紹武政權以及永曆政權，從西元一六四七年到一六六一年，前後總共歷時十八年。其中，建立最早的是弘光政權。西元一六四四年是明朝崇禎十七年，清軍也是這一年入關的。這年的三月十九日李自成攻占北京，明朝滅亡。留守南京的馬士英、史可法於五月擁戴明朝的福王朱由崧在南京即皇帝位，改元弘光，僅僅一年後就被南下的清軍消滅。接著成立的是隆武政權，它是由鄭成功的父親鄭芝龍等人在福州擁戴明朝的唐王朱聿鍵稱帝而建立，改年號為隆武，因此稱為隆武政權。隆武政權建立之初，很想有番作為，朱聿鍵曾經下詔親征，江南一帶的反清義軍也紛起響應。但是因為掌握實權的鄭芝龍暗中降清，隆武政權很快就被消滅。第三個想重建明王朝的是魯王朱以海，他於順治二年（一六四五）在紹興建立政權，因為沒有稱帝，也無年號，因此歷史上被稱為監國，不到一年也失敗了。第四個南明政權是順治三年（一六四六）蘇觀生等在廣州擁立隆武之弟，建立的紹武政權。它的命運最為短暫，僅僅存在了四十一天就被消滅。最後一個南明政權由原明朝兩廣總督丁魁楚、廣西巡撫瞿式耜等擁戴桂王朱由榔，於順治三年十一月在廣東肇慶建立，次年改元「永曆」，史稱永曆政權。

南明幾個政權中，只有永曆政權堅持的時間最長，從順治三年到順治十八年（一六六一），共有十六年。如果根據一直使用永曆年號的臺灣鄭氏政權來計算，永曆年號更是使用了長達三十七年。永曆政權之所以能夠堅持這麼長的時間，有兩方面的原因，一是它聯合了占有中南和西南的原來歸屬於李自成的大順農民軍以及張獻忠的大西農民軍的舊部；二是據有廈門、金門以及臺灣的鄭成功勢力始終尊奉永曆政權為正統。這樣，明朝殘存的地方勢力、退守西南的農民起義軍以及占據東南沿海部分島嶼的鄭成功勢力，在「反清復明」的大旗下，三方摒棄前嫌，抱團取暖，都奉「永曆」為正朔，形成了聲勢浩大的抗清聯盟。這是永曆政權沒有像此前幾個南明政權那樣旋即滅亡而得以生存下來的主要原因。永曆政權最盛的時期，名義上保有臺灣及中南、西南數省，與入關的清朝勢力相對峙。

永曆政權雖然表面上擁有西南半壁江山，但是，本質上與南明的其他政權一樣，都是成分複雜，腐敗透頂。朝廷之內的朝臣、宦官之間，朋比為奸，以權謀私；朝廷之外的統兵將帥，更是專橫跋扈，相互傾軋。最後在吳三桂大軍的追剿之下，永曆帝被迫退入緬甸。順治十八年清軍入緬，永曆帝被俘，後來與其子一起在昆明被縊殺。現在緬甸講漢語的果敢人，就是當年那批追隨永曆帝留居緬甸華人的後裔。

二、永曆通寶

隨著南明最後一個政權的覆滅，明清政權的鼎革便落下了帷幕。歷史雖然翻開了清朝的一頁，但是，「永曆」年號卻沒有壽終正寢，而是繼續被堅持「反清復明」的鄭成功扛起，又堅持了二十二年。這期間，鄭成功及其子鄭經不但始終尊奉「永曆」正朔，而且還鑄造了大量的永曆通寶錢。

據《三藩紀事本末》記載，南明永曆政權於順治三年在廣東肇慶建立之後，為了躲避清軍的追殺，便去廣西梧州避難，在那裡改元「永曆」，並鑄造了永曆通寶錢。除了避難於廣西的永曆小朝廷之外，各地尊奉「永曆」年號的將帥也多有鑄造。因此，永曆通寶錢的來源極為複雜，版式也特別多。

如果按照鑄造地區來劃分，有永曆小朝廷在兩廣鑄造的，原屬大西政權的孫可望在雲南鑄造的，鄭氏政權委託日本長崎藩以及在福建鑄造的。另外，在四川可能也曾經鑄造過。

如果按照面值劃分，永曆通寶錢有小平錢、折二錢、當五錢和當十錢等四種，尺寸大小和輕重都比較懸殊：小平錢直徑一般為二・五至二・七公分，折二錢是三公分，當五錢是三・二公分，當十錢多在三・五至四・五公分之間。小平錢重四至四・八克，折二、當五、當十的重量在十至二十六克之間。又有一種權銀錢，面值為折白銀二厘、五厘和一分三種。

如果按照錢文書法來劃分，有正楷、仿宋、八分、篆書、行書等五種。按銅質劃分，又分黃銅和紅銅兩種。另外還有一種「敕書錢」，十二枚一套，背面分別鑄有「御敕督部道府留粵輔明定國」等十二個敕書文字。

永曆通寶錢因為鑄造地點很多，加之錢文多是出自工匠之手，字體古拙樸素，版別眾多。❶這些都反映了永曆通寶錢鑄地分散、錢文書寫也不統一的實際情況。

永曆通寶錢總體的特點是：錢幣的內郭和外郭都比其他的錢幣寬，錢體打磨不甚精整；用材單一，多為銅質；鑄工比較粗糙，但是分量足重，很少有減重現象。永曆錢雖然鑄行的時間長、數量大、地域廣，但是後來因為清政府的大力回收銷毀，存世數量在明代的年號錢中卻不算多。

三、鄭成功的身世及其「反清復明」大業

鄭成功是收復臺灣的民族英雄，但是，可能很多人並不知道鄭成功實際上有一半的血統是日本人。鄭成功的父親鄭芝龍祖籍福建泉州，初為海商，後為海盜，經常出入日本。後來組建武裝走私

❶如「永曆通寶」中的「永」字，就有寫成上「二」下「水」而被稱為「二水永曆」；「通」字上的橫折點寫成一倒三角形，稱為「三角通」；繁體「曆」字內寫成上為雙「禾」字，下為一「目」字（正確寫法應為上「林」下「日」）而被稱為「雙禾一目」。

集團，占據廈門，於崇禎六年（一六三三）在金門與廈門之間的料羅灣海域擊敗荷蘭人，壟斷了海外貿易，以收取保護費的形式，建立了他的海上貿易王國，聚斂了巨額的財富。據說一年收入高達數千萬兩白銀，與明朝政府的收入相差無幾，真可謂是富可敵國。後來，鄭芝龍接受明朝政府的招安，以亦官亦商的身分，更加鞏固了他對海外貿易的壟斷。鄭成功於一六二四年出生於日本長崎平戶島，母親是日本人田川氏。鄭成功幼年時在日本長大，所受的教育是被德川幕府定為官學的朱子學，講究五倫以及上下尊卑。七歲時與母親一起回到祖籍福建泉州南安，每日念書、騎馬、射箭。據說他最愛讀發揚孔子春秋大義的《左傳》，這為他後來的忠君愛國思想、強烈的民族意識打下了基礎。另外，鄭成功之所以始終堅持「反清復明」，也與他的家仇國恨有關。

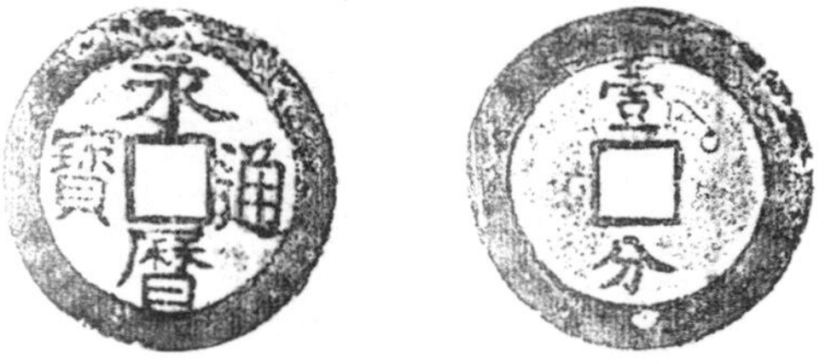

圖33–1　永曆通寶（背壹分）

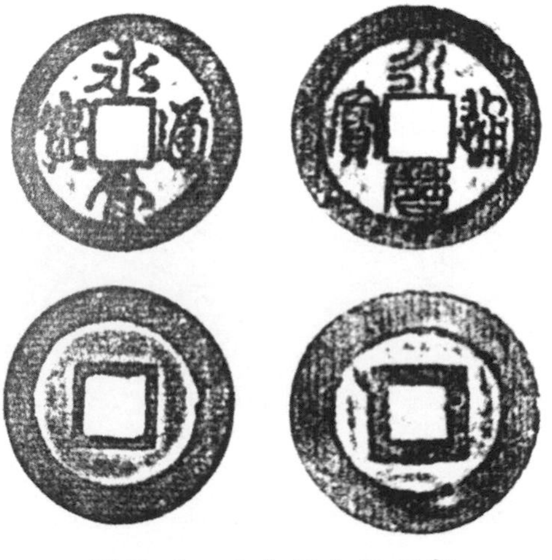

圖33–2　日本鑄永曆通寶

清軍入關後，鄭芝龍最初曾支持過南明的隆武政權。但是，商人出身的他，最講求實際。他很快發現隆武政權所進行的反清復明，完全沒有成功的可能。因此，他就決定投降清朝以保全他所建立的商業王國。雖然遭到了兒子鄭成功的極力反對，但是，主意已定的鄭芝龍還是決定冒險親自去北京，與清朝政府談判歸順的事宜。鄭芝龍到了北京之後，就被扣留再沒有返回。同時，清軍加緊了對福建的進攻。不久，攻陷了泉州並洗劫了鄭芝龍的家。鄭成功的母親田川氏來不及逃跑而被清軍強姦，羞憤地上吊而死。在南京讀書的鄭成功回到家後，一語不發，將母親的肚子剖開，取出腸子清洗乾淨，再放回去縫好，然後才下葬。鄭成功又將平時所穿的儒生衣帽帶到孔廟，在大殿上一把火燒光，他對著孔子像下拜，高聲說：「我昔日乃是儒生，今日成為孤臣。謹謝儒服，請先師昭鑑。」表達了他將用武力抗擊清軍的決心。接著，鄭成功就在金門起兵，豎起「反清復明」的大旗。這時是順治四年（一六四七），鄭成功只有二十三歲。

鄭成功原名鄭森，後來被隆武帝御賜國姓，改名成功，並被封為忠孝伯。因此，世人又稱鄭成功為國姓爺。鄭芝龍被清政府扣留在北京之後，鄭成功就接手了他父親打下的商業王國。他雖然年紀輕輕，但是在民族大義方面卻看得很重，特別是母親的慘死，更堅定了他要向清朝報仇雪恨的決心。他意志力堅定，又擁有他父親留下的雄厚財力基礎以及上千艘的戰艦和十幾萬人的隊伍，並配有精良的武器。從此，清軍遇到了入關後最強勁的對手。

鄭成功的「反清復明」大業，以順治十六年（一六五九）為一轉折點。當年鄭成功親率十幾萬大軍在南京與清軍決戰，孤注一擲，卻不幸敗北。十多年的辛苦經營，一朝又回到了原點，只剩下了廈門和金門兩個島嶼。失望之餘，鄭成功決定攻取臺灣，作為下一步發展的根基。經過一年多的準備，順治十八年（一六六一）四月，鄭成功率領兩萬五千人，分乘四百多艘艦艇，乘著清晨的大霧及海水漲潮之際，突然在臺南外海的沙洲鹿耳門登陸。荷蘭人猝不及防且寡不敵眾，被迫固守待援。鄭成功則採取圍城戰略。一六六二年二月，荷蘭人在堅守了九個月後終於不支而投降。鄭成功驅逐荷蘭人後占據了臺灣，這為他「反清復明」的大業獲得了一個穩定的基地。

伴隨著占領臺灣這一重大勝利而給鄭成功帶來的卻是一連串不幸事件的打擊：首先是他的父親鄭芝龍在北京被殺，其次是泉州老家的祖墳被清軍焚毀，兩個月後他矢志忠誠擁立的永曆帝又被吳三桂絞殺。這一連串的不幸消息使得剛烈無比的鄭成功無法承受，就在這個時候，又爆出奉命留守廈門的長子鄭經與弟弟的奶娘通姦生子的醜聞。鄭經原來被鄭成功視為能夠繼承他反清復明大業的人，如今在他看來可能就是一個不成器的敗家子。經過這些打擊，鄭成功一病不起，並於當年五月病逝，享年只有三十九歲。鄭成功死後，其子鄭經繼位，鄭氏集團內部發生分裂，實力大為削弱，傳至第三代鄭克塽後，僅維持了兩年，就於康熙二十二年（一六八三）被清政府平定了。

四、鄭成功委託日本鑄造的永曆通寶

鄭成功為了表達他「反清復明」的堅定政治立場，另一方面也是為了籌集經費，在尊奉「永曆」年號為正朔的同時，還鑄造了永曆通寶銅錢。據清代文獻《臺灣外記》記載，鄭成功及其子鄭經曾經先後三次鑄造永曆通寶錢，都是委託日本長崎藩鑄造的。

第一次鑄錢發生於南明永曆五年（順治八年，一六五一）十二月。當時鄭成功剛拒絕其父降清的命令，率領部分官兵活動在福建沿海以及廣東潮陽、南澳一帶。而永曆朝廷遠在廣西南寧，不能提供軍需。為了籌集軍費，鄭成功派其族兄鄭泰前往日本，以外甥的身分遣使通好長崎藩，要求提供盔甲、器械等物，並幫助鑄造永曆通寶銅錢。❷形制為折二型的光背錢，直徑二十八公釐左右，重七克上下。錢文有篆書、行書兩種。錢緣較寬，材質與日本寬永通寶一樣為紅銅。

第二次鑄錢發生於南明永曆二十年（康熙五年，一六六六）七月。這時鄭成功已去世五年，由其子鄭經治理臺灣。當時廈門、金門已被清軍占領，鄭氏集團的勢力退守臺灣，養精蓄銳，等待機會。鄭經接受部屬的建議，建造商船，裝載白糖、鹿皮等物，前去日本長崎藩進行貿易，購買倭刀、盔甲，同時委託日本鑄造永曆通寶錢。❸這次鑄錢主要應該是為了滿足臺灣經濟發展的需要。

第三次鑄錢發生於南明永曆二十八年（康熙十三年，一六七四）四月。三藩之亂發生後，駐福建的靖南王耿精忠邀請鄭經一起反清。鄭經認為這是一次機會，於是率領軍隊占領廈門。為了籌集軍費，又派人前往日本長崎，委託鑄造永曆通寶錢，並購買腰刀等器械以資軍用。❹這次鑄錢顯然是為了西征軍需之用，主要行用於福建閩南及臺灣一帶。

除了上述三次有史料記載的委託日本長崎藩代鑄之外，鄭氏集團很可能還在福建省龍海市石碼鎮鑄造過永曆通寶錢，時間大概是在南明永曆二十九年至三十三年，也就是康熙十四年至十八年（一六七五—一六七九）。這種推斷的主要依據是一九九四年四月在福建省龍海市石碼鎮第一醫院施工時曾出土一個陶罐，內裝永曆通寶錢一百多枚，全是生坑並鏽蝕嚴重，為黃銅質的折二錢，錢文有篆書和行書兩種，錢幣的外郭還留有澆鑄時留下的銅柄和流銅，完全沒有流通過的痕跡。形制上看，與日本代鑄的幾乎完全一樣。

❷江日昇，《臺灣外記》，（順治八年十二月）鄭成功獲日本「相助銅鉛，令官協理，鑄銅熕、永曆錢」。

❸江日昇，《臺灣外記》，（康熙五年七月鄭經據臺灣時）「上通日本……並鑄永曆錢」。

❹江日昇，《臺灣外記》，（康熙十三年四月鄭經在廈門時）「又差兵部事李德駕船往日本，鑄永曆錢」。

據史料記載，南明永曆二十八年，鄭經乘三藩之亂，渡海西征，占領廈門，次年又攻入漳州。在歷時六年與清軍的對峙期間，占據龍海市石碼鎮的時間至少有四年。這期間為了滿足軍需之用，鄭經有可能在日本代鑄的永曆通寶錢還沒有運到之時，或者是在用完之後，又自行鑄造了一批。很可能就是用日本代鑄的錢為模翻砂鑄的。因為技術不過關，試鑄失敗。這從石碼鎮發現的一百多枚錢幣都工藝粗糙、字跡模糊這一事實中得到印證。因為品質太差，難以投入流通，撤離時也未帶回臺灣，而是就地掩埋了。

因此，鄭成功及其子鄭經前後共鑄造過四次永曆通寶錢，其中三次都是為了軍事需要，只有一次即第二次鑄錢是為了臺灣經濟的發展。前三次都是委託日本長崎藩代鑄的，只有最後一次是在大陸鑄造的，很可能只是試鑄並沒有成功。鄭氏集團始終沒有在臺灣鑄造過永曆通寶錢，估計完全是因為技術上的原因。當時臺灣剛開始有大陸移民，才開化不久，還沒有人能夠掌握鑄錢技術，所以才要遠道委託日本長崎藩來代鑄。

在種類以及版別眾多的永曆通寶錢中，有一種折二面值的錢，錢文書體有篆書、楷書兩種，銅質泛紅，中國錢幣界最初不知這兩種錢幣的來歷。民國年間丁福保先生組織編撰的《古錢大辭典》，是中國錢幣學中一部重要的奠基之作，書中就記載說：「明末有『永曆通寶』，泉大如折二，篆書、楷書兩種，銅色淡赤。諸譜莫識其源。」但是，日本的錢譜認定它們就是當年長崎藩為鄭成功及其子鄭經所鑄造的永曆通寶錢。

日本錢幣界的這種認定是正確的，也是有依據的，後來被中國錢幣界接受。世人這才從眾多的永曆通寶錢中，區分出鄭成功委託日本鑄造的永曆通寶錢的真實面目，即面值為折二、錢文書體為篆書及行書兩種。另外，據《重修臺灣省通志》記載，鄭成功鑄造的永曆通寶錢為紅銅，鄭經鑄造的則為黃銅。

由於清朝統治者曾經實行過嚴酷的文字獄迫害政策，當時的文人學士都不敢談論南明政權，更不敢記錄有關「反清復明」的事，南明政權鑄造的各種錢幣也都被視為「偽錢」，而被大量收繳銷毀。因此，有關永曆時期的史料保存下來的極為稀少。這種情況下，存留的永曆通寶錢幣作為歷史的見證，真實地記錄了永曆政權的興衰歷史。特別是其中鄭成功及其子鄭經委託日本長崎藩鑄造的折二面值的篆書、行書兩種永曆通寶錢，因為反映了明末清初之際，中國大陸、臺灣以及日本之間的那段微妙的關係，記錄了鄭成功的「反清復明」大業，而成為研究那段歷史的實物見證。這應該是收藏、研究錢幣的魅力所在。

34 跑馬崇禎：預言了明朝滅亡的錢幣

在正式流通錢幣的背面鑄上動物圖案，不符合中國古代鑄幣的傳統。但是，歷史上卻有三次例外：一是三國時期的「背龜太平」，二是唐朝的「瑞雀乾元」，三是明朝的「跑馬崇禎」。

民間認為出現這種情況非瑞即妖，而賦予了很多的傳說。其中，又以「跑馬崇禎」在社會上流傳廣泛，影響最大，說它預言了明朝的滅亡。

下面就結合錢幣實物以及民間的傳說，來說說「跑馬崇禎」錢是如何預言了明朝滅亡的。

一、跑馬崇禎錢

跑馬崇禎是明朝最後一種年號錢「崇禎通寶」錢的一種。崇禎通寶錢在中國古代銅錢中，以版別複雜而著稱。這種複雜性主要是表現在錢幣的背面，錢幣的正面就是楷書「崇禎通寶」四個字對讀，既簡單又標準統一，幾乎沒有變化。但是，背面卻是千變萬化，花樣百出，尤其是面值為小平、折二、當五三種錢幣背面的文字，最為繁雜混亂，有紀重、紀天

圖34–1　崇禎通寶

干、紀鑄局、紀鑄地、紀鑄局兼紀值、吉語等種類，名目繁多，舉不勝舉。而最不可思議的是，還有一種背面沒有文字的小平錢，直徑二十三・五五公釐，厚〇・六〇公釐，重二・五克，這是標準的小平錢的尺寸和重量。但是，它的特殊之處是在背面穿孔的下方，鑄有一個奔跑的馬匹圖案，俗稱跑馬崇禎錢。

在崇禎通寶錢背面穿孔的下方，為什麼會鑄造一個跑動的馬匹圖案呢？史書中對此錢沒有記載，今人也無從考證。因此，歷史上就留下了很多種解釋。有人說是因為崇禎皇帝屬馬，鑄一馬的圖案是為了表示紀念。這種解釋幾乎無人相信，因為當時明朝即將亡國，因此大家更願意將它與明朝的滅亡聯繫起來。這就像東漢末年靈帝鑄造四出五銖錢一樣。所謂四出五銖錢，是因為錢的背面有四道斜紋，分別由穿孔的四角直達外郭，因此稱為「四出文」。靈帝鑄造的四出五銖錢雖然比一般的東漢五銖錢都要精良，文字、輪郭都很嚴整、深峻，非常美觀、漂亮，但是，因為當時黃巾起義餘波未平，東漢政權正危機四伏，社會輿論於是就將錢幣上出現的變化與國運聯繫起來，認為錢幣背面的四出文是分崩離析的凶兆。傳說此錢一出，財富必將循四道而流布四海，天下必將大亂。後來果不其然，發生了董卓之亂，東漢滅亡，緊接著就出現了軍閥割據、三國鼎立的局面。

按照這種邏輯推理，崇禎年間的明朝，本來就已經內憂外患、危機重重，正當這個時候，在錢幣的背面又出現了一個馬的圖案，這必定會被認為是個凶兆，預示著明朝即將滅亡，並且暗示明朝的滅亡和「馬」似乎有著某種聯繫，因此，民間有所謂「一馬亂天下」的說法。

圖34–2　乾元重寶（背雀）

二、對「一馬亂天下」的解讀

為什麼要說「一馬亂天下」?明朝的滅亡和馬有什麼關係呢?又到底是哪匹馬亂了明朝的天下?

如果按照解讀東漢四出五銖錢的邏輯來看,正處亂世的跑馬崇禎錢,不但預言了明朝的滅亡,還暗示明朝最後的滅亡還和「馬」有一定的關係。只不過不是「一馬亂了朱家的天下」,而是先後有兩匹「馬」,不但攪亂了朱家的天下,還攪亂了明朝復國的希望。

1. 第一匹是闖入北京紫禁城,顛覆了大明江山的馬

關於這匹馬,民間流傳有個故事,說的是崇禎十七年的新年剛過,崇禎皇帝就做了一個夢,夢中看見一匹馬穿過紫禁城進入了皇宮。他不明白這有什麼寓意,就向大臣請教。有位大臣聽後大驚失色,說城門中有匹馬,是個「闖」字,這暗指當時鬧得正凶的號稱「闖王」的農民起義軍領袖李自成。馬經過紫禁城進入皇宮,意味著李自成將率領起義軍攻入北京,建議朝廷遷都南京,避其鋒芒,以圖將來再消滅流寇。崇禎皇帝聽後非常不高興,說他妖言惑眾,居心叵測,當即就讓錦衣衛收監了。這時趕緊有別的大臣出來打圓場,說皇上做夢看見馬是天下臣民的福分,這是祥瑞、吉兆的預兆,表示的是「出馬得勝」,這時派兵進剿,一定很快就能平定流寇。

這雖然只是一個傳說,但是卻形象地揭示了明朝末年腐敗的政治生態環境:朝廷上敢於直言的大臣,只是因為不符合皇上的意願,便身陷囹圄;這就迫使別人只能見風使舵,用皇帝愛聽的謊言來求得自保;崇禎皇帝因剛愎自用且疑心過重而自毀長城,最後只能成為孤家寡人而吊死煤山;不

堪明朝苛捐雜稅的底層民眾，都期盼著「闖王」李自成盡快進京，解救他們。這個流傳的故事，實際上就反映了明朝末年社會上的民心所向。

這裡我們首先要弄清楚李自成為什麼會被稱為「闖王」？據史書記載，明朝末年的農民起義軍領袖李自成，是陝北米脂人，因為家境貧寒，早年曾在銀川當過驛卒，就是驛站裡的兵卒。後來明政府因為財政吃緊，就裁撤了西北地方的一些驛站。失業後的李自成於是就參加了被稱為「闖王」的高迎祥領導的一支起義軍。李自成因為當過驛卒，比起義軍裡大部分只知道種田的農民見過些世面，加之他作戰時勇猛而有謀略。在高迎祥死後，就被部眾推為首領，續稱「闖王」。

「闖王」的本義應該是指作戰勇猛，富有闖勁。雖然它最早是指高迎祥，但是李自成繼承「闖王」的稱號之後，隨著起義隊伍的壯大和聲勢的傳播，「闖王」就逐漸成了李自成的專有稱號。

當時中原災荒嚴重，饑民遍野，社會矛盾極度尖銳。李自成接受李岩的建議，提出的「均田免賦」的口號，獲得了廣大農民的歡迎，部隊很快發展到百萬之眾，成為起義軍中的主力軍。社會上當時廣泛流傳著「迎闖王，不納糧」的民謠。一時間「闖王」彷彿就成了能救萬民於水火的大救星。

憑藉著這股聲勢，李自成於一六四一年正月攻克洛陽，殺死萬曆皇帝的兒子福王朱常洵，從後花園弄出幾頭鹿，與福王的肉共煮，名為「福祿宴」與將士們共用，自稱「奉天倡義文武大元帥」。當時明朝正集中全力在山海關外抗擊清軍的進攻，無力圍剿起義軍。於是，李自成就於一六四三年正月在襄陽稱新順王，十月，攻破潼關，占領陝西全省。一六四四年正月在西安稱帝，建國號「大順」，改年號為「永昌」。二月李自成親率起義軍開始東征，渡過黃河後連續攻下汾州、陽城、蒲州，三月十三日攻克太原，四月七日攻占寧武關，十一日，大順軍開進宣化府，「舉城譁然皆喜，結彩焚香以迎」。崇禎急調遼東總兵吳三桂等入衛京城，並號召在京勳戚官僚捐助餉銀。

四月二十一日李自成抵達居庸關，明軍不戰而降，農民軍直抵北京城下。已經毫無士氣的守城官兵，遂放棄抵抗，打開城門，向「闖王」的軍隊投降。李自成在太監的引導下，從德勝門進入北京城，經承天門步入內殿。這個時候的紫禁城內，大臣們都已逃散，只剩下了孤家寡人的崇禎皇帝。他眼見大勢已去，就出紫禁城後門，在煤山自縊身亡，史稱「甲申之變」。立國兩百七十六年的明朝，就這樣被闖入北京城的這匹「馬」給踏滅了。

2. 第二匹是攪毀了明朝復國希望的馬

甲申之變主要發生在北方，北京的朝廷雖然淪陷了，但是，在明朝原來的京師南京，實際上還保留著一套備用的官僚體制。同時，除了湖北、四川之外，南方幾乎都沒有受到戰爭的破壞。明朝完全有機會像西晉、北宋那樣，北方國土淪陷之後，在南方又聚集力量，依照建立東晉、南宋的做法，建立南明政權，撐起半壁江山。

實際上，明朝的皇室宗親、朝廷大臣以及士大夫們，在「甲申之變」發生後，就是仿效東晉、南宋的故事，在南京擁立被李自成燉「福祿宴」的福王朱常洵的兒子朱由崧，建立了南明的弘光政權。當時入關的清軍主要盯著北方李自成領導的「大順」農民起義軍，南明的弘光政權完全有條件凝聚社會各方面的力量，扛起明朝正統的旗號，憑藉南方的半壁江山，與北方的異族入侵者清軍相抗衡。南明弘光政權既有這種實力，歷史也給了它這種機會。但是，明朝復國的大好機會，又生生地被另一匹馬給攪毀了。這匹「馬」指的是馬士英。下面我們看看，馬士英這匹「馬」，是如何攪毀了明朝復國希望的。

據《明史》記載，馬士英，字瑤草，貴州府貴陽人。他原籍實際上是廣西梧州府藤縣，與著名的抗清英雄袁崇煥是同村的老鄉，又是同一年所生。馬士英原本姓李，五歲的時候被一名姓馬的販賣檳榔的商客拐去貴陽，而改姓了馬。萬曆四十四年（一六一六），馬士英到北京參加會試，結識了阮大鋮。三年後考中進士，授官南京戶部主事。天啟朝時，又被任命為郎中、知府。崇禎三年（一六三〇），馬士英任職宣府巡撫時，因為動用公款數千兩白銀賄賂朝中權貴，被揭發後受到革職充軍的處分。這時他的好友阮大鋮也因為依附閹党魏忠賢而被撤職。兩位處境略同的熟人，為了躲避農民起義軍，這時都來到了南京。阮大鋮為人機敏狡猾，但是因為名列崇禎皇帝欽定的魏忠賢逆案之中，政治上很難再有作為，於是就推薦馬士英於崇禎十五年（一六四二）當上兵部右侍郎兼右僉都御史，總督廬州、鳳陽等處軍務。

甲申之變後，崇禎自縊，南京準備另立朝廷。以東林黨為代表的一派準備擁立潞王，但是，馬士英與阮大鋮視福王為「奇貨」，就派兵迎接福王。《明史》記載：「諸大臣乃不敢言。王之立，士英力也。」❶因為馬士英在福王稱帝的過程中起了關鍵作用，被任命為東閣大學士兼兵部尚書、都察院右副都御史。後來史可法被排擠出朝廷，渡江北上督師之後，馬士英就實際控制了南明弘光政權。

馬士英入南京和史可法出鎮揚州，是弘光政權興亡的一大轉捩點，不但寫就了兩人不同的歷史

❶《明史・馬士英阮大鋮傳》。

定位，也改寫了南明歷史的發展。史可法為官清廉，在江南地區特別是明朝南京政府中威信很高。他堅守揚州，多次拒絕圍城的清朝豫親王多鐸的勸降，城破後壯烈犧牲。清軍因為遇到頑強抵抗，傷亡慘重，而對揚州百姓實行了野蠻的大屠殺，史稱「揚州十日」。

入閣輔政的馬士英首先提出了「大計四款」，作為優先處理的頭等政務竟然是：第一件，為弘光帝尋找走失的老母親；第二件，為弘光帝的父親，也就是被李自成農民軍處死的福王朱常洵上尊號，想辦法將其棺木遷到南方；第三件，以弘光皇帝還沒有生兒子為由，大選宮女，以滿足其淫欲；第四件，把那些失去封地的藩王監視起來，避免被他人擁立為帝的事情發生。

所謂的四件大事，實際上都是弘光朝廷雞零狗碎的私事，沒有一條與大敵當前、生死存亡的國事相關。而被推上復興明朝大業的南明弘光皇帝，更是紈褲子弟，他不但無意恢復中原，甚至連朝政都懶得過問，把軍國大事全都交給了馬士英。而馬士英只要照顧好弘光皇帝的個人需求，以固其寵就可以了。指望這樣的君臣復國，怎麼可能？因此，不到一年時間，弘光朝廷就被清軍消滅，弘光帝和馬士英也被清軍所殺。

因為提起南明的弘光政權，人們自然要想到馬士英。弘光政權從建立到滅亡，在短短一年間裡，馬士英無處不在，他所起的作用始終是負面的。因此，歷史上有「一馬亂天下」的說法，指的就是馬士英葬送了南明復興的希望。

明朝滅亡和復興失敗的原因，除了上面所提到的「闖王」李自成所領導的農民起義軍和馬士英所主導的腐朽墮落的弘光政權這兩匹「馬」之外，實際上還有一匹更加凶悍的「馬」，它就是真正騎著馬，從東北殺入山海關占領中原的滿洲「八旗兵」。從這個角度來看，我們也可以認為明朝的滅亡和復興的失敗，除了農民起義、腐敗的官僚體制，還有一個重要的原因就是外敵的入侵。

這樣說來，明朝的天下不是被兩匹「馬」，而是被三匹「馬」共同攪亂而最後亡國的。無論是三匹「馬」，還是兩匹「馬」，實際上都是我們作為後來者的一種解讀，與跑馬崇禎錢最初鑄造者的初衷已經沒有關係了。

三、民眾的美好願望

崇禎通寶錢的背面，為什麼會出現馬的圖案呢？這一定不是隨便出現的，而是帶有一種特殊的寓意！從跑馬崇禎錢傳世及出土情況看，可以確定它是鑄錢局正式鑄造的錢並流通使用過。因為在有的錢上有很明顯的流通使用的痕跡，說明它屬於流通錢。

考慮到崇禎末年錢法的極度混亂，以及民眾的普遍訴求，我們傾向於認為，當號稱「闖王」的李自成提出「均田免賦」的口號之後，直接觸碰到了千百年來中國社會最根本的土地和賦稅問題，呼應了失去土地並被苛捐雜稅逼得走投無路的農民的需求，因而獲得了廣大農民的歡迎。這與為了抗擊清軍的入侵和圍剿農民起義軍而新增加「三餉」❷和礦稅的明朝政府，形成了鮮明的對照。因此，在社會上廣泛流傳著「迎闖王，不納糧」的民謠。

正是在這種背景之下，對明朝腐敗統治極度失望的鑄錢工匠，就利用王朝末期制度管理的鬆懈，於鑄錢的便當，在錢的背面穿孔下方，添鑄了一個跑馬的圖案，來表達他們樸素、美好的願

❷三餉即遼餉、剿餉和練餉。

望。因為穿孔與馬組合的寓意就是「一馬入門」或「門下有馬」，本意顯然指的就是「闖」字。而特別選用的還是一匹跑馬的圖案，更是充分表達了廣大基層民眾希望「闖王」李自成能夠盡快進軍北京，推翻已經失去民心的朱明王朝，救萬民於水火之中的急切心情。據統計，跑馬崇禎錢版式眾多，有大、小馬，單、雙點通，有星、無星，以及大、小樣之分。這說明它不是哪個鑄錢局偶爾鑄造的，而是很多鑄錢局都鑄造了，反映了當時社會上帶有普遍性的一種思潮。

百姓的願望雖然很美好，但是現實卻是非常殘酷的。從北宋的王小波、李順起義最早提出「均貧富」的訴求，到李自成提出「均田免賦」的口號，這期間中國農民曾經進行了無數次的反抗鬥爭。每次暴烈的農民起義之後，舊王朝都會被一個新建的王朝替代。雖然新建的王朝最初都會推行一些與民讓利的政策，對吏治也進行一番整治，但是因為沒有從根本上對社會制度進行變革，都是在舊有的框架下做些細微的調整，新瓶子裡裝的依然是舊酒，舊有的社會矛盾不可能得到根本的解決，週期性的王朝更替還會繼續進行下去。只有從根本上推翻舊有的制度，在全新的基礎上建立一個新的制度，才能從根本上解決中國歷史上王朝雖然頻繁更替，但是社會制度卻無根本變革的獨特現象。這也是跑馬崇禎錢給我們的一點啟示。

第七章

清代變革中的幣制

清代的幣制總體上處於由傳統的制錢向近代機制幣的變革之中。本章分十二個專題，其中有六個專題與幣制的變革有關。「咸豐朝的錢鈔制」是在內憂外患加劇的情況下被迫實行的通貨膨脹政策，自此以後，中國傳統的幣制不可避免地走向了衰敗；「銀錠（元寶）」講述了銀錠作為中國古代稱量貨幣的演化過程；「壽星銀餅、漳州軍餉」介紹了現存最早的仿鑄西方的銀幣；「光緒元寶」開了中國近代機制幣的先河；「中國通商銀行兌換券」是中國最早的銀行兌換券；「餉金金幣」則見證了有關金本位的討論，並成為中國歷史上唯一的金幣。

另外五個專題與清朝的邊疆治理政策有關。準噶爾普爾錢、新疆紅錢與乾隆統一新疆有關；道光通寶・八年十、足銀壹錢與平定張格爾叛亂和左宗棠收復新疆有關；乾隆寶藏見證了一場與尼泊爾之間的貨幣戰爭；最後一個專題「狀元及第」介紹了有關民俗錢的知識。

35 準噶爾普爾錢：形制異樣、命運多舛的錢幣

金屬鑄幣雖然在面值、材質、尺寸、形狀上各有不同，但是總體上無非是有孔和無孔兩大類。以希臘、羅馬為代表的西方錢幣都是無孔的打製幣，而以中國為代表的東方錢幣則是有孔的澆鑄幣。

錢幣除了有孔、無孔的區別之外，在形制上基本都是圓的，偶爾也有方形的，如古代的羅馬、印度就曾經使用過一種方形的錢幣。但是橢圓形的錢幣，大家可能都沒有見過。

下面就給大家介紹一種明末清初在新疆地區由準噶爾蒙古打製的橢圓形的錢幣，因為像桃核仁，又被形象地稱為「桃仁形錢」。

一、普爾錢銘文的考釋

我最初接觸到這種桃仁形錢，是剛參加工作時新疆錢幣學會的董慶煊先生告訴我的。他說這種錢幣不但外形奇特，而且銘文也很特殊。文獻記載說是準噶爾汗國鑄造的，稱為「普爾錢」。但是除了外形與文獻記載相符之外，錢幣上的銘文與文獻記載卻並不完全一致，還有很多的難解之謎。他要我結合準噶爾汗國的歷史，對有關普爾錢的資料做一系統的梳理，爭取能夠考證清楚準噶爾普爾錢的來歷。

接受董老布置的課題之後，我就開始認真查閱、梳理有關記載準噶爾普爾錢的文獻資料。我發現最早的紀錄見於清朝定邊將軍兆惠於一七五九年（乾隆二十四年）寫給朝廷的奏摺，他說「查回城錢文，俱紅銅鼓鑄，計重二錢，一面鑄準噶爾台吉之名，一面鑄回字」。但是太過簡單，比較詳細的記載是《西域圖志》❶和《回疆通志》❷。

這裡需要解釋一下，「普爾」指的是銅錢，「騰格」又譯作「天罡」，指的是銀幣。根據上述文獻記載，我們知道普爾錢有兩種：一種是策妄阿拉布坦鑄造的，另一種是他的兒子噶爾丹策零鑄造的，錢幣上面分別鑄有他們的名字以及打製的地點葉爾羌。噶爾丹策零即位後曾銷毀一部分策妄阿拉布坦鑄造的普爾錢，而將名字改鑄成自己的。

我找來「桃仁形」錢幣實物測量後發現，直徑自尖端算起約為一・七至一・八公分，橫徑約一・五公分，厚〇・四至〇・五公分，重約六・三至八・二克不等，這與兆惠奏摺中所說的每枚「計重二錢」（合七・四六克）完全相符。另外它呈橢圓形、一頭微尖、體小而厚重的外形，也與文獻中的記載完全一致。這說明存留下來的兩種「桃仁形」錢就是文獻中所記載的兩種準噶爾普爾錢。

❶《西域圖志》：「回部舊屬準噶爾，所用『普爾』錢文，質以紅銅為之，質小而厚，形圓橢而首微銳，中無方孔。當策妄阿剌布坦時，面鑄其名，背附回字。噶爾丹策零嗣立，即易名更鑄。」

❷《回疆通志》：「回地舊用錢文名曰『普爾』，以紅銅鑄之，每五十文為一『騰格』。其式小於制錢，厚而無孔。一面用帕爾西（即波斯）字鑄葉爾奇木（即葉爾羌），一面用托特字（即厄魯特字）鑄策妄阿拉布坦及噶爾丹策零字樣。重一錢四五分至二錢不等。」

確定了「桃仁形」錢實物就是準噶爾普爾錢之後，下一步就需要釋讀普爾錢上的銘文，並在此基礎上進一步考證、分析準噶爾汗國鑄造它的背景及原因。

因為兩種普爾錢背面的銘文是一樣的，所以我們就先來看背面的銘文。

將普爾錢的尖端向上，銘文為陰文，自下而上很清晰地可以拼讀出來是察合臺文，讀為「Zarb Yarkand」，意思就是「葉爾羌鑄造」。這與文獻記載完全一致。這裡要解釋一下，所謂「察合臺文」是指用阿拉伯字母拼寫的波斯語化的回鶻文，實際就是現代維吾爾文字的前身。

兩種普爾錢正面的文字，文獻記載都是托忒文。

這裡也要解釋一下，所謂「托忒文」，又稱厄魯特蒙古文，是一六四八年咱雅班第達在回鶻式蒙古文的基礎上創造的，能更清楚地表達厄魯特蒙古方言的一種蒙古文字，主要在新疆的厄魯特蒙古中流通使用。我請教新疆的托忒文專家，他們認為其中有一種銘文屬於托忒文。錢幣尖端向右，左側銘文為陽文，發「Cawang」的音，應該就是策妄阿拉布坦名字的前半部分「策妄」，右側部分是什麼，還有待考釋。

對於另外一種錢幣上的銘文，專家們認為不屬於托忒文。仔細辨識後，我也發現兩枚錢幣正面的文字風格不一樣，應該不屬於同一種文字系統。錢幣的尖端向右，無論是陰文還是陽文，都釋讀不通。但是，將錢幣的尖端向左，銘文的陰文按自右向左再由上而下的順序讀，可以清晰地讀出察合臺文「Khardan Chirin」（خاردان چرين）的音，即「噶爾丹策零」。比照《西域同文志》「噶爾丹策凌」詞條中的察合臺文拼寫字母，也完全一樣。因此，我們大膽地提出「噶爾丹策零」錢幣上的文字，很可能不是文獻上記載的托忒文，而是察合臺文。

董慶煊先生很認可這一觀點，後來在他的指導下，我寫了《準噶爾普爾錢考》一文，提交中國錢幣學會一九八九年底在蘇州召開的成果彙報會，被列入了大會表揚的四篇論文之一，隨後被刊登在《中國錢幣》一九九〇年第一期。這是我參加工作後寫的第一篇有關錢幣的學術論文。

以上對準噶爾普爾錢銘文的釋讀，雖然能夠自圓其說，但是，我卻始終有點信心不足，存有三點疑惑：

一是按理講，策妄阿拉布坦和噶爾丹策零兩種錢幣的尖端，應該是朝向一致，而不應該分右左兩個方向。

二是銘文也應該是一致的，或為陰文，或為陽文，應該統一，而不應該一個為陰文另一個卻是陽文。

三是考慮到兩種錢幣背面銘文是一致的，都釋讀的是陰文，錢幣的尖端朝上，自下往上讀。因此，錢幣正面的銘文似乎也應該是尖端朝上，自下而上釋讀才更為合理。但是，這樣卻又釋讀不通。

上述疑惑，有待

圖35–1 策妄阿拉布坦

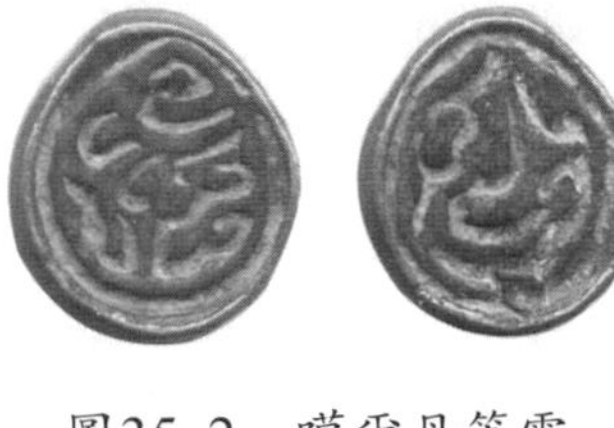

圖35–2 噶爾丹策零

圖35–3 黃銅普爾

圖35–4 策妄阿拉布坦錢幣正面銘文

圖35–5 噶爾丹策零錢幣正面銘文

圖35–6 兩種錢幣的背面銘文

專家指教或容日後再做進一步的考釋和研究。

二、準噶爾汗國的建立及鑄造普爾錢

準噶爾汗國是由準噶爾蒙古建立的。準噶爾蒙古因為不屬於成吉思汗家族的東蒙古，在元朝時期並不為人所知，但是明清時代在西北的歷史舞台上，準噶爾蒙古卻演繹了幾齣恢宏壯闊的大戲。

1. 準噶爾汗國的建立

準噶爾是被稱為西蒙古的厄魯特四大部落之一，另外三支為和碩特、土爾扈特和杜爾伯特。其中和碩特後來進入青海、西藏，喇嘛教就是由它扶植登上西藏政治舞台的。土爾扈特曾經游牧到伏爾加河地區，後來又東歸回到新疆，電影《東歸英雄傳》講的就是這件事。杜爾伯特力量相對較小，依附於準噶爾，游牧於伊犁、塔城一帶。

明朝建立後，元順帝被逐回蒙古草原，成吉思汗黃金家族所在的東蒙古開始衰落，西蒙古乘勢崛起，當時被稱為「瓦剌」，其首領曾經於一四四九年製造「土木堡之變」，俘虜了明英宗。後來向西游牧進入新疆地區。西蒙古以準噶爾部最為強大，它先後將和碩特部排擠去了青海、西藏，將土爾扈特部排擠去了伏爾加河流域。這樣準噶爾部就以伊犁為中心，建立了準噶爾汗國。噶爾丹在位時（一六七一—一六九七）曾征服南疆的葉爾羌汗國並入侵漠北的喀爾喀蒙古，兵鋒直指北京。康熙被迫兩次御駕親征，擊敗噶爾丹並順勢收服漠北蒙古。噶爾丹死後，策妄阿拉布坦（一六九七—一七二七）以及噶爾丹策零（一七二七—一七五四）父子相繼為準噶爾汗。在他們統治時期，再次征服葉爾羌汗國並遠征西藏挑起真假六世達賴之爭，在西面抗擊俄國的東進。這一時期是準噶爾汗國最繁榮、強盛的時期。普爾錢就是在這一時期鑄造的。

準噶爾汗國的蒙古人主要以游牧維生，他們的商品交易大部分都是以茶馬、絹馬等物物交換的形式進行，很少使用錢幣。那準噶爾汗國為什麼要鑄造普爾錢呢？實際上這與征服葉爾羌汗國有關。

2. 征服葉爾羌汗國

葉爾羌汗國是由已經伊斯蘭化、回鶻化的察合臺後裔建立的，建立者賽義德汗是印度蒙兀兒王朝建立者巴布爾大帝的表兄弟，正是在巴布爾的支持下，賽義德於十六世紀初在新疆南路以葉爾羌（今莎車）為中心建立了一個小汗國，到十七世紀中期統治汗國的察合臺後王已經衰弱，代表伊斯蘭教的和卓（傳說是伊斯蘭教創立者穆罕默德的後裔）勢力日益強大，分為白山、黑山兩派，長期爭鬥不已。噶爾丹曾經於一六七八年出兵征服了葉爾羌汗國。噶爾丹死後，葉爾羌汗國就擺脫了準噶爾汗國的控制。策妄阿拉布坦繼任準噶爾汗後，於一七〇〇年又再度征服葉爾羌汗國，並將白山派的子弟押往伊犁扣為人質。直至噶爾丹策零在位時，都對葉爾羌汗國行使了有效的統治。

文獻記載，準噶爾汗國模仿匈奴在西域設置童僕都尉以及突厥派駐吐屯「督賦入」，即監督徵收賦稅的辦法，在葉爾羌汗國指派「德墨齊」，即收稅官，專門負責徵收南疆地區的貢賦。收稅官依靠派駐在各地的蒙古代理人以及和卓所造的戶口、賦役表冊，按戶索取。據《和卓傳》記載，每年繳納的貢賦是十萬騰格。

3. 鑄造普爾錢

普爾錢就是策妄阿拉布坦一七〇〇年征服葉爾羌汗國後，命令葉爾羌汗國在葉爾羌打製的，主要是供南疆葉爾羌汗國的維吾爾人使用，所以在普爾錢的背面，用當時南疆普遍使用的察合臺文打製了葉爾羌的地名，正面為了彰顯征服者的威權，用托忒文打製了準噶爾汗王策妄阿拉布坦的名字。噶爾丹策零繼位後，將印有其父名字的舊普爾錢收銷，重新印上自己的名字。

《西域圖志》記載說，每當新的汗王繼位，就新打製一萬枚普爾錢，以一換二的比價換易舊錢，隨換隨鑄，直至舊普爾錢換完為止。實際上，這種做法只到噶爾丹策零為止。因為他後面的幾任汗王統治的時間都很短，貴族內部為爭奪汗位爭鬥不已；被征服的葉爾羌汗國也試圖擺脫被奴役的處境；準噶爾汗國本身也面臨被清政府征服的危險，再顧不上改鑄新普爾錢了。

所以目前我們見到的只有策妄阿拉布坦和噶爾丹策零這兩種面文的普爾錢，而由於噶爾丹策零大量收銷策妄阿拉布坦的普爾錢，改鑄成有自己名字的普爾錢，因此目前遺留下來的準噶爾普爾錢中，絕大部分都是噶爾丹策零的普爾錢，策妄阿拉布坦的普爾錢很少，這與歷史記載的情況是可以互相印證的。

噶爾丹策零的普爾錢雖然形制上與策妄阿拉布坦的普爾錢一樣，但是銘文卻從托忒文改成了察合臺文，這主要是因為，托忒文本身自一六四八年（順治五年）由咱雅班第達在原回鶻式蒙文的基礎上創造以來，主要用來書寫藏傳佛教經典，流行於宗教界，還沒有深入到民眾日常生活中去。因此，只在策妄阿拉布坦打製的普爾錢正面一度使用過。而真正使用普爾錢的是葉爾羌汗國的廣大維吾爾民眾，他們使用察合臺文，根本不認識托忒蒙古文。所以，新繼位的噶爾丹策零在打製普爾錢的時候，為了照顧當地民眾使用方便，就將原來的托忒文改成在南疆通行的察合臺文了。

普爾錢為什麼要打製成橢圓形，並且還要帶一個小小的尖，即「首微銳」這種奇特的形狀呢？對此，文獻中沒有記載，也無其他的錢幣進行比對，還是一個不解之謎。我想這不可能是打製者隨意為之，應該有一定的寓意，估計和準噶爾蒙古人信仰的藏傳佛教有關。這只是一種猜測，還有待於進一步的研究。

4. 黃銅及銀質普爾錢

清代文獻《石渠餘記》和《皇朝續文獻通考》都記載說：「西藏舊用普爾錢，紅銅為之，重二錢，質小而厚，外有輪郭，中無方孔，每五十謂之騰格。」這段記載頗耐人尋味，是否「西藏」為「新疆」之筆誤？但是聯繫準噶爾汗國的歷史，這可能和策妄阿拉布坦在位時曾侵擾西藏的事件有關。

史載策妄阿拉布坦為了挾持西藏的達賴喇嘛，號令眾蒙古並進而與清朝抗衡，於一七一六年（康熙五十五年）十月曾利用西藏真假六世達賴廢立之爭，派大將大策凌敦多布率兵六千，經新疆和田，由藏北突入，「敗唐古忒兵，圍攻布達拉，誘其眾內應開門，殺拉藏汗」，攻占了拉薩。直到一七二〇年八月被清軍趕出西藏為止，占領拉薩達三年之久。這期間可能將普爾錢隨軍攜帶至西藏作為餉糈之用，從而使部分普爾錢流入西藏亦未可知。

普爾錢除了紅銅質，另外還發現有黃銅質和銀質兩種。

黃銅質的普爾錢較紅銅質的略重一些，銘文雖然打製粗糙，但是依然能夠清晰地辨識出是托忒文的「策妄」字樣，並非贗品。普爾錢打製於葉爾羌，應該都是紅銅質的，因為新疆南路鑄錢從不摻用鉛、錫，都是用純淨紅銅直接鑄造，因此呈紅色，這是新疆南路鑄錢的一大特點。但是，怎麼會出現黃銅質的普爾錢呢？這恐怕又與策妄阿拉布坦侵擾西藏有關。

據文獻記載，準噶爾軍隊占領拉薩之後，曾在全城大肆搶劫三天，寺院神廟裡的金、銀、銅器等貴重財物多被搶走，運往伊犁，途中要經過葉爾羌，很可能用搶來的一些銅器，在葉爾羌打製了一部分普爾錢。因為西藏使用黃銅，這可能就是我們今天所見到的黃銅質普爾錢的來歷。

銀質普爾錢目前只發現噶爾丹策零的一種，數量極為稀少，屬於真品無疑。限於資料，對其來源還不能做出解釋。相信隨著新資料的發現以及研究的深入，對於黃銅質和銀質普爾錢的來歷，將會有更準確可靠的解釋。

三、準噶爾汗國的滅亡

普爾錢之所以始終吸引我的目光，不僅僅是因為它還有很多未解的謎團需要我們去發現、揭祕，更主要的是，我認為從某種程度上講，普爾錢就是準噶爾民族多舛命運、悲慘結局的歷史見證！它記載了那個時代中國西北歷史的風雲突變，見證了準噶爾蒙古以悲劇收場的幾齣恢宏壯闊的大戲，值得我們深思。

準噶爾部落作為西蒙古的核心，在明朝初年，隨著以黃金家族為代表的東蒙古勢力的逐漸衰微，而強勢登上了西北草原的歷史舞台。其首領也先以太師的身分控制了北元黃金家族的廢立，並在土木堡一戰俘虜了明英宗，這是前無古人，後無來者的一幕！更絕的是他在要脅明朝失敗的情況下，竟然放回英宗，直接影響了明朝歷史的走向。巴圖爾洪台吉在位時配合和碩特進軍西藏，將藏傳佛教中的格魯派扶植起來，奠定了蒙藏民族共同信仰藏傳佛教的基礎。後來他又牽頭制定了《衛拉特法典》，協調西蒙古各部落內部的分歧，以便共同對外。其子噶爾丹初拜五世達賴為師，後還俗奪取準噶爾大汗之位，南取葉爾羌汗國、東擊漠北喀爾喀蒙古，欲與康熙爭奪天下，雖然最後兵敗自殺，但是在蒙古民族中至今仍有很高的威望。策妄阿拉布坦本來是噶爾丹的侄子，於危難之際繼承汗位後，勵精圖治，再次征服葉爾羌汗國，並進軍西藏，意圖控制達賴並進而與清爭奪天下，兵敗後卻依然能從拉薩全身而退。其子噶爾丹策零在與清朝對峙的同時，還能在西面抵禦俄國的東進，並從南疆移民維吾爾族人開發伊犁河谷，成就了準噶爾汗國最強盛的時期。

曾幾何時，風雲突變。

噶爾丹策零因為沒有處理好汗位的繼承問題，為準噶爾蒙古招來了滅頂之災。一七四五年噶爾丹策零去世後，次子策妄多爾濟那木扎勒繼位，不久發生內訌，被其兄喇嘛達爾扎趕下台。喇嘛達爾扎又被達瓦齊殺死。達瓦齊上台後與曾經支持他取得汗位並有野心的阿睦爾撒納交惡，戰敗的阿睦爾撒納於是降清，並帶清軍滅了準噶爾汗國。

阿睦爾撒納後來因為不滿清朝的任命又多次叛亂，反反覆覆，直到一七五七年（乾隆二十二年）才被最後平定。但是，已經對準噶爾蒙古失去信任和耐心的乾隆皇帝，在下令銷毀普爾錢改鑄成圓形方孔的乾隆通寶錢的同時，對準噶爾男子也實行了滅絕式的屠殺，個頭超過馬車輪子的男子統統被殺了，婦孺則被擄去做奴婢。正是因為準噶爾蒙古的男子幾乎都被殺光了，伊犁河谷人煙稀少，西遷伏爾加河流域的土爾扈特部才有了東歸伊犁想法，演出了一場東歸故里的壯舉。

曾經強盛無比的準噶爾汗國，經此浩劫之後，除了在新疆北部留下來一個空洞的「準噶爾盆地」這一地名之外，只有劫後存留的普爾錢，還能訴說準噶爾蒙古曾經輝煌的經歷。這一切告訴我們，無論是大至一個國家，還是小至一個單位或家庭，內部的團結無論什麼時候都是最重要的！古人云：「兄弟鬩於牆，外禦其侮。」我想這應該是普爾錢帶給我們的最大啟示。

36 新疆紅錢：體現了乾隆皇帝治疆策略的錢幣

「新疆紅錢」是清代銅錢體系中一個獨立分支，因為只在新疆南部鑄造流通而得名，內地很難見到。它不僅顏色與內地各省流通的制錢不一樣，在形制、錢文、重量等方面也與制錢不盡相同。因為獨特而籠罩著一層神祕的面紗。

新疆紅錢與眾不同的外在表象背後，實際上體現的是清政府治理新疆的政策設計。下面結合新疆歷史，從貨幣的視角探討清政府統一新疆後，為什麼在南疆鑄造使用「紅錢」，這體現了怎樣的政策考慮，又產生了怎樣的影響。

一、「紅錢」名稱的由來

「新疆紅錢」，顧名思義表示它的顏色是紅色的，這從外觀上就揭示出它與內地的制錢看上去不一樣。這是為什麼呢？

實際上，這是因為新疆與內地傳統上鑄錢的習慣就不相同。新疆以及中亞地區鑄造錢幣所用的銅料，都是當地用土法提煉的，熟銅中原有的雜質都沒有去除乾淨，同時也不再添加鉛、錫等配料，直接就用來鑄錢，因此含銅量都在百分之九十以上。因為銅本身的顏色就是紅色的，古人就稱銅為「赤金」，新疆用純度高達百分之九十以上的銅鑄出來的錢自然呈紅色，因此俗稱為「紅錢」。

而內地鑄造的制錢，為了增加錢幣的硬度以及銅液澆鑄時的流動速度，同時也考慮降低成本，則要添加相對低廉的鉛、錫、鋅等配料，一般比例為「銅六鉛四」，銅只占到百分之六十，而呈青銅色或黃色。

新疆紅錢與內地制錢，除了顏色上的不同之外，在錢文、重量、流通區域、比值等方面也都不同。這些不同，實際上就反映了清政府在新疆治理政策設計方面「因俗施治」的總原則。

二、紅錢制度與治疆策略

清朝的統治者因為本身就是少數民族，因此，在處理民族地區的事務時，比較尊重、照顧少數民族的傳統習俗，能夠做到「順俗從宜，各因其便」。特別是在貨幣制度方面，針對新疆不同的地區實行不同的制度，這也屬於在政治上實行分區管理政策的一部分。

1. 北疆推行制錢制度

新疆是一個多民族、多宗教，農耕與游牧經濟並存且發展極不平衡的邊疆地區。針對這一特點，清政府採取了因地制宜、「因俗施治」的方針。政治上，在新疆分別實行了：郡縣制、伯克制、札薩克制、八旗制等不同的管理制度。

北疆的烏魯木齊一帶多數都是從關內遷來的漢族、回族百姓，因此設立鎮迪道，由陝甘總督及烏魯木齊都統雙重管轄，實行與關內一致的郡縣制；為了鞏固邊防，從內地抽調的滿族、蒙古族、錫伯族和索倫等八旗駐防軍及其眷屬，主要駐守在北疆的伊犁地區，對他們的管理如同內地一樣，實行的是八旗制度；對早期歸順的哈密、吐魯番等察合臺後裔以及後來歸附的哈薩克、土爾扈特等部眾實行札薩克制即世襲制。與上述三種政治管理制度相適應，清政府在貨幣政策上實行的是和內地一致的制錢制度，這就形成了北疆的制錢區。

日本和臺灣的學者曾經認為，紅錢制度是清朝統治者所推行的「漢回隔離」政策的一種表現。這種觀點不能說沒有道理，但是客觀地講，如果從清代紅錢制度實施的全過程來看，最初確實存在「漢回隔離」的考慮。但是，這種意識與動機在不斷地淡化，後來就逐漸不存在了。因為，乾隆皇帝在南疆實行紅錢制度後不久，曾經考慮過北疆也「照回部之例」建局「鑄造乾隆通寶，永遠遵行」。當有人將寶伊局的錢帶往南疆冒充紅錢使用時，他又提出「不如將伊犁錢文與回地普爾畫一辦理，使奸商無所獲利，自然不復滋弊」。❶道光皇帝甚至還一度想將紅錢制度推行到關內的陝、甘兩省。新疆建省之後，紅錢就被推廣到了北疆，成為全疆統一使用的貨幣。

2. 南疆實行紅錢制度

南疆的塔里木盆地沿線，是維吾爾族的傳統集中居住地區，統一之後政治上繼續保留了原有的伯克制即封建領主制，但是將原來的世襲制改為清政府的委任制。與此相適應，在貨幣制度上實行的就是紅錢制度，形成了南疆的紅錢區。

---

❶《清實錄·乾隆朝實錄》卷一〇〇九。

紅錢是清政府統一新疆後的第二年，即乾隆二十五年（一七六〇）鑄造的。因為要銷毀準噶爾汗國在葉爾羌鑄造的普爾錢，所以，清政府就在葉爾羌設立鑄錢局，將收繳的普爾錢銷毀後改鑄成圓形方孔錢。

這種方孔錢與清政府在內地統一鑄造的制錢，雖然在外形上看起來一樣，但是內容上卻有兩點不同：

一是材質上沒有摻雜鉛、錫，而是直接用純紅銅鑄造的；二是錢幣的背面，除了滿文之外，還鑄有維吾爾文。

乾隆皇帝在審核紅錢樣錢時，曾經寫下了「形猶騰格因其俗，寶鑄乾隆奉此同」❷的詩句。其「奉此同」的原則性與「因其俗」的靈活性，在「紅錢」身上可以說是得到了完美的體現。

清政府在南疆實行紅錢制度，這一方面是尊重當地民眾慣用紅錢的傳統。新疆南路為綠洲農耕區，歷史上就使用貨幣，也鑄造過貨幣。都是用純銅直接鑄造，從不摻加鉛、錫，因此錢幣呈紅色，這是新疆南路以及中亞地區歷史上鑄錢的一大傳統。另一方面是有利於收繳、銷毀舊錢，順利統一貨幣制度，保持社會穩定。新鑄的乾隆通寶採用紅銅，每枚重二錢，與原來流通使用的普爾錢在錢質、重量上完全保持一致。背面加鑄維吾爾文，便於當地民眾辨認，這樣有利於統一貨幣工作的順利完成。

3. 紅錢與制錢的兌換

因為在南疆實行紅錢制度，新疆就被劃分成了紅錢與制錢兩種不同的貨幣流通區。那紅錢與制錢的兌換比率是多少，又是如何兌換的呢？

紅錢每枚重二錢，含銅量在百分之九十以上。制錢的含銅量只有百分之六十，其餘百分之四十為鉛、錫等劣質金屬，標準重量只有一錢二分。因為紅錢與制錢的材質和重量都不相同，所以，它們的幣值也不相同。最初規定一枚紅錢兌換十枚制錢，後來調整為一比五，即一枚紅錢可以兌換五枚制錢，這一比值一直延續使用到清末。紅錢區與制錢區以吐魯番地區的托克遜為界。那裡是北疆通往南疆的門戶，專門設有貨幣兌換點，為往來的官員以及商客提供兌換服務。道光二十四年（一八四四）去南疆勘察耕地的林則徐，❸以及咸豐元年（一八五一）去葉爾羌任職的倭仁，❹在他們的日記和遊記中，都有進入南疆之前在托克遜將制錢兌換成紅錢的記載。

紅錢與制錢雖然確立了兌換比率，也設立了兌換地點，但是在同一個地區發行、使用兩種不同的貨幣，並且劃區流通，給人員往來、貨物交流以及經濟發展都帶來了諸多不便且影響深遠，民國時期形成的「省票區」與「喀票區」與此不無關係。

4. 鑄錢技術源自寶陝局

新疆地區從唐朝以後逐漸就接受了伊斯蘭教，錢幣文化也被伊斯蘭化了，採用打製技術鑄造圓

---

❷《西域圖志》卷三十五《錢法・名數》。

❸《林則徐集・日記》：「道光二十五年正月二十五日，……傍晚時已至托克遜……此地頗不荒寂，凡赴南路者，多於此地易換紅錢，緣過此則不用紅錢也。紅錢一文抵青錢五文者，背面鑄『五』字；抵十文者背面鑄『十』字。今市上常用之紅錢，背無鑄字，每一文亦抵青錢四文之用。」

❹倭仁著《莎車行記》：「宿托克遜，制錢行使止此，以西皆用紅錢。」

形無孔錢。譬如喀喇汗朝、察合臺汗國、葉爾羌汗國以及準噶爾汗國的錢幣，都是用打壓法製成的。此前漢唐時期從中原傳入的澆鑄技術早已失傳。那麼鑄造紅錢的技術又是如何解決的呢？

這全靠寶陝局的技術支援。據記載，應當時主持南疆事務的定邊將軍兆惠的請求，朝廷命令陝西巡撫從寶陝局派來八名技術工匠，攜帶鑄錢所需成套器具兩副，三月中旬從西安出發，歷時五個多月，到了八月才抵達葉爾羌，九月就開爐鑄錢。最初是用軍營裡備用的餘銅，鑄錢五十多萬枚，兌換原來用的普爾錢，銷毀舊錢後再鑄新錢。新鑄造的錢主要是供葉爾羌、喀什噶爾、和田三城使用。

圖36–1　兆惠

不僅是葉爾羌局，後來的阿克蘇局以及北疆的寶伊局，都是在寶陝局技術工匠的主持下籌建的。因此，鑄造的錢幣都帶有明顯的寶陝局的特點，這從乾隆當朝所鑄造的乾隆通寶錢幣正面文字上就可以清楚地看出它們之間的關係。後來補鑄的乾隆通寶逐漸就沒有了寶陝局的特點，更多體現的是濃郁的新疆風格了。

紅錢的形制是由乾隆皇帝欽定的，即「從各省之例，附彼處城名於其幕，而正面遵用天朝年號，以彰同文之制；幕文兼用回字者，從其俗也」。❺外觀上與內地各省通用的制錢一樣，正面用漢字鑄「乾隆通寶」。制錢的背面只有滿文一種，在穿孔的左右為滿文「寶某」表示鑄局，但是，紅錢的背面用滿文和維吾爾文標注地名葉爾羌，分列穿孔的左右。不過，當地民眾仍然稱紅錢為「普爾」或「雅爾馬克」，表示的都是銅錢的意思。

5. 阿克蘇等鑄錢局

除了葉爾羌局之外，清政府在南疆還先後設立了阿克蘇、烏什、庫車、喀什噶爾等四個鑄錢局。其中，最重要的是阿克蘇局及後來的庫車局。

葉爾羌不產銅，設立葉爾羌局的主要任務是銷毀普爾錢。而阿克蘇地區銅礦資源豐富，因此在葉爾羌局設立後的第二年，即乾隆二十六年（一七六一）又設立了阿克蘇局，承擔了在南疆鑄造新貨幣的使命。烏什局是乾隆三十一年（一七六六）將阿克蘇局移遷烏什鑄錢而形成的。這與鎮壓烏什爆發的一場農民起義後，清政府在政治及軍事上所做的調整有關。當時將參贊大臣由喀什噶爾遷往烏什，兼轄阿克蘇及喀什噶爾。烏什的地位頓時提高，成為清政府管理南疆回部各城的政治及軍事中心。順應這一調整，同時也為發放兵餉的便利，於是就將原設於阿克蘇的鑄錢局移設烏什，成為清政府在新疆設立的第三個鑄錢局。但是，因為烏什地理位置偏僻，不產銅，也沒有熟練的工匠，鑄錢所需要的一切都要從阿克蘇等處運來，勞民傷財，得不償失，因此，嘉慶四年又將鑄錢局重新移回了阿克蘇。

庫車和喀什噶爾兩個鑄錢局都是在咸豐年間為了趕鑄大錢而設立的。鑄造大錢的風潮過去之

---

❺《西域圖志》卷三十五《錢法・制式》。

圖36–3　乾隆阿克蘇

圖36–2　乾隆葉爾羌

圖36–4　乾隆烏什

清代新疆錢局分布圖

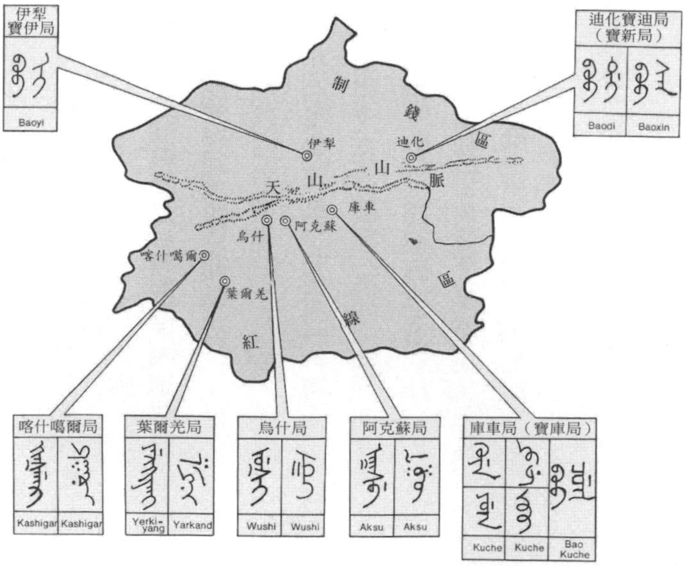

圖36–5　清代新疆錢局分布圖❻

後，喀什噶爾局就停鑄了。但是，庫車局不但保留了下來，還和阿克蘇局一起，成為光緒年間新疆最重要的鑄錢局。實際上，新疆紅錢主要都是阿克蘇局和庫車局鑄造的。

三、新疆紅錢的獨特魅力

新疆紅錢之所以能夠吸引海內外的錢幣收藏愛好者不惜重金求購，顯然不僅僅是因為它的顏色，更主要的是它豐富多彩的文化內涵、獨特的地域風情、遙遠的絲路情懷。

1.「道光通寶」背鑄「八年五」、「八年十」

它不但見證了平定張格爾叛亂這一新疆歷史上的大事，同時，還影響此後紅錢背面必須加鑄一個「十」字，否則當地的維吾爾族民眾就認為不是官鑄的錢，只能折半使用。這不但成為新疆紅錢上面一道獨特的風景線，甚至還是後來主張鑄行大錢者的現實依據，並因此而成為咸豐朝廣鑄大錢的濫觴。

❻此圖為作者出版《新疆歷史貨幣》（二〇〇七年中華書局）時，根據譚其驤所編《中國歷史地圖集・清代新疆全圖》由出版社編輯製作。

2.「光緒丁未」、「光緒戊申」

它們不是按慣例用「光緒」年號加「通寶」二字，而是「光緒」年號加農曆干支紀年「丁未」和「戊申」。這兩種錢幣用農曆干支紀名，既是一種紀名錢，也是一種紀年錢。這打破了自唐武德四年鑄開元通寶以來的命名慣例，實在是太過大膽且別出心裁，彭信威先生也認為「這在中國的錢制上是一種創制」，可惜的是製作過於粗陋。

3. 新疆建省紀念幣

光緒十年（一八八四）新疆建省。為了紀念新疆政治生活中的這件大事，庫車局特意鑄造了兩種建省紀念幣。正面均為「光緒通寶」，背面穿上為「九年」，穿下為「十」字。一種穿左右為滿文、維吾爾文「庫車」；另一種穿左右為滿文「寶庫」。這裡的「九年」二字，顯然是模仿道光「八年十」的格式，用以紀年而別有寓意。因為新疆建省這一過程是從光緒九年（一八八三）開始，到光緒十年任命劉錦棠為巡撫後始告完成，所以錢文紀年用的是「九年」。鑄造流通的銅質紀年方孔圓錢建省紀念幣，這是只有新疆紅錢才能出現的一大創新。

務有礦夫四百名每夫月獲淨銅四十觔每月可出銅一萬六七
千斤儘力鼓鑄每月只用銅一萬三千餘觔尚餘存銅三千餘觔
十一年六月庫車同知李時熙鑄局委員鄒子鴻等申請先於原
用匠夫七十八名內抽調二十人於七月二十六日起開小火爐
一座首鑄錢模續調原用匠夫暨新招夫二十二名總共一百名
興工試辦其辦法按照稟定新章內開仍每錢五百文作為一挂
計重四觔一兩每文計重一錢三分以四成鑄為乾隆通寶字餘
則照常兼且於紅錢後面左右仍以清書纏文上用庫字以誌庫
局所製下仍用十字以順輿情蓋纏民不知用意近來鑄錢無當
十字樣者纏民疑非官製不肯行用故西四城用錢以無十字之
新錢祗作半文使用十二年四月藩司魏光燾詳請仍照原辦於
阿克蘇開局鼓鑄專收拜銅並分供南路十三廳州縣之用庫車
寶新局即於是年冬撤嗣於十八年五月巡撫陶模以鼓鑄紅錢
炭為大宗阿克蘇木炭向較庫車昂貴且設爐數年砍燒殆盡庫

圖36–6 《新疆圖志・錢法》中關於加鑄「十」字記載

4. 乾隆通寶錢

乾隆通寶錢不但有當朝鑄造的，還有後朝補鑄的。這是因為乾隆皇帝為了紀念他重新統一新疆之功，曾經在乾隆三十九年（一七七四）明令他的子孫們，在乾隆朝以後「不便照內地錢文，隨時改鑄」，而是要「永遠恪遵，不必改毀另鑄」。所以，新疆地區的乾隆通寶錢要永遠鑄造，歷朝通用，成為定例，「永遠遵行」。當朝鑄造的錢體厚重、規整、數量較少；後來補鑄的錢體輕薄、簡陋、數量大、版式雜，這更增加了紅錢版別的複雜性。

5. 各鑄局之間相互代鑄

更絕的是，紅錢各鑄錢局還經常有相互代鑄錢幣的事。通常的做法是錢幣背面穿孔的左右用滿、維吾爾文所紀的地名為實際鑄造錢幣的局名，穿孔的上面用漢字標注委託代鑄的錢局名稱，如「阿」、「庫」、「喀」等字分別代表阿克蘇、庫車、喀什噶爾等。但是，也有例外。庫車局在宣統元年代烏什局鑄造宣統通寶時，就打破了代鑄錢幣在背面紀地名的慣例，反其道而行之，用滿、維吾爾文注明所代鑄的局名烏什，並用漢字「庫十」表明此錢實際為庫車所鑄，即

圖36–7　乾隆喀十

圖36–8　乾隆阿克蘇背九

圖36–9　光緒寶庫九年十

圖36–10　光緒庫車九年十

圖36–11　乾隆庫局

圖36–12　乾隆背「光緒」

「上用庫字，以志庫局所制。下仍用十字，以順輿情」。如果不是《新疆圖志》上有這一段記載，會給大家一種錯覺，以為早在嘉慶四年就停鑄的烏什局，怎麼在宣統年間又開爐鑄錢了呢？

6. 庫車局別出心裁，打破慣例，獨創出多種奇特的品種

在紅錢的鑄造中，最富創意的是庫車局，它完全不按常理出牌，別出心裁。如：模仿制錢用滿文「寶庫」紀局名；背面均以半邊月圈為記；背面的維吾爾文不標局名，而是拼寫的漢文「光緒」；背面紀漢字「庫局」；鑄造內地局名紅錢，等等，不一而足。這更增加了紅錢版別的多樣性、複雜性。

四、對「新疆紅錢」的展望

新疆紅錢作為中國古代錢幣文化大花園中的一朵奇葩，因其向來以種類繁多、版式繁雜、不合慣例、別出心裁而呈現出一種獨特的異域風情。這與內地千面一孔、標準統一、毫無創新的制錢相比，自然成為收藏愛好者夢寐以求的目標。另外，鑄造的紅錢，大部分是作為軍餉發放給駐軍使用，多與重大的事件有關。因此，紅錢作為新疆很多重大歷史事件的見證者，既能給收藏者帶來厚重的歷史感，又可以起到證史、補史的作用，因而具有重要的學術價值。

新疆紅錢因為是在南疆地區鑄造，流通使用也僅限於當地，因此早期內地的人很難見到，即使是專門的錢幣收藏愛好者，也很難收集到新疆的紅錢。對於海外的收藏愛好者來說，更是一幣難求。偶有所得，便視為珍品，甚至要專門擺酒席，邀請同好一起來欣賞。到二十世紀八○年代，隨著改革開放政策的實行，新

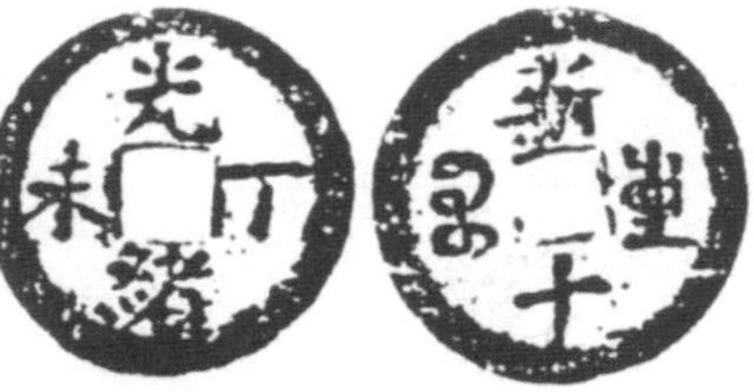

圖36–13　光緒丁未新十寶庫

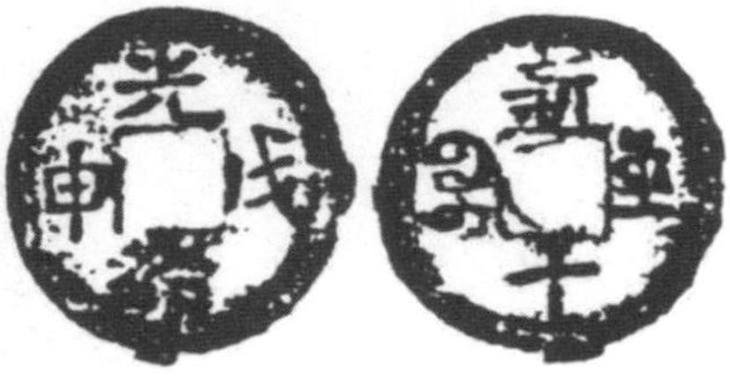

圖36–14　光緒戊申新十寶庫

圖36–15　宣統庫十

疆與內地的聯繫、交流增加以後，才開始有大量的紅錢流出新疆。當時，內地百廢待興，錢幣收藏才剛剛起步，因此，紅錢主要都流向了海外。於是，在港澳臺以及日本、東南亞地區形成了一股收藏、研究新疆紅錢的熱潮。但是他們主要是從版別的角度收錄了新疆紅錢各種不同的版別和品種，並標注了珍稀度，給收藏者提供參考指南，而很少挖掘紅錢背後深厚的歷史文化底蘊。

因此，我們相信，隨著「一帶一路」建設事業的推進，作為絲綢之路錢幣文化重要組成部分的新疆紅錢獨特的文化價值，將會被更多的海內外錢幣收藏愛好者挖掘出來，掀起一股新的、更高層次上的新疆紅錢收藏、研究的熱潮。

37 乾隆寶藏：見證了一場貨幣戰爭的錢幣

歷史上真有貨幣戰爭，即由貨幣而引起的戰爭嗎？

回答是肯定的，不但有，在乾隆年間就曾經發生過一次。

下面就從乾隆寶藏銀幣的鑄造，介紹乾隆五十六年（一七九一）清政府因為西藏地區流通使用貨幣的問題，與尼泊爾之間發生的一場真正意義上的貨幣戰爭。

一、問題的提出

乾隆寶藏銀幣是清政府在西藏地區正式鑄造發行的貨幣，它也是中央政府在西藏地區最早發行的貨幣。與傳統的澆鑄幣不同，它是用印模手工打製而成，直徑二十六公釐，重三・六克，厚度約一公釐。因為錢體比較輕薄，俗稱「薄片」。正面是「乾隆寶藏」四個漢字，背面為藏文，是漢字的藏語音譯。

清政府在全國各地設立的鑄錢局所鑄造的都是銅錢，白銀雖然也作為貨幣使用，但是，並不鑄成錢幣，而是以銀錠的形式稱量使用。那麼清政府為什麼要在西藏地區鑄造銀幣而不是鑄造銅錢呢？這自然是與

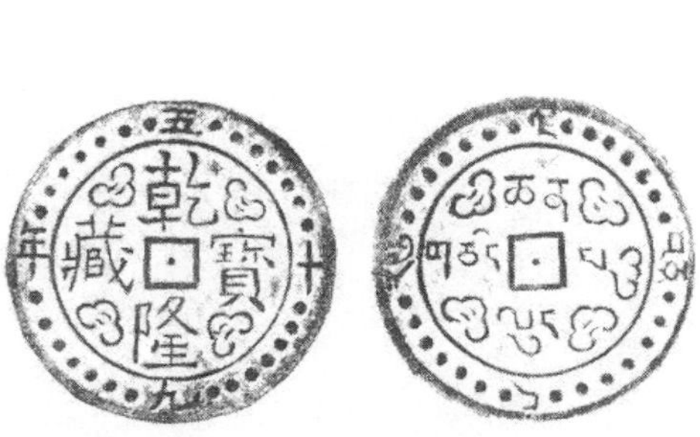

圖37–1 乾隆寶藏

西藏地區歷來習慣於使用銀幣而不用銅錢的傳統有關。但是，清政府在西藏鑄造乾隆寶藏銀幣的原因，卻並不是那麼簡單。這實際上與鄰國尼泊爾有關，因為尼泊爾與西藏之間曾經因為使用貨幣的問題而發生爭執，並最終導致了一場中國與尼泊爾之間的貨幣戰爭。而乾隆寶藏銀幣可以說就是這場貨幣戰爭的直接結果，或者說是見證者。

要講清楚這場貨幣戰爭的起因以及乾隆寶藏銀幣的來歷，必須先從西藏使用貨幣的歷史說起。

二、西藏與尼泊爾的銀錢貿易

文獻記載，西藏早期以沙金作為貨幣使用。譬如唐朝的時候，吐蕃的使臣到長安求婚，就是「獻黃金五千兩」作為迎娶文成公主的聘禮。蒙古興起之後西藏歸順了蒙古，並被正式納入了元朝中央政府的管轄之下，西藏薩迦派高僧八思巴還被忽必烈聘為國師。元朝皇室曾經將大量白銀賞賜給西藏，受此影響，白銀逐漸取代黃金成為西藏地區的主要流通貨幣。清朝初年，五世達賴喇嘛到北京朝拜順治皇帝時，順治賞給黃金五百五十兩，白銀一萬兩。後來康熙皇帝又規定由打箭爐（今四川康定）稅收項下，每年撥給達賴喇嘛白銀五千兩，作為經費使用。但是，從中國內地運去的大批白銀，都是每個重達五十兩的大銀錠，除了大額的支付之外，日常小額使用時，都要將銀錠破碎，使用碎銀。這些碎銀每次使用的時候，都需要稱重驗色，非常不方便。

與中國使用銀錠不同的是，和西藏相連的今天尼泊爾境內的加德滿都河谷地帶，分布的三個土邦即巴德岡、加德滿都和帕坦都鑄造使用銀幣。到十六世紀中期，這些土邦的銀幣逐漸開始流入西藏地區。西藏商人在與尼泊爾人的交易中，發現這些土邦的銀幣使用起來非常便利。於是，就有西藏商人用銀錠或碎銀兌換尼泊爾的銀幣來使用。這樣一來，在西藏與尼泊爾之間就出現了一種用銀錠兌換銀幣的「銀錢貿易」。最先是加德滿都土邦與西藏地方簽訂了一個向西藏提供銀幣並從西藏換回白銀的條約。後來，其他兩個土邦也相繼加入，開始了持續兩百多年的西藏與尼泊爾之間的銀錢貿易。

銀錢貿易的辦法，是用同等重量的銀幣兌換同等重量的白銀，不再另外收取鑄造費用。這一貿易對尼泊爾商人非常有利，因為他們從中可以獲取高達百分之十二的利潤。其中，百分之四的利潤來自從西藏換回的銀錠中提煉出來的黃金，另外百分之八的利潤則是在銀幣中摻假所得。貪得無厭的尼泊爾商人在銀幣中不斷加大摻假的比重，到一七五〇年，銀幣的含銀量甚至都不到百分之五十。尼泊爾商人將這種劣幣大量運往西藏，仍然要求換取同等重量的白銀，自然引起西藏人民的強烈不滿。

就在這個時候，尼泊爾的政局發生了重大變化。原來位於尼泊爾西北部的一個名叫廓爾喀的小王國突然崛起，最後於一七六九年攻占加德滿都，統一了尼泊爾全境。所以，清代又稱尼泊爾為廓爾喀。廓爾喀新鑄造的銀幣品質比原來各土邦鑄造的品質要好。這樣在市面上就同時流通兩種銀幣：一種是品質比較好的新幣；另一種是品質比較差的舊幣。商人在使用的時候就要挑選，如此一來很容易引起糾紛，擾亂市場。因此，西藏地方政府要求廓爾喀用新幣收回舊幣。但是，廓爾喀提出的條件非常苛刻，雙方未能達成收回舊幣的協議。

三、廓爾喀的入侵

廓爾喀因為統一了尼泊爾，擴張的野心開始膨脹。在與西藏的銀錢貿易糾紛還沒有解決的情況下，因為聶拉木口岸地區徵稅項目又鬧出了新的矛盾。面對這些紛爭和矛盾，尚武好戰的廓爾喀，不是透過談判來協商解決分歧的辦法，而是蠻橫地要求西藏地方政府答應它的條件，被拒絕之後竟然於一七八八年（乾隆五十三年）七月，派兵三千越過喜馬拉雅山脈，分兩路侵入西藏地區。

夾在中國和印度之間的尼泊爾是南亞地區的一個小國，怎麼敢如此狂妄地入侵西藏呢？

當年的廓爾喀要比今天的尼泊爾國土面積大三倍多，後來因為逐漸被英國的東印度公司給蠶食了，剩下的就是今天的尼泊爾。但是，即便如此，當年的廓爾喀敢於入侵清朝控制下的西藏，也是需要勇氣的，這大致有兩方面的原因：

一是當時的廓爾喀正處於擴張的鼎盛時期。廓爾喀人信仰印度教，屬於高級種姓中的剎帝利。印度教中牛被視為神物，廓爾喀的本意就是「牛的保護者」，因此與信仰佛教的西藏人本身就有矛盾。廓爾喀最初是由印度拉吉普特王公後裔中的沙阿家族於一五五九年在尼泊爾西北部建立的一個小王國，後來經過兩個多世紀的征戰，征服了富庶的加德滿都谷地，歷史上第一次統一了四分五裂的尼泊爾，並進一步在東起不丹、西至喀什米爾、北及西藏、南達恆河平原邊緣的喜馬拉雅山南麓廣大地區建立了它的宗主權。

二是因為自從一七二〇年清軍驅逐了進犯西藏的準噶爾蒙古之後，西藏地區已經六十多年不見兵戈，承平已久，武備廢弛。藏軍雖然號稱有一萬五千多人，但是，平常大部分都在家裡兼營農牧業以維持生計。為了應對廓爾喀的入侵，倉促之間也只能召集千把人。而清政府在整個西藏地區的駐軍更少，只有區區數百人。這些情報早已被廓爾喀商人摸得一清二楚。另外，六世班禪的兩個兄弟不和，在班禪去世後因為分割財產而產生矛盾，其中一個潛逃至廓爾喀，願為嚮導。因此，廓爾喀敢於出兵西藏，並迅速占領了聶拉木等三處地方。

廓爾喀的入侵不但震動了西藏，也震驚了清廷。乾隆皇帝立即委派負責處理蒙藏事務的理藩院侍郎，相當於副部長的巴忠「馳驛赴藏查辦」。另外派成都將軍率兵三千從西昌入藏，以為後援。先期入藏的巴忠與廓爾喀談判，受賄的他瞞著達賴以及西藏地方的噶廈政府，與廓爾喀達成了西藏三年內每年賠償白銀三百錠的協議，用這種屈辱的條件換取了廓爾喀的撤軍，並簽了字據。巴忠為了邀功，沒有向乾隆皇帝報告賠償白銀的事，只說失地已「次第收復」。但是，第二年廓爾喀派人拿著字據前來討要賠償的時候，事情就露餡了。達賴和噶廈政府都拒絕承認，廓爾喀認為自己被騙了，於是就於一七九一年（乾隆五十六年）七月再次派兵侵入西藏，闖入班禪的駐錫地扎什倫布寺大肆搶掠，康熙皇帝賞賜給班禪的金冊以及歷代班禪積累下來的金銀財寶，甚至是靈塔上鑲嵌的珍寶、珊瑚都被廓爾喀人搶劫一空。

廓爾喀人再次入侵的消息傳到紫禁城之後，受賄的巴忠畏罪自殺。被激怒的乾隆皇帝，緊急召見曾經平定了臺灣林爽文起義、現任兩廣總督的福康安，要他火速進京，面授機宜後乾隆皇帝任命福康安為大將軍，率兵入藏負責反擊廓爾喀的入侵。福康安是乾隆皇帝孝賢皇后的內侄，就像漢武帝手下的衛青、霍去病一樣，福康安雖然屬於皇親國戚，但是也很能打仗，是乾隆皇帝的心腹愛將。民間野史中甚至傳說福康安是乾隆皇帝的私生子，足見他受寵的程度。

四、廓爾喀之戰

福康安受命之後，知道軍情緊迫，十萬火急。他絲毫不敢耽擱，日夜兼程，五十天疾行五千里，走完了平常需要走一百二、三十天的路程，於一七九二年一月趕到了拉薩。他一邊安撫西藏僧侶，一邊排兵布陣。備齊兵馬糧草之後，一路勢如破竹，六戰六捷，到當年的六月，就已經收復了全部失地，將入侵的廓爾喀軍隊逐出了西藏。接著他又率領漢、滿、藏、索倫等各族戰士組成的六千清軍翻越喜馬拉雅山，攻入廓爾喀境內七百多里，直指其都城加德滿都，以懲罰其兩次入侵西藏的狂妄。眼看就要亡國的廓爾喀國王曾經向英國東印度公司乞求援兵。但是，當時英國為了擴大對華貿易，已經派出了以為乾隆皇帝慶祝八十大壽為名的馬戛爾尼使團，因此，拒絕了廓爾喀的要求。求救無望的廓爾喀人拚死抵抗，使得清軍在最後的帕朗古之戰中遇挫。加之冬季即將到來，後勤供應異常困難。雖然距離加德滿都只剩下了一日的路程，「但為氣候所限」，清軍沒有繼續推進，在接受了廓爾喀第三次求和並保證「此後永遠不敢侵犯邊境」的承諾之後於九月撤軍。平定廓爾喀之戰是乾隆皇帝「十全武功」中的最後一役。此戰之後，廓爾喀成為清朝的屬國，每五年遣使赴京朝貢一次。這種從屬關係一直都很穩定，直到一九〇八年廓爾喀徹底被英國控制後才結束。這期間廓爾喀也確實信守承諾，不但未再侵擾西藏，還將擊敗英國小股部隊繳獲的英軍裝備上繳清廷請功。但是，因為對英國名稱翻譯的不同，清朝以為是南部邊陲一個不知名的小國，只是嘉獎幾句，未予重視。甚至太平天國起義爆發時，廓爾喀國王還曾經上書清政府，表示願意派兵協助鎮壓起義，清政府沒有同意。

福康安率領的清軍雖然以摧枯拉朽之勢擊敗了廓爾喀軍隊，並攻入其國內，甚至差一點就攻占了其首都，但是英軍卻是在付出了沉重的代價之後才征服廓爾喀的，他們對廓爾喀士兵的忠誠勇敢與驍勇善戰印象深刻，於是就招募廓爾喀雇傭兵幫他們在各地打仗。血腥又殘酷的戰爭，使廓爾喀士兵身配彎刀的勇猛與忠誠的形象更加深入人心。迄今為止的兩百年間，作為雇傭軍的廓爾喀軍團在米字旗下，幾乎參與了英軍參加的所有戰鬥，成為延續至今的一段雇傭兵傳奇。每次看到這段歷史，總讓人感慨萬分！當年福康安指揮的遠征軍所表現出來的戰鬥力，與半個世紀之後鴉片戰爭時期在自己家門口的清軍相比，已有天壤之別。僅僅半個世紀的時間，清軍就腐敗到如此程度。因此，清朝的覆滅是歷史的必然！

五、《善後章程》與乾隆寶藏的鑄造

廓爾喀之戰意義重大，不但驅逐了入侵者，保全了西藏領土的完整，更重要的是福康安在班師回到拉薩之後所進行的善後工作中，根據乾隆皇帝的旨意，對西藏的事務進行了一次比較徹底的整頓。他會同達賴、班禪以及西藏地方噶廈政府，共同議定了《大清乾隆五十八年「善後章程」二十九條》（下稱「《善後章程》」）。對西藏的政治制度和宗教制度，特別是對駐藏大臣的地位和職權，達賴和班禪的轉世，官員的任命，國防、財政、外事等重大問題都一一做出了明確的規定。從此以後，西藏政教各項事業都有章可循、有法可依，這對於安定西藏社會秩序，發展社會生產，都起到了重要的作用。

由於這次戰爭是與廓爾喀的貨幣糾紛而引起的，所以在二十九條《善後章程》中的第三條，就對西藏地區使用的貨幣做了明確規定。實際上，早在福康安出征之前，乾隆皇帝就認真分析了這次戰爭爆發的原因。他認為西藏地方長期使用廓爾喀提供的貨幣「尤屬不成事體」。因此，要求「西藏地方，照內地之例，安設爐座，撥派官匠，鼓鑄官錢」。同時禁止廓爾喀銀幣在西藏地區的流通，「舊有廓爾喀錢文，概行銷作銀兩，一律使用官錢」。他要福康安在善後工作中考慮在西藏設局鑄錢的問題，和內地一樣，在西藏設立鑄錢局統一鑄造制錢。

但是，等到戰爭結束之後，福康安會同西藏地方噶廈政府，詳細分析了西藏地方的經濟、交通、民俗習慣以及實際的貿易情況，向朝廷提出西藏不適宜像內地那樣鑄造銅錢，而應該鑄造銀幣的建議。具體原因福康安概括為如下三點：

一是西藏本地從來不出產銅，鑄造銅錢的銅完全需要從外地運來，運輸成本將會非常高。因為西藏每年僅僅是鑄造佛像就需要購買熟銅四、五千斤，價值三、四千兩白銀。如果要是鑄造銅錢，數量將會更大，其成本將比內地高出數十倍不止，完全不具有可行性。

二是即便是鑄造出銅錢，在西藏地區也不好使用。因為藏民沒有使用銅錢的習慣，內地的銅錢只行使到打箭爐（今康定）一帶，從打箭爐至拉薩沿途的居民都使用碎銀，從拉薩到日喀則即衛藏地區的藏民，則使用尼泊爾的銀幣。

三是如果鑄造銀錢，可以替代尼泊爾的銀幣。這樣既杜絕了廓爾喀商人從中漁利，也維護了國家的貨幣主權，還可以保證商民進行公平的交易，減少糾紛，有利於今後與廓爾喀之間的通商貿易。

乾隆皇帝根據「順俗從宜，各因其便」這種一貫的治理邊疆民族地區的策略，接受了福康安的建議，批准在西藏地區設立鑄錢局，鑄造銀錢，而不是銅錢；使用的技術是鍛打製作，而不是傳統的澆鑄。具體的辦法就是先將白銀化開鑄成銀薄板，然後放在錢範內用錘敲打而成。由駐藏大臣會同達賴喇嘛委任兩名俗官和兩名僧官，為鑄錢局的負責人。朝廷接濟西藏的餉銀就交由鑄錢局直接用來鑄造銀錢。

銀錢的正面鑄「乾隆寶藏」四個漢字，背面鑄藏文，為音譯的「乾隆寶藏」四字，邊緣鑄有年號，以一錢（四克）和五分（兩克）兩種規格搭配鑄造。銀錢的成色以「純粹漢銀」即紋銀來鑄造，不得摻假。兌換辦法是每紋銀一兩兌換一錢新幣九枚、五分新幣十八枚。新幣兌換餘下的一錢白銀，作為鑄造費用。為了保證銀錢的品質純真，由駐藏大臣委派漢官會同噶廈政府的官員對鑄造的銀錢進行檢查。對於恪盡職守的有功人員，由駐藏大臣保奏朝廷獎勵。假如有徇私舞弊、摻雜假料的情況發生，就嚴加辦理，並根據所鑄造的假幣數目加倍罰款。

按照《善後章程》的要求，鑄錢局於乾隆五十八年（一七九三）正式鑄造了乾隆寶藏銀錢，有一錢和五分兩種規格。一錢的重四克、直徑二十六公釐、厚一公釐，正面鑄漢文「乾隆寶藏」四字，邊郭星狀間鑄「五十八年」四字，背面鑄藏文「乾隆寶藏」四字，邊郭鑄藏文「五十八年」，正反兩面都套以藏族人民喜歡的吉祥圖案雲狀花紋。五分的重兩克、直徑二十二公釐、厚〇・八五公釐，花紋與一錢銀幣完全相同。

乾隆寶藏一錢、五分兩種面值的銀錢，在西藏地區暢通無阻，深受藏漢人民歡迎，很快替代尼泊爾銀幣成為西藏市面上流通的主要貨幣，穩定了西藏的金融貿易秩序，加強了漢、滿、藏各民族間的往來，並抵制了境外貨幣的衝擊。

乾隆之後，嘉慶和道光年間，西藏鑄錢局繼續按照《善後章程》的規定，又先後鑄造了「嘉慶寶藏」和「道光寶藏」兩種銀錢。直到道光十八年（一八三八）因為匯兌中的弊病而被停鑄。後來，隨著西方影響的日益加深，中國傳統的制錢逐漸被近代機制幣取代，中國的貨幣翻開了新的一頁。而在這一歷史進程中，乾隆寶藏銀錢從某種意義上來說，也可以被視為一位探路的先行者。

乾隆寶藏銀錢的誕生意義重大。它將多民族文化進行了一次積極的互融，在保留傳統制錢模式的基礎上，進行了一次創新的嘗試。其最大的特色，就是在銀錢兩面的中央，都鑄有一個正方形的圖框，像是穿孔卻又沒有打透。這一獨具匠心的設計，體現了中國傳統錢幣文化即圓形方孔的典型特徵，說明「乾隆寶藏」銀錢是漢藏文化融合的產物，是中華錢幣文化大家庭中的重要一員。

38 道光通寶・八年十：唯一成功鑄造的大錢

歷史上，每當財政出現困難，統治者都會採用發行虛值大錢，實行通貨膨脹的辦法，向老百姓轉嫁負擔。雖然原因各不相同，做法也各有差異，但是結果都以失敗告終，有的還直接導致了政權的覆滅。但是，卻有一次例外，不但發行成功、流通順利，完成了歷史使命，還對後來的貨幣政策產生了重大影響，這就是清朝道光年間，那彥成在南疆鑄造發行的「道光通寶・八年十」大錢。

下面結合當時新疆特殊的歷史背景，介紹「道光通寶・八年十」大錢成功鑄造的原因及其歷史影響。

一、問題的提出

「道光通寶・八年十」銅錢，是由欽差大臣那彥成受命處理平定張格爾叛亂的善後事宜時，報請道光皇帝批准，於道光八年（一八二八）在阿克蘇鑄錢局鑄造的一種虛值大錢。它的正面與普通的道光通寶錢一樣，為「道光通寶」四字對讀。背面穿上為「八年」，表示道光八年；穿下為「十」，表示當十，即一枚「道光通寶・八年十」當十枚小平錢的意思。穿孔的左右兩側，分別用滿文和察合臺文（又稱老維吾爾文）標注地名「阿克蘇」。

那彥成（一七六四－一八三三），是清朝前期著名的大學士阿桂的孫子，他的家族屬於滿洲上三旗之一的正白旗，是名副其實的貴族出身。但是，那彥成的仕途卻不是像大多數的滿洲貴族子弟那樣，依靠祖父輩的功勞而獲得的，他完全是依靠自己的才學取得的。那彥成於乾隆五十四年（一七八九）考中進士，曾先後出任過伊犁領隊大臣，喀喇沙爾、葉爾羌辦事大臣，喀什噶爾參贊大臣等職，熟悉邊疆事務。

飽讀詩書並有學問的那彥成，應該非常清楚歷史上鑄造虛值大錢、實行通貨膨脹政策所帶來的危害。但是，在平定張格爾叛亂之後，處理南疆善後事宜的時候，他為什麼還要鑄造虛值的大錢呢？一向以謹慎著稱的道光皇帝為什麼又會同意那彥成鑄造大錢的請示呢？要回答這些問題，首先要從平定張格爾的叛亂說起。

二、張格爾叛亂

張格爾是大和卓波羅尼都的孫子。所謂「和卓」，是波斯語「Khwaja」的音譯，意為「聖人的後代」，指伊斯蘭教的創立者穆罕默德的後裔。事實上，中亞以及新疆的所謂「和卓」基本上都與穆罕默德沒有任何的血緣關係，他們的身世都是為了欺騙信徒而自行杜撰的。

新疆的「和卓」勢力是葉爾羌汗國時期傳入的，十七世紀中葉統治葉爾羌汗國的察合臺後王逐漸衰落後，代表伊斯蘭教的和卓勢力開始強大起來，分為白山、黑山兩派，長期爭鬥不已。準噶爾汗國的噶爾丹第一次征服葉爾羌汗國時，扶植的是白山派。噶爾丹死後，白山派曾謀自立，又被策妄阿拉布坦征服，轉而扶植黑山派，將白山派和卓阿合瑪特拘禁於伊犁。阿合瑪特在伊犁時生了兩個兒子，就是後來的大和卓波羅尼都和小和卓霍集占。乾隆十九年（一七五四）清政府平定準噶爾汗國之後，將囚禁中的大小和卓釋放，委任他們去南疆勸降當地的封建主們。但是，獲釋後回到南疆的大小和卓卻違背了最初的承諾，發動了叛亂，失敗後逃亡中亞的巴達克山，被當地的部族所殺，並將首級交給了清軍。但是，和卓的後裔們則被位於今天烏茲別克斯坦一帶的浩罕汗國收留，成為這些封建主與清政府進行交易的籌碼。這些所謂的和卓後裔，在國外勢力的唆使下，多次潛入南疆，在成為破壞新疆穩定禍源的同時，也開啟了他們自己悲劇的人生。這其中，又以張格爾最為典型。

張格爾在浩罕汗國統治者的支持下，曾經於嘉慶二十五年（一八二〇）、道光四年（一八二四）兩次潛入南疆發動叛亂，都被清軍擊潰。道光六年（一八二六）七月，張格爾第三次潛入南疆，他利用和卓後裔的身分，進行宗教煽動，裹脅白山派信徒攻破喀什噶爾城，後來又先後攻陷英吉沙、葉爾羌、和田等南疆西四城，南疆一半的城池淪陷，引起全國的震動。道光皇帝於是任命伊犁將軍長齡為揚威將軍，又從關內調集大軍三萬六千多人，集結在阿克蘇，經

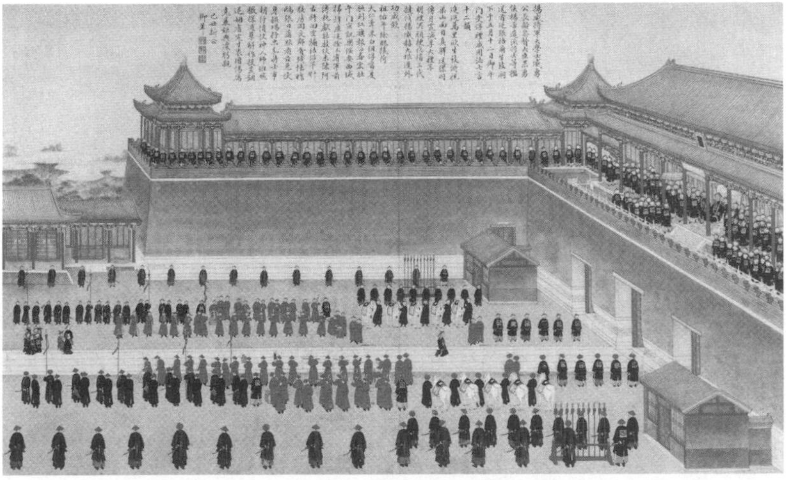

圖38–1　《平定回疆戰圖冊・午門受俘儀》

過將近兩年的圍剿，於道光八年（一八二八）的除夕之夜，將張格爾俘獲，平定了叛亂。張格爾後來被押送至北京，在故宮的午門外舉行受俘儀式後被處死。在故宮收藏的《平定回疆戰圖冊》中，專門有一幅〈午門受俘儀〉，記錄了當時的情景。

三、那彥成受命善後

叛亂雖然被平定了，但是善後卻是一項複雜的事，既涉及安撫南疆民眾、早日恢復生產的內政方面，又與妥善協調處理中亞地區特別是與浩罕汗國的關係有關。道光皇帝經過慎重考慮，決定委任直隸總督那彥成為欽差大臣，親赴南疆去主持善後事宜。

當時，南疆地區最為急迫的民生問題，是因為「銀賤錢貴」而導致的「錢荒」難題。而這一問題的出現，與平定張格爾的叛亂有直接的關係。

張格爾叛亂最嚴重的時候，南疆一半的城池都已失陷，軍情緊急。為了平定叛亂，清政府先後從內地調集三萬六千多人的大軍，所攜帶的軍餉全部都是白銀。駐軍在當地採購日常生活必需品時，支付的都是白銀，這就導致阿克蘇以及南疆的市面上出現了以「銀賤錢貴」為特點的「錢荒」現象。

據那彥成的調查，當時南疆地區的銀錢比值出現了巨大的波動。在平叛行動進行到最緊要的關頭，阿克蘇銅廠的官兵也曾經被調赴前線去作戰，鑄錢局更是一度「暫時停鑄」，以至於計畫委託遠在伊犁的寶伊局，代阿克蘇局鑄造紅錢，這更加劇了銀錢比值的大幅波動。據統計，銀錢比值由嘉慶至道光初年的一兩白銀兌換紅錢二百五十至二百六十文這樣一個長期穩定的比值，到了道光七年已經升至一兩白銀只能兌換紅錢八十至一百文。

清軍從關內帶來的都是大額銀錠，不便日常小額使用，加之缺少銅錢，揚威將軍長齡認為如果增加紅錢的鑄造數量，阿克蘇地區所產的銅滿足不了需求，近處也無銅可買。因此，他主張利用價格偏低的白銀，鑄造銀錢來使用。奏請道光皇帝同意後，於道光七年（一八二七）二月，在阿克蘇完全仿照紅錢的式樣及鑄造技術，鑄造了「道光通寶」圓形方孔銀錢。一枚銀錢重庫平一錢，抵紅錢十六文。因為折算不便，又有民間摻雜造假，長齡於道光八年初押解張格爾去北京請功之後，銀錢也就停鑄了。雖然僅流通了一年多，卻從一個側面說明了當時「錢荒」的嚴重程度。「道光通寶」銀錢是清代最早鑄造的用於流通的圓形方孔銀幣，反映了白銀由稱量貨幣向計量貨幣過渡的歷史趨勢，在貨幣發展史上具有一定的意義。

平定叛亂之後，雖然一部分大軍被撤走了，但是「錢貴」即流通中銅錢缺少的現象依然存在，嚴重地影響了當地百姓的日常生活和社會穩定。這是那彥成首先要解決的難題。

四、鑄造當十大錢

經過實地考察之後，那彥成認為如果按照常規的思路來解決南疆的「錢荒」難題，將會陷入一個兩難的困境：因為針對市面上缺錢這一現象，如果採用增加錢幣鑄造量的辦法，將會受制於銅量的不足，而無法實現；如果採用減輕銅錢重量的辦法，又會破壞貨幣的信譽，更不足取。無奈之下，他向

圖38–2　道光阿克蘇（銀）

道光皇帝建議，鑄造大面值的銅錢，也就是通常所說的鑄行「大錢」。具體的辦法是，在原來的「當五」錢之外，另鑄一種「當十」錢。

清政府統一新疆南路之後，為了照顧當地民眾用錢的習慣，在南疆鑄造的貨幣用的是純淨紅銅，沒有像內地那樣摻雜鉛、錫、鋅等配料，因此，錢幣的顏色呈現的是銅原有的紅色，而被習慣稱為「紅錢」。北疆則和內地一樣使用制錢。紅錢每枚重二錢，制錢的標準重量為一錢二分。紅錢與制錢因為材質和重量都不相同，因此它們的幣值也不同。最初規定一枚紅錢兌換十枚制錢，後來調整為一比五，即一文紅錢兌換五文制錢，這一比值一直延續使用到清末。紅錢區與制錢區以吐魯番地區的托克遜為界，倭仁和林則徐貶戍新疆時，在其遊記及日記中，都有在托克遜將制錢兌換成紅錢的記載。

圖38–3　道光八年五

圖38–4　道光八年十

那彥成在給道光皇帝的奏摺中所說的「當五」，指的是一枚紅錢當五枚制錢，這原本就是紅錢與制錢的兌換比值，所以「當五」錢實際上仍然是一文的小平紅錢。「當十」指的是一枚紅錢當十枚制錢，這相當於兩枚小平紅錢，實際上可以理解為是折二的紅錢，這已經屬於一種虛值的大錢了。

對那彥成提出的幣制改革建議，道光皇帝認為，紅錢一枚當制錢五枚使用，已經行用多年。現在新鑄一種當十錢，必須要試行無弊之後，再行推廣才妥當。如果試行得不順利，就「據實奏明停止」。❶道光皇帝的態度雖然很慎重，但是基本上是同意的。

那彥成就在當年即道光八年在阿克蘇鑄錢局試鑄了「當十」錢和「當五」錢，這就是新疆紅錢中著名的「道光通寶・八年五」和「道光通寶・八年十」。「八年五」的直徑為二十三至二十四・六公釐，重三至四・一克；「八年十」的直徑二十七至二十七・二公釐，重五・二至五・四克。這兩種錢幣發行之後，市面反應不錯，流通得很順利。那彥成於是就在第二年即道光九年將「當十」錢的比例由當初的十分之三提高為十分之五，即「當五」錢與「當十」錢各占一半，但是紀年卻仍然繼續鑄造為「八年」而保持不變。「道光通寶・八年十」是清代最早的紀年錢，也是紀值錢，因此它是一種既紀年又紀值的錢幣，這是一種嶄新的錢幣命名形式。

五、大錢成功流通

歷史上，鑄造虛值大錢的幾乎都失敗了。但是，那彥成在阿克蘇局鑄造的「道光通寶・八年十」大錢卻能夠被市場接受，流通順暢，並緩解了「銀賤錢貴」的「錢荒」難題。這主要有如下幾

❶《清實錄・道光朝實錄》：（道光八年四月辛卯）「普爾錢以一當五，行用多年，茲那彥成等請改鑄當十錢，相間通用，事屬創始，必須試行無弊，方為妥協。著詳加體察，如果通行便利，固屬甚善，倘有輕重攙雜，格礙難行之處，即據實奏明停止。」

方面的原因。

首先，那彥成所鑄造的「八年十」，名義上雖然是當十大錢，實質上只是折二的紅錢，雖然也是虛值大錢，但是折當並不算高，因此能夠被市場接受；其次，當時「錢荒」的原因是突然流入了大量的白銀，致使「銀賤錢貴」而形成的，那彥成的「當十錢」因為增加了流通中紅錢的數量，便利了民眾日常的交易，因此在一定程度上緩解了「錢荒」難題，而容易被民眾接受；再次，因為新疆的紅錢不摻雜鉛、錫、鋅等配料，都是用純淨紅銅鑄造，這使得造假者無利可圖，而無私鑄的動機；最後，紅錢僅限於在南疆一地流通，地域相對封閉，這也便於管理，而不便於造假。

因此，那彥成鑄造大錢的幣制改革措施，客觀上等於增加了紅錢的鑄造數量，這在一定程度上緩解了當時南疆市面上的「錢荒」問題，也節省了一部分鑄錢的費用，按照那彥成奏摺中的估計，每年可節省白銀三千三百兩左右，達到了官民兩便的效果，實現了雙贏，所以，「道光通寶・八年十」被視為一次成功鑄造大錢的案例。

「道光通寶・八年十」大錢，雖然鑄造的時間並不長，流通的地域也僅限於南疆一隅，但是它的影響卻是持續和深遠的，不但深刻影響了此後新疆紅錢的鑄造和流通，甚至還超出新疆影響到了道光年間貨幣制度的制定以及咸豐年間大錢的鑄造。

據《新疆圖志》記載，自「道光通寶・八年十」之後，南疆各鑄錢局所鑄造的小平錢，都必須加鑄一個「十」字。「蓋纏民不知用意，近來鑄錢，無『當十』字樣者，纏民疑非官制，不肯行用。故西四城用錢，以無『十』字之新錢，只作半文使用。」意思就是說，如果錢幣上不帶「十」字，當地的維吾爾族民眾就認為不是官鑄的錢，只能折半使用。所以，從那彥成鑄造「道光通寶・八年十」以後，南疆鑄造的紅錢雖然和「當十」已經無關，都是小平錢，但是背面也都必須加鑄一個「十」字。這已經成為新疆紅錢上面一道獨特的風景線。

因為清朝後期「錢荒」是個普遍存在的難題，困擾了朝野上下，因此從道光十八年開始，清朝政府從中央到地方的官員中，圍繞著鑄大錢的議題，曾經進行了十分激烈的爭論。持肯定意見的人就舉那彥成在阿克蘇鑄造的「道光通寶・八年十」為例，建議鑄行大錢。如御史張修育就說，「道光通寶・八年十」錢「咸稱便利，至今遵行無弊」。因此，建議陝甘總督「酌量情形，仿照試行，如有成效，再議推廣」。御史雷以誠也認為「現可行於邊疆，自應不滯於內地也」。❷甚至道光皇帝也說：「回疆所用當五、當十普爾錢文，行使多年，頗稱便利。因思陝西、甘肅二省，相距非遠，地方情形大略相同，當可仿照鑄行，疏通圜法。」並要求陝甘總督富呢揚阿等「體察情形，妥議章程具奏」。❸後來因為考慮到陝西、甘肅與新疆南路的情況到底不同，民俗習慣也不一樣，因此沒有貿然實行。

但是，上述資料說明那彥成在阿克蘇鑄造的「道光通寶・八年十」大錢，已經成為主張在全國鑄行大錢者的重要現實依據，這實際上也已經成為後來咸豐朝廣鑄大錢的濫觴，其影響已經超出了新疆，在清代貨幣史上也占有一定的地位。

---

❷《中國近代貨幣史資料》第一輯，中華書局，一九六四。

❸《著陝甘總督富呢揚阿等仿鑄普爾錢上諭》（道光二十四年正月初九日），《中國近代貨幣史資料》第一輯，中華書局，一九六四。

六、那彥成的悲劇

那彥成在南疆的善後工作中，從內政的民生方面看，他妥善地解決了「錢荒」的難題，安撫了當地民眾，穩定了社會局勢，可以說是比較成功的。但是，在涉外方面，他對唆使並多次支持張格爾叛亂的浩罕汗國，實行了斷絕貿易的強硬政策。他的這種做法顯得過於簡單，反映了當時普遍存在的自視為「天朝大國」的自大且封閉的心理。那彥成對浩罕汗國的政策是道光皇帝批准的，甚至還被道光皇帝稱讚為「秉性剛方、懷才明幹」。但是，即便如此，當浩罕汗國因貿易被清朝斷絕，於道光十年（一八三〇）又挾持和卓後裔玉素普，在南疆發動叛亂並出兵侵占喀什噶爾等地之後，那彥成就成了道光皇帝錯誤決策的替罪羊，而被革職查辦。

那彥成的命運使我想起了林則徐，他倆的命運何其相似：同樣被任命為欽差大臣，同樣是受命去邊疆處理棘手的難題（一個在新疆、一個在廣東），同樣最初都獲得了道光皇帝的讚譽，最後又同樣都為道光皇帝自己的錯誤決策當了替罪羊，並被革職查辦，身繫牢獄。唯一不同的是那彥成於道光十三年（一八三三）在「待罪」中病死，而林則徐經過在新疆八年流放的煎熬之後，終於熬到了被重新起用的機會。但是，已經熬出一身病的林則徐，在被起用的途中也病死了。都以悲劇告終，這一點他倆的命運又是相同的。

封建專制時代，在人治的環境下，沒有制度的保證，再能幹、廉潔的官員，也時刻要面臨著替皇帝背黑鍋、充當替罪羊的命運！這雖然超出了我們所要談論的主題，卻也是唯一成功鑄造了「道光通寶・八年十」大錢的那彥成悲劇命運給我們的啟示。

39 咸豐朝的錢鈔制：中國歷史上最混亂的幣制

中國古代的幣制，也有混亂的時候，基本上都發生在大分裂的割據政權之間。統一政權發行的貨幣，總體上是有序的，但是也有兩次例外：一次是王莽的寶貨制，另一次是清代咸豐年間的錢鈔制。

世人多認為王莽的寶貨制最為混亂，有所謂「五物六名二十八品」，並因此亡國。實際上，王莽的幣制雜而不亂，有脈絡線索可尋；咸豐的錢鈔制是既雜且亂，毫無規律可言，實為中國古代幣制最為混亂的時期。

下面就結合錢幣實物及有關文獻資料，考察咸豐朝的錢鈔制，看看它到底亂到了怎樣的程度，又產生了什麼樣的影響。

一、咸豐年間的危機

咸豐朝幣制的混亂，不僅表現在既鑄錢又印鈔，實行錢鈔混用，還表現在廣鑄大錢的同時，又濫發紙幣。大錢的面值、尺寸、材質應有盡有，五花八門，完全沒有一個統一的標準；而紙幣方面，既有與銀作價的銀鈔，也有兌換銅錢的錢票。

清朝的統治者鑑於前代惡性通貨膨脹的教訓，對於大錢的鑄造和紙幣的使用都非常慎重，都是以不用為原則。大錢只有道光年間那彥成在善後新疆時一度使用過，但是也只限於南疆一隅；紙幣更是除了順治初年為了籌集平定江南的軍費而短暫發行過，大局稍微穩定之後就停止了發行，後來不但再沒有鑄造過大錢，也沒有再發行過紙幣，甚至連提都不許再提。譬如嘉慶十九年（一八一四）翰林院侍講學士蔡之定在奏摺中，提議用發行紙幣的辦法，來填補因鎮壓白蓮教起義而虧空的財政。他的建議不但沒有被朝廷採納，反而受到了「交部議處，以為妄言亂政者戒」的處分。這是發生在嘉慶年間的事，經過道光統治的三十年，進入咸豐朝之後，時間雖然沒有過多久，但是，朝廷的態度卻不知道怎麼一下子就來了個一百八十度的大轉彎，不但廣鑄大錢，還濫發紙幣！

實際上，這都是被形勢給逼的。當時深陷內憂外患的清政府，為了擺脫財政危機以及流動性短缺，被迫採取了印發紙幣、廣鑄大錢這種不是辦法的辦法。

乾隆末年的時候，清政府還號稱「天下承平，府庫充溢」。那時國庫裡還存有七千多萬兩白銀。但是，到了嘉慶年間情況就開始發生變化。這一方面是國內為了鎮壓白蓮教起義，耗費了大量的國庫存銀；另一方面則是以英國商人為首的外商開始向中國走私鴉片，出現了白銀外流的情況。白銀外流的直接結果就是銀貴錢賤，就像文獻中記載的那樣「逋負日增月積，倉庫所儲亦漸耗矣」。❶到了道光年間，由於外國銀圓流入所引起的白銀折耗以及鴉片走私導致的白銀外流，使得銀貴錢賤的現象更為嚴重。這時的清政府已經沒有財力來調節銀錢的比價了，「各直省錢價消長不齊，勢不能官為定制」，❷被迫放棄了清初以來「官為定制」的傳統。錢價跌得愈多，鑄錢虧損就愈多。於是，道光年間竟然有十一個省停止了鑄錢。

清初白銀一兩可以兌換銅錢七、八百文，嘉慶年間已經到了一千多文，道光、咸豐年間甚至到了兩千多文。因為農民賣糧所得的收入是用銅錢計算的，而向政府繳納賦稅時又必須用白銀。銀錢的比價每上升一成，農民的負擔就加重一成。因此，銀貴錢賤的結果，一方面給清政府帶來了嚴重的財政危機；另一方面更加劇了農民以及小手工業者的赤貧化，這又進一步激化了社會矛盾。

這種情況到了鴉片戰爭之後，巨額的戰爭賠款、外國商品在五口通商之後的大量傾銷以及鴉片貿易的合法化，都使得白銀外流的情況變得更為嚴重。「屋漏偏逢連夜雨」，就在咸豐皇帝登基的一八五一年，又在廣西爆發了太平天國起義。為了鎮壓起義，在最初的兩年裡，清政府就先後向廣西、廣東、湖南三省籌撥了兩千多萬兩白銀的軍費。但是，並沒有能遏制住起義隊伍的蔓延。到了一八五三年，隨著戰區的不斷擴大，富庶的江南大多淪陷，稅源流失嚴重，能夠收繳上來的稅收不到原來的一半。稅收減少的同時，軍費開支卻在急遽地上漲，國庫因此枯竭，財政進一步惡化，「度支告匱，籌畫維艱」。

更為緊迫的是，因為戰爭切斷了清政府和西南產銅地區的交通，鑄造銅錢的重要原料——「滇銅」即產自雲南的銅，無法運到北京。這樣一來，情況變得更為緊迫起來。因為，沒有銅，就鑄不成錢，發不了軍餉。沒有軍餉，就無處採購軍需、生活用品，軍心就不穩，又如何能指望他們去鎮壓起義軍呢？清政府的危機，因此一下子就到了幾近崩潰的邊緣。這在咸豐皇帝給軍機處的上諭中，表露無遺。引錄一段，大家可以看看：「軍興三載，糜餉已至二千九百六十三萬餘兩……現在

❶《清史稿》第三十五冊。
❷《清實錄・嘉慶朝實錄》卷三百五十四。

部庫僅存正項待支銀二十七萬七千餘兩，七月應發兵餉尚多不敷。……若不及早籌維，豈能以有限之帑金供無窮之軍餉乎？」❸

正是在這種軍情十萬火急的背景之下，為了填補財政上的虧空，同時也是為了解決「錢荒」，即流動性的不足，萬般無奈的咸豐皇帝，才被迫於一八五三年四月初印發紙幣，緊接著又於四月底鑄造大錢。希望用這種歷史上從來沒有人使用過的非常之法，即紙幣和大錢同時流通的辦法，幫助他度過眼前最緊迫的危機。這就是咸豐的「錢鈔制」，由此揭開了中國古代貨幣制度中最為混亂的一段歷史。

二、發行紙幣

紙幣是一八五三年四月初印發的，這是清政府在順治初年停用紙幣之後第二次使用紙幣，相隔了一百九十二年（一六六一—一八五三）。這次發行的紙幣有兩種：一種是「戶部官票」，以銀兩為單位，又稱「銀票」或「銀鈔」，用高麗紙印製，面值分一兩、三兩、五兩、十兩、五十兩；另一種是「大清寶鈔」，以制錢為單位，又稱「錢票」或「錢鈔」，用較好的白紙印製，面值有二百五十文、五百文、一千文、一千五百文、二千文五種，後來又新增加了五千文、一萬文、五萬文、十萬文四種面額的大鈔，共有九種。官票與寶鈔合稱「鈔票」，後來將紙幣通稱為鈔票，就來源於此。它最初是指政府發行的紙幣，後來也包含民間的錢票。

官票和寶鈔的面值，最初都是用手寫，後來改用木戳加蓋；形制則是仿自明朝的紙幣「大明通行寶鈔」。但是，因為是倉促發行，紙張和印刷都不如大明寶鈔，尺寸上也要稍微小一點，寶鈔又比官票小一點。官票與寶鈔又各有大小，大致上與面額成正比。

官票與寶鈔雖然注明可以與現錢兌換，但是，實際上從發行之初，這種紙幣就是不能兌換的、由國家強制流通的財政性紙幣，根本不具備完全的法償能力，繳納錢糧的時候，只能搭用三至五成。政府各種開支都用官票與寶鈔搭放，但是，發出去之後就再不肯收回了。

雖然規定出納都以五成為限，但是，實際上卻是濫發無度。因此，官票與寶鈔發行後很快就開始貶值，形成惡性通貨膨脹。面值二十兩的官票，實際上只能兌換實銀一兩。官票發行六個多月、寶鈔發行僅僅十天，甚至在京城順

❸《清實錄・咸豐朝實錄》卷九十七。

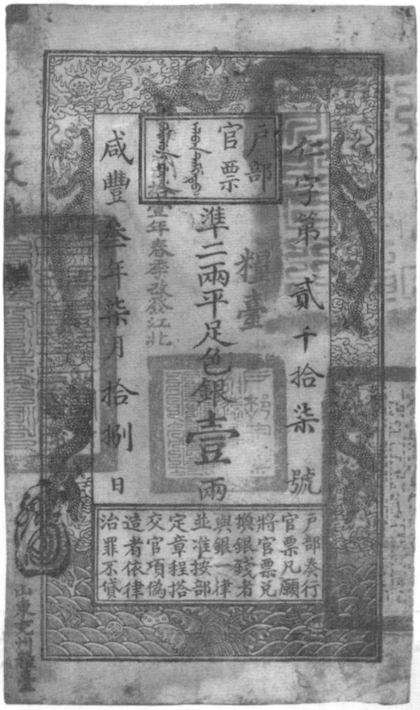

圖39–1 戶部官票壹兩

圖39–2 大清寶鈔伍百文

天府的軍營，發放軍餉時，因為搭放官票與寶鈔，就曾經發生過拒收的事件。社會上拒收的情形就更為普遍了。

官票與寶鈔很快貶值的根本原因，就是它自發行之日起，就是不兌現的紙幣，因此喪失了信用。講到這裡，我們必須提到一個人，他就是戶部右侍郎王茂蔭。戶部右侍郎是管財政的，王茂蔭雖然是最初發行紙幣的提案人，並參與了整個方案的設計，但是，朝廷後來發行的官票與寶鈔，與他最初的設想卻相去甚遠。他的本意是發行可兌換的紙幣，面對因不能兌換而日漸喪失信用的官票、寶鈔，王茂蔭於咸豐四年三月初五日，上奏朝廷建議改善發行辦法。在他所提的四條建議中，最主要的就是寶鈔可以取錢、官票可以兌銀，就是隨時都可以兌現。因為清政府是在財政萬般拮据、軍情極為急迫的情況下發行紙幣的，其目的是要彌補財政的虧空。因此，王茂蔭有關紙幣兌換的建議不但未被接受，還因為他後來因意見未被接受而自請交部嚴議，激怒了咸豐皇帝被嚴行申斥。咸豐說他：「看伊奏摺，似欲鈔之通行；細審伊心，實欲鈔之不行。」❹而將他調離了戶部。王茂蔭的這份奏摺以及咸豐皇帝的反應，在當時影響很大，甚至引起了遠在歐洲但是關注中國問題的馬克思的注意，王茂蔭因此被記入了《資本論》，成為《資本論》中唯一提到的中國人而名垂青史。

既然官票、寶鈔不能實現兌換，那麼清政府就只能從按規定搭放紙幣的比例方面，嚴格整治有關官員的舞弊行為。除了屢次下發上諭，嚴令各地照章搭放之外，還針對官吏的舞弊情形，由刑部和吏部分別制定了相關的處罰標準。但是，這種治標不治本的措施，雖然規定得非常嚴厲，但是實際的效果並不大。

隨著商品經濟的發展，清代早在康熙年間就有民間錢莊發行的銀票、錢票流通使用。這些票據因為都是民間發行的，全部都靠信用維持，因為能夠做到十足兌現，因此幣值穩定並能長期流通。與之相比，咸豐朝所發行的官票、寶鈔，雖然有政府的強力推行，但是因為不能兌現，信用始終樹立不起來，貶值是必然的。當時，官票幾乎已成廢紙並基本絕跡，只有寶鈔在捐納中還可以部分搭放，或者是用來贖當。但是一千文的寶鈔只能兌換當十錢一百多文，約合制錢二十三文。到了這一步，咸豐紙幣作為貨幣的職能，實際上已經喪失。

咸豐十一年，咸豐皇帝病死於承德行宮。慈禧發動政變垂簾聽政後，於同治元年（一八六二）十一月初七日下令直隸、山東、河南、四川等省各種稅課停止收鈔，改收實銀，各種開支也不再用鈔。咸豐朝所發行的官票、寶鈔，前後流通不到十年，就迅速失敗，退出了歷史的舞台。

受咸豐朝紙幣危害最深的是社會底層的普通百姓，他們手中的鈔票不斷貶值，用之納糧遭官吏剋扣勒索，用之購物所得無幾。此外，依靠俸餉養贍家用的八旗兵丁也是受害者，他們所領鈔票「不能買物則日用愈絀，強欲買物則滋生事端」。❺獲利者除了清政府和各級貪官汙吏外，外國商人也乘機從中漁利。據羅振玉在《四朝鈔幣圖錄・附考釋》中記載，咸豐十一年鈔票所值不到十分之一，「西歐美商人乃賤價購之，以五成納海關稅，悉照原票價目計算，官吏無以難也」。

與宋、金、元、明等歷朝行鈔相比，清朝咸豐年間所發行的紙幣有兩大特點：一是紙幣的發行自始至終都是服從中央財政的需求，是為彌補國庫的虧空，而非經濟發展的需要；二是所發行的紙

---

❹《清實錄・咸豐朝實錄》卷一二三。

❺《皇朝經世文續編》卷六十。

幣，既有銀票又有錢票，並且和白銀、銅錢搭放搭收，同時流通使用。這與元代的廢棄金屬貨幣，完全使用紙幣，以及明朝以大明寶鈔為主幣、銅錢為輔幣的做法都不相同，更增加了幣制的混亂。因此，可以說咸豐時期發行的紙幣沒有任何積極的意義，既不是社會經濟發展的象徵，更對社會進步毫無推動作用，反倒加劇了清朝幣制的混亂。

三、鑄造大錢

大錢是一八五三年四月底開始鑄造的。四月初已經發行了紙幣，為什麼緊接著又於四月底匆忙鑄造大錢呢？這充分說明了當時財政拮据、軍情急迫的程度。大錢的鑄造雖然顯得很倉促，實際上它也有一個從提議到實施的過程。

最初提議鑄造大錢的是四川學政何紹基、御史蔡紹洛，他們在咸豐即位之初，就奏請變通錢法，鑄造大錢，雖然沒有獲得批准，但是從咸豐二年（一八五二）開始，就將咸豐通寶由一錢二分減重為一錢，後來又減重為八分，實際上這已經是變相的大錢了。第二年年初又有人奏請鑄造當十大錢，咸豐皇帝這次要戶部議奏，就是研究後拿出意見。戶部的意見非常明確，就是可以「試行當十大錢，每文以六錢為率」，並稱「當五十一種或可與當十大錢一併試行」——甚至在當十大錢之外，還建議鑄造當五十的大錢。咸豐皇帝很快批准了他們的建議，於四月底陸續開始鑄造當十、當五十的大錢，重量分別是六錢和一兩八錢。這和此前每文重一錢二分的慣例相比，每鑄當十大錢一枚，用銅量只相當於十枚制錢的一半。當五十的大錢則只有原來用銅量的十分之三。

講到咸豐大錢，也必須提到一個人，此人就是惠親王綿愉。就像王茂蔭在紙幣發行中所起的作用一樣，綿愉在鑄造大錢中也發揮了重要的推動作用。但是，他們起的作用性質卻是不同的。王茂蔭起的是正面的積極作用，而綿愉所起的卻是負面的消極作用。因為正是在他的建議並帶頭捐銅設立鑄錢局的情況之下，才鑄造了當百、當五百、當千等極端面值的咸豐大錢，將廣鑄大錢之風推向了登峰造極的不歸路。

綿愉提議當千大錢以重二兩為標準，當五百、當百大錢的重量依次遞減。咸豐同意並在奏摺上加了朱批「所奏是，戶部速議具奏」。從此開始，不僅中央戶部的寶泉局、工部的寶源局鼓鑄大錢，各省也都奉命設置鑄錢機構，仿造戶部成式鑄造大錢。福建、陝西、雲南、熱河、甘肅、河南、湖南、湖北等省率先行動起來，原先已經停鑄的寶河、寶薊、寶濟、寶台、寶鞏、葉爾羌又重新開爐，並新設置了寶德、喀什噶爾等局，共有二十九個鑄錢局鑄造了咸豐大錢。

面值當千、當五百的大錢，法定價值可以兌換制錢一千文和五百文。但是，它們實際上的金屬比價只分別合制錢三十八文和三十文，如果減去工本費，則分別被政府強制增值了八百八十六文和四百一十文。清政府顯然是把鑄造大錢當成了填補財政虧空的工具。因此，各地紛紛開爐鼓鑄，除了銅錢之外，甚至還加鑄了鐵錢和鉛錢。本來清初鑄錢沿襲明朝的制度，名稱上只有「通寶」一種。這是因為明朝要避諱朱元璋（小名叫重八）名字中的「元」和「重」字。但是，咸豐年間，因為要趕鑄大錢，才又恢復了「重寶」、「元寶」的稱呼。基本上是當五十以下稱「重寶」，當百以上稱「元寶」。但是，因為是各地都鑄，並且都要圖利，所以，咸豐大錢的名稱、面值、尺寸、重量、材質、錢文，真是五花八門、各有不同。後來隨著幣值的下跌，重量變動更是頻繁，大小錯出、輕重倒置是普遍現象；材質方面，除了黃銅、紅銅之外，另有鐵錢、鉛錢；錢文方面，除了紀值之外，福建省鑄造的大錢上面還有紀重；僅就面值而言，從一文到當千，可以分為十六個等次；

圖39–3　咸豐錢（小平錢）

圖39–5　咸豐錢（當十）

圖39–4　咸豐錢（當五）

圖39–6　咸豐錢（當百）

圖39–8　咸豐錢（當千）

圖39–7　咸豐錢（當五百）

另有鐵質大錢六種，鉛質大錢四種。

所有這些都給私鑄者提供了便利。史載「未及一年，盜鑄如雲而起」。❻於是，到了第二年的七月，朝廷就下旨停鑄了當千、當五百面值的大錢。十月分以後，當百、當五十也不許流通了。又過了一年，即咸豐五年，就只允許當十、當五大錢與制錢並行流通，其餘面值的都被廢棄了。但是，當十大錢也開始迅速地貶值，以至於社會上開始由最初的銷毀制錢私鑄大錢，變成了銷毀大錢私鑄制錢。清政府為了維持大錢，雖然規定了搭放搭收的辦法，但是仍然不能阻止當十大錢貶值的厄運。到了咸豐九年，每枚當十大錢只能兌換制錢二文左右。鐵錢因為遭到民間的強烈抵制，跌價後已不敷成本，戶部於咸豐九年七月奏准停鑄。鉛錢在市面上使用的時間極為短暫，有的說僅在北京一地使用，早在咸豐五年以後就不見流通的記載了。

平定了太平天國起義之後，財政壓力暫時得到了緩解，同時鑄造大錢也已無利可圖。於是，清政府又想恢復制錢的流通。但是，這時北京城內已經沒有制錢了。無奈之下，清政府只能繼續鑄造當十大錢，直到光緒三十一年，才宣布永遠停鑄當十大錢。至此，咸豐大錢的餘波才算結束。但是，距離清朝的最後滅亡也已經不遠了。

四、咸豐朝錢鈔制的影響

咸豐朝共有十一年，始終面臨著嚴重的內憂外患。內有太平天國以及陝甘回民和捻軍的起義，

---

❻《光緒順天府志》卷五十九。

外有英法聯軍的入侵。因為巨額的軍費開支而引爆了嚴重的財政危機，無奈之下實行了通貨膨脹政策。透過廣鑄大錢和濫發紙幣，雖然暫時度過了難關，延緩了清朝的滅亡，但是對於廣大民眾卻是一場浩劫。另外，還有兩點對此後中國歷史的走向產生了重要的影響。

一是削弱了統治中國兩千多年的專制皇權。清政府因為迫不得已將鑄幣權下放各省，因鑄幣而積攢了大量財富的地方勢力開始坐大，使得咸豐後期地方督撫分權的現象日益嚴重。迫使清政府的金融及貨幣政策的制定及其財政管理體制，由此前的一元化體制逐漸演變為中央集權和地方督撫分權並存的二元化體制。

二是破壞了中國傳統幣制的基礎。清初貨幣制度上沿襲了明朝的做法，即大數用銀、小數用錢，銀兩與制錢並行的銀錢複本位制。但是因為大錢的衝擊，貨幣流通環境以及社會金融秩序都遭到了空前的破壞，傳統的制錢以及銀錢複本位制再難恢復，表明已經行用了兩千多年的傳統制錢行將瓦解。

咸豐朝所推行的錢鈔制，因為其自身的出發點，決定了它雖然有「破舊」的功能，卻不可能起到「立新」的效果。自咸豐之後，中國的幣制改革，歷經清末統一幣制的「兩」、「元」之爭，到北洋軍閥時期的「廢兩改元」實踐及「國幣」鑄造，直至民國政府的「法幣改革」，才最終與國際社會接軌，初步建立了現代紙幣制度。而咸豐朝的錢鈔制，無疑為這一艱難改革的啟動起到了「破舊」的作用。

40 元寶（銀錠）：中國特有的「銀幣」

兩頭翹起、中間凹陷，像個馬蹄形狀的「元寶」（銀錠），大家並不陌生。即便是沒有見過實物，在影視節目中也見過它的形狀。這種銀元寶自明中期以來，就是中國最主要的白銀貨幣形式。但是，銀錠為什麼要鑄造成馬蹄的形狀，而不是錢的式樣？為什麼也像銅錢一樣被稱作「元寶」？重達五十兩，如何攜帶？重量、成色都不統一，交易時又如何換算？

上述疑問，不是專門研究中國古代白銀貨幣的，一般都回答不上來。

下面就向大家介紹銀錠，中國特有的這種「銀幣」一些不為大家所知的祕密。

一、白銀作為稱量貨幣的形制演變

中國雖然使用白銀的歷史很悠久，但是在西漢以前，白銀主要還是用於工藝上，而不是用作貨幣。

譬如春秋戰國時期很多器物上都有錯銀的工藝。秦朝統一之後，更是用法律的形式明確規定，白銀只能用來製作器物或裝飾，而不能作為貨幣使用。

漢武帝的時候，因為與匈奴作戰，用度不足，曾經發行過「白金三品」。因為錫的含量多於銀，也僅僅使用了五年就被廢棄了，所以還不能說是完整意義上的銀幣，只可以看成是法定銀幣的濫觴。此後，白銀雖然偶爾也有用作支付工具的情況，但是，直到唐朝中後期以及五代的時候，白銀的貨幣屬性才逐漸開始加強，出現了正式進入流通領域的趨勢。

圖40–1　楊國忠進獻的五十兩重銀鋌

1. 唐代稱「鋌」

唐代白銀最通行的鑄造形式是「鋌」，這是根據它的形狀稱呼的。

因為古代習慣將長而且端直的東西稱為「挺」，譬如木用「梃」、竹用「筳」。金銀稱作「鋌」，單從字面上我們就能夠判斷出，它的形狀是既長而且挺直。唐代最著名的銀鋌，是一九五六年十二月在西安市大明宮遺址出土的四塊楊國忠等人進獻唐玄宗的銀鋌，重量都是五十兩。其中一塊銀鋌銘文記載來源於地方政府徵收的稅山銀，屬於地方向朝廷解繳的國庫銀，最後由楊國忠進獻給了唐玄宗。[1]白銀在這裡起到的作用，只是把賦稅錢物折換成白銀作為財富進獻給皇帝，主要是為了便於攜帶運輸，發揮的僅僅是支付手段和儲存手段的作用，還不具備流通的職能，因此還不能算是完整意義上的貨幣。

唐代的銀鋌，除了長條式樣的笏形（板形）之外，另外還有一種船形的，呈束腰兩頭翹起狀。無論是扁平長條的銀鋌，還是兩側很誇張地翹起的船形銀錠，之所以要鑄造成這種式樣，除了透過展示白銀延展性來測試其純度之外，還能防止銀鋌裡面摻假。

在唐代「鋌」有時候也稱為「笏」。笏是古代大臣上朝時手執的一種禮器，由象牙、竹木等製成，用來記載一些備忘的事項。因為形狀與銀鋌相似，所以有時鋌與笏互用。但是，只有「鋌」是正式規定的白銀的計數單位名稱，唐代一鋌的重量為五十兩。

2. 宋代稱「錠」

到了宋代銀鋌逐漸演變為銀錠。這是因為「鋌」與「錠」的發音相近，在民間口語中「鋌」字就逐漸轉為「錠」字，所以宋代以後就專門用「錠」，很少再使用「鋌」字了。北宋通行的銀錠重五十兩，南宋末年曾經出現重二十三兩的銀錠。宋末元初胡三省在《通鑑釋文辯誤》中說：「今人冶銀，大錠五十兩，中錠半之，小錠又半之，世謂之鋌銀。」說明宋代的銀錠按重量分為大、中、小三個等次。

銀鋌到了宋代不但稱呼上發生了改變，形態上與唐代相比也發生了很大的變化。主要表現在由長條的板形演變為束腰的板形。北宋時期的銀鋌有平首束腰、圓首束腰和弧首束腰三種形制，其中以平首束腰形為主，這是承襲唐代銀鋌平首長條狀特點並加以改變而形成的。南宋銀鋌主要形制為弧首束腰形，中間內凹，四周有波紋，首部略高於腰部，已有向馬蹄形元寶演變的趨勢。

圖40–2　船型銀鋌

❶正面銘文為「專知諸道鑄錢使司空兼右相楊國忠進」，背面銘文為「鄱陽郡採銀工，銀一鋌伍拾兩」。

3. 元代稱「元寶」

元代的白銀除了統一稱「錠」外，正式稱作「元寶」也是從元朝開始的。《元史》記載，至元三年（一二六六），楊湜任諸路交鈔都提舉時，為了防止白銀出入平准庫時被偷漏，就將各種大小的銀錠都統一鑄成五十兩重，並且在背面加鑄「元寶」兩字，表示「元朝之寶」的意思。從這以後「元寶」就成為銀錠的通稱。

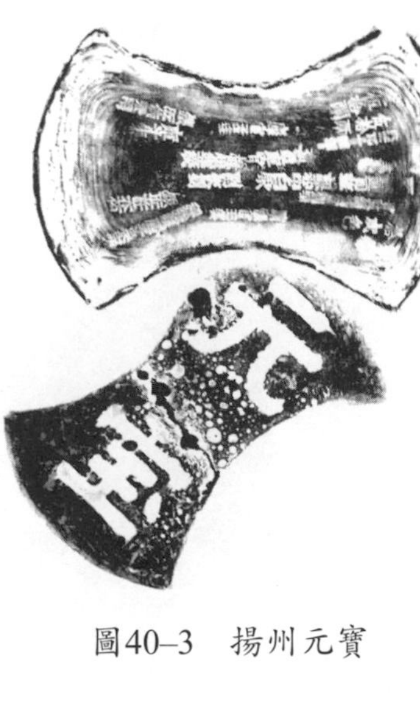

圖40–3　揚州元寶

銀錠正式稱「元寶」雖然是從元朝開始的，但是「元寶」一詞卻早已在銅錢上使用過，這是因為唐朝的「開元通寶」錢，民間有人讀作「開通元寶」，後來鑄造的銅錢就有稱元寶的。譬如安史之亂時，史思明鑄造的「得壹元寶」、「順天元寶」，以及駐守西域的安西守軍鑄造的「大曆元寶」，用的都是「元寶」。五十兩重的銀錠雖然早在唐代就已經出現，宋金時期也在繼續使用，但是，普遍的使用卻是始於元代。

據《元史》記載，至元十三年（一二七六）元軍平定南宋回到揚州之後，丞相伯顏號令搜檢將士的行李，將搜到的散碎銀子都鑄成五十兩重的銀錠並刻上「揚州元寶」，回到大都後獻給了忽必烈。至元二十四年（一二八七），又將征討遼東所得的白銀，同樣鑄成了五十兩重的「遼陽元寶」銀錠。揚州元寶、遼陽元寶近年常有出土發現，與文獻記載完全一致。元寶的形制像唐代船形銀錠，兩端呈外弧狀，兩側為內弧束腰，周緣折起，略微上翹，中間內凹，比明清時期船形式樣的銀元寶低平，完全承襲了宋金銀錠的形制特徵。一般大錠重五十兩，中錠重二十五兩，小錠重十二兩左右，也有重五兩的小銀錠。

4. 明代形制固定

明朝初期對於白銀的流通時禁時弛，反覆多次。到了明朝中期才確立了白銀的主幣地位，但是仍然沒有鑄造成錢的形狀，而是繼續以元寶（銀錠）的形式流通。雖然形制繁雜，式樣多變，但是基本上都採用圓首束腰的元寶形式；名稱上早期有花銀、金花銀，晚期有紋銀、雪花銀、細絲、松紋、足紋等不同的稱呼；白銀的計算單位為兩，兩以下是錢、分、厘，都是十進位。普通的銀錠為五十兩，另外還有二十兩、十兩、五兩、三兩、二兩、一兩不等。最大的銀錠有重至五百兩的，如現藏於日本造幣局的船形鎮庫銀錠，上面有「萬曆四十五年四月吉造，鎮庫寶銀一錠重五百兩」等陰刻文字。日本造幣局另外還藏有一個沒有年號的刻文為「三百兩重二兩」的大銀錠，❷這些都是八國聯軍入侵北京時日軍從戶部搶走的。

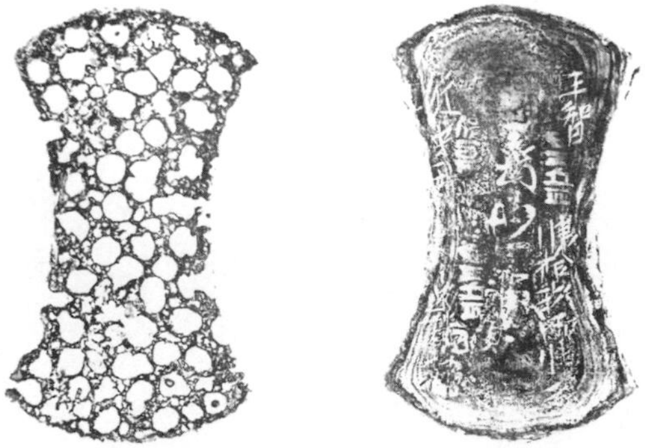

圖40–4　明代拾玖兩小銀錠

❷奧平昌宏，《東亞錢志》，岩波書店，一九三八。

二、銀錠（元寶）的流通使用

清初在貨幣制度上，繼續沿襲明朝的做法，實行的是「銀錢複本位制」，就是日常小額的支付用銅錢，大額的支付用白銀，銅錢和白銀同時在社會上流通使用，這就是銀錠要鑄造成五十兩重的原因。因為，百姓日常在市面上的小額交易主要都是用銅錢，偶爾也使用一些面值比較小的碎銀，這在《水滸傳》、《紅樓夢》等明清小說中都有反映。而在大額的商貿以及政府巨額的開支中都使用白銀，五十兩的銀錠主要是供他們使用的，因此根本不存在隨身攜帶不方便的問題。銅錢因為是老百姓日常使用的貨幣，為了防止私鑄造假，所以要由國家統一鑄造。白銀主要是由富商以及政府大額支付中使用，有專門的驗收人員核驗，因此採取自由放任的政策，並不鑄造銀幣，而是繼續以銀錠的形狀做大額的使用。

圖40–5　明代伍拾兩銀錠

銀錠因為已有標準的重量，並鑄有文字，內容多為鑄造地名、重量、年號、用途以及銀匠、監鑄官、押運官的姓名，這說明它已經具備了鑄幣的各種要素。銀錠上面的銘文反映了當時的社會經濟狀況以及白銀的使用情況，與稅賦政策的變化直接相關聯。因此，銀錠比後來的銀幣具有更重要的歷史文獻的價值。

清代的各項稅收，大部分都是折成銀兩徵收。因此，每個州縣都設有官匠，負責將納稅人上繳的各種不同形狀和成色的銀兩，熔鑄成一定重量及成色的銀錠，並打上戳記以示負責，然後由州縣負責將銀錠解送省城的布政使司庫。因為白銀每次熔鑄都會有損耗以及運輸也有成本，為了填補這一部分的損耗和運輸的成本，各地的銀爐往往都另外加徵一部分的火耗，也就是成本費。因為標準不一，各個銀爐可以隨便定取，因此成為侵漁百姓的一項苛政。

乾隆元年（一七三六）將各州縣所設置的官匠都撤銷了，發給轄內銀匠記名戳記，納稅人去哪位銀匠處熔鑄銀錠，自行決定，規定每兩火耗工錢三至五文，不許多收。這類以熔鑄銀兩為業的銀匠，業務推展順利的後來就逐步演變為「銀號」，除了代客熔鑄銀錠之外，也經營銀錢兌換業務。後來，又進一步發展成為信用機關，不但自行發行白銀貨幣——銀錠，也與錢莊一樣，經營存放款的業務。實際上，銀號與錢莊兩者的業務相同，都屬於「銀錢業者」，用現在的說法就是金融行業。只是北方慣稱「銀號」，南方習稱「錢莊」，名稱不同而已。

各地除了錢業所設置的銀樓、銀爐之外，海關、官銀錢局、銀行也以各自名義鑄造各種銀錠。清代各府、州、縣徵收的各項稅銀，在解繳各省的藩庫（布政使司庫），或各省藩庫解往戶部銀庫時，都需要熔鑄成十兩或五十兩的足色銀錠，至於銀錠的形狀，沒有統一的規定。因此，銀兩的流通價值，與銀錠的造型無關，只決定於銀錠本身的「平」（稱重量）和「色」（看成色）。換言之，因為銀子沒有「面額」，所以，它的幣值是由重量與成色決定的。但是，各地的重量與成色卻又都不統一。

三、銀錠的重量及秤碼

根據銀錠重量的大小，大體上可以分為四類：第一類是大錠，俗稱元寶，重五十兩，這種寶銀從明代以來，銀錠的兩端往往卷起，並向上高翹呈船形，而整個銀錠又像馬蹄形，也叫馬蹄銀。

各地銀錠的形式並不完全相同，有所謂長槽、方槽等，就是根據形狀上的特點而起的名稱。第二類是中錠，重約十兩，多為錘形，或叫小元寶。第三類是小錁或錁子，像饅頭，或隨意各種式樣，重一、二兩或三、五兩不等。第四類是散碎銀子，有滴珠、福珠等名稱，重量多在一兩以下。特別是十兩以內的銀錠，因為鑄造地或者是鑄造者的不同，而有各種不同的造型。如方形、圓形、條形、砝碼形，以及花形、土豆形、圓盤形等各種式樣，不勝枚舉。這些銀錠都造型優美、工藝精湛，除了作為文物收藏、研究之外，也可以作為藝術品來欣賞、把玩。

清代各地的秤碼並不一致，雖然名稱上都通稱為「兩」，但是各地一兩的實際重量，卻又不盡相同。各行各業都有各自的秤（又稱平）。根據有關部門的統計，清代全國各地所使用的平約有一千多種，極為繁雜。但是，最重要的平有四種：

第一種是庫平兩，為國庫收支所用，是全國納稅的標準秤，庫平一兩重三十七・三一克；第二種是海關兩，適用於徵收關稅，咸豐八年（一八五八）成立海關後採用，關平一兩重三十七・六八克；第三種是廣平兩，為廣東省的衡法，因為廣東與外商接觸得早，因此在早期的對外貿易中較為重要，廣平一兩重三十七・五克；第四種是漕平兩，為漕米改徵折色，就是不用徵米，可以折成白銀徵收以後所採用的標準，漕平一兩重三十六・六五克。四種秤碼中，以海關兩為最重，廣平兩次之，庫平兩又次之，漕平兩為最輕。

四、核驗成色、計算價值

白銀因為沒有鑄成銀幣，因此使用的時候除了稱重量之外，還需要核驗成色，就是檢測它的含銀量。而銀兩的成色自古就不統一，清代以「紋銀」為標準。所謂紋銀，實際上是指白銀鑄成錠後，錠面上所呈現出的有如水波狀的細絲紋路，又稱「細絲」，是對品質優良的銀子的一種通稱。因此，成錠的銀子只有成色達到一定的標準才能被稱為「紋銀」或「足紋」。清代的財政收支，統一都用紋銀。支出方面，《清朝文獻通考》記載「用銀之處，官司所發，例以紋銀」；收入方面，各地上繳的各種銀兩，也必須要熔鑄成紋銀，才准入庫。

根據光緒十七年（一八九一）印度造幣局的測算，紋銀的成色是千分之九三五・三七四，這是一種假想的標準銀，現實中並不存在，稱為虛銀兩。但是實際流通的各種元寶（又稱寶銀），只有按此標準折算後，才能適當地表示出它的價值。例如我們說某物「值銀一兩」，是指它的價值為紋銀一兩，即成色為千分之九三五・三七四的一兩銀子，但實際上各地使用元寶的成色並非是這一標準，成色高的就需「加水」（申色），反之成色低的需要「補水」（貼色）。道光以後，因為冶鑄技術有了大幅度的提高，鑄造的銀錠的成色比以前的紋銀還要高。但是因為傳統的紋銀成色標準已經被社會普遍接受，所以，後鑄的成色較高的銀錠就需要「加水」。例如一個五十兩重的元寶若「加水」二兩四錢，意即可作五十二兩四錢紋銀使用，稱為「二四寶」。因此，成色上所謂的「二五寶」、「二六寶」、「二七寶」、「二八寶」都是以此類推，如果

圖40–6　紋銀

「加水」達到三兩，就稱為「足寶」或是「足色」。

上海、天津、漢口等商業發達、銀兩使用頻繁的地區，因為交易雙方無法核驗銀兩的成色，自清末光緒朝開始，一種代為鑑定銀錠成色並保證重量的組織——「公估局」應運而生。銀錠鑄成之後需要先送公估局去鑑定，公估局的驗色師全憑眼力以及經驗判斷銀色的高低。如果有疑問，再穿穴勘驗，或者是用錐子敲擊銀錠的關鍵部位，憑藉聲音，就可以判斷銀錠的內部是否灌有鉛、錫等雜物。驗色師將銀錠的成色與本地通用寶銀的標準以及重量進行比較，核算出應「加水」或「補水」的數目，用墨筆寫在銀錠上面之後，就可以在當地流通了。但是，核定的結果只在當地有效，如果是流通到了外地，又需要由當地公估局的驗色師另行稱重驗色。

各地使用的銀兩記帳單位大多數也都不一致，譬如上海使用的銀兩記帳單位稱為「規元」，這是因為上海早先沒有標準貨幣，選用西班牙的「本洋」為記帳單位，「本洋」停鑄之後又用過去豆商的計算單位「規元」為單位，其用意與中世紀威尼斯的銀行貨幣相同。因此，上海市面上的元寶，在支付時需要先折合成紋銀，然後再換算成規元。天津的銀

圖40–7　各種形制的銀錠

兩記帳單位叫「行化」，漢口的叫「洋例」，它們與上海的規元性質相同，使用的時候都必須先折合成紋銀再換算，十分煩瑣。這在沒有計算器的古代，也只有發明了算盤的中國人才能做得到！

英國東印度公司所屬的印度造幣局，曾經對中國通用的銀錠進行過化驗分析，結果與公估局所核驗的「加水」數目完全相符，分毫不差。例如印度造幣局測得「二五寶」的含銀量為千分之九八二・一四三，紋銀的含銀量為千分之九三五・三七四，「二五寶」的成色為紋銀的一・〇五倍（九八二・一四三‰÷九三五・三七四‰＝一・〇五），因此一個五十兩重的「二五寶」對紋銀的作價就為五十二・五兩（五〇兩×一・〇五＝五十二・五兩），即「加水」二兩五錢。公估局的驗色師全憑眼力及經驗判斷銀兩的成色，絲毫不借助外力，卻能與化驗的結果完全相符，這正是銀兩時代各地成色不一的銀錠能夠發揮貨幣職能的保證，而公估局驗色師的高超技能更是深為世人所驚歎折服！

元寶（銀錠）作為中國古代一種傳統的銀幣，自唐宋直到一九三三年的廢兩改元，一千多年來始終是中國古代銀幣最主要的貨幣形態，更是近代上海各銀行間清算的主要貨幣，以及金融界和商界最重要的儲備金，對中國社會經濟的影響十分深遠。但是因為元寶（銀錠）在使用的時候還需要稱重、驗色、核算，而不能憑個數流通，屬於稱量貨幣，仍然還是一種落後的貨幣形態。凡此種種的不便，都為重量、成色標準統一的歐美銀幣在東南沿海地區的輸入及流通創造了條件，同時也為清朝後來自鑄銀圓預留了伏筆。以貨幣改革為先導，開啟了中國社會變革的序幕。

41 壽星銀餅、漳州軍餉：中國最初的仿鑄銀幣

中國特有的「銀錢複本位制」，即大數用銀、小數用錢，使得中國雖然從明朝中期就確立了白銀的主幣地位，但是直到清末，白銀的使用不是鑄造成幣，按枚數計算價值，而是使用銀塊，稱量計算。

各地鑄造的銀錠，大小不一，種類繁多。不但秤碼不統一，成色相差也很大。每次使用都要驗色、秤稱，煩瑣無比。這與西方那種重量、成色標準統一，製作精美，可以按數計算價值的銀幣相比，反差巨大，於是在東南沿海掀起一股仿鑄西方銀幣的浪潮。

下面就以壽星銀餅和漳州軍餉為例，介紹自清中葉以來，始自東南沿海的以仿鑄西方銀幣為先導的貨幣變革。

一、最初的仿鑄銀幣

中國早期自己鑄造的銀圓中，最重要並且有實物流傳下來的，是臺灣和福建漳州一帶鑄造的，以「壽星銀餅」和「漳州軍餉」為代表的幾種銀幣。根據這些銀幣上的圖案和文字，大致可以分為兩大類：一類鑄有壽星、如意以及筆寶等圖形；另一類沒有鑄造圖形，只有畫押簽字。

首先介紹鑄有圖案的銀幣。目前所知中國最早模仿外國鑄造的銀圓是「壽星銀餅」，俗稱老

公銀，或老公餅。正面是一個手扶拐杖的壽星圖像，左邊有篆書「道光年鑄」，右邊為「足紋銀餅」，壽星的腹部有「庫平柒弍」四字。背部中央鑄有一鼎，四周為四個滿文，漢語意思為「臺灣府鑄」。銀餅的邊緣鑄有乚字符。含銀量為百分之九十八，重量為庫平七錢二分。因為是由銀匠用手工土法打造製成的，製作工藝粗糙，形如餅狀，因此被稱作「銀餅」。另外還有同治年間鑄造的一種，正面中央也是一幅壽星圖案，左右兩側分別為篆書「同治元年」和「嘉義縣造」八字，背面鑄「足紋軍餉通行」六字。

「如意銀餅」正面是一對交叉的如意，右面和左面分別鑄有「足紋」和「通行」；背面是一個聚寶盆，盆上鑄一「寶」字；裡面有靈芝、萬年青等植物，右面和左面分別鑄有「府庫」和「軍餉」；兩面周圍都有仿西班牙本洋的回紋花飾；既沒有年號也沒有年分。因為重量與減重的壽星銀餅相同，因此鑄造的時間應該比壽星銀餅晚，可能是咸豐三年（一八五三）林恭在臺灣鳳山縣起事的時候縣衙鑄造的。

「筆寶銀餅」正面是一對交叉的筆，中間橫貫一支如意，右面和左面分別鑄有「府」、「庫」兩字，下面是「六八足重」四字；背面是一個聚寶盆，盆上鑄有「寶盆」兩字；盆的左右兩側分別鑄有「軍」、「餉」兩字，下面鑄「足紋通行」。

沒有圖案的銀幣也有三種。第一種正面上部橫列「軍餉」兩字，下面是一個像「謹慎」兩字合寫在一起的花押。背面鑄有「足紋通行」。另外兩種銀幣和第一種差不多，只有兩處不同。一處是在「軍餉」前面加了「漳州」，變成「漳州軍餉」；另外一處是花押變了，又有兩種，都比較難認。其中一種有人釋讀為「曾」，說是曾國藩的弟弟曾國荃於同治三年在漳州打敗太平軍時所鑄。另一種被釋讀為「左」，說是左宗棠同治四年攻占漳州後所鑄。郭沫若曾經寫文章將這兩種花押分別釋讀為「國姓大木」和「朱成功」，認為都是鄭成功鑄造的。實際上，這些解讀都是穿鑿附會，完全不對。因為這些銀幣的重量都是七錢二分，這是西班牙「本洋」的重量標準。另外，這些銀幣邊緣的紋飾也都是模仿西班牙的「本洋」。而西班牙的「本洋」鑄造於十八世紀。在乾隆以前，外國銀圓在中國還不是以枚數流通，都是被當成雜銀稱重使用。因此，鄭成功那個時代是不可能仿鑄外國式樣的銀圓的。

圖41–1　壽星銀餅、如意銀餅、筆寶銀餅

這幾種銀幣，除了「壽星銀餅」上面鑄有「道光年鑄」、「同治元年・嘉義縣造」之外，其餘的都沒有注明鑄造年分以及鑄造者，在歷史文獻中也查不到有關的記載。但是，根據銀幣上面的銘文和流通過程中印上去的戳記，我們知道它們全部都是由地方上的小銀爐或商號鑄造，作為軍餉發出去的。因此，大家很容易就將這些銀幣與軍事行動，特別是鎮壓民眾起義聯繫起來。查閱有關的文獻，我們發現在道光朝及其以後，道光十二年張丙、陳辦等人曾經在臺灣嘉義縣起事，鳳山也有人起來響應。但是，時間很短，只有兩個多月就被平息了。這些銀幣很有可能就是嘉義縣政府當時為了鎮壓起義而鑄造發行的軍餉。

實際上，這些銀幣是什麼時間，由哪個縣衙，又是為了鎮壓哪次起義而鑄造的，目前已經很難考證清楚，即便考證清楚了其意義似乎也已經不大了。而真正需要引起我們注意的倒是，最早仿鑄歐美銀幣的地區為什麼是臺灣以及福建的漳州一帶，而不是廣東或別的什麼地區？當時中國人為什麼要仿照西班牙的「本洋」，而不是葡萄牙的「十字幣」或荷蘭的「馬劍」來鑄造銀幣呢？

二、外國銀圓的流入

要回答這兩個問題，我們的視線就必須要從清朝的道光年間，再向前追溯兩百五十多年，到明朝隆慶開關後的大歷史背景中去尋找原因。

關於隆慶開關，在前面已經有專門的介紹，就不重複了。下面結合歐洲與亞洲貿易新航路的發現，先來回答第一個問題，即最早仿鑄歐美銀幣的地區，為什麼是臺灣以及福建的漳州一帶，而不是廣東或別的什麼地區。

可以從兩個方面來考察，一方面是因為隨著新航路的開通，最早來到中國東南

圖41–2　謹慎軍餉、漳州軍餉（曾、成功）

沿海從事海外貿易的是被稱為「佛郎機」的葡萄牙人，他們在廣州被當地政府禁止上岸之後，又繼續北上來到福建沿海的浯港和月港，以及浙江舟山群島上的雙嶼港一帶從事走私貿易。西班牙人和荷蘭人分別占據臺灣的南部和北部之後，更是以臺灣為基地，在福建沿海一帶進行貿易活動。另一方面，隆慶元年明朝政府取消海禁政策，原來的走私瞬間變成合法的貿易，福建沿海的商民於是組織商船，將貨物直接運往菲律賓的馬尼拉，與占領菲律賓的西班牙商人進行貿易。

因為西方沒有中國所需要的商品，而他們又要大量地購買中國所產的絲綢、瓷器以及茶葉等生活日用品。所以，當時的對外貿易幾乎全是單方面的，歐美商人要購買中國的商品，就必須用硬通貨白銀來支付。中外文獻都記載，當時西方商船來的時候，幾乎裝的全部都是銀圓，而返回去的時候船上裝的則是中國商品。這種單向貿易的結果，就是從明朝中後期開始，以西班牙「本洋」為主的外國銀圓開始大量地流入福建沿海地區。因此，被荷蘭人占據的臺灣以及最早開放的福建漳州地區，就成為最早接觸並使用西方銀圓的地區。

製作精美，重量、大小、成色都標準統一，使用的時候可以計數核算的西方銀圓，與中國那種不但大小、輕重、成色都不統一，而且每次使用還需要稱重、驗色、核算，煩瑣無比的中國銀錠相比，具有巨大的優勢。因此，臺灣以及福建漳州沿海一帶的商民，經過短暫的試用之後，很快就接受了西方的銀圓，不再像最初那樣將銀圓視作雜銀都熔鑄成銀錠，而是像西方的商人一樣，也按銀圓的枚數來計算使用。因此，最早由他們來模仿西方的銀圓，鑄造中國最初的銀幣就是順理成章、再自然不過的事了。

當時為什麼要仿照西班牙的「本洋」，而不是葡萄牙的「十字幣」或荷蘭的「馬劍」來鑄造銀幣呢？這要從葡萄牙、西班牙、荷蘭三國在與中國開展貿易時的特點，以及它們所使用的貨幣說起。

最早來到中國東南沿海尋求貿易商機的是葡萄牙人，他們在福建、浙江沿海的走私貿易被明朝政府武力清剿之後，就去澳門一帶活動，後來逐漸取得了在澳門停靠碼頭進行貿易的便利。一五五三年（明嘉靖三十二年）葡萄牙人以向明朝進貢的物品被海水浸濕為藉口，申請借地晾曬，乘機在澳門登陸定居。一五五七年（明嘉靖三十六年）又向明朝政府租居澳門，並開通了從澳門至日本長崎之間的轉手貿易，用中國的生絲換取日本的白銀和銅。後來將澳門建成歐洲在遠東地區最早的貿易商埠。

葡萄牙人之後來到亞洲的是西班牙人。他們是在占領了美洲之後來到亞洲的，首先占據了菲律賓的馬尼拉，後來又占據了臺灣北部的基隆和淡水。西班牙人以菲律賓為據點，開通了從馬尼拉橫跨太平洋到達墨西哥阿卡普爾科港的航線，這就是著名的馬尼拉「大帆船貿易」。他們將從非洲販運的黑奴、從美洲波多西以及墨西哥開挖出來的白銀鑄造成銀圓即「本洋」銀幣，運到馬尼拉換取中國的生絲、瓷器、茶葉，再運回美洲以及歐洲銷售。西班牙人就這樣用美洲的白銀，將歐洲、非洲、美洲與亞洲連成了一體，開啟了世界經濟一體化的進程。

荷蘭原本是被西班牙統治的殖民地，十六世紀八〇年代獨立後以商業立國，是歐洲造船業最為發達的國家，號稱「海上馬車夫」。為了追逐商業利潤，獨立後的荷蘭立即就加入了由葡萄牙、西班牙開創的海外貿易角逐之中。荷蘭人獲取了葡萄牙在遠東的商業機密之後，很快組織商隊繞過好望角經印度洋到達東南亞，打破了葡萄牙人對東方航線及貿易的壟斷。荷蘭最初占領爪哇，以雅加達為據點，成立東印度公司。後來又驅逐西班牙的勢力獨占臺灣，並排擠葡萄牙壟斷了幕府時期日本對歐洲的貿易，在貿易的同時傳播了西方的科學技術及思想，被稱為「蘭學」，啟蒙了後來日本的明治維新運動。

葡萄牙、西班牙、荷蘭三國當時所使用的貨幣主要都是銀幣，分別被稱為「十字幣」、「本洋」和「馬劍」。顧名思義，葡萄牙的「十字幣」就是銀幣的上面鑄有一個「十」字，重約庫平銀五錢六分；荷蘭的「馬劍」是因為在銀幣上鑄有一個騎馬持劍的人物圖像，重約庫平銀八錢六七分；西班牙的「本洋」，又被稱為「雙柱」。這是因為西班牙的銀幣，無論是早期正面雙球圖形的兩側，還是後來背面盾形國徽的兩側，都分別鑄有一個圓柱，因此被中國人形象地稱為「雙柱」，重量為庫平銀七錢二分。

銀幣上為什麼要鑄造這兩根柱子呢？這是源於希臘的一個神話故事。傳說很久以前，歐洲和非洲兩塊大陸是連接在一起的，後來被大力士赫居里斯給拉開了。銀幣上的這兩根柱子被稱為大力士赫居里斯的柱子，它代表直布羅陀海峽兩岸的山峰，支撐著陸地的盡頭。又因為「雙柱」銀幣的邊緣鑄有麥穗圖紋，而被中國老百姓稱為「花邊」。銀幣的兩根柱子上面，分別纏繞著卷軸，成$$的形狀，這就是銀圓記號「$」的由來。時至今日，世界上還有不少的國家採用「$」作為本國貨幣的符號，譬如美元的符號就是「$」。

西班牙「雙柱」銀幣的重量正好介於葡萄牙「十字幣」與荷蘭「馬劍」銀幣之間，大小比較適中，同時含銀量較高、鑄造精美。加之西班牙控制著美洲白銀，自一七三二至一八二一年將近一百年的時間裡，生產了大量的「雙柱」銀幣。在早期國際貿易中，「雙柱」銀幣實際上處於主幣的地位，是各國貨幣參照的標準，因此被譽為「本洋」。

另外，葡萄牙和荷蘭兩國在遠東主要是用中國的生絲換取日本的白銀和銅，做的都是轉手貿易，博取的是兩邊的價差。因此，它們兩國的「十字幣」與「馬劍」銀幣流入中國的數量很少，它

們從日本輸入中國的是以兩計算的銀塊。而西班牙則不同，每年都要從美洲運來大量的「本洋」購買中國商品。因此，西班牙「本洋」大量流入中國，並逐漸被中國商人所接受。所以，當中國自鑄銀圓的時候，只能選擇「本洋」的重量，即庫平銀七錢二分為標準。雖然中國傳統上更習慣於用整數如一兩、五錢為白銀貨幣的重量單位，但是，因為受西班牙「本洋」的影響，有零有整的庫平銀七錢二分竟然成為後來中國法定一元銀幣的重量標準，這也實在是一種無可奈何的選擇。

圖41–3　葡萄牙「十字錢」銀圓

圖41–4　荷蘭「馬劍」（馬錢）銀圓

圖41–5　西班牙「雙柱」銀圓

圖41–6　「蓬頭」銀圓

圖41–7　墨西哥「鷹洋」銀圓

三、幣制變革的醞釀

春江水暖鴨先知，壽星銀餅和漳州軍餉，雖然鑄造於東南沿海的福建一隅，但是，它們的出現，實際上預示著中國貨幣制度即將發生一場重大而深刻的變革。

中國從明朝中期開始，雖然正式確立了白銀的主幣地位，但是對於白銀的使用，卻始終停留在稱量使用銀塊的狀態。即便是對於隨海外貿易流入的歐美銀圓，最初依然視為銀塊，需要鑿開檢驗成色，並被銷毀改鑄成銀錠。直到康熙四十二年（一七〇三）外國銀圓還有貼水的現象發生，每一百枚外國銀圓需要貼水五元。就是說因為含銀量低，一百零五枚銀圓才等同於一百枚銀圓所標示的面值。這說明當時對於外國銀圓的使用，還是憑重量而非計個數。

乾隆年間，隨著外國銀圓流入的增多，逐漸開始憑個數流通，不再稱重。因為使用上的便利，外國銀圓不但在東南沿海一帶更加通行，而且開始向內地蔓延。嘉慶四年（一七九九）查抄大貪官和珅的家時，檔案紀錄有洋錢，即外國銀圓五萬八千元，這說明乾隆後期外國銀圓已經流入了北京。

外國銀圓因為重量標準、成色統一、使用方便，愈來愈被市場所接受，市價開始升高。它除了能直接購買商品之外，甚至有更多的人願意用相等重量的紋銀交換外國的銀幣。這是一筆非常划算的買賣，因為外國銀圓的重量僅有七錢二分，成色才百分之九十，市價竟然能與重量為一兩，成色高達百分之九十三・五的紋銀等價。這一方面刺激外國商人用銀圓等重量兌換中國的紋銀，運至印度加爾各答鑄成銀幣後再運回中國賺取價差，造成白銀的外流；另一方面也迫使中國民間紛紛模仿鑄造外國銀圓，幾乎成為一種風潮。朝野對此不再漠視，有識之士開始主張查禁外國銀圓、仿鑄中國銀幣。

據說乾隆年間廣東布政使已允許銀匠仿鑄洋錢。嘉慶年間銀業方面曾仿鑄銀圓，以本洋為模本，後因成色、花紋多不統一，且有貶值跡象被禁止。道光年間各地曾仿鑄本洋，據鄭觀應《盛世危言》卷五「鑄銀」條記載，林則徐在任江蘇巡撫時，因蘇、常各府民間喜用洋錢，曾鑄七錢一二分重的銀餅，初曾通行，後因偽造者多，不及一年便被廢止。道光十三年（一八三三），林則徐在奏摺中曾提到有人建議鑄造五錢重之道光通寶銀錢，最後好像並沒有實行。黃爵滋於同一年又上奏說，「民間私鑄銀圓已非一日」，「蓋自洋銀流入中國，市民喜其計枚核值，便於運用，又價與紋銀爭昂，而成色可以稍低，遂有奸民射利，摹造洋板，銷化紋銀，仿鑄洋銀。其鑄於江蘇者曰蘇板、曰吳板、曰錫板」。

早期模鑄的銀餅中，除了我們介紹的壽星銀餅和漳州軍餉之外，比較重要並有實物留存下來的還有兩種，都是只有文字而沒有圖案。一種是咸豐六年底上海道臺批准王永盛、經正記、郁森盛三家銀號鑄造的銀餅，面值分五錢和一兩兩種。據說是用鋼模鑄造，主要用來發軍餉，後因仿鑄較多且成色低劣，流通半年便停鑄。另一種是光緒年間湖南長沙鑄造的銀餅，發行單位有阜南官局、湖南官錢局、大清銀行、長沙乾益字號等。面值自一錢到一兩分為多種，特點是餅小而厚。

模鑄的銀餅雖然還沒有占據主導地位，流通中仍然以銀錠及外國銀圓為主，但是它的出現在中國貨幣發展史上卻占有重要地位。它開啟了中國自鑄銀圓的歷史，順應了貴金屬白銀由稱量貨幣到計數貨幣發展的規律，反映了清代用銀從銀兩制向銀圓制，以及鑄幣技術由傳統手工模具向近代機器沖壓的過渡。它還體現了當時「師夷之長技以制夷」的維新思想，正如林則徐所提的「欲抑洋錢，莫如官局先鑄銀錢」。所有這些都預示著以貨幣的變化為先導，一場深刻的社會變革正在到來。

42 光緒元寶：最早的機制銀幣

東南沿海一帶，從道光年間開始模仿西班牙「本洋」鑄造的中國式銀餅，雖然與中國傳統的銀錠已有本質的不同，但是還不能算是近代機制幣，只能說是它的先聲。因為這些銀餅都是採用手工模具打壓製成。不但技術簡單、效率低下，還容易仿造、摻假，很快就被稱為「龍洋」的機制幣取代。「龍洋」不但終結了中國兩千多年來手工鑄造銅錢的歷史，而且以貨幣變革為先導，揭開了中國近代化的序幕。

下面就透過廣東鑄造的機制銀幣「光緒元寶」，介紹中國「龍洋」的由來，並考察清末幣制變革的討論。

一、鑄造機制幣的呼聲

一八四二年中英《南京條約》簽訂之後，中國開放了上海、廈門、寧波、廣州、福州五口通商。一八五八年的《天津條約》及一八六〇年的《北京條約》又先後增開了營口、煙臺、漢口、九江、南京、鎮江、天津等十處商埠為通商口岸，並進一步降低了外商進出口貨物的稅率，這更加便利了外國商品以及外國機制銀圓的大量輸入。

隨著外國勢力日益擴張深入到中國的內地以及對外貿易的增加，中國幣制的落後以及由此而造成的對外貿易上的損失，也就更多地表現出來。因此，從光緒初年開始，很多的有志之士都主張，中國應該盡快實行幣制變革，廢除落後的制錢以及使用時必須稱重、驗色的銀兩制，改向歐美國家學習，引進西式機器，鑄造重量、尺寸、成色都標準統一的機制幣，並禁止外國銀圓的流通，在挽回經濟損失的同時，也可以維護國家貨幣主權的獨立。認為「圜法之弊，整頓之急，實為當今急務」，就是說改革落後的幣制，是當今最急迫的事情。於是在朝野上下掀起了一股實行幣制改革，鑄造機制銀圓的風潮。

社會上的有志之士以鄭觀應為代表。鄭觀應是清末維新派著名的思想家和實業家，廣東中山人，早年曾經在上海的洋行裡做過買辦，後來則在洋務派創辦的上海機器織布局、上海電報局、輪船招商局中任過職。他結合自己的商務實踐，認為中國當時實行的銀兩制並允許外國銀幣在中國市面上自由流通的做法有四大弊端，而如果引進西式機器，將銀錠改鑄成機制銀圓來流通，則有四大好處，並在其代表作《盛世危言》中發出了「既有此四利，而又可除彼四害，亦何憚而不行乎？」的質問。因此，他呼籲清政府要盡早實行幣制改革，廢除銀兩制，改行機制幣。

朝廷上的有志之士則以張之洞為代表。張之洞是清末的重臣，直隸南皮人，自幼聰慧好學，號稱神童，在同治三年的科舉考試中，高中一甲第三名，被授予翰林院編修。翰林院屬於皇帝的祕書機構，是儲備鍛煉高級官員的地方。在清末那個新舊更替、錯綜複雜的年代，張之洞很好地把握住了歷史的機遇。他學業有成、仕途順利，先後扮演了清流健將、洋務主角、新政核心等重要的角色，既是政界的巨擘，又是文壇的盟主，並集文治武功與興辦實業於一身，在推動中國近代化的過程中，不但發揮了一位政治家、思想家的引領作用，更是一位實踐家，正是在他的倡導和主持之下，成功地鑄造了中國最早的機制銀幣「光緒元寶」，因此被譽稱為「中國近代機制幣之父」。

二、機制幣的鑄造

張之洞雖然是中國近代機制幣的成功鑄造者，但是，最早試鑄機制幣的並不是他。因為始於道光年間用手工土法鑄造銀餅的臺灣、福建漳州、上海的銀號、湖南長沙的銀號以及林則徐在江蘇等幾次試鑄努力失敗之後，又有上海和吉林兩地用西式機器試鑄過機制的銀圓。

1. 上海和吉林的嘗試

上海的機制銀圓是同治六年（一八六七）上海租界的行政管理機構工部局委託香港造幣廠幫助設計的，實物只見到面值為「壹兩」和「貳錢」兩種，正面為蟠龍圖案，銘文為「上海壹兩（貳錢）」。因為背面的圖案中有英國的國徽及皇冠，沒有通過清政府的審核而作罷。

吉林的機制幣是光緒八年（一八八二）吉林將軍希元，為了補充流通中制錢的不足，奏請朝廷同意從軍餉中調撥五千兩白銀，交吉林機器局鑄造的。有兩種：一種是傳統形制的方孔銀錢，正面與傳統的制錢一樣，為「光緒元寶」四字；背面穿上鑄「廠平」，這是吉林銀兩的名稱。穿下為面值，穿左右為滿漢文「吉」字，面值有五種，分別是一錢、三錢、五錢、七錢、一兩。但是，實物只有五錢的一種傳世。

另一種是無孔的西式銀圓，工藝精細，銘文為小篆，書法精湛。西式銀圓又分兩種，光緒八年（一八八二）鑄造的「廠平壹兩」銀圓，為試鑄幣。光緒十年（一八八四）正式鑄造的為流通幣，面值有五種，分別是一錢、三錢、半兩、七錢、一兩，將試鑄幣正面的滿文取消了。也可能正是因為這個原因，流通不久就被叫停了。

2. 廣東鑄造「龍洋」

無論是早期用手工模具鑄造銀餅，還是後來上海、吉林兩地用西式機器鑄造銀圓的努力先後都失敗了。這種背景之下，張之洞鑄造機制銀圓的計畫能夠成功嗎？

實際上，張之洞在廣東鑄造的機制銀圓，最後雖然獲得清政府批准並被市場接受，但也是一波三折，經歷了一個艱難的過程。這與張之洞百折不撓、積極爭取的執著精神是分不開的。

張之洞是在兩廣總督的任上，於光緒十三年（一八八七）二月在上報朝廷的《購辦機器試鑄制錢折》的報告裡，另外加的一張〈試鑄銀圓片〉的附件裡，提出設立廣東造幣廠，招募擅長鑄造銀圓的西方人鑄造銀圓的。精明的張之洞在這裡打了一個擦邊球，因為他在給朝廷的正式報告中，只說購買機器是為了試鑄制錢，就是傳統的方孔銅錢，根本就沒有提鑄造銀圓的事，只是在另外的一張附件上，才提到招募洋人試鑄銀圓。這樣容易被觀念陳舊、思想保守的朝廷批准。

關於銀圓的面值，張之洞建議比外國銀圓的實際重量七錢二分，加重一分，即重庫平銀七錢三分。他解釋說，新鑄的銀圓實際重量比外國的銀圓重一分，而作價都一樣，趨利的商民必然會樂於接受，而容易流通並能將外國的銀幣驅逐出去。但是，戶部的態度依然非常謹慎，認為「事關創始，尚需詳慎籌畫，未便率爾興辦」，因此要他「聽候諭旨遵行」。

但是，一心想推動幣制改革、鑄造機制銀圓的張之洞，並沒有消極地等待，而是於光緒十五年（一八八九）八月，又向朝廷上了一份名稱為《洋商附鑄銀圓請旨開辦折》的報告。在表示「銀圓遵旨尚未開辦」，要朝廷放心的同時，又打出「香港英商滙豐洋行」的牌子，說是該行「欲求代為附鑄」，並「送來條銀四條，請為試鑄」，最後在所附的清單中說：「謹將廣東錢局試鑄銀圓式樣大小五種，分裝兩匣，開單恭呈御覽。」實際上，他這是借滙豐洋行的名義，將早已準備好的試鑄樣幣乘機報送朝廷，請求審批。

三個月以後，戶部尚書張之萬於十一月將戶部討論研究後的結果，即「擬請旨允准試辦」告訴了張之洞。同時，也提出了修改意見，「唯將洋文列於中國年號之內，體制尚有未合，應請飭令該督將洋文改鏨蟠龍之外，以『廣東省造庫平七錢二分』漢字十字改列正面，……較為妥協」。[1]就是要求將英文移至背面，背面的中文則移到正面。

根據戶部提出的修改意見，樣幣的鋼模需要寄回英國重新改刻。但是在新鋼模還沒有改好寄回來之前，張之洞就於當年的十月被調往湖北武昌，去任湖廣總督了。接替他任兩廣總督的是李鴻章的胞兄李瀚章。等新的鋼模從英國寄到廣州之後，李瀚章於光緒十六年四月初二（陽曆是一八九〇年五月二十日），在兼管廣東錢局事務、署布政使王之春的主持下，正式開爐鑄造了名為「光緒元寶」的機制銀圓。因為新鑄的銀圓背面圖案是一個蟠龍，所以又被稱為「廣東龍洋」。這是中國正式鑄造機制銀圓的開始，也是後來各省廣泛鑄造「龍洋」的由來。

這裡有必要澄清一個在社會上流傳非常廣的誤解。因為「光緒元寶」機制銀圓最初鑄造的時候，重量是由庫平銀七錢三分改為七錢二分的，以往錢幣界多認為這是因為它比鷹洋重一分，流通的過程中，因為發生了劣幣驅逐良幣的現象，是被鷹洋驅逐後而改為七錢二分的。實際上，這是一種歷史性的誤會。實際的情況是，「光緒元寶」在試鑄的時候就由七錢三分改為七錢二分了，這是因為張之洞接受了滙豐洋行的建議，為了便於和鷹洋同時流通而減去了一分，這樣「光緒元寶」就與鷹洋一樣重，都是七錢二分，因此它們就可以等值流通了。七錢三分只是最初的擬議，實際上並沒有鑄造流通。

3. 各省紛紛仿鑄龍洋

當時因為社會各界都苦於銀錠使用的不便，期盼著能有一種新式的、便於使用的銀圓替代它。因此，廣東龍洋出現之後，不等清政府正式下令推廣，各省便紛紛開始仿鑄起來。一時間，全國竟然出現了爭相購買新式機器，招聘外國技術工匠，廣鑄龍洋的高潮。

第一家起來響應的自然是張之洞管轄下的湖北省。這是因為在廣東的時候，張之洞做好了全部的準備工作，但是因為任職的變動，他錯過了親自鑄造中國的第一枚機制銀圓的機會，這多少是有些遺憾的。因此，等廣東龍洋正式發行之後，他就於光緒十九年（一八九三）設立湖北銀圓局，第二年便援引廣東之例，鑄造了「湖北龍洋」，只是將「廣東省造」改為「湖北省造」，其餘的內容一概保持不變。

繼湖北之後，又有直隸、江南、安徽、山東、四川、吉林、奉天、浙江、福建、雲南、新疆、陝西等省陸續鑄

圖42–1 廣東龍洋「光緒元寶」（七錢二分、三錢六分、一錢四分四厘、七分二厘、三分六厘）

❶《中國近代貨幣史資料》第一輯，中華書局，一九六四。

圖42–2　湖北龍洋「光緒元寶」

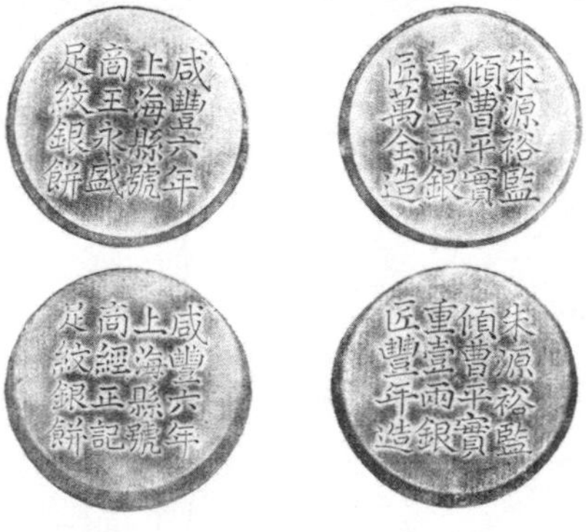

圖42–3　上海銀號鑄造的銀餅

圖42–4　湖南長沙鑄造的銀餅

造了各省自己的龍洋。另外，湖南、臺灣、山西、黑龍江以及北京的京局，則鑄造了以「角」為單位的輔幣，背面的圖案也是蟠龍。因此，這些輔幣也屬於龍洋的範疇。

相對於廣東龍洋而言，湖北龍洋可以說是後來者居上。湖北不但為本省鑄造，代其他省分鑄造的更多，流通的地域最廣，信譽也是最高的，超過廣東龍洋，成為清末龍洋的代表。因此，張之洞又被譽為「中國龍洋之父」。

4. 龍洋的意義

清末龍洋的鑄造，在中國貨幣發展史上具有里程碑式的重要意義。主要體現在如下三點：

一是開創了中國機制銀圓的歷史。從廣東龍洋開始，湖北龍洋繼之，各省紛紛跟進。中國的白銀貨幣為之一變，在傳統稱量使用的銀錠之外，又出現了一種具有中國特色的龍洋系列銀鑄幣，開啟了中國機制幣的歷史。

二是確立了以元（圓）為中國貨幣的基本單位。因為受外國的影響，銀圓的成色只有百分之九十左右，如果自鑄銀圓以兩為單位，流通中就不能與傳統的以足銀為標準的銀兩合二為一。用元為單位，重量成色以鷹洋為標準，便於被已經習慣於使用外國銀圓的民眾所接受。從此，元（圓）這一新的貨幣單位成為中國幣制的有機組成部分。

三是減輕了因制錢不足所造成的困難。清末光緒年間，受國際銀價下跌的影響，銅價上漲，鑄造銅錢虧本，出現了錢貴銀賤的局面。各省在討論鑄造銀圓的必要性時，多以「補制錢之不足」為理由，這正說明了鑄造銀圓減輕了社會流通中制錢不足的矛盾。

三、清末幣制改革的討論

清末各省最初是苦於銀錠使用起來有諸多的不方便，於是都仿效廣東，鑄造龍洋。但是，因為各省的銀圓局相互獨立，所鑄造的龍洋「光緒元寶」雖然形式上差別不大，但是重量和成色卻互不相同，出省之後又被視為銀兩，仍然需要重新進行核算。譬如廣東龍洋雖

圖42–5　吉林機器局鑄造的「光緒元寶」機制銀錢

圖42–6　吉林機器官局鑄造的「光緒元寶」機制銀圓

然光緒二十四年（一八九八）就開始在北京流通，但是計算的標準仍然是銀兩而非銀圓。面對這種各自為政的混亂局面，清政府於是又開始進行統一鑄造銀圓的嘗試。

一方面是統一鑄幣機構。光緒二十五年（一八九九）下令除廣東、湖北兩省的銀圓局之外，其餘各省的全部裁撤，立即遭到了各省的反對。光緒二十八年（一九〇二）又改天津和北洋機器局為北洋鑄造銀圓總局。光緒三十一年（一九〇五）又成立鑄造銀錢總廠，作為戶部的造幣總廠。光緒三十二年（一九〇六）將全國二十家銀圓局、銅圓局歸併為九家。宣統二年（一九一〇）制定《造幣廠章程》，總廠設在天津，另外保留四個分廠，分別設在武昌、成都、雲南、廣州，後來在奉天（瀋陽）又增設一個臨時分廠。但是，第二年辛亥革命爆發，各省紛紛獨立，統一鑄幣機構的工作隨即夭折。

另一方面是想用「大清銀幣」來統一各省的龍洋。戶部於光緒二十九年（一九〇三）曾經在天津造幣廠試鑄了面值為一兩的「大清銀幣」，光緒三十三年（一九〇七）又鑄北洋一兩「大清銀幣」，都沒有正式發行。湖北、吉林以及新疆喀什噶爾鑄造的大清銀幣，雖然流通但是僅限於本省，而且重量和成色也不統一。有統一意向的是天津造幣總廠成立後所鑄造的「大清金幣」、「大清銀幣」和「大清銅幣」。但是，除了「大清銅幣」外，金銀幣最終都沒有發行流通。

清末隨著中央控制各省能力的日趨減弱，統一鑄幣機構及各省龍洋的計畫不但沒有實現，傳統的銀錠以及各種外國銀圓都還繼續在流通使用。這種背景之下，因為機制銀圓的使用，在朝野上下還引發了一場有關幣制改革的激烈討論。爭論的焦點集中在兩個方面：一是實行金本位，還是銀本位；二是實行銀兩制，還是銀圓制。

這場幣制改革討論的起因源於擔任總稅務司的英國人赫德，他於光緒二十九年（一九〇三）

寫了篇〈中國銀幣確定金價論〉，建議中國採用金匯兌本位制。他的這一建議，遭到了以湖廣總督張之洞為首的一批官員的堅決反對，他們多數認為中國黃金儲量少，而人口又多；加之黃金的價值大，而中國百姓的生活水準又低，不適於使用金本位。因此，主張應該採用銀本位制，但是，銀幣的單位是用銀兩制還是銀圓制，則又爭執不下。特別是張之洞，雖然是他最早引入西式機器鑄造了以「元」為單位的機制銀圓，但是此時的他卻主張國幣應該以「兩」為單位，並解釋他當初鑄造七錢二分的龍洋「系屬一時權宜，未可垂為定制」，而確定國幣應該「別籌全國通行經久無弊之策」。因此，他主張應該以中國傳統使用的「兩」為單位，並於光緒三十年（一九〇四）鑄造了重庫平一兩的大清銀幣。

為了徵求各省的意見，清政府曾經於光緒三十三年向全國二十四位督撫徵詢對於銀圓制與銀兩制的態度。其中，有十二人主張以兩為單位，以便與傳統的銀兩制掛鉤；九人贊成以元為單位，重七錢二分，以便與外國銀圓相通；另有三人主張兩、元並用，意見相持不下。

第二年即光緒三十四年（一九〇八），被派去美國進行商務談判的唐紹儀從美國回來，奏請朝廷要盡快確定幣制，以便與外國簽署商約。清政府於是參考多數督撫的意見，決定以兩為單位。但是不久光緒和慈禧先後去世，以兩為貨幣單位的決定又被擱置，而無下文。

當時任度支部尚書載澤，傾向於使用元為貨幣的單位。他於宣統元年（一九〇九）設立幣制調查局，要求再議幣制。並於第二年（一九一〇）頒布《幣制則例》，宣布鑄幣權統一收歸中央，停止各省鑄造貨幣，採用銀本位，以元為單位，名稱為「大清銀幣」，重庫平七錢二分，成色千分之九百。原定於宣統三年（一九一一）十月發行大清銀幣，並限期收回其他各種大小銀圓，統一全國幣制。但是，還沒有來得及發行便爆發了武昌起義，大清銀幣於是就以軍餉的方式發放市面，而成為通用銀圓的一種，因此，沒有能夠完成統一貨幣的使命。

「光緒元寶」的鑄造以及清末有關幣制改革的討論，開啟了中國近代機制幣的歷史，從法律上初步確立了銀本位制並以元為單位，普及了有關本位幣的知識，提出了維護幣制主權的觀念。但是，因為辛亥革命的爆發而被中斷，貨幣制度上繼續維持兩、元並用的混亂局面。於是將中國近代以來幣制改革最為核心的「廢兩改元」難題留給了民國政府，這也從一個側面反映了近代中國社會變革的曲折性。

43 足銀壹錢：左宗棠為新疆設計的銀幣

近代中國，自鴉片戰爭以來對外戰爭幾乎每戰必敗，只有割出去的領土，沒有收回來的失地。但是，也有一次例外，中國軍隊不但完勝入侵者，還收復了被侵占十多年的一百六十多萬平方公里國土，一舉奠定了西部邊疆的安全，這就是清末左宗棠收復新疆的壯舉。

左宗棠收復新疆是大家耳熟能詳的事。但是，很少有人知道左宗棠當年還專門設計了「足銀壹錢」銀幣，計畫統一新疆的幣制。

這裡我想從貨幣的視角，考察分析左宗棠為了盡快清除入侵者的殘留影響，恢復主權，安頓民生，穩定社會，重建文化，在統一新疆貨幣方面做的不懈努力。

一、問題的提出

足銀壹錢是時任欽差大臣、陝甘總督的左宗棠，在收復新疆之後，於光緒六年（一八八〇）專門委託蘭州機器局，為新疆量身定做的一款圓形方孔錢式樣的銀幣。正面是「足銀壹錢」四個漢字對讀，背面是察合臺文即老維吾爾文，穿孔上方是「Bir Mishkal」（漢譯「壹錢」），穿孔下面是「Kumush」（漢譯「銀子」），重量為湘平一錢，約等於三・六一克，

圖43–1 足銀壹錢

直徑二十二・五公釐，厚〇・五公釐。

清政府在平定陝甘回民起義之後，於一八七五年五月任命左宗棠為欽差大臣，督辦新疆軍務，開始籌備收復新疆的大業。前線指揮官劉錦棠率領湘軍於一八七六年七月進抵北疆，經過不到兩年的英勇奮戰，清軍就於一八七八年一月消滅最後一股入侵者，收復了整個南疆地區。當時北疆的伊犁地區還在俄國的武力占領之下，後來經過曾紀澤艱難的談判，於一八八一年二月簽訂《中俄伊犁條約》後才被收回。當時為了配合曾紀澤在俄國的談判，左宗棠在新疆積極地排兵布陣，做好談判失敗後就武力收復伊犁的軍事準備。同時，剛剛經過戰火摧殘的南疆，更是滿目瘡痍、百廢待興，也有很多緊迫的工作需要左宗棠去定奪。

圖43–2　光緒銀錢（五分）

左宗棠忙著給南疆善後的同時，還要籌畫軍事收復伊犁的準備，在如此繁忙緊迫的情況之下，他為什麼還要將鑄造足銀壹錢銀幣這件事看得如此重要，非要親自設計並委託蘭州機器局去製作鋼模呢？

要回答這一問題，首先要從當時南疆地區經過入侵者阿古柏十二年的殖民統治之後，貨幣流通的混亂狀況以及造成的惡劣影響說起。

二、阿古柏銀幣的危害

在阿古柏入侵之前，清政府在南疆推行「紅錢」已有一百多年的歷史了。清政府透過設立鑄錢局，按照內地制錢的形制，統一鑄造發行帶有維吾爾文的「紅錢」，同時收繳銷毀原來流通的普爾錢，早已將新疆的貨幣制度完全納入了中華貨幣體系之中，實現了新疆的貨幣制度與內地的完全統一。但是，隨著阿古柏一八六五年一月的入侵，以及隨後他自稱「畢調勒特汗」，❶建立以南疆喀什噶爾為中心的所謂「哲德沙爾」汗國，❷並發行他自己的貨幣之後，南疆原有的貨幣體系都被破壞了。

阿古柏建立偽政權之後，於一八七四年（同治十三年，回曆一二九一年）在喀什噶爾設立造幣廠，按照中亞地區的伊斯蘭錢幣體系，參照他的母國浩罕汗國錢幣的式樣，鑄造發行了一套偽哲德沙爾汗國貨幣。這種貨幣都是用手工打壓製成，錢幣的正背兩面印的都是察合臺文字，周圍的邊緣裝飾有伊斯蘭風格的花紋，主要流通於以喀什噶爾為中心的南疆各被占領地區。

阿古柏鑄造的錢幣有金幣、銀幣、銅幣三種。其中，

❶ 畢調勒特汗意為洪福之王。

❷ 哲德沙爾意為七座城市。

圖43–3　左宗棠像

圖43–4　阿古柏像

金幣稱作「Tilla」（鐵剌），直徑二十至二十一公釐，重約三．七至三．八克，正背兩面的銘文都是察合臺文，正面漢譯為「蘇丹阿不都．艾則孜汗」，背面漢譯為「鑄於都城喀什噶爾」；銀幣稱作「Tanga」（天罡），直徑十二至十五公釐，重約一．七克左右；銅幣稱作「Pul」（普爾），直徑十四公釐左右，重約三．三克，厚兩公釐，紅銅質。銀幣與銅幣正背兩面的銘文，和金幣上的幾乎完全相同。

圖43–5　阿古柏鐵剌金幣

圖43–6　阿古柏天罡銀幣

圖43–7　阿古柏普爾銅幣

阿古柏為什麼不在他鑄造的錢幣上面鑄他自己的名字，而鑄「蘇丹阿不都．艾則孜汗」？蘇丹阿不都．艾則孜汗又是誰呢？

其實，這正是阿古柏的狡猾、陰險之處。蘇丹阿不都．艾則孜汗指的是當時鄂圖曼土耳其帝國的最高統治者，「蘇丹」是伊斯蘭教國家對世俗統治者的稱呼，「阿不都．艾則孜汗」則是他的名字。因為阿古柏遵奉鄂圖曼土耳其帝國為其宗主國，自認為是它的附庸，他希望因此能夠獲得鄂圖曼土耳其政府對他的承認，並以此來騙取中亞地區尤其是新疆穆斯林民眾對其統治的認可。所以在他鑄造的錢幣上面，印上了鄂圖曼土耳其蘇丹的名字，以示尊奉。阿古柏的陰險狡詐、權謀機變由此可見一斑。

阿古柏雖然鑄造了金、銀、銅三種錢幣，但是，其中以天罡銀幣數量為最多，銀質與重量也最為參差不齊，造假的情況非常普遍，流毒也最為深遠；普爾銅幣數量次之；鐵剌金幣的數量最為稀少，卻非常精整。三種貨幣之間的比值是：鐵剌金幣一枚合白銀一兩，或天罡銀幣二十枚；天罡銀幣每枚作銀五分；普爾銅幣與紅錢等值，五十枚普爾合五分天罡銀幣一枚。

因為阿古柏鑄造的貨幣上面，隱含有陰險的政治陰謀，在信仰伊斯蘭教的維吾爾等民眾中具有極大的欺騙性，必須要盡快收繳銷毀。發行新的貨幣，收繳銷毀阿古柏的貨幣，徹底清除他的殘餘影響，既是政治任務，也是安頓民生的經濟工作，因而成為南疆善後工作中的重中之重。

三、鑄造光緒天罡

根據清政府的意見，最好的辦法就是盡快重開鑄錢局，像當年收繳銷毀準噶爾普爾錢一樣，用「紅錢」收繳銷毀阿古柏的錢幣，重新恢復「紅錢」的流通體制。但是，當時新疆的情況非常複雜，受困於很多因素，馬上恢復「紅錢」的流通體制面臨諸多的困難：一是在阿古柏占領南疆的十多年間，因為「專用天罡銀錢，是以銅錢散失，存留無幾」。因此，鑄造「紅錢」就必須重新開礦煉銅，並尋找鑄錢工匠。這都需要時間，並不是馬上就能開爐鑄錢，解決百姓的流通需要。二是南疆剛剛被收復，基層組織以及人員都要在廢墟上重建，而鑄造「紅錢」需要設立鑄錢局、雕刻樣錢、送樣審核等工作流程，這些也都要有一個過程。三是伊犁還沒有收回，新疆的官員以及駐軍要做好一旦談判失敗就用武力收復伊犁的軍事準備。

考慮到這些現實的困難，以及南疆民眾歷來有使用銀錢的習慣，因此，左宗棠早在進軍南疆的時候就想出了一個權宜之計，既能盡快收繳銷毀阿古柏的錢幣、消除其政治影響，還能滿足廣大民眾日常用錢的需求，同時也為下一步開礦煉銅、鑄造「紅錢」贏得時間。

左宗棠的辦法，實際上也很簡單，就是收繳銷毀阿古柏的天罡銀幣，改鑄成光緒天罡銀錢。早在光緒三年（一八七七）十月，清軍收復庫車之後，為了盡快消除市面上流通的阿古柏錢幣的惡劣影響，恢復清朝中央政府的主權象徵，左宗棠報請朝廷同意之後，就命令幫辦新疆軍務的廣東提督張曜，在庫車招募當地銀匠，仿照阿古柏天罡銀幣的式樣，打製了鑄有漢文「光緒銀錢」、面值為五分的光緒天罡銀錢，用以收繳阿古柏的天罡銀幣。光緒天罡銀錢的重量足、成色高，流通後很受當地民眾的歡迎。因此，後來清軍收復阿克蘇、喀什噶爾、葉爾羌、和闐、英吉沙等地之後，也先後仿照庫車的辦法，在當地招募銀匠，一邊收繳阿古柏的天罡銀幣，一邊改鑄成光緒天罡銀錢。阿古柏鑄造的錢幣雖然有金幣、銀幣、銅幣三種，但是收繳之後，只按銀幣的款式改鑄光緒銀錢一種，這顯然是一種應急的權宜之策，是過渡的辦法，目的只有一個，就是盡快從社會上清除阿古柏偽政權的惡劣影響。

光緒天罡銀錢完全模仿阿古柏的天罡銀幣，它們之間又有什麼區別呢？實際上，除了上面的文字以及內容不同之外，尺寸大小、款式風格以及重量面值都幾乎完全一樣。因此，光緒天罡銀錢很容易就取代了阿古柏天罡銀幣。這兩種銀幣雖然外觀形制上相似，但是它們畢竟是兩種不同的貨幣，有著本質上的區別。首先是光緒天罡銀錢沿襲了「紅錢」的做法，使用漢字、滿文和維吾爾文三種文字，正面用漢字鑄「光緒銀錢」四字，背面上下兩端分別印漢文「五分」兩字，標明面值。右側用滿文、左側用維吾爾文，標明鑄造地點，另外還鑄有回曆年分。其次是有的銀錢在正背兩面的中心，都印一個正方形的小方框，象徵方孔，但是都沒有穿透，表示它屬於中華貨幣文化體系。最後是因為光緒天罡銀錢是各地自行打製，並沒有統一的標準和模式。因此，有的沒有漢字，有的不帶方框。甚至面值上，除了「五分」之外，還有「壹錢」的。而阿古柏的天罡銀幣因為就一種文字，並且統一鑄造於喀什噶爾，形制上倒顯得要比光緒天罡銀錢標準統一。

總之，光緒天罡銀錢的大小與阿古柏天罡銀幣相差不多，但是，種類眾多，款式各異，大小不一，輕重有別。真可謂五花八門，不一而足。重量大致在一・一至一・七五克之間，直徑約為十・九至十五・八公釐。

四、鑄造「足銀壹錢」

光緒天罡銀錢既然已經逐漸替代了市面上流通的阿古柏的天罡銀幣，一定程度上消除了阿古柏的影響。而鑄造「紅錢」的阿克蘇、庫車等鑄錢局也已經在緊鑼密鼓地籌備恢復之中。這種情況下，左宗棠為什麼還要急於設計鑄造「足銀壹錢」銀幣來取代光緒天罡銀錢呢？

這是因為作為過渡階段的權宜之計，光緒天罡銀錢在完成收繳阿古柏天罡銀幣這一使命之後，因為其自身先天性的不足，已經愈來愈不能滿足新的

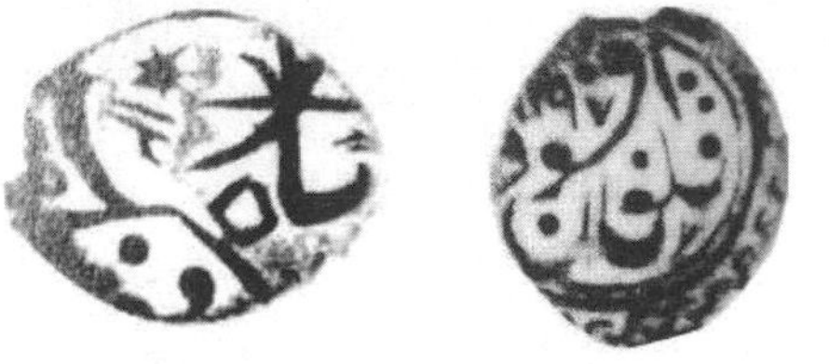

圖43–8　「光」字天罡

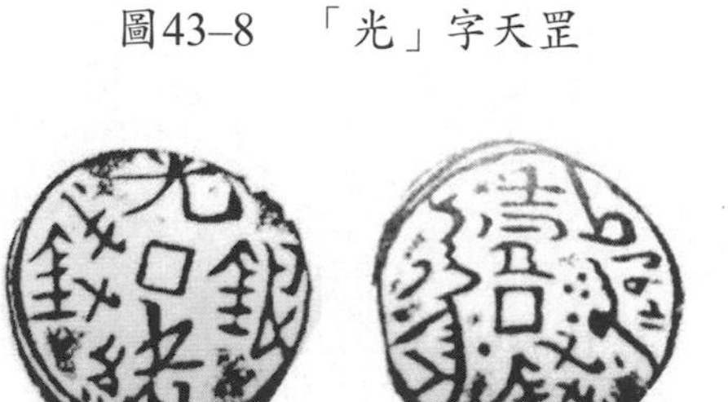

圖43–9　光緒銀錢（壹錢）

形勢需要，急需用一種新的、正式的貨幣來取代它。

左宗棠之所以不能接受光緒天罡銀錢，首先是因為這種銀錢模仿自阿古柏的天罡銀幣，屬於伊斯蘭貨幣文化體系，完全不屬於我中華貨幣文化體系。雖然經過了改鑄，但是，看上去依然留有入侵者阿古柏錢幣的印記。

其次，讓左宗棠不能忍受的是，代表國家主權的貨幣，因為鑄造它的當地工匠不認識漢字，因此描摹的漢字多數都筆劃歪斜、文字雜亂、不成體統；因為這種銀幣都是用手工一枚一枚打製的，技術落後，受力不均。因此，文字時常偏向一邊，多數都不完整，幾乎很難見到一枚筆劃完整、字跡清晰的錢幣，甚至沒有兩個形狀一樣的。

再次是這種銀幣無輪無郭，大小、成色、輕重都不統一，非常容易剪邊或摻假偽造。雖然規定每枚重量為五分，二十枚合銀一兩。但是，在實際使用的時候，「仍稱輕重，不能計枚數而算五分」，多有不便。更不可思議的是，有的面值雖然是「壹錢」，但是大小卻與面值「五分」的差不多。

最後一點，因為南疆流通的貨幣極為混亂，既有形制不一的各式光緒天罡銀錢，又有沒有收繳完的阿古柏天罡銀幣、普爾銅幣，甚至還有原來的準噶爾普爾錢，真可謂五花八門，混亂至極。因此，急需用一種統一的貨幣來取代它們。

除了上述四點原因之外，其實還有兩個重要的因素，也促使左宗棠要親自設計一款具有我中華貨幣文化元素的錢幣，來統一新疆的幣制。

一個原因是俄國占領伊犁之後，強迫當地民眾使用俄國的貨幣，即所謂的「洋帖」（指俄國紙幣）、「洋元」（指俄國的銀幣）、「洋普」（指俄國的銅圓）。被廢棄的寶伊局鑄造的銅錢等中國貨幣，都被俄國人用極其低賤的價格從市面上大量買走，運回俄國送兵工廠銷毀後製成子彈殼，供正與鄂圖曼土耳其打仗的俄軍使用。因為市面上已經沒有中國的銅錢了，全部都是俄國的貨幣，因此，左宗棠要提前為收回伊犁之後統一貨幣做準備。

另一個原因則是左宗棠考慮要設計出統一形制，並用機器製出標準的「銅模」，然後交與當地工匠打製銀幣。這樣就可以保證錢幣的重量、成色都標準統一，銘文都字跡端正、清晰可識。因為自道光年間開始，東南沿海一帶受西班牙「本洋」以及墨西哥「鷹洋」的影響，已有一股模仿鑄造西方銀圓的風潮。如道光、同治年間臺灣和福建漳州一帶鑄造的「壽星銀餅」和「漳州軍餉」，以及咸豐年間上海三家銀號鑄造的銀餅。因為受條件所限，這幾種銀餅都是用中國傳統的澆鑄技術鑄成的。因為技術落後，很容易被偽造摻假，因此很快就失敗了。在福建任過船政大臣並興辦過福州船政局的左宗棠對此並不陌生。因此，當他考慮統一新疆貨幣的時候，自然要選擇用一種具有中華貨幣文化元素，即圓形方孔的機制銅模，來取代手工刻模並帶有阿古柏錢幣印記的光緒天罡銀錢。這顯然是受了早年林則徐所提出的自鑄銀圓要「輪郭肉好，悉仿制錢之式」思想的影響。

因此，基於上述幾方面的原因，左宗棠於光緒六年（一八八〇）主持設計出圓形方孔款式的足銀壹錢銀幣，並委託蘭州機器局製造出銀幣的銅模，然後命令駐紮在庫車幫辦新疆軍務的張曜，要他就地招募銀匠，並親自監督銀匠來打製銀幣。特別強調要「範銀為錢，用銀片捶成，不須熔鑄」，即足銀壹錢銀幣，必須是用手工打壓製成，不能澆鑄。他希望用足銀壹錢銀幣來「為新疆創此永利，以救圜法之窮」。

客觀地說，左宗棠設計的足銀壹錢銀幣，形制上簡潔明瞭，主題突出，既有中華貨幣文化的固有元素，又充分照顧到了當地維吾爾民眾的使用習慣。特別是採用機器製作鋼模，既保證了文字筆劃的端正、清晰，又防止了民間的私鑄、摻假，可謂是用心良苦。

《新疆圖志》等文獻也記載說它「外圓內方，輪郭分明，字跡顯朗，大小厚薄如一」。因為工藝精細，製作精良，大小適中，使用方便，很受民眾的歡迎。但是，作為設計者的左宗棠，他完全沒有考慮到手工打製這樣一枚中間帶方孔的銀幣，工藝上是很複雜的，這和澆鑄工藝完全不是一個概念。因為銀片要用手工打壓製成，中間還要挖一個方孔。因此，每次生產的數量很少，成本很高，虧賠較大。

據《新疆圖志》記載，每匠一人，爐一座，需工人五至六人，每天只能鑄造銀幣兩百枚，合銀二十兩左右。但是，合計工炭以及火耗，每鑄二十兩，費用成本就高達白銀四兩，占到了五分之一。如此高的成本，怎麼能承受得了。因此，足銀壹錢方孔銀幣，只鑄造了不到一年，就於光緒七年（一八八一）二月被叫停了。它沒有能夠實現取代光緒天罡銀錢、統一新疆幣制的目的。天罡銀錢仍然通行於南疆，與「紅錢」並用。北疆由於制錢缺乏，後來也通用了天罡銀幣，甚至到了民國時期在市面上仍然能見到。

左宗棠設計發行的足銀壹錢方孔銀幣，雖然因為虧賠，使用不到一年就停鑄了。但是，足銀壹錢方孔銀幣以「湘平」為紀重單位的做法，卻被繼承了下來。從此以後，新疆鑄造的銀幣都用「湘平」而不用「庫平」，成為新疆銀幣上的一大特色。

左宗棠不但為收復新疆以及推動新疆建省做出了重要貢獻，同時他還非常重視收繳銷毀阿古柏的錢幣，清除其在社會上的負面影響，為統一新疆的幣制做了極富創意的探索，是一位為中華民族做出了傑出貢獻的民族英雄，永遠值得我們懷念和宣傳。

44 「餉金」金幣：中國唯一的金幣

中國古代有金幣嗎？很多人的回答可能都是肯定的。因為早在先秦的楚國就鑄有金版，漢代還有馬蹄金、麟趾金、柿子金等。因此，會認為中國古代有金幣。

實際上，它們都不是真正意義上的金幣！如果要說金幣，只有清末王樹枏任新疆省布政使時，鑄造的「餉金」才屬於真正意義上的金幣，並且是中國歷史上唯一的金幣！

這裡我結合清末的幣制改革以及新疆當時特殊的歷史背景，介紹餉金金幣鑄造的原因、經過及其價值，將不為世人所知的餉金金幣介紹給大家。

一、中國古代沒有金幣

中國古代，無論是先秦時期楚國的金版，還是漢代的馬蹄金、麟趾金、柿子金等，在使用的時候可以根據需要隨意切割，支付時則要秤重、驗色，這仍然屬於稱量貨幣的範疇。因為它們不能計數使用，所以還不能算是金屬鑄幣。

自漢代開始，雖然個別朝代也鑄有金質的五銖、開元通寶、太平通寶以及帶佛像的淳化元寶等金幣。這些所謂的「金幣」，雖然形式上已經屬於鑄幣，但是，因為主要都是用於賞賜、餽贈，而不參與流通，因此，也不能算是真正意義上的金幣。所以《唐律疏議・雜律》「私鑄錢」專款明確規定「若私鑄金銀等錢，不通時用者不坐」，即私鑄金銀錢不做流通不算犯罪。這說明古代的金銀錢雖然已經具有了鑄幣的形式，但是官方與民間還都沒有將它視為流通中的貨幣。

自東漢以後，黃金更多的是用作器飾、寶藏，而逐漸退出了流通領域。從唐末、五代開始，白銀的貨幣性逐漸開始加強，超過黃金，正式進入了流通領域。到明朝正統元年解除了用銀的禁令之後，白銀開始成為正式的貨幣，但是都鑄造成元寶的形狀，直至清朝末年，中國才開始鑄造機制的銀幣。這期間，中央及地方的一些省也用機器壓製了一些所謂的金幣。它們雖然五花八門、種類眾多，實際上都屬於金章或是金樣。所謂「金章」就是用黃金製作的紀念章；「金樣」就是用銀幣的模具壓製的黃金樣品。它們只是金質的紀念品，不能用於流通，因此都不屬於金幣。

二、餉金金幣的鑄造背景

說到餉金金幣，必須要從王樹枬以及清末的幣制改革講起。

王樹枬（一八五一—一九三六），字晉卿，晚號陶廬老人，河北新城人。光緒十二年（一八八六）考中進士，最初曾在工部、四川任職，因為受到四川總督劉秉璋案的牽連被革職，仕途上遭到挫折。後來在擔任兩江總督的同鄉張之洞的提攜下又重新步入仕途，最初給張之洞做幕僚，不久又應陝甘總督陶模的邀請，來到蘭州督署任職，後來出任中衛知縣，光緒三十二年（一九〇六）調任新疆候補道臺，署理布政使職。在新疆任職期間，王樹枬非常想有一番作為，因此在為政上不免專擅，遭到巡撫聯魁的嫉恨，宣統三年（一九一一）五月被排擠離開新疆回到了北京。民國三年（一九一四）受聘進入清史館任總纂。曾應邀赴日本做過考察，後來又應奉天督辦楊宇霆的邀請，出任萃升書院的主講。民國二十五年（一九三六）去世，享年八十五歲。

王樹枏學識淵博，興趣廣泛，酷愛文史、考古，也很擅長書畫。對於易書小學、詩文字畫以及外國歷史無不精通。他特別注重地方志的編撰，其中以他出任主纂並親自參加編撰的《新疆圖志》最為重要，這是新疆建省後第一部比較完整的志書，共有一百一十七卷，彙集資料豐富，保存了不少的原始文獻檔案，是研究清朝後期新疆歷史的重要資料。他另有著作二十多部。另外，他還整理張之洞的奏議、函電、文集，編成《張文襄公全集》三百多卷；又編輯了楊增新文牘日記的一部分，保存了不少重要資料。

王樹枏任新疆布政使期間，正是清朝末年內憂外患，國力日衰，社會矛盾日益尖銳，財政收入日趨拮据，入不敷出的艱難時期。財政上的這種艱難困境，在完全依靠中央和內地各省以及海關協濟「餉銀」才能度日的新疆，表現得就更為突出。因此，身為布政使的王樹枏，為解決新疆財政困難，就整頓金融、改革幣制曾經提出了一系列頗有新意的主張，這些都保存在他親自撰寫的《新疆圖志》卷三十四〈食貨〉篇中。王樹枏的可貴之處是他不但提出主張，更利用身為布政使、負責主管一省經濟事務這種便利的身分，進行了積極的

圖44–1　王樹枏像

實踐。餉金金幣就是在這種背景下鑄造發行的。

三、清末有關幣制改革的爭論

清代在貨幣制度上，沿用的是自明朝以來的銀兩與制錢並行的「銀錢複本位制」，即「大數用銀，小數用錢」。這一制度適用於相對封閉的小農經濟，但是鴉片戰爭之後，隨著五口通商以及對外貿易的增加，其弊端也日益暴露無遺。譬如同治末年，歐洲各大國多數都已採用金本位制，當時國際上白銀產量增加，價格開始逐漸跌落。中國因為實行的是銀錢複本位制，隨著對外貿易入超的增加，在匯兌上就非常吃虧。特別是《馬關條約》、《辛丑和約》簽訂之後，數額巨大的賠款和借款都是以黃金為標準，隨著白銀的貶值，更增加了清政府支付賠款和償還外債的負擔。因此，朝野上下對幣制問題展開了激烈的討論。爭論的焦點，一是實行金本位制，還是銀本位制；二是實行銀兩制，還是銀圓制。

雖然多數主張廢除銀兩，學習西方採用金本位制。但是，因為中國的黃金儲量少，產量更少，而人口又多，馬上實行金本位不現實。因此主張實行銀本位，將來擇機逐漸過渡到金本位。但是，銀幣的單位是用銀兩制，還是用銀圓制，又爭執不下。特別是張之洞，雖然是他最早引入西式機器鑄造了以「元」為單位的機制銀圓，但是，此時的他卻主張國幣以「兩」為單位，並於光緒三十年（一九〇四）鑄造了重庫平一兩的大清銀幣。他在《試鑄一兩銀幣片》中解釋當初鑄造七錢二分的龍洋「系屬一時權宜，未可垂為定制」，而確定國幣則應該「別籌全國通行經久無弊之策」。因此，他主張以兩為單位。

光緒三十三年（一九〇七）十一月，清政府向全國二十四位督撫徵詢意見，其中十二人主張以兩為單位，以便與傳統的銀兩制掛鉤；九人贊成以元為單位，重七錢二分，以便與外國銀圓相通；另外有三人主張兩、元並用。兩派意見相左，爭執不下，直到宣統二年（一九一〇）四月，清政府才頒布《幣制則例》，宣布鑄幣權統一收歸中央，禁止各省鑄造，採用銀本位制，以元為單位，名稱為「大清銀幣」，重庫平銀七錢二分，成色為千分之九百。原定於宣統三年（一九一一）十月發行大清銀幣，並限期收回其他各種大小銀圓，統一全國幣制。但是，還未來得及發行便爆發了武昌起義，大清銀幣於是就以軍餉的方式發放市面，僅成為通用銀圓的一種，而未能完成統一貨幣的使命。餉金金幣就是在這種背景之下，唯一作為特例被批准鑄造的金幣。

四、特批新疆鑄造餉金金幣

清政府在幣制改革方案尚未確定的情況下，為什麼要特批新疆獨家鑄造金幣呢？這主要是因為新疆情況特殊以及王樹枏的積極爭取。當時俄國的金幣在新疆大量流通使用，嚴重侵犯了中國的貨幣主權。而王樹枏之所以堅持要在新疆鑄造發行金幣，這與他具有國際視野以及精深的貨幣思想有關。王樹枏認為貨幣制度伴隨人類的發展、社會的進步也在不斷地發展變化，即「人類之交通日繁，錢幣之進化益精」；一個國家的貨幣制度對其國家實力、經濟發展的影響至關重要，即「錢幣之變易，人類進化之所由系也」，「幣制精純之國，必稱富強於世界」。

他認為中國貧弱、落後的原因雖然有很多，但是，其中混亂、落後、不健全、不合理的貨幣制度是一個重要的原因。而這方面地處西北邊陲的新疆，表現得就更為明顯。新疆因為對外貿易頻繁，英、俄等列強都在四周窺伺，隨時準備下手。而新疆落後的貨幣制度，面對虎視眈眈的外敵，就如同「自縛手足」一樣，弊端更為嚴重，危害也更為緊迫。他認為「新疆為產金隩區」，有和田、塔城、烏蘇、阿勒泰等地的金礦可供採掘，而當地的維吾爾等民眾又有使用黃金做貨幣的傳統。因此，他向清政府打報告，要求在新疆採購西式機器，鑄造金幣，投放市場。這樣就可以驅逐華俄道勝銀行在新疆發行的俄國金幣以及紙幣，既可以維護國家的貨幣主權，又能為新疆爭得利益。他還利用赴京向度支部彙報工作之便，專程去天津造幣廠參觀學習，對機器鑄幣的流程、工藝以及效果都做了詳細的考察。這些在《新疆圖志》卷三十四〈食貨〉篇中，都有具體而詳細的描述。

根據《度支部諮新疆巡撫聯魁文——准許新疆製造金圓》記載，當時清政府幣制改革的方案雖然還沒有最後確定下來，但是考慮到新疆的情況特殊，王樹枏陳述的理由又比較充分，於是，度支部（後改為財政部）就特批新疆可以鑄造金幣。

為了使大家能夠更好地了解當時新疆作為全國唯一的特例被批准鑄造金幣的情形，將清政府批復的原文引錄一段，供參考。

現時幣制尚未奏定，本難遽准外省鑄造金圓。但新疆情形向來與內地稍有不同，既據奏稱比照原價換銀不易，應准其鑄元行使，仍只作為通用之品，不為制幣。其每元重量若干，成色如何，是否即用銀圓機器鑄造，原奏均未聲敘，應由新疆巡撫於開鑄時詳細諮明，並將所鑄金圓揀提一枚，送部查考。❶

五、「餉金」名稱的由來

「餉金」一詞實際上是由「餉銀」派生來的，而「餉銀」卻是個專有名詞。因為，整個清代，新疆的財政始終都不能自立，自乾隆二十五年（一七六〇）開始，新疆日常的軍政開支，以及遇到重大事件所需要的費用，絕大部分都要靠中央和內地各省以及海關的協濟。因為協濟的款項又主要是用於發放新疆駐軍的俸餉，所以稱為「餉銀」。「餉銀」有常年例撥的「協餉」和臨時撥解的「專餉」兩部分構成。

新疆在清代早期，每年所收到的餉銀有兩百三十多萬兩。咸豐朝之前，因為社會穩定，新疆所需要的餉銀，各省和海關所分擔的部分，都能按期撥解。咸豐元年（一八五一），爆發太平天國起義之後，清政府的財政開始吃緊，供應新疆的餉銀開始大規模地拖欠並減少。但是，基本上仍然能夠按年供應。進入民國以後，新疆就徹底斷絕了餉銀的供應。

因此，當王樹枏奏請清政府同意後，於光緒三十三年（一九〇七）五月，在迪化城外水磨溝機器局，採用西式機器鑄造機制幣的時候，所鑄造的銀幣就稱為「餉銀」，金幣就稱為「餉金」。王樹枏自己在《新疆圖志》中也解釋說，因為所鑄造的銀幣、金幣，是用以「輔餉糈之不濟，顧市面之流通」，故名之為「餉銀」、「餉金」確實是名實相副，非常貼切。

---

❶《中國近代貨幣史資料》第一輯，中華書局，一九六四。

六、餉金金幣的面值

《新疆圖志》記載，餉金金幣只鑄造了一錢、二錢兩種，「其金圓共分一錢、二錢兩種，重一錢者抵紋銀三兩，重二錢者抵紋銀六兩。陽面鑄餉金一錢、二錢字樣，陰面鑄龍紋，邊加纏文餉金幾錢字樣」。餉金實物與文獻記載完全一致。因此，世人一般都據此以為餉金金幣就只有一錢、二錢兩種。但是，二〇〇七年五月我在陪俄羅斯的錢幣學家弗拉基米爾•彼利耶夫先生參觀中國錢幣博物館時，驚奇地發現中國錢幣博物館展覽有一枚面值為五錢的餉金金幣，查閱資料後，發現這枚金幣是由中國人民銀行總行貨幣金銀局的金庫移交給錢幣博物館的。後來我又了解到國家博物館也收藏有一枚五錢的餉金金幣，是一九五四年一月二十九日由華東文委調撥給中國歷史博物館（國家博物館前身）的。

兩枚餉金五錢的尺寸、重量、厚度完全相同，工藝精緻、鑄造精美，形制上與一錢、二錢完全一致，為真品無疑。但是為什麼在《新疆圖志》中只記載有面值為一錢、二錢的餉金金幣，而沒有面值為五錢的餉金金幣呢？

經過考證，我發現這是因為《新疆圖志》所收錄的資料截止於光緒三十四年（一九〇八），而餉金五錢金幣應該是宣統二年（一九一〇）十月新任新疆巡撫袁大化上任之後，嫌原來的機器壓力不夠，另外又從上海添購新式機器之後加鑄的。這可能是因為餉金一錢、二錢投入市場後，大受歡迎，為了滿足市面上的需求，於是，餉金增加了五錢面值的，餉銀增加了一兩面值的。因此，當時除了餉金五錢之外，還另外加鑄了餉銀一兩。這就是餉銀一兩雖然在《新疆圖志》中也沒有記載，但是在現實中餉銀一兩卻大量存在的原因。當時我專門寫了〈餉金五錢考〉，刊登在《中國錢幣》

二〇〇七年第二期上。

餉金一錢直徑十九公釐，重三・六克，抵紋銀三兩；二錢直徑為二十四公釐，重七・二克，抵紋銀六兩；五錢直徑為三十二・七公釐，重十八・二九克，抵紋銀十五兩。正面為漢文「餉金一錢（二錢、五錢）」四字對讀，外圈空白無圖文。背面為蟠龍圖飾，四周鑄有察合臺文，龍上首為「Yinsi」（漢譯「餉」），龍下首為「Alton」（漢譯「金」），龍右側為「Bir」、「Ikki」、「Besh」（漢譯「一」、「二」、「五」），龍左側為「Mishkal」（漢譯「錢」）。「餉金」一錢另外還有正、背兩面都沒有察合臺文，或察合臺文與漢文都在正面，這樣兩種版式。

《新疆圖志》記載餉金一錢、二錢僅「開局四月，共鑄金五千零一兩三錢三分」。宣統二年袁大化從上海新購機器之後，也僅僅加鑄不到一年清朝就滅亡了。進入民國之後，帶有龍紋圖案的這種前清帝制標誌的餉金金幣自然也就停鑄了。因此，餉金實際鑄造的時間很短，數量也很少。據記載，餉金發行之後，多數都被商家兌換去收藏或贈給親友，向來被藏家視為珍品。而餉金五錢，就目前所知，僅中國錢幣博物館和國家博物館各收藏一枚，堪稱鎮館之寶。餉金五錢的發現，具有重要的意義，它不僅給餉金增添了新的品種，更為研究清末擬試行金本位制的幣制改革討論，提供了新的實物資料。

圖44–2　餉金一錢

圖44–3　餉金二錢

圖44–4　餉金五錢

七、餉金金幣是中國唯一的金幣

為什麼說只有新疆鑄造的餉金金幣，才是真正意義上的金幣，並且是中國歷史上唯一的金幣？這是因為中國就根本就沒有實行過金本位，因此就沒有正式鑄造過流通用的金幣。而新疆的「餉金金幣」是在是否實行金本位的討論還沒有結果的情況下，清政府特批新疆先行鑄造流通的金幣。

研究、收藏中國近代機制幣的都知道，光緒末年直至民國初年，王樹枏在新疆鑄造餉金的前後，戶部造幣總廠以及吉林、福建、四川等個別省的銀圓局，也曾先後鑄造過幾種所謂的「金幣」，如：

1. 吉林銀圓局於光緒二十七年（一九〇一）鑄造過「金圓流通」；
2. 福建官局於光緒二十八年（一九〇二）鑄造過金質的「光緒元寶」；
3. 天津戶部造幣總廠於光緒二十九年（一九〇三）鑄造過金質的「光緒元寶」庫平一兩、庫平二錢；光緒三十二年（一九〇六）鑄造的「大清金幣」庫平一兩；光緒三十三年（一九〇七）鑄造的「大清金幣」庫平一兩；
4. 四川省於光緒三十二年至三十四年（一九〇六—一九〇八）造過光緒頭像金盧比等。

以上幾種所謂的「金幣」，實際上都是未公開發行的「金章」或「金樣」，它們都是為了紀念或測試模具，數量都非常少，既沒有獲得政府的批准，也沒有參與實際的流通，因此都不是正式的流通貨幣。只有王樹枏在新疆鑄造的餉金金幣才是經清政府批准後正式公開發行的流通貨幣。進入民國以後，因為正式確定實行銀本位制，就更沒有鑄造過金幣。因此，我們說只有新疆的餉金才是真正意義上的金幣，並且是中國歷史上唯一的金幣！

45 中國通商銀行兌換券：中國最早的銀行兌換券

位於上海外灘中山東一路的六號樓，是一棟三層仿歐洲哥德式建築。它曾經是外灘地標式建築，被認為是當年殖民者建造的洋行，是上海外灘租界地的象徵。

實際上，這幢走過一個多世紀的歐式風格建築物，並不是洋人建築的，而是由盛宣懷建造的。它不是上海租界地的象徵，而是中國近代銀行及金融業的起點。它是中國近代最早的由政府批准可以發鈔的商業銀行，即「中國通商銀行」的舊址。

下面我就透過中國通商銀行的設立及其發行的兌換券，說明中國近代銀行及紙幣產生的艱難過程。同時提醒大家思考：為什麼中國古代是世界上最早發明使用紙幣的國家，但是近代紙幣的發行卻遠遠落後於西方？

一、盛宣懷的身世及其創辦實業之路

講到中國通商銀行及其發行的兌換券，我們首先必須要從它的創立者盛宣懷講起。

盛宣懷是清末一個非常有爭議的人物，人們對其褒貶不一。褒之者稱讚他是中國的「銀行之父」、「鐵路之父」、「電報之父」……據說他一共創造了十一項中國第一，因此被譽為中國的「實業之父」；貶之者如魯迅就曾經將他斥責為「賣國賊、官僚資本家、土豪劣紳」。這後一種觀點雖然是過度意識形態化了一點，但是，卻也揭示出了盛宣懷的勢力與地位。

客觀地講，盛宣懷確實是清末的一個實幹家並勇於任事。但是，僅此還遠遠不夠，他的崛起另有一個重要的原因，就是盛宣懷的父親和李鴻章是故交。因此，他很早就入了李鴻章的幕僚並得到賞識。李鴻章後來出任直隸總督兼北洋大臣，成為權傾朝野的人物。盛宣懷作為李鴻章的得力助手，於是積極投身於洋務運動。正如李鴻章後來所概括的那樣，盛宣懷「一手官印，一手算盤，亦官亦商，左右逢源」。從此，盛宣懷遊走於官商之間，開始了創辦實業的傳奇之路。

在盛宣懷所創辦的眾多企業之中，實際上最具前瞻性，從另一個層面上，也可以說是最具緊迫性的，應該就是他創辦中國通商銀行並發行兌換券。這要從兩個方面來理解。

一方面是清政府興辦洋務的目的就是要「圖強求富」。「圖強」是向西方採購新式武器，增強軍力；「求富」是創辦實業，增加國庫收入。無論是「圖強」，還是「求富」，都需要籌集大量的資金。但是，愚昧無知的清政府，因為其祖上即女真人因為濫發紙幣而亡國，所以，他們視紙幣如洪水猛獸，以不用為原則。除了順治初年為平定江南、咸豐年間為了應對太平天國和英法聯軍，曾經短暫發行過紙幣之外，再不願意談紙幣。因為不知道透過興辦銀行、發行紙幣可以從民間籌集社會資金，就只能增加賦稅搜刮民眾，或是向外國舉債。這樣既加劇了國內矛盾，又增加了對外國的依附。

另一方面是鴉片戰爭之後，實施了五口通商，隨著外國商人在華貿易的增加，外商陸續開始在各通商口岸設立銀行並擅自發行紙幣。顢頇無知的清政府，對此不聞不問，任其自由發展。這些外商銀行在享受發鈔帶來巨額利潤的同時，對中國政府卻不承擔任何納稅義務。更為讓人不能接受的是，這些外國銀行用「空手套白狼」的辦法，將從中國吸納的大量存款，再貸給急需資金的清政府，不但加收高額的利息，還附帶很多苛刻的政治條件。腐敗無能的清政府，在流失財源的同時，又進一步喪失了主權。

二、外商銀行的開設及其危害

最早進入中國的外商銀行是英國的麗如銀行，它於一八四五年在香港成立，並發行紙幣，但影響最大的則是英國的滙豐銀行。隨後法國、德國、俄國、日本、美國等外商也相繼設立了各自的銀行，並發行銀行兌換券。這些享有種種特權的外商銀行，在中國發行了單位各異、種類繁雜的紙幣，大致上可以分為兩種：

一種是英國的麥加利銀行、滙豐銀行，德國的德華銀行，俄國的華俄道勝銀行以及美國的花旗銀行，它們使用中國的貨幣單位，發行銀圓票或銀兩票；另一種是外國銀行使用各自國家的貨幣單位所發行的紙幣。如華南地區通行的由英資銀行發行的港幣，俄國在東北發行的盧布票，日俄戰爭時期日本在東北發行的

圖45–1　滙豐銀行（銀兩票）正面

圖45–2　滙豐銀行（銀兩票）背面

軍用票等。

外商銀行在華開辦銀行、發行紙幣的行為，極大地損害了中國的幣制、金融主權，更進一步加劇了中國幣制的混亂，對中國社會經濟的發展造成了惡劣的影響。

既流失財源又喪失主權！如此不堪的事，難道大清朝野就沒有一個能看明白的人嗎？

實際上，能看明白的有識之士很多，如中國近代最早具有完整維新思想體系的理論家鄭觀應，很早就看到了外商在華開辦銀行的危害，提出應該將之取締，改由中國自辦銀行、自發鈔票的主張。但是，愚昧無知且專制頑固的清朝統治者，在近半個世紀的時間裡，採取了完全放任的政策，

圖45–3 德華銀行拾兩兌換券

圖45–4 華俄道勝銀行金幣券（壹錢）

既不取締也不加以檢查和管理，而是任由這些外商銀行去開展業務、拓展勢力。

三、盛宣懷申請設立銀行

正是在這種背景之下，時任督辦鐵路總公司事務大臣的盛宣懷，利用他的影響力，於光緒二十二年（一八九六）九月二十六日，向清政府奏請，要求朝廷准許他創辦中國自己的銀行。他在奏摺中對設立銀行的好處做了系統的論述。他說西方的國家都是從社會上籌集資金來發展工商業

圖45–5　美國花旗銀行紙幣正面

圖45–6　俄國紙幣（三盧布）

的，關鍵是有銀行從中調度。中國應該盡快仿效西方國家的這一做法，不能任由洋人來華開辦的銀行「專我大利」。中國自辦銀行之後，務必要取信於商民，這樣就可以用借國債的辦法替代借洋債，既不受洋人高額利息的挾制，又可以避免國際上匯兌的風險。

當時的清政府不但腐敗而且無能，對於盛宣懷設立銀行的請求，有一種矛盾的心態。因為他們一方面害怕洋人的反對，而給朝廷增添新的麻煩；另一方面又顧慮新式銀行開設以後，財政利權將會落到漢族官員的手中。因此，躊躇多疑、舉棋不定。熟悉官場的盛宣懷對此心知肚明，於是，他就聯繫翁同龢、王文韶、劉坤一、張之洞等一批朝廷要員，對光緒皇帝曉以國家利害得失，最後終於獲得了「奉特旨辦銀行」的恩准。因為他興辦銀行目的，是「通商惠工」，因此，中國這第一家民辦的商業銀行就採用了「中國通商銀行」這一名稱。

對於盛宣懷，這裡有必要再多說兩句。盛宣懷可以說是清朝滅亡的最後推手，這是因為他推行的鐵路國有政策直接導致了武昌起義的爆發。一九一〇年袁世凱被免職後，盛宣懷受到攝政王的重用，被提升為郵傳部尚書，一九一一年又出任皇族內閣的郵傳部大臣。這時盛宣懷提出了鐵路國有的政策，要求將各省自己籌資建設的鐵路都收歸國有。此令一出就遭到了各地的反對，並進一步引發四川、湖南等地爆發了聲勢浩大的保路運動。清政府慌忙調動湖北新軍前去鎮壓，革命黨則乘機在武昌發動起義，辛亥革命由此爆發，導致了清政府的滅亡。《清史稿》對此的評論是：「宣懷侵權違法，罔上欺君，塗附政策，釀成禍亂，實為誤國首惡。」武昌起義爆發後，盛宣懷遭到了各方的譴責，都說正是他所宣導的收路政策導致了動亂，紛紛要求追究他的責任。已被革職永不再用，並移居大連的盛宣懷，隨著局勢的惡化，又逃亡日本去避難。直到中華民國建立後，在孫中山的邀請之下，他才返回上海，於一九一六年四月二十七日病逝。

四、中國通商銀行的創辦及發行兌換券

光緒二十三年四月二十六日（一八九七年五月二十七日），總行設在上海的中國通商銀行，在號稱「遠東第一金融街」的外灘正式開業。它最初是購買了上海外灘的一家拍賣行作為行址，一九〇六年進行了翻建，由英資瑪禮遜洋行的設計師負責設計。

中國通商銀行最大的股東是招商局和電報局，其餘的多為官僚以及買辦。發鈔、存款是它的主要資金來源。它雖然名義和形式上是商辦的銀行，但是實質上是奉旨設立的官商銀行，有很深的官府背景。中國通商銀行的成立，標誌著中國近代新式金融企業——銀行業的開始。

中國通商銀行創辦時就是參照英商滙豐銀行的管理辦法，並且聘請在上海滙豐銀行任職的英國人美德倫為洋人經理，以便對外聯繫外商和外商銀行的一切業務；又聘請咸康錢莊的經理陳淦為華人經理，負責聯繫錢業市場和各個錢莊的全部業務。這樣就能夠兼顧中外客戶開展業務。

中國通商銀行自成立之初，就獲得了朝廷授權，擁有發行紙幣的特權。直到這時，中國才有本國自己發行的紙幣與外商銀行的紙幣分庭抗禮，發行紙幣的大權，不再為外商銀行獨家所把持。直到一九三五年，民國政府實行法幣改革時收回發鈔權為止，中國通商銀行的鈔票發行期長達三十八年之久，成為中國近代史上發行鈔票歷史最長的商業銀行。

除了發鈔之外，通商銀行還代收庫銀。因此，全國各大行省都先後設立了分行。重要的有北京、天津、保定、煙臺、漢口、重慶、長沙、廣州、香港等處，業務盛極一時。但是，好景不長，八國聯軍攻占北京後，北京分行首先遭到焚毀，天津分行也受到衝擊，業務逐漸開始衰落。新中國成立後，人民政府接收了該行的官股部分作為公股，將它改造為公私合營的銀行。一九五二年十二

月與上海其他五十九家私營銀行、錢莊和信託公司一起組成統一的公私合營銀行，成為新中國社會主義金融事業的組成部分。至此，運營了五十六年的中國通商銀行退出了歷史舞台。

中國通商銀行發行的紙幣有「銀圓票」和「銀兩票」兩種，這是因為當時中國的主要貨幣白銀，有銀圓制和銀兩制兩種單位，為了與之對應，就必須發行銀圓票和銀兩票這樣兩種單位名稱的紙幣。中國通商銀行所發行的這兩種紙幣，是中國最早的銀行兌換券，屬於新式紙幣。銀圓票與銀兩票的面額都是五種，分別為：一元（兩）、五元（兩）、十元（兩）、五十元（兩）、一百元（兩），圖45–7、圖45–8為伍錢面值的銀兩票。紙幣的正面印的是中文「中國通商銀行鈔票永遠通用」和「只認票不認人」，背面印的是英文。

中國通商銀行先後共發行過八個版本的鈔票。其中，第一版設計得比較簡單，鈔票正面四周花框圍繞，四角印有面值，中間上首為「中國通商銀行」圓形行標，兩側雙

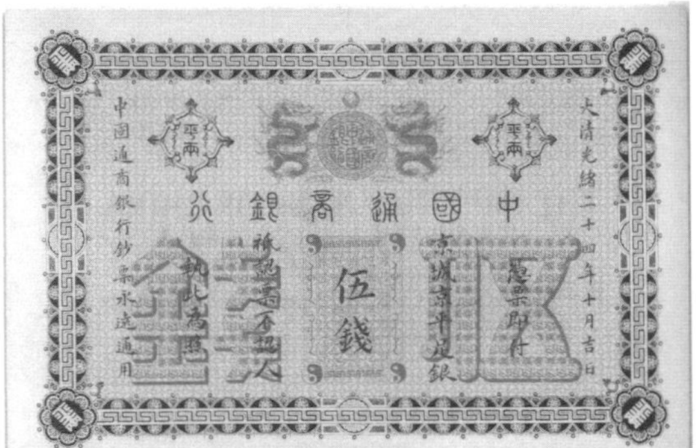

圖45–7　中國通商銀行兌換券（銀兩票）正面

圖45–8　中國通商銀行兌換券（銀兩票）背面

龍對置，中間為篆書「中國通商銀行」名稱，下面為漢字面值；背部都是英文，為行名和面值等。圖45–9、圖45–10為其中一種版本。

從第二版紙幣開始，在鈔票正面的右側，印有中國老百姓家喻戶曉的財神圖案，並將原英文名稱「The Commercial Bank of China」（中華帝國銀行）改為「The Imprrial Bank of China」（中國商業銀行）。此後各版，都變化不大，基本上保持了第二版的風格。

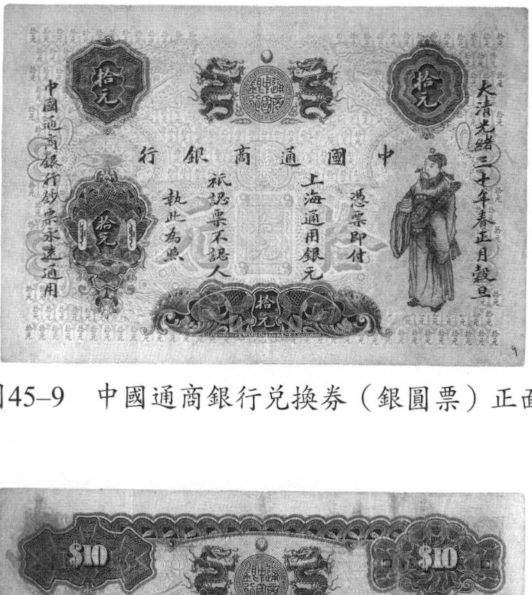

圖45–9　中國通商銀行兌換券（銀圓票）正面

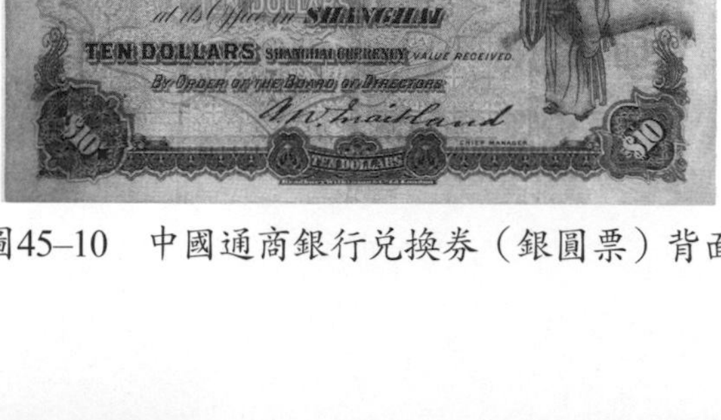

圖45–10　中國通商銀行兌換券（銀圓票）背面

五、銀行兌換券與中國古代紙幣的區別

作為新式紙幣的銀行兌換券，與早在宋金時期就已經發明使用的古代紙幣，有什麼區別呢？實際上，這就是我在本節最開始時，提醒大家思考的問題，即為什麼中國古代是世界上最早發明使用

紙幣的國家，但是到了近代，紙幣的發行卻遠遠落後於西方？

中國通商銀行發行的銀行兌換券，與宋元時期發行的「交子」、「交鈔」，雖然都被稱為紙幣，但是它們之間在性質上卻有著本質的區別。宋金元明乃至清朝順治、咸豐年間所發行的紙幣，都是基於國家強制命令而流通的財政性紙幣，它們實際上都是不兌現的。而中國通商銀行所發行的紙幣，則是信用貨幣，它來源於貨幣的支付手段職能，發行紙幣的銀行都備有充足的準備金，持券人隨時都可以去兌現。因此，又被稱為銀行兌換券，這是源自西方的。

教科書中說，西方的紙幣起源於英國的「金匠券」。英國的金匠原本只是從事金銀飾品加工的商人，他們最初為了替客戶保管金銀首飾，需要給他們開具收據，後來隨著貿易數量的增加，金匠所開具的收據也開始作為一種流通工具在市面上流通，被稱為「金匠券」，這就是英國紙幣的起源。實際上這與英國十七世紀中葉爆發的資產階級革命有關。當時的國王查理一世強行沒收商人們的黃金，商人們只好把自己的黃金偷偷地存放在金匠們的地窖裡，金匠收到黃金後就給商人們開出一張手寫的收據。為了防止被國王發現後追查，這種收據都沒有署名，當然這就給轉讓流通創造了條件。一六九四年英格蘭銀行成立之後，就模仿金匠券正式發行了紙幣。另外，比英國更早的瑞典，在一六六一年就成立了斯德哥爾摩銀行，並且發行了第一張正式的紙幣。這被認為是西方最早的紙幣。

瑞典、英國所發行的這種紙幣，雖然距離中國最早的紙幣，即北宋時的交子已經晚了將近七百年。但是，它們都不屬於國家強制命令而流通的財政性紙幣，而是由銀行發行的可兌換紙幣，也就是被稱為銀行兌換券的近代紙幣。

除了能否兌換之外，在形式上它們之間也有不同。中國古代的紙幣形式上都為豎式，這主要應該是因為上面印有漢字，或者是要臨時填寫面值，而漢字都是豎寫的，因此，紙幣只能是豎式的；而新式的紙幣則多為橫式，這主要是因為外文都是橫寫的。但是，新式的紙幣也有保持傳統豎式的，這主要是銀兩票、銅圓票和錢票，這顯然是為了與中國傳統的貨幣單位相對應。

富有創意的四川商民，早在北宋時期，為了代替攜帶不便的鐵錢，而發明使用了最早的紙幣交子。最初的交子是民間商戶發行的，都是可以自由兌換鐵錢的。如果沒有這個信用做保證，那它根本就不可能發行出去。但是，交子被官府收歸官辦以後，雖然剛一開始也還基本能夠做到自由兌換，可是好景不長，很快它就變成了朝廷斂財的工具，不再憑藉信用流通，而是依靠國家的強制力強迫民眾接受。政府發行紙幣不再需要準備金做保證，幾乎就是需要多少印多少，想印多少就印多少。

統治者總是貪婪無度，從宋金，直到元明，幾乎都是這樣，最後也都是因為濫發紙幣而滅亡的。清朝的統治者有鑑於此，對於紙幣的發行非常謹慎，以不用為原則。順治朝與咸豐年間兩次發行紙幣，都是因為財政困難不得已而為之，危機一過，便廢棄不用，前後也都沒有超過十年。所以到晚清時期，過去的紙幣是什麼樣子，幾乎已經無人知曉了。等到中國人再次看到紙幣，已經是鴉片戰爭之後，外商在通商口岸發行的近代紙幣了。正是這一原因導致清政府在長達半個世紀的時間裡，對於外商在華開辦銀行、發行紙幣這樣的大事，竟然能夠做到不聞不問。因此，中國古代雖然是世界上最早發明使用紙幣的國家，但是到了近代，紙幣的發行卻遠遠落後於西方，關鍵就是朝廷的亂作為或不作為！

富有創意的中國人，近年來在支付領域又有了新的發明——支付寶，它快捷的支付方式便利了大眾，很受社會各界的歡迎。對於這一新生事物，應該如何來管理、規範，還在摸索之中。但是，在紙幣上的教訓卻是可以借鑑的。

46 狀元及第：記錄了古代科舉制度的民俗錢

「狀元及第」是一種什麼錢？既沒有年號，也沒有國號，更沒有錢幣上通常使用的「元寶」、「通寶」或是「重寶」，而是選用了與古代科舉考試有關的「狀元及第」這樣四個帶有祈福或祝福寓意的漢字作為錢文。這是錢幣嗎？它能流通使用嗎？

實際上，狀元及第這種銅錢是不能流通的。它雖然具有錢幣的外形，因為不能用來購物，所以還不能算是真正的錢幣，只能說是錢幣的一種衍生物，因為傳播了民俗文化，而被稱為民俗錢。

下面我就結合狀元及第，介紹中國古代這種內涵豐富多彩、形式變化多樣、在社會生活中大量存在的古代民俗錢幣。

一、民俗錢的起源

民俗錢這種帶有一定學術意味的名稱，實際上是二十世紀九〇年代才出現的。在此之前，它的名稱並不統一，更多的時候是被稱為「厭勝錢」。

厭勝錢的「厭」字，在這裡讀作「yā」，古代「厭」、「壓」兩字可以通用，表示將一個東西壓在另一個東西之上，有用威力壓制、使之屈服的含義。這實際上是一種借助咒語、祈禱神靈，或是象徵性的物體來詛咒仇敵、戰勝被詛咒者的巫術做法，在充滿迷信的古代非常流行。「厭勝」這種做法雖然很早就有了，但是，「厭勝」這一名詞卻是到了《漢書・王莽傳》中才出現。據說當時王莽為了對付各地的反叛勢力，曾經鑄造過一種叫「威鬥」的東西，希望以此能夠「厭勝」反叛的力量。

雖然漢代就出現了「厭勝」這一名詞，但是「厭勝錢」這一名稱卻是到了北宋時期才出現。據《宣和博古圖》記載，北宋錢幣學家李孝美在他編著的《圖譜》中，最早將由北魏「永安五銖」錢衍生出來的一種背為四神圖案的「永安五男」錢幣，稱為厭勝錢。後來南宋的洪遵又在《泉志》中單列一卷（第十五卷）稱《厭勝品》，收錄了各種非流通的錢幣。從此以後，人們就將那些鑄有神仙圖案或寓有特殊含義，不是用於流通而是希望能夠發揮某種超自然神力的錢幣通稱為厭勝錢。

民俗錢除了被稱為厭勝錢之外，實際上更多的時候是被俗稱為「花錢」。

花錢最早出現於漢代，主要是民間自行鑄造的一種用於祭祀、慶典等婚喪嫁娶活動的錢幣。後來宮中也鑄造花錢，主要是用於皇室的喜慶或是賞賜，這種花錢多選用金銀或是象牙、玉石等貴重材質，偶爾也鑄銅錢，銅質和工藝都比一般的行用錢更為精細。但是，民間鑄造的這類花錢，與宮中鑄造的相比，材質與工藝都相去甚遠。因為都不用於流通，所以它們的鑄工大都比較粗糙，重量和尺寸也都沒有統一的標準，形制上更是五花八門，應有盡有。因此，民間就把這種有錢幣的外形，卻不能發揮流通作用的錢幣，統稱為「花錢」。

民俗錢因為不用於流通，因此，形制上除了沿襲行用錢「圓形方孔」的式樣之外，也有鑄成「圓形圓孔」的，或是模仿古代布幣、刀幣、圜錢等形狀，更有創新為梅花、蓮花、葫蘆、仙桃、蝴蝶、祥雲等式樣的，可謂形態各異，千姿百態。另外，還有採用鏤空工藝，鑄成鏤空的花錢。這種鏤空花錢又與傳統的花錢不同，它是經過長時間的發展後形成的，多用於表現祥龍、游魚、仙鶴等動物圖案，鏤空的工藝使得動物的線條更加栩栩如生，表現力和感染力也更為生動。但是，鏤空花錢的缺點是不易保存，很容易損壞，因此傳世較少。

民俗錢除了文化內涵之外，還具有較高的審美價值。它以方寸之地，集詩、書、畫於一體。其中，既有膾炙人口的經典詩句，也有山水、花鳥、建築等各類圖案，更有大家耳熟能詳的典故以及真、草、隸、篆等各種書體，再配上精美的圖案，使得它遠比行用錢具有更好的觀賞性。

二、民俗錢的分類

民俗錢雖然不是流通錢，但是，因為它是從古代流通貨幣中分離出來的，在社會上曾經發揮了重要的文化傳播功能。

民俗錢主要是用於祭祀、慶典活動，平常也用於餽贈、祝壽、壓歲、佩飾、玩賞、占卜、遊戲等情形，因此種類繁多、形式各異，除了文字之外，大部分都繪有圖案，內容多涉及傳統儒家思想、社會風俗、宗教信仰、民間藝術等方面，文化內涵極其豐富。因此，民俗錢也應該被視為中國古代錢幣文化的重要組成部分，在傳承民俗文化方面發揮了特殊的作用。

民俗錢根據用途，大致可以分為六大類。下面分別做一簡單的介紹。

1. 官鑄的宮錢

官鑄的宮錢顧名思義指的是由官府鑄造的花錢。實際上官府在鑄造流通貨幣的時候，往往會先鑄造一批有紀念和祈福性質的花錢，用於占卜興衰、祭祀天地，或是喜慶時用於賞賜，這都屬於官鑄的宮錢，主要用於宮中賞賜。這種宮錢的錢文大多數情況下都與流通錢一樣，但是多選用金銀或是象牙、玳瑁等名貴材質，如漢代的金質、銀質的五銖錢。比較著名的當屬唐玄宗時期「金錢會」上所用的金銀開元通寶錢以及宋代皇子出生或是公主出嫁時用的「撒帳錢」。這類宮錢因為是官爐所鑄，大都用料精細，鑄工精美，數量稀少，市價也遠遠高於一般的花錢，屬於民俗錢中的精品，無論是在古代還是現代，都是藏家喜愛的藏品。

2. 民間喜慶、祝福或是祈禱時用的花錢

這類花錢與官鑄宮錢的功能差不多，只是它是用於民間的活動中，比如民間遇到婚嫁壽宴、添丁生子、蓋屋上梁、開張升遷等喜慶活動時，大都透過鑄造花錢這種方式來表示紀念，同時也有表達祝福的美好意願，記錄了當時民間社會生活的真實場景。可以說民間這類喜慶、祝福或是祈禱時所用的花錢，是花錢中最具世俗生活氣息的一種，也是民俗錢幣中數量最多、文化內涵最為豐富的一種。

3. 反映歷史典故、傳統故事題材的花錢

這類花錢就是在錢體上透過圖像描述以及文字敘述，表現出一個典故或故事的內容，以此來傳遞一種價值觀或是宣傳一種思想。題材大多都選自歷史上那種膾炙人口、耳熟能詳的經典故事。如《二十四孝經》、《三國演義》、《西廂記》、《八仙過海》等等大家一看就能看懂的故事。這種花錢以宣傳儒家以及道教、佛教的思想價值觀為主，可以算作是大眾傳播的一種載體，具有濃郁的

道德說教意味。

4. 和宗教題材有關的花錢

這類花錢常常和宗教信仰以及降魔避鬼的習俗有關。古代由於科技不發達，對很多自然現象不能給予科學的解釋，因此十分迷信，特別懼鬼怕神。古人認為花錢可以避邪，能夠保佑他們平安。因此，他們在外出時，都要隨身攜帶鑄有鍾馗降魔的圖像或是道教用來避鬼的符咒及咒語的花錢。這種花錢又稱「山鬼花錢」，正面穿右鑄真武大帝手持寶劍圖，穿上為「太極圖」，穿左為道教符籙，穿下為龜蛇。背面鑄楷書「太上咒曰：天圓地方，六律九章，符神到處，萬鬼滅亡，急急如律令。敕」。兩側為道教符文，左「雷令」，右「殺鬼」。這種具有宗教內容的降魔避鬼題材的花錢很受社會各個階層的歡迎，幾乎每個大戶人家裡都收藏一些用於祈禱和辟邪。另外，元代蒙古人因為推崇藏傳佛教，因此鑄有很多專門供信徒布施於神廟，用來敬神禮佛、祈求神佑的供養錢或香火錢，它們也都屬於這一類和宗教題材有關的花錢。

5. 用於娛樂的遊戲錢

古人用於娛樂的遊戲錢有很多種，其中以用於宋代文人雅士之中流行的一種「打馬格遊戲」的錢最為著名。女詞人李清照就非常喜歡打馬格遊戲而且還很有研究，在她撰寫的《〈打馬圖〉序》中就有較為詳細的描述。打馬格遊戲中的棋子叫做「馬」，按照一定的規則、格局和圖譜，雙

圖46–1　真武作法（背太上咒）

方用「馬」來布陣、設局、進攻、防守、闖關、過塹，計襲敵之績，以定賞罰，判輸贏。玩打馬格遊戲時所用的搏戲工具就是我們俗稱的馬錢。李清照記載說常見的馬錢有兩種，一種是有馬有將，如一面鑄「燕將樂毅」或「蜀將馬超」，另一面鑄將軍騎馬圖；另一種是有馬無將，如一面鑄歷史傳說中的「赤兔」等名馬之名，另一面鑄馬的圖形。這些馬，或神采俊逸，表現出一種靈動之美；或四蹄騰空，展現出一種威武之勢。

6. 傳授性生活知識的祕戲錢

古人將男女間的事情看得非常神祕，隱蔽行之，不欲人知，而稱為「祕戲」。因此，社會上就將鑄有簡陋的男女合歡圖形的錢稱為「祕戲錢」。古人嫁女時，經常會將一枚「祕戲錢」放在嫁妝箱內，壓作箱底，給初經人事的新婚男女起到性知識的傳授和指導的作用，以求達到早生貴子、綿延子孫的作用。後來，又因為古人認為火神是女性，見了祕戲圖就會羞而卻步，因此就不會引來火災了。於是，多在書房放置一枚「祕戲錢」。如清末的藏書大家葉德輝，就以在藏書樓懸掛「祕戲錢」用以防火，而在錢幣收藏界傳為美談。

三、「狀元及第」記錄的古代科舉考試

簡單介紹了六大類民俗錢之後，我們就具體透過狀元及第這枚民俗錢，來考察一下中國古代的科舉制度。

狀元及第，既是一枚花錢，同時它也是一枚記錄了中國古代科舉考試的民俗錢。講到科舉考

試，很多人都會想到中學語文課本中的那篇著名的〈范進中舉〉，說的是窮秀才范進經過多年苦讀、屢次落第之後，終於有一天考中了舉人。在這大喜的日子裡，范進卻因喜極過度而一度精神失常，並因此而鬧出了一系列的笑話。這篇文章節選自吳敬梓的小說《儒林外史》，它是作者在科舉考試屢次失敗之後，結合自身的體驗，專門書寫的一部揭露、批判科舉制度對人性摧殘的諷刺小說。

實際上，當年的科舉考試就很像我們今天的高考制度，雖然大家從很多角度，都可以去詬病它存在不足，但是，不可否認的是，科舉制度作為一種社會的晉升階梯，卻是中國古代最公平的一種選拔人才的制度，它給社會最底層的讀書人提供了一條改變自身命運的途徑，給予了底層民眾上升的期望，即所謂「朝為田舍郎，暮登天子堂」。它為古代的官僚體系不斷注入新鮮的血液，避免了出現類似六朝時期那種門閥大族控制朝政的局面。

中國古代的科舉制創始於隋朝，形成於唐朝，完備於兩宋，強化於明朝，至清朝就趨向於衰落，一九〇五年（光緒三十一年）被正式廢止。科舉這條晉升之路可謂漫長而修遠，整個走下來需要經過六場考試並取得三種階段性的身分。六場考試分別是：縣試、府試、院試、鄉試、會試、殿試，三種階段性的身分分別是：秀才、舉人、進士。其中，六場考試中的前三場考試，即縣試、府試、院試等只能屬於初級階段，其目的就是考取秀才。其實，想考中秀才也是一件相當不容易的事情，經過最初級的縣試、府試等兩級考試，合格者才有資格被稱為「童生」，童生雖然聽上去好像很年輕，但是，它與年齡實際上沒有任何關係，升格為童生以後，如果一直無法考取秀才，則終其一生都只能叫做童生。因此，曾經就有人做過這樣一副對聯，「行年七十尚稱童，可云壽考；到老五經還未熟，不愧書生」，來調侃那些直到白首也沒能考取秀才的老年童生。

院試考試中的成績優異者才能取得「秀才」的資格。考中秀才之後，只能說科舉路上的漫漫征途才剛剛開始，更大的挑戰還在後面呢。在明清兩朝，考中秀才之後，通常會進入府學、州學、縣學等國家官辦的學習機構來進一步學習。因此，通常也把「秀才」叫做「儒學生員」，簡稱「生員」。生員們經過在這些官辦學校裡的學習之後，還要參加選拔考試，只有成績優異者，才有資格去參加更高一級的鄉試考試。因此，並不是說考中了秀才就可以直接參加鄉試的。

這裡說明一下，鄉試可不是我們從字面上理解的鄉裡面舉行的考試，而是全省的統一考試，形式上有點類似於今天的中考，考中者被稱為「舉人」。鄉試通常都是在秋天舉行，因此也叫做「秋闈」。明清兩朝，鄉試的錄取率在百分之五左右。例如，明朝成化、弘治年間大約為百分之五．九，嘉靖末年又降為百分之三．三，而實際錄取率可能又略低於此。鄉試的第一名叫做「解元」，比如說著名的唐伯虎就是在弘治十一年（一四九八）考中應天府鄉試第一，因此，世人把他稱作「唐解元」。

凡是考取舉人的，就有資格參加更高一級的會試了。會試在春天舉行，又稱「春闈」，地點是在京城的「貢院」。會試考中的人叫做「貢士」，會試第一名稱為「會元」；考中會元的人還要繼續參加殿試，殿試是由皇帝親自主持，有點類似於會試的複試。殿試之後，所有被錄取者才能叫做「進士」。進士還要分為三個等級：一甲三名，賜進士及第，分別稱為狀元（清末實業家張謇就是狀元）、榜眼（光緒皇帝的老師文廷式是光緒朝的榜眼）、探花（清末名臣張之洞是同治朝的探花）；二甲若干名，賜進士出身（洋務運動的領袖李鴻章是二甲第十三名）；三甲若干名，賜同進士出身（曾國藩是位列三甲第四十二名）。明清兩朝，會試的錄取率通常只有百分之十左右，難度極大。

考中進士之後，還要參加「朝考」，這也是由皇帝親自主持的。除了通常的文化課考試之外，還要「觀其儀度，核其年齒」。也就是說，還要有面試這一關，相貌好的、年輕的、有培養前途的才能入選，被錄取者叫做「庶吉士」，進入翰林院學習。經過三年異常清苦的學習之後，還要進行考核，叫做「散館」，成績靠後的，會直接被派去中央六部或地方擔任官職，而成績優等的，則會被授予侍講、侍讀這一類起草或勘校朝廷機要文件的重要工作，或者在詹事府參與太子的教育工作。而這類工作由於十分接近權力中樞，因此，明清兩朝的重臣，多出身於翰林院的優等生行列。

由此可見，科舉之路真是漫漫征途啊，不但需要博聞強識、才高八斗、學富五車，還得有堅強的意志力與健康的體魄，缺一不可，這絕對不是一般人所能承受得了的。

除了「狀元及第」之外，反映古代科舉制度的民俗錢，還有「三元及第」、「連中三元」、「喜報三元」等。所謂的「三元及第」指的是接連在鄉試、會試、殿試中考中了第一名，分別獲得了「解元」、「會元」、「狀元」的稱號。這種情況是極少發生的，據說北宋太宗端拱二年（九八九）的陳堯叟，就曾經獲得了「三元及第」的殊榮，這又被稱作「連中三元」，是科舉制度下讀書人渴望得到的最高榮譽。其實，在延續了一千多年的中國科舉史上，能夠連中三元者可以說是稀若星鳳。因此，無論在明代的銅鏡上，還是在清代的花錢上，經常都會見到「三元

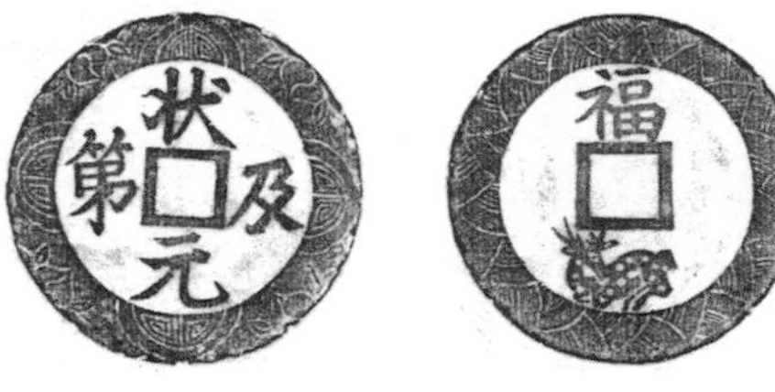

圖46–2 狀元及第（背福鹿）

圖46–3 狀元及第（背龍鳳）

及第」、「連中三元」這樣的吉語，表達了讀書人對於科舉之路通達的美好訴求。

民俗錢，因為不用於正式流通，所以，在社會生活中所具有的重要性不及行用錢。因此，歷史上很長一段時期並不被官方所重視，但這絲毫沒有影響它在民間所發揮的重要作用。也恰恰因為它不是官方發行的正式流通的貨幣，反而更少受到政治等人為因素的影響，而接地氣，能更真切、如實地反映民俗文化及民間傳統。因此，民俗錢無論是題材選擇、表現形式，還是鑄造技術、文字圖案，乃至尺寸的大小、數量的多少等諸多方面，都比官方正式鑄造的行用錢更為鮮活而富有生命力，已經成為記錄民俗文化、承載民間傳統的見證物。

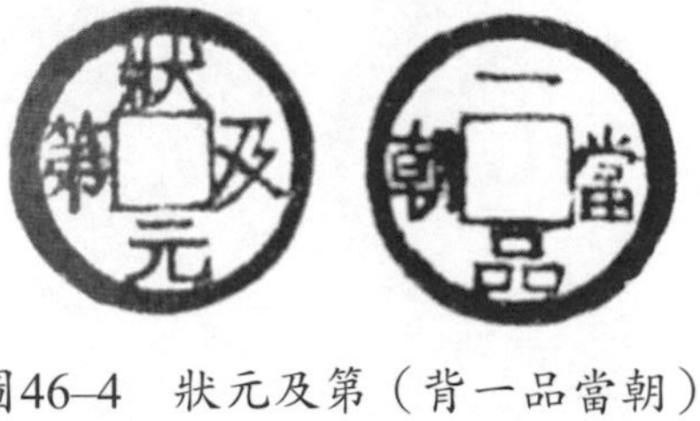

圖46–4　狀元及第（背一品當朝）

如果說行用錢因其官方屬性而更多地體現了補史、證史，以及見證歷史的作用，那麼民俗錢則依託其民間屬性更多地表現了記錄習俗、傳承文化的功能。因此，我們可以說無論是行用錢，還是民俗錢，都是中國悠久燦爛、博大精深且一脈相承的錢幣文化的重要組成部分，兩者缺一不可，否則，就不是完整的錢幣文化。

第八章

現代幣制的初步建立及完善

進入民國以後，隨著政治上統治中國兩千多年封建專制體制的結束，幣制改革的步伐加快了。本章分四個專題，一九一四年正式頒布《國幣條例》，提出「國幣」的概念，並鑄造了帶有袁世凱頭像的國幣（俗稱「袁大頭」），首次實現了銀幣的統一。法幣改革是中國幣制史上的一件大事，它廢除了銀本位制，使中國擺脫了國際銀價的影響，初步建立了現代紙幣制度。色章果木金幣是十三世達賴為了抵制英屬印度鐵剌金幣的大量流入，保全西藏的利益而鑄造發行的，具有積極的愛國意義。

最後結合中國共產黨的發展歷程，介紹了人民幣的演變歷史。一九四八年十二月一日中國人民銀行成立後發行了「中國人民銀行券」，簡稱「人民幣」，即人民的貨幣，實現了貨幣主權的獨立，中國貨幣進入了人民幣時代。截至目前，共發行了五套人民幣。改革開放以來，隨著中國經濟持續的高速發展以及綜合國力的日益增強，人民幣開啟了國際化的進程，這是歷史發展的必然趨勢。

47 袁大頭：最初的國幣

鑄有袁世凱頭像的銀幣，民間俗稱為「袁大頭」，這是中國進入民國以後鑄造和使用最為廣泛的一種銀幣，「袁大頭」甚至已經成為銀幣的代稱。但是，可能很少有人知道俗稱的「袁大頭」正式名稱是什麼。實際上它叫「國幣」，即國家的法定貨幣。

下面我就透過追述「廢兩改元」的艱難過程，來介紹國幣「袁大頭」在統一中國近代貨幣進程中的重要地位及其一些鮮為人知的故事。

一、「廢兩改元」的艱難推進

「廢兩改元」中的「兩」，指的是銀兩，它是透過核算銀錠的重量和成色之後，計算出銀錠的價值；「元」指的就是一枚銀圓。因為每一枚銀圓的形制、重量、成色都是統一的，所以透過計算銀圓的數量就能計算出它的價值。這是直到近代以來，中國和西方在使用白銀作為貴金屬貨幣方面最大的不同，也是中國幣制改革的方向。

自明朝中後期隨著新航路的開通來到中國東南沿海進行海外貿易的葡萄牙、西班牙商人將西方的銀圓帶來之後，中國的商人很快就發現製作精美，重量、大小、成色都標準統一，使用的時候可以計數核算價值的西方銀圓，與中國那種不但大小、輕重、成色都不統一，而且每次使用時還需要稱重、驗色，煩瑣無比的中國銀錠相比，使用起來十分便捷。因此，東南沿海一帶的商民，經過短暫的試用之後，很快就接受了西方的銀圓，不再像最初那樣將銀圓視作雜銀都熔鑄成銀錠，而是像西方的商人一樣，也按銀圓的枚數來計算使用。

到了清朝道光年間，臺灣以及福建漳州一帶的商人，率先開始模仿西方採用手工打壓的辦法，鑄造了中國現存最早的銀幣即「壽星銀餅」和「漳州軍餉」。後來咸豐年間的上海、光緒年間的湖南長沙也模仿西方銀圓鑄造了銀餅。在民間自下而上自鑄銀圓浪潮的推動之下，清政府於一八九〇年（光緒十六年）正式在廣東開爐鑄造了名為「光緒元寶」的機制銀圓。因為新鑄的銀圓背面圖案是一個蟠龍，所以又被稱為「廣東龍洋」，這是中國正式鑄造機制銀圓的開始。

當時因為社會各界都苦於銀錠使用的不便，期盼著能夠有一種新式的、便於使用的銀圓來替代它。因此，廣東龍洋出現之後，不等清政府正式下令推廣，各省就紛紛地開始仿鑄起來。一時間，全國竟然出現了爭先購買新式機器，招聘外國技術工匠，廣鑄「龍洋」的高潮。因為各省的銀圓局相互獨立，所鑄造的龍洋雖然名稱上都叫「光緒元寶」，形式上也差別不大，但是，重量和成色上卻互不相同，出省之後又被視為銀兩，仍然需要重新進行核算。譬如廣東龍洋雖然光緒二十四年（一八九八）就已經開始在北京流通，但是計算的標準仍然是銀兩而非銀圓。面對這種各自為政的混亂局面，清政府於是又開始籌畫進行統一鑄造銀圓的努力，但是遇到了重重的困難。

以國家的力量統一鑄造銀圓，這看似簡單的問題，實際上卻並不那麼簡單，關鍵是新鑄造的銀圓，到底以什麼為重量單位？是以中國傳統的「兩」為單位，還是用西方的「元」為單位，朝野對此分歧很大，意見不能統一。

如果新鑄造的銀圓選用「兩」為單位，主幣的重量就是一兩，這屬於銀兩制，便與中國傳統的銀兩制掛鉤；如果選用「元」為單位，主幣的重量就是七錢二分，這是最早流入中國的西班牙「本洋」一元的重量，清政府最早鑄造的「廣東龍洋」的重量就是根據「本洋」來的，這屬於銀圓制，便於同外國的銀圓相通。當時的清政府是兩者都想兼顧，因此難以定奪。

因為朝廷內部的意見不能統一，清政府就於一九〇七年（光緒三十三年）向各省徵求意見。

當時全國總共有二十四位督撫，其中，有十二位主張以「兩」為單位，有九位贊成以「元」為單位，另外還有三位主張「兩」、「元」並用。最後，清政府就參考多數督撫的意見，決定以「兩」為單位。但是，不久光緒和慈禧先後去世，以「兩」為貨幣單位的決定又被擱置了下來。

這中間的關鍵人物是載澤，他當時任度支部尚書，負責主持幣制改革的工作。他作為清末主要的宗室大臣，曾經是出洋考察憲政的「五大臣」之一，政治上比較開明，主張實行立憲改革，幣制上他傾向於使用「元」為貨幣的單位，因此於宣統元年（一九〇九）設立幣制調查局，要求再議幣制。並於第二年（一九一〇）頒布《幣制則例》，宣布鑄幣權統一收歸中央，各省停止鑄造貨幣；採用銀本位，以「元」為單位，名稱為「大清銀幣」，重庫平七錢二分，成色為千分之九百，由設在天津的戶部造幣總廠負責製造；計畫於宣統三年（一九一一）十月發行大清銀幣，並限期收回其他各種大小不等的銀圓，統一全國的幣制。但是，新幣還沒有來得及發行便爆發了武昌起義，「大清銀幣」於是就以軍餉的方式發放市面，而成為通用銀圓的一種，因此，沒有能夠完成統一貨幣的使命。

清末統一幣制的工作，因為辛亥革命的爆發而被迫中斷，貨幣制度上仍然被迫繼續維持「兩」、「元」並用的混亂局面。這樣一來，中國近代以來幣制改革最為核心的「廢兩改元」難題便留給了民國政府。

二、「國幣」標準的確立

國幣是一個近代以來受西方的影響而產生的貨幣概念，因為在此之前，中國只將銅錢鑄造成貨幣，而白銀雖然是重要的支付手段，但是卻不鑄造成貨幣，使用的都是冶煉好的銀塊，通稱銀錠。收支雙方所關心的只是銀錠的重量和成色，具體銀錠是什麼形狀、什麼機構或個人鑄造，都無所謂。這樣銀錠在不同的地區就有不同的式樣，有方形的、圓形的、牌坊形的、馬鞍形的，五花八門，應有盡有。

中國自明朝中後期實現了白銀的貨幣化以後，受西方銀圓流入的影響，白銀就開啟了一個由稱量貨幣向金屬鑄幣過渡的緩慢過程。白銀首先由稱量使用的各式銀錠，向清末各省自行鑄造的按枚數計算的龍洋轉變。

民國成立之後，各省鑄造的帶有帝制色彩的龍洋，政治上已不適合流通。因為成色不一、輕重有別，跨省流通時需要驗色稱重等缺陷，也急需用一種國家統一標準的銀幣來取代各省鑄造的龍洋。因此，統一幣制的工作就成為社會各界期盼的目標。

民國政府對統一幣制的工作也極為重視。一九一二年元旦，中華民國臨時政府在南京成立，孫中山就任臨時大總統，財政部就將原江南造幣廠接收過來，改稱南京造幣廠，鑄造了鐫有臨時大總統孫中山側面肖像，面值為壹圓和貳角的「中華民國開國紀念幣」，民間俗稱「孫小頭」。一九一二年四月一日袁世凱就任總統後，建立了北洋政府，年底財政部就受命設立幣制委員會，研究統一幣制的問題。

一九一三年春，北洋政府改組幣制委員會，增設專職人員，討論幣制改革的方案。為了加快進度，年底又裁撤幣制委員會，改由最高層面的國務會議來討論幣制統一問題。最後決定採用銀本位制，以「元」為單位，發行新的銀幣。

一九一四年二月七日，袁世凱簽署大總統令，正式頒布《國幣條例》十三條以及《國幣條例施行細則》十一條。這是中國首次提出「國幣」的概念，並且對國幣的單位、種類、重量、成色、鑄造發行權以及流通辦法等方面，都做了明確的規定。其中，銀幣四種、鎳幣一種、銅幣五種，都是十進位，以壹圓銀幣為主幣，其餘的都為輔幣。

根據《國幣條例》第五條「壹圓銀幣，總重七錢二分，銀九銅一」的規定，一九一四年十二月及次年二月，先後由天津造幣總廠及南京造幣廠鑄造正面為袁世凱頭像和鑄造年分，背面為嘉禾紋飾及「壹圓」字樣的銀幣，通稱為「國幣」，也就是俗稱的「袁大頭」。新幣最初的成色定的是百分之九十為純銀，後來為了便於收換舊幣，就將成色降為純銀占百分之八十九。規定一切稅收和財政收支都要用國幣，不許用外國的鈔票以及舊有的銀錠。雖然在少數地區准許暫時沿用舊的銀幣、銀角以及銅圓、制錢等，但是也都必須要按照市價折合成國幣後使用。

《國幣條例》的頒布實施以及「袁大頭」銀幣的鑄造，是中國幣制史上的一件大事。它因為要統一全國的幣制，就必須裁撤各省的造幣廠並收繳銷毀各省此前自行鑄造的各式銀圓；同時，它又要保證滿足全國的流通需求。這樣僅僅依靠天津造幣總廠和南京造幣廠來生產，顯然不能滿足全國的需求。因此，北洋政府在將各省銀圓局一律裁撤的前提下，又保留了奉天（瀋陽）、南京、湖北、四川、廣東、雲南六個分廠。長沙和重慶因為金融與軍事上的原因也被保留了下來。這些分廠統一由天津造幣總廠發給雕刻好的模具，按照統一的標準來生產，就近投放市場，滿足流通的需求。

新幣因為形式統一，圖案新穎，容易識別，成色、重量又能嚴格遵照規定來生產。因此，很快就在全國各地暢通無阻。一九一五年首先在上海金融市場取代了龍洋的地位，並逐步排斥了鷹洋以及其他外國銀圓；一九一七年，財政部根據財政會議決議，發布推行國幣辦法，國幣於是又成為當時流通銀幣中唯一的主幣，各種交易都以此幣為標準。中國的白銀貨幣才算是第一次在國幣的名義下實現了形制、重量和成色的統一，這為後來的「廢兩改元」奠定了基礎。由此，符合現代標準的銀圓制逐漸代替了傳統落後的銀兩制，中國跨入了現代幣制國家的行列，這是中國幣制上的一大進步，是自明朝正統元年確立白銀的主幣地位以來，首次實現了銀幣的統一，這為後來建都南京的國民政府於一九三三年成功推行「廢兩改元」的幣制改革奠定了基礎。

三、國幣的鑄造

北洋政府於民國三年（一九一四）鑄造的國幣之所以被俗稱為「袁大頭」，是因為銀幣的正面鑄有時任大總統袁世凱的戎裝左面側身免冠頭像，該側身像幾乎三分之二部分為頭像，因此，民間俗稱為「袁大頭」。頭像的上方鑄有「中華民國某年」字樣，背面的圖案為兩株交叉的嘉禾花紋，下繫結帶，當中襯托著豎寫的「壹圓」面值。除了「壹圓」的主幣之外，另外還鑄有面值為中圓（五角）、貳角、壹角三種輔幣，圖案與壹圓的主幣完全相同。但是，平常大家所說的「袁大頭」銀幣，主要指的都是面值壹圓的主幣。

「袁大頭」銀幣自一九一四年開始鑄造，直至一九二八年南京國民政府建立後才正式停鑄。因為以北伐推翻北洋軍閥統治為目標的國民政府，不可能再繼續鑄造帶有袁世凱頭像的國幣，而是於一九二八年將上海造幣廠改稱中央造幣廠，於一九三三年開始鑄造新的國幣。新國幣正面用孫中山側面像代替了袁世凱的側面像，背面用帆船圖案代替了嘉禾圖案，面值「壹圓」改為橫書，這枚新國幣被民間俗稱為「船洋」。「袁大頭」銀幣持續鑄造了十五年，船洋僅僅鑄造了三年，到一九三五年施行法幣改革時就停鑄了，此後使用的都是紙幣，再沒有鑄造過流通用的銀幣。但是，解放軍進軍西藏的時候，為了照顧當地藏民用幣的習慣，又在一九四九至一九五一年間鑄造過一批「袁大頭」銀幣，專供進藏部隊使用。因此，「袁大頭」銀幣應該是中國近代鑄造的近千種機制銀幣中，鑄造時間最長、數量最多、流通最廣、影響最大、存世量也最多的銀幣。因此，它的版別也最為複雜。從鑄造年分看，有民國三年、五年、八年、九年、十年共五個年分；按鑄造地劃分，有天津、南京、奉天（瀋陽）、湖北、四川、廣東、雲南、甘肅等八處；按鑄造工藝及齒邊紋飾劃分，又有鷹洋齒邊、T字齒邊、英文簽字、「甘肅」銘文等版別。

圖47–1　國幣（壹圓、中圓、貳角、壹角）

四、「袁大頭」的版別及收藏價值

「袁大頭」作為最有收藏群眾基礎的銀幣，哪種版別最有收藏價值呢？下面簡單做一介紹。

1. 鑄造年分

鑄造數量最多的三個年分分別是民國三年、九年和十年，它們大多都是普通版。民國五年版鑄造的數量較少，而民國八年版因為是用從英國伯明罕造幣廠新製的鋼模鑄造的，因此，品相較為精美，具有較高的收藏價值。銘文方面，民國三年版正面上的文字為「中華民國三年」，而其他年分的都在「年」字後面有一「造」字。另外，三年版「民」字中有一「點」，而其他年分上的「民」字則無「點」。三年版有老模和新模兩種模具，老模具為一百八十五道邊齒，新模具為一百七十道邊齒，鑄量都較多，屬於普通流通版。

2. 鑄造地點

「袁大頭」雖然在天津、南京、奉天（瀋陽）、湖北、四川、廣東、雲南、甘肅等地都有鑄造，但是，只有蘭州造幣廠鑄造的加鑄了「甘肅」兩字，稱為「甘肅」銘文版。它是甘肅蘭州造幣廠沿用民國三年版舊模，在袁像左右加鑄「甘肅」兩字而成。重量雖然僅有二十六克，成色也較低，花紋圖案更是不甚清晰，但是，因為只鑄造了數萬枚，存世稀少，反而成了「袁大頭」中的珍品。

3. 邊齒

銀幣的邊齒既有美觀的作用，也是防偽的需要。「袁大頭」銀幣外環邊齒主要都是直齒邊，這是最普通的邊齒。另外還有鷹洋邊、T字邊和光邊的，這三種都是比較少見的珍品，當前市價每一枚都突破了萬元大關，具有收藏潛力。

4.「簽字版」

「袁大頭」銀幣中最珍貴的品種當屬民國三年的「簽字版」試鑄幣，它不但在錢幣市場上難覓蹤影，就是在拍賣會上也很難見到。所謂「簽字版」試鑄幣，是指銀幣的正面刻有當時天津造幣廠聘請的義大利雕模師的英文簽名 Luigi Giorgi（中文譯為「魯喬奇」或「喬治」）。簽名在頭像的右下方，字呈凸狀。此幣為呈樣的試鑄幣，屬於樣幣性質，雕刻師在鋼模上簽了名字，鑄出樣幣送上級部門審核。待正式鑄造流通幣時，就將簽名抹去了。因此，「簽字版」傳世稀少，無論是壹圓的主幣，還是中圓、貳角、壹角的輔幣，都是珍稀品種，是近代銀幣中不可多得的大名譽品。

五、雕模師魯喬奇

講到「簽字版」，就有必要向大家介紹「袁大頭」銀幣的雕模師魯喬奇。與傳統範鑄銅錢中的錢範、印刷紙幣的雕版一樣，雕刻機制幣的祖模就是造幣廠最核心的技術環節。因為鑄造機制幣的技術源自西方，所以，早在清政府最初從西方引進鑄幣機器的同時，就開始從西方國家高薪聘請雕模師。清政府在天津建設戶部造幣總廠時，就於宣統二年（一九一〇）透過義大利駐華公使介紹，從義大利聘請了雕刻師魯喬奇來總廠擔任首席設計師及總雕刻師。

魯喬奇出生於佛羅倫斯，是一位非常有天賦的雕塑藝術家，非常精於錢幣、獎章的雕刻。一九一四年《國幣條例》頒布之後，鑄造國幣就成為天津造幣總廠的當務之急，作為首席設計師及總雕刻師的魯喬奇自然承擔了設計和雕刻祖模的重任。因為魯喬奇為設計國幣「趕造祖模，尤能漏夜加工，不辭勞瘁，依限竣事」，順利完成了國幣的設計和雕模工作，一九一五年曾經受到北洋政府的嘉獎。這在一九一五年一月十八日出版的第九六八號《政府公報》裡曾有報導。天津造幣總廠根據魯喬奇雕刻的祖模，複製出若干子模分發給各地分廠，按照統一的標準和要求去鑄造。這樣，國幣「袁大頭」就在全國推廣了。

據耿愛德編著的《中國幣圖說滙考》記載，魯喬奇自宣統二年（一九一〇）應聘來華，直到民國九年（一九二〇）被解聘，在中國前後共待了十年。每年天津造幣總廠給他的薪金超過一萬大洋，這真可謂是高薪聘請的洋專家！因為待遇太豐厚了，被解聘的魯喬奇根本不想走，甚至還透過義大利駐華使館給北洋政府外交部發函，希望能給予優待，再留用數年。但是，財政部最後還是沒有同意。這主要是因為當時天津造幣總廠已經度過了民國初年機制幣鑄造的高峰期，國幣的模式已基本定型，雕刻設計的技術含量已經降低。加之，培養的本土雕刻師也已經可以挑大梁了。

魯喬奇為中國近代造幣事業做出的貢獻是應該充分肯定的，尤其是他在天津造幣總廠帶了十名學生，對中國掌握雕刻雕版技術起了促進作用。這些學生雖然都學有所成，但是因為一直被魯喬奇的光芒所掩蓋，沒有展示的機會。直到南京政府成立後，中國金融中心南移，在上海新建的中央造幣廠開工之後，周志鈞等一批跟隨魯喬奇學習的本土雕刻師才有機會脫穎而出。

現存的有魯喬奇簽字版的試鑄幣，除了民國三年版的國幣即「袁大頭」之外，另外還發現有：宣統三年「大清銀幣」壹圓、袁世凱戎裝共和紀念銀幣壹圓，這些都是中國近代機制幣中的大名譽品。

「袁大頭」銀幣是因袁世凱而得名，一代梟雄袁世凱本來有機會成為「中國的華盛頓」而享譽世界、名垂千古。但是他卻一失足而成千古恨，因為復辟帝制，逆歷史潮流而動，使得政治上全盤皆輸，成為竊國大盜。所留下來的正面遺產，可能就剩下國幣「袁大頭」了。歷史雖然如此雲譎波詭，但是，錢幣卻能還原一部分歷史，這可能也是收藏、研究錢幣的魅力所在吧！

48 色章果木：十三世達賴鑄造的金幣

「色章果木」是西藏地區於一九一八至一九二一年間鑄造的一種金幣。關於它的來源，社會上流傳有兩種相反的觀點：一種認為是十三世達賴喇嘛為了驅逐流入的英國金幣而鑄造，具有愛國意義；另一種則認為這是西藏上層民族分裂分子為從事「藏獨」鑄造，是分裂祖國的實物見證。十三世達賴喇嘛為什麼要鑄造金幣？到底是為了驅逐英國的金幣，還是為了從事「藏獨」活動？這已經成為困惑錢幣界以及藏學界的學術難題。

下面我將透過考證，來揭開籠罩在這枚金幣上的層層迷霧，還其本來面目。

一、問題的提出

實際上，色章果木金幣問題的提出，與一九九二年中國錢幣學會監製、上海造幣廠製造發行的一套「中國錢幣珍品系列紀念章」有關。因為這套系列紀念章中的一種選的就是色章果木金幣，該套紀念章剛一公開發行，就收到了全國人大、外交部、國家民委、統戰部等部委的來函，說是他們接到群眾來信，認為色章果木金幣與「藏獨」有關，而達賴集團在境外宣傳「藏獨」時，其中西藏曾經獨立鑄造過貨幣就是依據之一。因此，他們認為選用色章果木金幣鑄造紀念章極為不妥，犯了政治錯誤，建議回收銷毀，語氣很是強硬。

記得我當時剛借調來北京中國人民銀行總行，參加中國錢幣博物館的籌備工作。一九九二年年底有一天戴志強館長叫我去他辦公室，給我看了童贈銀副行長親筆寫的一個便箋，「志強，此間請你一閱。建議採取補救措施」。可能因為我來自邊疆地區，本身又是學習民族史的，對於邊疆民族地區的歷史相對比較熟悉的原因，戴志強館長當時就將這件事交給了我。他要我盡快將色章果木金幣的鑄造原因，特別是與「藏獨」是否有關係查詢清楚後報告他。

我憑著對色章果木金幣鑄造歷史背景的了解，當時就表示色章果木金幣的鑄造應該與「藏獨」毫無關係。兩天後，我查閱資料寫了一份有關色章果木金幣的文字備忘錄，透過對金幣上的銘文、圖案、紋飾等方面的考釋，認為色章果木金幣不但和「藏獨」毫無關係，而且是二十世紀初，西藏地方政府為了抵禦英國殖民主義者侵略勢力的日益滲透而鑄造發行的，目的是驅逐英國的金幣，具有強烈的抵禦外來入侵的愛國成分。

戴志強館長非常高興，當即就向童贈銀副行長做了彙報。根據童贈銀副行長的要求，後來我又在備忘錄的基礎上，起草了答覆函，以中國人民銀行辦公廳的名義，分別答覆了全國人大、外交部、國家民委、統戰部等四部委的來函，保證了「中國錢幣珍品系列紀念章」的順利發行。這件事成為利用歷史學、錢幣學知識為現實金融工作服務的經典案例，受到了總行領導的高度評價。

二、色章果木金幣的考釋

事情到此並沒有結束，因為從此以後我就特別關注有關色章果木金幣的資料。功夫不負有心人，終於有一天我發現了一份當年直接參與了色章果木金幣鑄造整個過程的當事者所寫的回憶錄，這就是日本僧人多田等觀所寫的《入藏紀行》。多田等觀在書中對這枚金幣鑄造的背景、討論的過程以及後來停鑄的原因都進行了詳細的說明。我為了向世人講清楚色章果木金幣鑄造的原因，澄清籠罩在它上面的一些錯誤認識，於是又撰寫了〈「色章果木」金幣考〉一文，刊登在《中國錢幣論文集》第四輯，後被中國金幣總公司的《金幣博覽》雜誌轉載，在社會上產生了一定的影響。

下面結合有關資料以及我自己的研究成果，就色章果木金幣的鑄造背景、設計過程以及停鑄的原因，向大家做一說明。

首先，介紹一下色章果木金幣的圖案、文字以及紋飾上的一些特點。

「色章果木」是藏語「gser tram skor mo」的音譯，「色章」意為黃金，「果木」是圓錢的意思，合起來表示的就是「金圓」、「金幣」的意思。它的正面有一圓圈，圓圈的中央是一個臥獅圖案，另有藏文為鑄造年代，只有一九一八年、一九一九年、一九二〇年、一九二一年四個年分。圓圈外緣刻有八個佛教吉祥圖案，藏語叫「扎西達傑」，最外圈是一圈珠串。金幣的背面中央為一佛教吉祥圖案，周圍鑄有藏文：「dgav ldan pho brang phyogs las rnam rgyal」，音譯為「甘丹頗章，曲列朗傑」，意譯為「甘丹頗章，超越或戰勝四方」。另有藏文「二十兩」字樣，表示一枚金幣值銀二十兩，邊緣也是一圈珠串。

色章果木金幣是十三世達賴喇嘛於一九一八年委派他的親信達桑占東在羅布林卡西側籌建羅堆（nor stod）造幣廠後生產的，從一九一八年開始生產，到一九二一年停鑄，前後共生產了四年。雖然是用從英國進口的機器半手工打壓製成的，但是，金幣製作得還是非常精美。

圖48–1　色章果木金幣

接下來，向大家介紹社會上為什麼有一部分人認為色章果木金幣與「藏獨」有關，他們依據的所謂「證據」主要有四點：

一是金幣正面有一個獅子圖案，他們認為這與「藏獨」分子所打的「雪山獅子旗」有關；

二是銘文中「甘丹頗章，曲列朗傑」，意譯為「甘丹頗章，超越或戰勝四方」，含有「藏獨」的含義；

三是金幣的生產者達桑占東後來出任過藏軍總司令，從事過「藏獨」活動；

四是十三世達賴喇嘛曾經出逃過印度。

一九九二年年底在給四部委起草的答覆函中，我曾經就上述四個方面一一做了解釋和澄清。

首先，關於獅子圖案。貨幣上使用獅子圖案，是藏族人民的傳統，它起源於一個古老的傳說。相傳很早以前，在雪域高原西藏，生活有許多動物，但由於經受不住冰雪嚴寒的襲擊，都紛紛遷徙。最後連大象也不耐嚴寒而遷到溫暖的南方去了，只有雄獅經受住了嚴寒的考驗，仍在冰雪覆蓋的青藏高原上生活、繁衍，成了藏族人民勤勞勇敢的象徵，就像中原地區人民心目中的「龍」一樣，「獅子」成了藏族人民尊崇的圖騰偶像。據考證，早在西元一六三二年，尼泊爾帕坦土邦為西藏地方鑄造的坦卡銀幣正面中央就有一雄獅圖案，一六四一年尼泊爾幣制改革後為西藏鑄造的茂哈銀幣正面中央也是一雄獅圖案。西藏地方自鑄貨幣中，最早出現雄獅圖案的則是一九〇九年鑄造的「桑岡果木」一兩銀幣。色章果木金幣正面中央，是一典型的藏族人民傳統慣用的「臥獅」圖案，它與境外民族分裂主義分子所宣揚的所謂「日月普照、高山流水、昂首雪山雄獅圖」是不一樣的，兩者有本質的區別，應嚴格區分開，否則，容易引起誤會，產生不良影響。

其次，關於「甘丹頗章，曲列朗傑」。「甘丹頗章」是指五世達賴喇嘛羅桑嘉措建立的政教合一的黃教地方政權的名稱，它來源於一個歷史事件。據西藏文獻記載，西元一五一八年二世達賴喇嘛根敦嘉措，在擔任哲蚌寺第十任池巴❶任內，接受了乃東大司徒扎西扎巴的捐獻，將哲蚌寺內的一座青石殿堂修繕後改名為「甘丹頗章」，為居住之地。此後歷世達賴喇嘛在未執政之前，都居住在哲蚌寺的「甘丹頗章」宮內。西元一六四二年五世達賴喇嘛在著名的西蒙古和碩特部落的固始汗的扶持下，最初就是在「甘丹頗章」殿堂內建立黃教政權的，以後藏族人民就習慣於用「甘丹頗章」這一稱呼來代指原西藏政教合一的黃教地方政權。「曲列朗傑」意為超越四方或戰勝四方，這就如同新疆地區的漢佉二體錢上面鑄有佉盧文銘文「大王、王中之王、眾王之王」一樣，反映了一種民族的自豪感。這在歷史上受中央政府統一管轄下的邊疆少數民族地區鑄造的錢幣中，是普遍存在的，不足為奇。

再次，關於達桑占東。達桑占東又名羅桑納加，他因為後來與貴族擦絨家族的女兒結婚又被稱為擦絨夏培，並以此名而廣為人知。達桑占東一八八五年出生於一個農奴家庭，早年曾經陪同十三世達賴喇嘛到外蒙古的朗傑扎倉寺廟為僧，

圖48–2　桑岡果木

圖48–3　雪山雄獅圖

❶池巴是藏語 khri-pa 的音譯，khri意為「座」，池巴即座主。

後來逐漸成為十三世達賴喇嘛的親信近侍。一九一三年被十三世達賴喇嘛封為貴族並委以重任，一身兼有噶倫、造幣廠廠長、藏軍總司令及兵工廠廠長四個重要職務。後來因為從事「藏獨」活動，一九三〇年曾經被達賴喇嘛免職。達桑占東是近代西藏歷史上一個比較複雜的人物，對其應分階段具體分析，不能因為他後來曾經參與過「藏獨」活動而否定歷史上起過積極作用的色章果木金幣。

最後，關於十三世達賴喇嘛曾經出逃印度的問題。十三世達賴喇嘛曾經兩次逃離拉薩，第一次是抗擊英軍失敗後於一九〇四年七月二十七日，在英軍即將侵入拉薩前祕密出走，北上外蒙古，後來到北京面見了光緒皇帝和慈禧太后，在內地遊歷五年多時間後於一九〇九年十二月二十一日返回拉薩。第二次是於一九一〇年二月十二日祕密出走，南下到達印度境內，後於一九一三年初返回拉薩。十三世達賴喇嘛出逃印度與川軍入藏有關，而色章果木金幣是在他從印度返回拉薩五年後鑄造的，兩者沒有任何的直接關係。

三、色章果木金幣的鑄造背景及停鑄原因

以上內容雖然澄清了色章果木金幣的生產與「藏獨」沒有任何的關係，但是，仍然還是沒有講清楚當時西藏為什麼要生產這種色章果木金幣。西藏歷史上習慣於使用銀幣，最初使用的是尼泊爾鑄造的銀幣。後來因為尼泊爾鑄造的銀幣大肆摻假，成色太低，與西藏產生矛盾並最終引發了一場清政府與尼泊爾之間的戰爭。戰爭結束後，乾隆皇帝在西藏設立寶藏局，鑄造「乾隆寶藏」銀幣，開啟了西藏自行鑄造銀幣的歷史。

西藏一直都習慣於使用銀幣，為什麼突然一下子要鑄造色章果木金幣了呢？

1. 鑄造背景

根據我新發現的多田等觀的《入藏紀行》記載，西藏當時鑄造色章果木金幣，實際上與英國的金幣流入西藏所進行的經濟滲透有關。為了便於後面的論述，這裡我們先將多田等觀以及他寫的《入藏紀行》做一簡單的介紹。

多田等觀於一八九〇年出生於日本秋田市的一個僧侶家庭，是日本研究藏傳佛教的著名學者。他於一九一三年從不丹潛入西藏，經十三世達賴喇嘛批准後入沙拉寺習經長達十年之久。學習期間曾經為西藏地方政府策畫過開徵人頭稅和鑄造金幣等重大活動。一九二三年返回日本，一九六七年去世，享年七十七歲，生前由其口述，牧野文子整理完成《入藏紀行》一書。書中詳細記載了作者旅藏期間的僧侶生涯以及當時藏族人民的生活，保留有很多重要的史料。國內有鍾美珠譯本，列為「西藏學參考叢書」第二輯於一九八七年內部出版。

作為老牌的殖民主義者，英國對西藏的侵略野心由來已久。早在一八七六年簽訂的中英《煙臺條約》中，英國就乘機列進了一項有關西藏的專條，規定英國人可以「探訪」印度西藏之間的路線。由此，開始了對中國領土西藏的侵略。西藏人民一八八六至一八八八年、一九〇三至一九〇四年的兩次英勇抗擊，打破了英國殖民者的侵略計畫。十三世達賴喇嘛就是因為第二次抗擊英國失敗，為了不被英國人俘虜而第一次逃離拉薩，北上去了外蒙古。

一九一一年，腐朽沒落的清王朝在辛亥革命的打擊下崩潰，全國陷入了軍閥混戰的局面。在北洋軍閥把持下頻繁更迭的中央政府形同虛設，削弱了對邊疆地區的管理。於是英國殖民者乘機又加緊了對中國西藏地區的侵略。當時，曾經因為抗擊英國失敗而被迫流轉外地多年，歷經艱辛才又重新回到拉薩的十三世達賴喇嘛阿旺・羅桑土登嘉措，在西藏廣大僧俗民眾抗英激情的感染之下，又萌生了要驅逐英國在西藏勢力的想法。這次他選擇英國殖民主義者在印度鑄造發行，同時大量流通於西藏地區的一種被稱為「鐵刺」的金幣，作為首先要驅逐的對象。

十三世達賴喇嘛為什麼要選擇英國的鐵刺金幣為驅逐的對象呢？「鐵刺」是「Tola」一詞的音譯名稱，這是因其重量而得名，實際上就是美元「Dollar」的另一種譯名。鐵刺直徑二十二・七公釐，厚二・二公釐，正面鑄有一個大象的圖案，背面鑄有「幣重一鐵刺及含金量百分之百」等語。這種金幣雖然是在印度鑄造的，但是，隨著英國勢力對西藏的日益滲透，大量流通於西藏。十三世達賴喇嘛認為這些英國的金幣在西藏的大量流通損害了西藏的利益，將西藏的財富都給帶走了。因此，他為了維護西藏的利益，就決定要仿造鐵刺金幣的式樣，鑄造一種西藏的金幣。希望用西藏的金幣驅逐英國的鐵刺金幣，以此維護西藏的貨幣主權和經濟利益。

當時十三世達賴喇嘛身邊的人都不懂貨幣發行，於是，他就向入藏習經並深得他寵信的日本

圖48–4　鐵刺金幣（一）

圖48–5　鐵刺金幣（二）

圖48–6　鐵刺金幣（三）

僧人多田等觀請教諮詢。因為當時日本實行的是金本位，使用的也是金幣。因此，多田等觀就將隨身攜帶的剩餘的金幣拿給十三世達賴喇嘛看，作為西藏設計金幣時的參考。多田等觀因為深得十三世達賴喇嘛的信任，參與了色章果木金幣設計、生產以及停鑄的整個決策的過程。這在他的回憶錄《入藏紀行》中都有詳細的記載。為了便於大家了解當時討論的情況，引錄如下：

那是我入藏不久的事情，西藏曾就準備鑄造金幣一事與我商談。在此以前他們的銀幣是在尼泊爾鑄造的，西藏只有銀幣，當時大部分還實行物物交換。於是，我說日本是個金本位的國家，並拿出了剩下的日本金幣給他們看。我還把其中的二十元的金幣給達賴喇嘛看。因為西藏有豐富的金子，所以決定鑄造金幣，並開始向我詢問各種問題。他們先把金子做成圓形，再從兩邊夾成圖案，費了很大的勁兒才鑄造出周圍的花紋，不過總算鑄出了金幣。……然而事過不久，這些金幣在市場上突然消失。這是因為西藏商人把金幣帶到了印度，印度以高出純金幾倍的價格收買了西藏金幣。與販運羊毛相比，帶少量金幣到印度是既不需帶行李，又可以賺大錢的。西藏政府認為這是英方的毒辣陰謀，是想掠走西藏的黃金，於是停止了金幣的鑄造，中止了採掘黃金的工作，並且封閉了金礦穴。對於以前開採所餘黃金則做成金條保存在布達拉宮內。

2. 停鑄原因

根據多田等觀的記載，十三世達賴喇嘛認為色章果木金幣發行失敗的原因是英國人的「毒辣陰謀」。實際上，這倒是冤枉英國人了。因為色章果木金幣的發行失敗與當時國際金價的變動有直接的關係。十三世達賴喇嘛當初為了盡快用色章果木金幣替代英國的鐵剌金幣，規定色章果木金幣的重量和鐵剌金幣一樣，重十一・四克，但是直徑略大點，為二十六・五公釐，厚一・四公釐，比鐵剌金幣要略薄一點，面值藏銀二十兩。但是到了一九二一年，由於世界金價大幅上漲，每鐵剌黃金漲至藏銀三十兩。因此英國和印度的商人就用貨物大量地套購金幣，致使西藏的黃金開始大量外流。這種情況之下，如繼續鑄造金幣，便會虧本，因此色章果木金幣實際只鑄造了三年多一點的時間，到了一九二一年就被迫停鑄了。

總之，色章果木金幣不但和「藏獨」毫無關係，正相反，它是以十三世達賴喇嘛為代表的西藏廣大僧俗民眾，在二十世紀初英國殖民主義者日益加緊侵略西藏的歷史背景下，為抵制英屬印度的鐵剌金幣的大量流入，保全西藏人民的利益而鑄造發行的。後來雖然因為世界金價的上漲及外商的大量套購，導致色章果木金幣被迫停鑄，但是它仍然具有抵禦外來侵略勢力的積極意義，同時作為一段歷史的見證，它也集中體現了歷史上勤勞、勇敢的藏族人民熱愛祖國、反抗外來侵略的優良傳統。

49 法幣改革：現代紙幣制度的初步建立

一九三五年三月初，正在江西「剿共」的蔣介石，突然電召孔祥熙、宋子文到漢口祕密會晤。大家猜測這是蔣介石為了完成對共產黨最後一擊，要負責財政、金融的孔祥熙、宋子文籌集軍餉；或者是面對日本咄咄逼人的態勢，要劃撥對日作戰經費。

這種猜測雖然有其合理性，但是都錯了！因為蔣介石遇到了一個新的更具危險性和緊迫性的威脅！這就是國際白銀風潮引發的中國白銀大量外流，這是一場空前的金融危機，必須立即拿出應對之策！

下面就透過民國政府的法幣改革，向大家介紹國際白銀風潮的起因、對中國的危害以及法幣改革的驚心動魄和深遠影響。

一、廢兩改元

講到一九三五年的法幣改革，首先要從一九三三年的「廢兩改元」及隨後爆發的「國際白銀風潮」講起。

廢兩改元是中國近代以來幣制改革的核心問題。早在清朝滅亡前一年的宣統二年（一九一〇）頒布的《幣制則例》就規定了以銀圓為主幣。民國三年（一九一四）二月頒布的《國幣條例》又再次重申了實行銀本位制，以元為單位，隨後鑄造了國幣「袁大頭」並被確定為主幣。但是，因為銀圓的鑄造權始終未能統一，中央與地方都在鑄造，重量與成色上還存在差異。因此，不但沒有建立起完整的銀本位幣制，而且在實際的交易中，收支雖然使用銀圓，但是計算時使用的卻是銀兩。銀兩、銀圓需要輾轉折合，貼水虧耗很大，因此，廢兩改元的目標始終沒有完成。

北伐勝利之後，建都南京的國民政府決定於一九二九年七月一日實行廢兩改元，並在上海設立中央造幣廠，停鑄「袁大頭」，新鑄帶有孫中山頭像的國幣「船洋」銀圓。後來因為軍閥混戰，政府的施政力量始終受到很多的掣肘，廢兩改元的計畫最後拖延至一九三三年三月才付諸實施。

圖49–1　「三鳥幣」

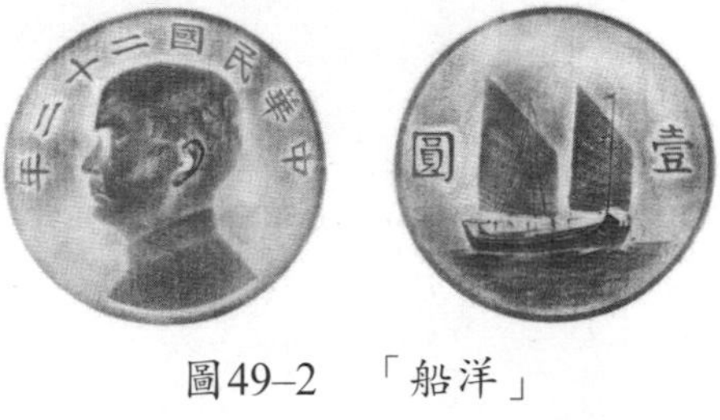

圖49–2　「船洋」

當時的民國政府計畫分兩步進行廢兩改元，首先從上海實施，然後推向全國。這是為什麼呢？主要是因為上海是全國的經濟金融中心，上海的虛銀兩記帳本位——「規元」，是代表全國的通貨單位，對外貿易以及匯兌都首先是用規元來計算，然後再由規元折合成通用的銀圓。因此，廢兩改元只要在上海能夠順利推行，其他地方就很容易仿效實行。

一九三三年三月八日，國民政府財政部頒布《銀本位幣鑄造條例》及《換算率計算法》，正式啟動了廢兩改元的進程。三月十日，廢兩改元在上海首先施行，當天就取消了洋厘行市，按規元七錢一分五厘的固定比例，兩、元並用，但是以元為記帳單位。四月五日，政府又突然宣布，從六日開始向全國推行，規定所有公私款項的收支、所訂立的契約票據和一切交易，都必須一律改用銀圓，不得再用銀兩。如果出現有違規使用銀兩的，在法律上都屬於無效。持有銀兩的，可以請求代鑄銀圓或者向中央銀行、中國銀行、交通銀行三家兌換成銀圓行使。這樣，廢兩改元在上海試行不到一個月，就推向了全國，從此終結了自明朝正統元年以來，曾經行用了長達四百九十八年的銀兩制，也結束了自清朝後期鑄造機制銀圓以來，幣制單位長期兩、元並用的混亂局面，實現了貨幣交易和結算單位的統一。

廢兩改元是中國近代以來幣制上的一次重大變革，具有里程碑式的重要意義。繁雜落後的銀兩兌換被廢棄之後，全國貨幣單位實現了統一。這樣既節約了交易時間、簡化了交易手續，又減少了兩、元兌換所帶來的風險和損失，更促進了新式會計帳簿制度的建立，便於企業精確地核算成本、核定價格、安排生產以及銷售；既順應了社會經濟的發展需要，也與國際社會接軌了。這是中國近代幣制改革所必須邁出的重要一步，更為隨後的法幣改革奠定了基礎。

但是，天有不測風雲。誰也沒有想到剛剛確立了銀本位制，並實現了廢兩改元的中國，卻一下子碰到了百年不遇的國際白銀風潮。本來藉著政治上南北統一、金融上廢兩改元的便利，正處於「黃金十年」發展期的中國經濟，突然之間受國際白銀風潮的影響，遇上了空前的金融危機。

二、國際白銀風潮

所謂的「國際白銀風潮」，是指隨著國際銀價的下跌和上漲，導致中國國內作為貨幣金屬的白銀大量流入或流出，從而引起國內金融市場像坐過山車似的大幅波動的現象。它的發生具有深厚的國際背景。

二十世紀初以來，世界上大多數的主要國家都放棄了銀本位制而改行金本位制。因為白銀不再是貨幣金屬，各國就在國際市場上紛紛出售多餘的白銀而買入黃金。於是，就出現了白銀對黃金比價的持續下跌。據統計，金銀的比價從一九二〇年的一比十五，直線下跌至一九三二年的一比七十三。

因為中國是當時世界上僅有的仍然堅持實行銀本位制的大國，所以，國際上廉價的白銀就被大量地傾銷到了中國。據一九三五年實業部銀價物價討論委員會編印的《中國銀價物價問題》統計，一九三一至一九三三年，中國流入的加拿大、美國、墨西哥等主要產銀國的白銀數量，約占各國庫存量的百分之四十五。一九三三年底，僅上海一地的白銀存量就高達四億三千九百多萬盎司，❶約占當年世界白銀礦場產量以及熔化被廢棄的銀幣總數的一・六四倍。

大量廉價白銀的流入，補充了中國流通中貨幣的數量，解決了長期困擾中國的貴金屬貨幣不足的困境，這對一九二七至一九三七年所謂的民國「黃金十年」的發展不能說沒有關係。

但是，好景不長，國際社會為了阻止銀價的繼續下跌，一九三三年七月世界主要用銀國以及產銀國在倫敦召開世界經濟會議，達成了《白銀協定》，對各國白銀的銷售次序以及數量都做了限制，希望以此來穩定國際銀價。但是，美國為了轉嫁危機和壟斷世界金融，同時也受到國內選舉政治的影響，在加利福尼亞等幾個主要產銀州的策畫下，於一九三四年六月十九日通過了《購銀法案》，要求政府擴大在國內及國外購買白銀的數量。這樣，既可以增加它的金銀儲備量，實現它壟斷世界金融的大權，又可以刺激用銀國的購買力，傾銷它的過剩商品，擺脫經濟危機，真可謂一舉兩得。因此，美國的高價購銀，又引起了國際銀價的暴漲。這就使得仍然實行銀本位的中國，首先受到了國際銀價變動的衝擊。各國投機商們紛紛來中國收購白銀，外國在華的銀行家更是用輪船甚至軍艦裝運白銀出口，導致中國的白銀又開始大量地外流。

據海關統計，一九三四年外流白銀共達兩億五千九百九十四萬多元。中國當時實行的是銀本位制，白銀的大量外流實際上就是資金的大量流失，這必然導致國內市場資金短缺，幣值升高，物價下跌，這就是通常所說的「通貨緊縮」。它使得商業蕭條，金融恐慌，工廠倒閉，中國遭遇了空前的金融危機。

形勢嚴峻，刻不容緩。因此蔣介石緊急召見主管經濟、金融的孔祥熙、宋子文來漢口祕密商量應對之策。密商的結果就是實行了以廢除銀本位制，實行現代紙幣制度為主要內容的「法幣改革」。

民國政府絲毫不敢怠慢，採取了多管齊下的辦法。首先是於一九三四年九月二十三日向美國政府提出抗議，但是，沒有獲得美方應有的重視，這是預料之中的。於是緊急採取了許多有針對性的措施。例如：財政部呈報行政院，決定自十月十五日起徵收百分之十的白銀出口稅並加徵平衡稅；限制將白銀運到關外；各省宣布禁止白銀出口；限制紙幣兌現等。這樣一來，銀本位制雖然等於是名存實亡了，但是，這些措施都屬於揚湯止沸的辦法，解決不了根本的問題。因為白銀外流的根本原因是國際銀價的波動，因此，只有從國際上想辦法來協調談判，才是釜底抽薪的解決辦法。

---

❶ 編者注：一盎司約為二十八・三五克。

三、法幣改革

當時國際上密切關注中國幣制改革並企圖施加影響的國家有三個，它們是英國、美國與日本。三國中英美兩國的目標比較接近，都希望中國能夠加入由它們控制的國際貨幣體系之中；日本則妄想獨自控制中國，將中國的幣制納入日元的體系之中，從而使中國成為日本的附庸。因此，民國政府要瞞著日本，祕密地與英美兩國展開談判。為了迷惑日本，財政部部長宋子文表面上邀請在華的外國銀行代表舉行臨時會議，達成了暫停裝運白銀出口的君子協定。實際上則暗中積極地與英美兩國展開磋商談判，尋求兩國的配合與支持，因為這才是解決問題的關鍵所在。

1. 方案的制訂

民國政府在排除日本駐華大使有吉明的破壞干擾下，經過審慎研究，最終接受了被聘為中央銀行顧問的美國人楊格主持擬定的幣制改革方案。楊格方案的主要內容為：「各銀行的存銀，加上從民間收集來的白銀，將全部收歸國有，並全部由中央銀行掌管以備脫售換成外匯儲備」；「三家政府銀行（指中央銀行、中國銀行、交通銀行）所發鈔票將成為完全法償的貨幣」；同時，要爭取美國政府收購中國的白銀和獲得英國政府的聲援。該方案的總體設想是楊格和另外兩名美籍顧問與孔祥熙、宋子文二人合作完成的。

因為中國海關總稅務司仍然由英國人擔任，這是從清朝一八五九年設立這一機構以來就形成的慣例，充分說明了英國在中國的實力。因此，宋子文首先與英國政府派來中國考察的英國財政部首席經濟顧問李滋・羅斯談判，他贊同已經擬定的幣制改革方案。於是民國政府就於一九三五年十一月四日頒布《財政部關於施行法幣布告》，因此，這次幣制改革又被稱為「法幣改革」。它總的指導思想是放棄銀本位制，因為在維持銀本位制下進行的改革，絕對沒有成功的可能。新的幣制是匯兌本位制，行使法幣，實施紙幣政策。

2. 方案內容

法幣改革概括起來講主要有三項：

一是政府壟斷紙幣的發行。從一九三五年十一月四日起，以中央銀行和已經由政府完全控制的中國銀行、交通銀行（兩個月後又增加了中國農民銀行）發行的鈔票為無限法償的貨幣，即「法幣」。一切公司收付都要用法幣。其他銀行在此日以前發行的紙幣，以十一月三日流通額為限，暫准流通，不再增發，並限期用中央銀行鈔票兌回；成立發行準備保管委員會和地方分會，負責保管發行準備和辦理法幣的發行收換等項工作。

二是實行白銀國有政策。禁止銀圓流通，凡是銀圓及各種銀類都要兌換成法幣，已造好的民國二十四年（一九三五）帶有孫中山頭像的船洋

圖49–3　法幣

也停止發行。白銀全部收歸國有，由中央銀行掌管，在國外出售後充作法幣的外匯儲備。幣制改革所需外匯儲備來自出售的白銀和外國提供的信貸，而法幣的鞏固則有待於財政收支的平衡。

三是法幣盯住英鎊，建立固定匯率。最初中國政府將收兌的白銀運往倫敦出售，換成英鎊，存在倫敦作為維持法幣匯價的準備金。法幣一元對英鎊的法定匯率為十四・五便士（按當時銀價折算應為二十二・五便士）。

法幣本身無法定的含金量，也不能兌換銀幣，但是還不能算是一種純紙幣制度，而是一種金匯兌本位制，因為它可以自由買賣外匯。以外匯為本位，信用由外匯的價格來決定，這是法幣的買辦性的基本特點。中國的法幣同英鎊的匯價發生了固定的聯繫，這說明它已經被納入了英鎊體系之中。

法幣首先與英鎊掛鉤，加入了英鎊集團，因此獲得了英國政府的積極支持，英國駐華公使發布英王敕令，要求在華英商接受法幣，港英政府也放棄銀本位制，滙豐、麥加利等銀行率先答應交兌庫存白銀。

3. 尋求美國的支持

英國奪取了中國貨幣的控制權，美國自然不肯甘休，於是立即採取停止在倫敦購銀、降低銀價的辦法，向中國政府施壓。因為中國靠出賣白銀換取美元作為法幣的外匯準備金，美國降低銀價，停止在倫敦購銀，直接影響了法幣準備金的來源和匯價的穩定，這對英國和中國都是沉重的打擊。於是，民國政府立即派駐美公使施肇基向美國政府求救。美國財政部長摩根索馬上密電上海的花旗和大通兩家銀行代替美國財政部向中國政府購進白銀兩千五百萬盎司。一九三六年五月又簽訂《中美白銀協定》，規定由美國按照市場平均銀價大量購買中國的白銀，中國可用五千萬盎司白銀為擔保從美國銀行取得兩千萬美元的貸款，作為法幣的外匯儲備存在美國銀行。中國承諾不得把白銀賣給其他國家，以防止銀價的漲落。這樣，法幣又同美元發生了固定的比價，從而加入了以英鎊和美元為核心的國際貨幣體系。

4. 日本的威脅

日本的反應可以用老羞成怒來形容。駐華大使有吉明向中國提出了嚴重抗議，並威脅要南京政府承擔由此而引發的一切後果。日本的威脅並不是簡單地停留在口頭上的，而是落實到了行動上。它指使在華日資銀行拒不交出白銀，上海的日本銀行和商店甚至公然另組銀團，發行日本紙幣十萬元，並在華北擴大武裝私運白銀出口，千方百計破壞中國的法幣改革。這是因為日本自向袁世凱提出「二十一條」以來，就始終妄圖將中國的幣制納入日元體系，這樣中國就淪為了日本的附庸，日本不用發動戰爭實際上就已經控制了中國的金融、經濟以及各種資源。日本雖然極力進行破壞，但是在英美的聯手下，陰謀最終還是破產了，中國順利進行了法幣改革，加入了英美主導的國際貨幣體系。但是，僅僅過了一年半日本就於一九三七年七月發動了全面侵華戰爭。在貨幣陰謀沒有得逞之後，日本的軍國主義就要改用武力的辦法來征服中國。

5. 地方勢力的阻撓

法幣改革不但遇到了國際上的破壞力量，來自國內的阻力也不小。因為自明朝中葉以來，中國民眾就已經普遍習慣於使用白銀。實施法幣改革之後，銀本位制度被不兌現的紙幣流通制度所取代，即不能再使用銀圓，只允許使用國家發行的紙幣，並且地方政府發行紙幣的權力也被國家收走了。這就損害了地方軍閥的利益。因此，在地方勢力強大的廣東、廣西、陝西以及華北等省，都遇到了抵制。它們都自行收購金銀，並以當地銀行所發行的紙幣代替法幣，或與法幣同時流通。河北甚至成立「銅圓票發行準備庫」，發行銅圓票。凡此種種，都使得各地收兌銀圓的期限一再延長，直至一九四二年實行四行專業化，五月頒布「統一發行辦法」後，從七月一日起，所有法幣發行權才統一由中央銀行集中辦理。

四、法幣改革的重大意義

法幣改革是一件驚心動魄的大事件，它是在國際國內局勢極為緊急、複雜多變的情況下進行的。這從法幣改革方案的出臺過程中就可以看出來。一九三五年十一月四日已經實施的幣制改革，直到十一月十六日才由行政院訓令財政部，財政部則於十一月二十八日才函達中央銀行，這都說明幣制改革是在極其祕密的情況下以先斬後奏的方式進行的，只有這樣才能最大限度地排除阻力和干擾，確保它的成功實施。

法幣改革是中國幣制史上的一件大事，它使中國廢除了銀本位制，擺脫了國際銀價漲跌的影響，統一了全國幣制，增加了流通籌碼，扭轉了貨幣緊縮，穩定了金融，有力地推動了商品經濟的發展和國內統一市場的形成。法幣改革提供了一種新的貨幣制度，這種貨幣制度是進步的，這是中國經濟向現代化方向發展以及與國際接軌過程中不可或缺的一個環節。

不僅如此，它還為抗戰的準備以及支撐長期抗戰奠定了基礎。幣制改革之後，國家以法幣收兌了民眾手中以及社會各方面所持有的白銀和銀圓，這是一種強有力且有效的資金集中手段，便利了國家在戰爭全面爆發後，最大限度地掌握調度現金、最大可能地集中白銀等貴重金屬，以作為在國際市場上購買軍火物資的經費之用。據中央銀行統計，到一九三七年六月三十日全面抗戰爆發前夕，中國持有的金銀外匯共計折合三・七八九億美元。這些外匯資產，為抗戰的準備以及支撐長期抗戰奠定了堅實的基礎。

法幣的改革對中國近代政治的影響也非常深遠。因為中國通過幣制改革，加入了以英鎊、美元為核心的國際貨幣金融體系，加強了與英美等國的經濟聯盟，這對以後爭取英美等國援華抗戰，特別是太平洋戰爭爆發之後，建立國際反法西斯統一戰線都起到了十分重要的促進作用。

所以說，貨幣無小事！它既聯繫著普通民眾的日常生活，也關係著國際上大國之間的利害衝突，每一項政策的醞釀和出臺，都必須審時度勢和高瞻遠矚。法幣的改革是成功的例子，王莽的幣制改革則是失敗的典型，為政者不可不察。

50 人民幣：人民的貨幣及其國際化

世界各國的貨幣，單位不盡相同。如英國用「鎊」，德國用「馬克」，西班牙用「披索」，荷蘭用「盾」。大多數國家的貨幣都是以「元」為單位，如美元、日元、加元等。但是，不知大家注意到沒有，中國的貨幣雖然也是以「元」為單位，但是不稱「中國元」，而是叫「人民幣」，這是為什麼呢？

實際上這正體現了中國貨幣的本質屬性，即它是屬於人民的貨幣。

下面我將透過回顧人民幣產生的歷史，來向大家揭示人民幣的本質屬性及其國際化的必然發展趨勢。

一、革命根據地時期的貨幣

人民幣產生的歷史，與中國共產黨發展的歷史幾乎是同步進行的。這是因為中國共產黨在領導中國革命的實踐中，非常重視金融貨幣工作。

從歷史上看，千百年來，中國社會最底層的農民，始終受到來自地租、高利貸、苛捐雜稅三方面的沉重剝削。其中，又以高利貸的危害最為深重。王莽的「五均六筦」法、王安石變法所推行的「青苗法」，實際上都是針對高利貸的。如「青苗法」就是由政府在青黃不接的時候向農民提供低息貸款，希望以此來限制高利貸者的盤剝，減輕人民的負擔。但是，因為時代的局限性，歷史上類似的改革始終未能從根本上消除農民所受的高利貸者的剝削。

中國共產黨成立以後，立志要從根本上消滅中國幾千年來的剝削制度，除了進行政治上、軍事上的鬥爭之外，在經濟領域針對高利貸現象，也透過採取設立銀行、發行貨幣的辦法進行了鬥爭。大致經歷了如下四個階段。

一是最初的大革命時期，中國共產黨透過農民協會設立農民銀行或信用合作社等金融機構，發行貨幣、籌集資金、提供低息貸款，致力於從金融上扶助農民免遭高利貸的盤剝。

二是土地革命時期，中國共產黨在中央蘇區成立了中華蘇維埃共和國國家銀行，發行貨幣，吸收群眾存款，貸款支援生產事業，有計畫地調劑整個蘇區的金融，領導群眾合作社與投機商人進行鬥爭，確保根據地經濟的穩定發展。

三是抗日戰爭時期，以薛暮橋為代表的經濟金融專家多有創建，提出了「物資本位論」以及透過控制貨幣發行量來穩定物價的觀點，保證了各抗日根據地貨幣的穩定。這是中國共產黨人在二十世紀四〇年代的一個重要創見！因為當時西方主要國家的貨幣制度還普遍實行金本位，而以控制貨幣發行量來穩定物價的做法也少有人知。在薛暮橋的觀點提出三十年之後，美國才放棄了金本位制，「幣值決定於貨幣發行量」的觀點才開始為大家所熟知。實際上，薛暮橋的這一創新思路，完全具有問鼎諾貝爾經濟學獎的實力！

四是解放戰爭時期，各個根據地銀行及其所發行的貨幣的發展，在革命的實踐中，逐漸由小到大，並從分散走向集中。以董必武為主任的華北財經辦事處更是高瞻遠矚，積極創造條件，抓住機遇，適時成立了中國人民銀行作為國家銀行，統一了各根據地銀行並統一發行人民幣，以糧食、棉花、棉布、花生等充裕的物資儲備為保證，穩定了人民幣的幣值，控制了原國民黨統治區惡性的通貨膨脹，實現了對國民黨政權的順利接管，確保了解放戰爭在全國的勝利。

據專門研究革命根據地貨幣史的許樹信研究員的統計，自一九二四年的大革命開始，到一九四八年十二月一日成立中國人民銀行發行人民幣的二十四年間，中國共產黨領導的各根據地共建立了四百零四個貨幣發行機構，發行了五百一十四種名稱各異的貨幣。幣材使用了金、銀、銅、錫、鑞、紙、布等七種不同的材質。其中，以湖南省衡山縣柴山州特別區第一農民銀行，於一九二六年十月發行的面值壹元的布幣為最早。[1]各個時期根據地所發行的貨幣，除了為民眾提供信貸支持之外，更成為支援革命戰爭、促進根據地經濟發展以及與敵對勢力進行鬥爭的重要工具，並為新中國金融事業的發展培養了人才，積累了經驗，奠定了基礎。

圖50–1　湖北黃岡縣農民協會信用合作社發行的銅錢壹串文流通券

圖50–2　中華蘇維埃共和國國家銀行發行的紙幣

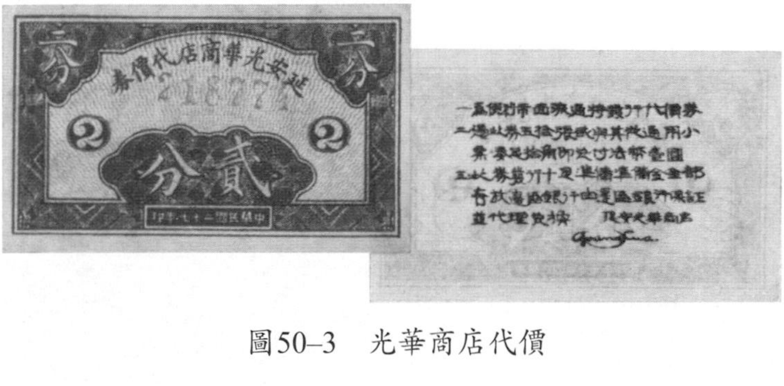

圖50–3　光華商店代價

❶ 許樹信，《中國革命根據地貨幣史綱》，中國金融出版社，二〇〇八。

二、中國人民銀行的成立及發行人民幣

這是解放戰爭形勢發展的需要，中國人民銀行的成立提上了日程。一九四七年十一月十二日，石家莊解放之後，晉察冀與晉冀魯豫兩個解放區連成一片，形成了華北解放區。為統一領導華北各解放區的財經工作，中共中央於一九四七年十月成立了由董必武任主任的華北財經辦事處，負責籌建全國性的財政和金融。一九四八年四月，華北財經辦事處在石家莊召開了華北「五大解放區金融貿易會議」，指出各解放區的貨幣制度存在兩大問題，一是不穩定，二是不統一。會議決定將華北各解放區的銀行機構和貨幣首先統一起來。於是就於一九四八年十二月一日，將華北銀行、北海銀行、西北農民銀行三家合併成立中國人民銀行，以原華北銀行為總行。一九四九年二月十二日，中國人民銀行總行遷至北平，十月一日中華人民共和國成立後，中國人民銀行成為中央人民政府的銀行，即全國統一的國家銀行。

圖50–4　陝甘寧邊區銀行幣

實際上，早在中國人民銀行還沒有成立的時候，發行一種新的貨幣取代原來各個解放區各自獨立發行的貨幣的工作，就已經提上了日程。這是因為一九四七至一九四八年間，隨著解放戰爭的節節勝利，各個分散的解放區已經逐漸開始連成一體，物資的調撥、商品的貿易、稅收的徵集以及民

眾的往來，都變得更加頻繁且日益密切。原有的貨幣雖然經過一系列的調整，已經實現了按固定比價混合流通，這對於便利商民的往來以及物資的交流都起到了很大的作用，但是，在貨幣制度上仍然存在著兩個亟待解決的問題：

一是貨幣複雜，種類較多。因為版別雜亂，印刷的技術、紙張的選用都不統一，很容易造假，民眾難以識別假票，同時對各解放區的貨幣也有折算上的麻煩。

二是面額太小，不便使用。因為經過十幾年抗戰的消耗，生產力減退，各解放區貨幣的實際購買力已經逐漸降低，在支持戰爭的推進以及恢復經濟的發展方面，經常因貨幣的不同以及面額的過小而引發諸多的困難。因此，統一貨幣就成為解放區刻不容緩的當務之急。

這裡還有一個流傳很廣的故事，說的是一九四七年春季裡的一天，董必武帶著夫人和孩子從延安去河北省武安縣參加華北財經會議，途經山西省五台縣大槐莊時孩子餓了，勤務兵就用從延安帶來的貨幣去給孩子買點吃的，商家因為不認識而拒收，最後是用一塊隨身攜帶的布料完成交易的。這件事對董必武刺激很大，說明當時各解放區的貨幣跨區之後很難流通。因此，在華北財經會議上，就決定了要盡快發行一種新的貨幣，替代原來各解放區的貨幣。

因此，一九四八年十二月一日，中國人民銀行成立的當天，就發行了「中國人民銀行券」，簡稱「人民幣」，即人民的貨幣，並被確定為華北、華東、西北三大解放區的本位貨幣，統一流通。人民幣就此誕生並逐漸統一了全國貨幣，開創了中國貨幣史上的人民幣時代。

人民幣是一種全新的貨幣，就如同它的名稱所揭示的那樣，它是人民的貨幣，代表和維護的是最廣大人民群眾的根本利益，這與國民黨的法幣有本質的區別。正如一九四八年十二月五日，新華社就人民幣的發行所發表的社論指出的那樣，人民幣用作擔保的不是金銀，而是比金銀更可靠的糧食、布棉，以及其他為生產和生活所必需的重要物質。所以解放區的幣值、物價遠比國民黨統治地區更加穩定。實際上，僅從人民幣與法幣的表現，就已經可以看出民眾的選擇，並能夠據此判斷出國共之爭的最後勝敗結局。

人民幣作為不兌換的國家信用貨幣，雖然沒有規定含金量，但是價值的基礎仍然還是黃金，並有一定數量的金銀外匯儲備。同時，根據當年薛暮橋提出來的「物資本位論」以及透過控制貨幣發行量來穩定物價的觀點，由國家掌握的可按穩定的價格投入市場的大量可用商品作為發行保障，使人民幣的穩定具備了雄厚的物質基礎，實現了財政收支平衡、現金收支平衡和物資調撥平衡，結束了國民黨統治時期連續十二年的通貨膨脹局面，創造了震驚中外的奇蹟，向世人證明了中國共產黨人在管理經濟、治理通貨膨脹方面的非凡能力。

三、五套人民幣

截至目前，中國人民銀行共設計發行了五套人民幣。這五套人民幣分別記載和見證了新中國成立以來的五個階段：解放戰爭後期及新中國成立之初、第一個五年計畫實施後的社會主義建設時期、極「左」路線影響下的計畫經濟時代、十一屆三中全會後開啟的改革開放時期、進入二十一世紀後進一步深化改革的新時期。這五個階段形成了一套既承載有深厚的中國文化元素，又反映時代風貌，並與國際貨幣接軌的完整的人民幣貨幣體系。

第一套人民幣：流通時間為一九四八年十二月一日至一九五五年五月十日，共有十二種面額、六十二種版別，最小面額為一元，最大面額為五萬元。受條件所限，第一套人民幣設計思想不夠統一，內容龐雜，種類眾多，面額大小差別較大，紙質、工藝多樣，品質參差不齊。這反映出戰爭年代分散印刷、應急投放的特點。

第二套人民幣：第二套人民幣是為了適應大規模經濟建設，並清除一些通貨膨脹的痕跡，解決技術上的缺點，於一九五五年三月一日發行，共有十一種面額、十六種版別。主幣有一元、二元、三元、五元、十元五種；輔幣有一角、二角、五角、一分、二分、五分六種。以一比一萬的比價收回第一套人民幣。後因中蘇關係惡化，從一九六四年四月十五日開始，中國人民銀行限期收回蘇聯代印的一九五三年版的三元、五元、十元券。一九五九年七月十五日，西藏停用藏鈔，統一流通使用人民幣。自此，人民幣統一了大陸貨幣。第二套人民幣設計主題思想明確，印刷工藝技術先進，主輔幣結構合理，圖案顏色新穎，深受社會各界的歡迎。

第三套人民幣：一九六二年四月十五日開始發行，到一九八〇年四月十五日發行一角、二角、五角、一元四種金屬硬幣，經過十八年逐步調整、更換，共有十三種券別，與第二套人民幣等值混合流通。第三套人民幣是中國

圖50–5　第一套人民幣

目前發行、流通時間最長的一套人民幣。票面圖案比較集中地反映了當時中國國民經濟以農業為基礎，以工業為主導，農工並重的方針。印製工藝上繼承和發揚了第二套人民幣的技術傳統和風格。

第四套人民幣：一九八七年四月二十七日開始陸續發行，到一九九七年四月一日，共發行九種面額、十七種版別。它是在改革開放後，經濟發展、商品零售額增加、貨幣需要量激增的情況下，採用「一次公布，分次發行」的方式發行的，並增發了五十元及一百元兩種面額。設計思想、風格和印製工藝都有一定的創新和突破，圖案採用了人物頭像，雕刻工藝複雜，增強了防偽功能。

第五套人民幣：一九九九年六月三十日國務院公布，於一九九九年十月一日中華人民共和國成立五十周年之際，發行了第五套人民幣，共有八種面額、十五種版別。與第四套人民幣相比，第五套人民幣取消了二元券，增加了二十元券，結構更趨完整合理；印製技術已達國際先進水準，並增加了防偽功能；形制上票幅變窄，長度縮小，更便於群眾辨識與攜帶。

中國人民銀行所發行的人民幣，除五套流通幣外，還發行了普通流通紀念幣、貴金屬紀念幣、紀念鈔以及連體鈔。種類更加齊全，在保證社會流通需求的前提下，也滿足了錢幣收藏愛好者的收藏需求，並宣傳了貨幣文化、普及了有關人民幣的知識。

四、人民幣國際化是歷史發展的必然趨勢

人民幣發行之初，中國政府曾明令規定，人民幣只准在國內流通，不准帶出國境，這是新中國成立之初特殊的國際國內政治經濟環境下的規定。改革開放以來，特別是隨著中國經濟的高速發展以及日益融入世界經濟體，人民幣必將會跨出國門，成為國際化的貨幣，在國際範圍內行使貨幣的

職能，成為主要的貿易結算貨幣、金融交易貨幣以及主要國家的儲備貨幣。人民幣這一國際化的必然趨勢，是由國內、國際兩個方面因素決定的。

國內方面，從企業規避匯率風險，政府減少官方外匯儲備損失，獲得金融經濟安全保障等方面考慮，都需要實現人民幣的國際化。歷史上哪個國家的貨幣在國際貿易、資本流動中成為計值貨幣，這個國家在國際經濟交易中就會取得主動權。以英、美、日三國為例，英國和美國成為世界貿易大國時，都是以本幣作為計值貨幣的，很快崛起成為世界霸主。而日本在二十世紀七〇年代雖然成為世界貿易大國，但是，因為是以美元計值，結果日本的企業和金融機構在應對外匯市場的匯率風險時就很被動，當日元大幅升值後，日本經濟遭受巨額損失，這被認為是造成日本長達十多年經濟衰退的重要原因之一。

國際方面，中國是世界上最大的出口國，國際社會對人民幣有需求，人民幣幣值穩定，是各國政府需要的儲備貨幣。因此，人民幣的國際化也是國際貨幣體系改革的需要。特別是自二〇〇八年美國爆發金融危機以來，以維護世界經濟健康發展和國際金融安全為目標的改革國際貨幣體系的呼聲日益高漲，降低對美元的過度依賴、推動國際貨幣多元化、提高發展中國家國際貨幣話語權已成為一種必然的趨勢。這就從經濟基礎和政府信用兩個方面造成了美元本位制基礎的鬆動，給人民幣國際化帶來了機遇。

因此，隨著中國經濟的發展，採取相應的戰略逐步讓人民幣走出國門，融入國際儲備貨幣體系中去，打破在美元、歐元主導下的西方世界的儲備貨幣格局，促進多極儲備貨幣體系的建設，必然是我們長期追求的目標。在這個過程中，中國應當透過人民幣的區域化不斷促進人民幣的國際化。同時，應當大力發展以人民幣計值的、開放的國際資本市場，為境外投資者提供更多的人民幣金融資產選擇。只有經過這樣一個階段，人民幣才能取得儲備貨幣的地位，獲得與中國經濟總量、貿易總量相對稱的應有的國際貨幣的地位，改變「貿易大國、貨幣小國」的尷尬形象，擺脫為外匯儲備多寡而傷腦筋的困擾。

近年來，面對國內外複雜多變的經濟環境，人民幣在國際上的使用規模依然呈現了高速增長的態勢，國際化的步伐明顯加快。據環球銀行金融電信協會（SWIFT）的統計，二〇一四年人民幣取代加拿大元、澳元，成為全球第五大支付貨幣，市場份額升至百分之二・一七。二〇一五年底人民幣又被納入SDR（特別提款權）新的貨幣籃子，於二〇一六年十月一日正式生效，人民幣權重為百分之十・九二，超過日元和英鎊的份額。國際貨幣基金（IMF）已從二〇一六年十月一日起，在其官方外匯儲備資料庫中單獨列出人民幣資產，以反映國際貨幣基金成員人民幣計價儲備的持有情況。這說明人民幣正在成為全球央行外匯儲備貨幣的重要選項之一，將會獲得愈來愈多國家和地區的認可，這將為人民幣在不久的將來走向國際貨幣舞台的中心提供堅實的基礎與信心保障。

這裡我們如果將考察的視線上推至明朝中期，就會發現：自明英宗於正統元年解除銀禁、神宗於萬曆九年（一五八一）推行一條鞭法，最終實現白銀的貨幣化之後，中國的經濟就開始逐漸被納入由西方殖民者所掌控的國際白銀資本體系當中。從此以後，中國幣制的關鍵問題已由唐代中期開始出現並曾長期困擾兩宋的「錢荒」難題，演變為明中後期直至清末更為複雜的「銀錢比價」關係，中國貨幣的自主性日益減少，依附性日益加深，直至一九三五年法幣改革，中國的幣制雖然暫時擺脫了受國際銀價變動的影響，但是又被以英鎊、美元為代表的西方國際資本所控制。一九四八年十二月一日，人民幣誕生以後，雖然擺脫了國際資本的控制，實現了貨幣主權的獨立，但是，限於當時特殊的國際國內環境，人民幣只能在國內流通，而不許出境。直到改革開放以後，隨著中國經濟持續的高速發展以及綜合國力的日益增強，人民幣才開啟了國際化的進程。因此，可以說人民幣的國際化不僅僅是貨幣、金融領域的問題，更是復興中華、實現中國夢的重要標誌，具有深遠的歷史及現實意義。

後記

這部書稿的寫作，緣起於兩件事。一是我在撰寫「中國貨幣史話」系列叢書時，因為受叢書體例的限制，很多富有故事內涵的錢幣不便展開敘述，只能點到為止地做些簡單的介紹，總有一種言猶未盡的遺憾。當時我就萌生了一個想法，將來要專門寫一本講述錢幣背後故事的書，這可以說是我最初的寫作動機。而將動機落實到行動上，並選擇五十枚（種）錢幣來串聯中國貨幣史的想法，卻是受到了第二件事即ＢＢＣ（英國廣播公司）和大英博物館聯合出版的《大英博物館世界簡史》的啟發。二〇一五年的春節假期，一位在京工作的新疆大學校友向我推薦了大英博物館尼爾・麥格雷戈館長組織撰寫的《大英博物館世界簡史》。這本書透過大英博物館館藏的一百件文物，將人類的文明史講述了一遍。麥格雷戈館長透過文物講述歷史的敘述方式，既新穎又獨特，給我很大的啟發。

我認為錢幣比一般的文物更適合用於講故事。因為錢幣不同於一般的物品，它是社會產生重大變革或發生重要事件的產物和象徵。可以說任何一枚（種）錢幣的鑄造都有其特定的歷史背景和原因，同時也對社會政治、經濟、軍事和文化等諸多方面產生了重要的影響。每一種錢幣總是在繼承原有錢幣的基礎上而有所發展，既有歷史的延續性，又具有鮮明的時代性。因此，我決定選擇中國歷史上不同時期具有代表性的五十枚（種）錢幣，以講故事的方式將中國的貨幣史介紹給大家。於是就有了這部書稿最初的構思。

中國古代貨幣獨立產生，自成體系，至今已有三千多年的歷史。這期間鑄造和使用的錢幣不計其數，如何從這些浩如煙海的錢幣中，挑選出五十枚（種）有代表性的錢幣，確實頗費了番周折。因為我是想透過具體的錢幣來串聯中國貨幣發展史的脈絡，講述錢幣背後鮮為人知的故事，所以我要選擇那些在歷史的關鍵節點有創新思想並發揮過重要作用的錢幣。這與收藏家那種追逐版別獨特、珍罕稀有的選擇標準完全不同。因此，我所挑選的錢幣雖然大部分屬於普通品，但是它們都與重大的歷史事件相關聯，或者是在反映貨幣思想、體現鑄造技術、傳承民俗文化以及見證文化交流等方面有代表性，對後來的貨幣發展有過重要影響。這樣的一枚（種）錢幣雖然看起來很小，但是它所承載、記錄、見證和包含的內容卻豐富多彩，並能夠將歷史串聯起來，給我們提供一個學習和了解歷史的新視角。

本著這樣一種選擇原則，我從最早的貝幣開始寫，最後以人民幣結尾，在三千多年的貨幣發展史中，挑選了五十枚（種）錢幣。雖然是以中央政府鑄造的錢幣為主，但是也挑選了地方政府、農民起義軍，甚至是反叛者鑄造的錢幣，地域上則兼顧了新疆、西藏以及臺灣等地。除了行用錢之外，也收入了反映民俗文化的供養錢和「花錢」。每枚（種）錢幣都獨立為一個專題，全書又按照時間順序，將五十個專題歸屬為八個章節，每個章節都有一個主題。每個專題六千字左右，隨文還配了一部分圖，另外又挑選了部分精美的彩圖作為插頁，希望能以圖文並茂的形式，給讀者增加一些對錢幣更直觀的了解。因為每個專題都是從提出問題開始，再以解答的方式逐步展開介紹，所以選用問句「三千年來誰鑄幣」為書名（簡體中文版），另加了副標題「五十枚錢幣串聯的中國貨幣史」。

為了便於讀者更好地了解全書的脈絡，下面將每個章節的主題以及各個專題的構成做一簡單說明。

第一章的主題是「貨幣的起源及統一」。分三個專題，分別介紹了貨幣的產生、璀璨的先秦貨幣以及秦半兩錢，重點說明中國古代的貨幣起源於先秦，統一於秦朝。秦滅六國之後，將各國原始形態的錢幣統一於圓形方孔的半兩錢，中國貨幣的形態從此固定下來，延續使用兩千多年直至清末。因此，秦半兩錢可以說是中國貨幣發展史上的第一個里程碑。

第二章的主題是「漢五銖標準的確立及影響」。漢武帝在秦朝統一貨幣形制的基礎上，又完成了鑄幣權的統一並確立了五銖錢的鑄造標準。五銖錢是中國歷史上行用時間最長的錢幣，對後世產生了重要影響，可以說是貨幣發展史上的第二個里程碑。本章分六個專題，前三個都與漢武帝有關，第四個專題論述了王莽的幣制改革，第五個專題結合絲綢之路的開通，介紹了東西方錢幣文化的最初接觸及其影響。最後一個專題，透過對魏、蜀、吳三國各自所發行錢幣的考察，揭示了以貨幣為武器進行的一場貨幣版的三國演義。

第三章的主題是「唐通寶錢制的創立及影響」。唐代是中國古代貨幣制度的確立時期，「開元通寶」錢在貨幣史上占有重要地位，可以被視為中國貨幣發展史上的第三個里程碑。本章分七個專題，第一個專題論述了開元通寶錢的鑄造及其意義。接下來三個專題都與「安史之亂」有關；「會昌開元」錢見證了佛教史上最大的一次劫難；「高昌吉利」和「粟特青銅錢」都是文化融合的產物，反映了唐代絲綢之路貿易的興盛。

第四章的主題是「兩宋複雜且繁盛的錢幣文化」。本章分七個專題，宋代錢幣文化的繁盛主要體現在書法藝術及鑄造技術上，這方面選擇了最早的御書錢「淳化元寶」和徽宗瘦金體的崇寧通寶、大觀通寶為代表；複雜性則表現在除了使用傳統的銅錢之外，又鑄造了大量的鐵錢以及紙幣的發明和使用，這方面以嘉定鐵錢和紙幣交子為介紹對象。另外三個專題都與政治有關，其中祥符元寶記錄了最後一場封禪鬧劇；熙寧元寶、元豐通寶見證了王安石的變法；純熙元寶則記錄了南宋孝宗在對金國是戰是和問題上被掣肘的無奈。

第五章的主題是「遼夏金元的貨幣」。從五代到明朝建立的四百五十多年間，由契丹、黨項、女真、蒙古建立的遼、西夏、金、元四個少數民族政權，是中國多民族文化融合發展的重要時期。雖然它們商品貨幣經濟發展的程度不盡相同，但是都鑄造發行了富有少數民族特點並多有創新嘗試的貨幣。本章分六個專題，前四個專題分別介紹了遼和西夏的方孔銅錢、金國的承安寶貨銀錠以及元朝的紙幣制度。後兩個專題是元代特有的供養錢以及元末起義軍鑄造的錢幣。

第六章的主題是「明代落後的幣制」。明代幣制的落後性，體現在中國貨幣流通領域經過宋金以及元朝的發展，到了元朝末年已經出現了由賤金屬銅向貴金屬白銀過渡的重大轉型。但是朱元璋建立明朝後卻禁用白銀，最初選擇銅錢，後來又推行無保證金的紙幣，這是違背歷史發展潮流的。本章分五個專題，五等制的洪武通寶與只發不收的大明通行寶鈔都屬於落後的幣制；隆慶通寶見證了開關之後最初的中西貿易。隨著海外白銀的大量輸入，明朝中後期逐漸實現了白銀的貨幣化。永曆通寶見證了明清交替之際，中國大陸、臺灣以及日本之間的一段特殊的關係。跑馬崇禎則預言了明朝的滅亡。

第七章的主題是「清代變革中的幣制」。清代的幣制總體上處於由傳統的制錢向近代機制幣轉型的變革之中。本章分十二個專題，其中六個專題與幣制變革有關：「咸豐朝的錢鈔制」是在內憂外患加劇的情況下被迫實行的通貨膨脹政策，此後傳統的幣制逐步走向了衰敗；「元寶（銀錠）」講述了銀錠作為古代稱量貨幣的演化歷史；「壽星銀餅、漳州軍餉」介紹了現存最早的仿鑄西方的銀幣；光緒元寶開了中國近代機制幣的先河，可以說是中國貨幣發展史上的第四個里程碑；中國通商銀行兌換券是中國最早的銀行兌換券；餉金金幣則見證了有關金本位的討論，並成為中國歷史上唯一的金幣。另外五個專題與清朝的邊疆治理有關：準噶爾普爾錢、新疆紅錢見證了乾隆統一新疆的歷史；道光通寶·八年十、足銀壹錢與平定張格爾叛亂和左宗棠收復新疆有關；乾隆寶藏記錄了一場與尼泊爾之間的貨幣戰爭；最後一個專題「狀元及第」介紹了有關民俗錢的知識。

第八章的主題是「現代幣制的逐步建立及完善」。進入民國以後，幣制改革的步伐加快了。本章分四個專題，一九一四年鑄有袁世凱頭像的「國幣」（俗稱「袁大頭」）首次實現了銀幣的統一；一九三五年的法幣改革使中國擺脫了國際銀價的影響，初步建立了現代紙幣制度，可以被視為中國貨幣發展史上的第五個里程碑；色章果木金幣是十三世達賴為了抵制英屬印度金幣的大量流入而鑄造的，具有積極的愛國意義；最後結合中國共產黨的發展歷程介紹了人民幣的發展歷史。

中國三千多年的貨幣史源遠流長，博大精深。貨幣作為人類文明的重要內容，不僅是商品交換的媒介，更是文化藝術傳播的載體、歷史進程的實物見證以及各個時代政治經濟制度和文化科學技術發展的縮影。因此，每一枚（種）錢幣都蘊含著它那個時代豐富的社會資訊，是講故事的絕佳題材。這種故事雖然形式上是以錢幣為視角，內容上卻涉及政治、經濟、軍事、文化、思想、科技、藝術、考古、宗教、民族、民俗、語言、文字等多個領域，視野極為寬廣。

歷史是現實的一面鏡子，錢幣記錄和見證了中國古代歷史上社會的變遷和制度的變革，成功的經驗和失敗的教訓，構成了一部鮮活的歷史。作為記錄和見證了歷史的錢幣，在講述故事的時候，既能滿足講述者雅俗共賞的初衷，又能滿足聽眾集知識性、趣味性於一體的要求。因此，它不但能夠滿足廣大讀者對了解歷史知識的渴望，同時對理解當今的貨幣政策、普及錢幣金融知識，也都具有重要的啟發意義，非常符合「講好中國故事」的時代要求。這既是我對錢幣文化的認識和理解，也是寫作這部書稿的最大動力。

書稿原計畫二〇一七年底寫完，二〇一八年初交稿。但是，計畫不如變化快，總被瑣事拖住，幾經周折，直至九月底才交稿，最後終於出書了，總算了卻了一樁心事！在這一過程中，非常感謝朋友們的鼎力相助，以及夫人和兒子對我的理解和支持。中信出版集團的編輯們在審稿、編輯以及出版過程中，都提出了很好的建議，付出了很多辛苦，對書稿品質的提升大有裨益，在此一併致謝！

中國著名的歷史學家、古文字學家、清華大學歷史系博士生導師李學勤教授，著名錢幣學家、國家文物鑑定委員會委員、中國錢幣博物館原館長戴志強研究員，杜月笙哲嗣、國際著名絲綢之路錢幣專家杜維善博士，著名的文化學者、文物收藏鑑賞家馬未都先生，連袂向讀者推薦本書，特別是馬未都先生惠賜的序言，更是為拙作增色不少，深表感謝！

中國古代錢幣源遠流長，博大精深，內容涉及眾多領域，多門學科。如何講好錢幣背後的故事，做好錢幣文化知識的宣傳普及，是錢幣研究者面臨的一個大課題。作者自知學識淺陋，敘述多有不盡如人意之處，敬請讀者批評指正。

歷史大講堂

鑄幣三千年：50枚錢幣串聯的極簡中國史

2020年9月初版　定價：新臺幣480元

著　　者	王永生
叢書主編	王盈婷
校　　對	馬文穎
內文排版	林婕瀅
封面設計	許晉維

出版者	聯經出版事業股份有限公司
地址	新北市汐止區大同路一段369號1樓
叢書主編電話	(02)86925588轉5316
台北聯經書房	台北市新生南路三段94號
電話	(02)23620308
台中分公司	台中市北區崇德路一段198號
暨門市電話	(04)22312023
台中電子信箱	e-mail：linking2@ms42.hinet.net
郵政劃撥帳戶第	0100559-3號
郵撥電話	(02)23620308
印刷者	文聯彩色製版印刷有限公司
總經銷	聯合發行股份有限公司
發行所	新北市新店區寶橋路235巷6弄6號2樓
電話	(02)29178022

副總編輯	陳逸華
總編輯	涂豐恩
總經理	陳芝宇
社長	羅國俊
發行人	林載爵

行政院新聞局出版事業登記證局版臺業字第0130號

本書如有缺頁，破損，倒裝請寄回台北聯經書房更換。　ISBN 978-957-08-5597-5 (平裝)
聯經網址：www.linkingbooks.com.tw
電子信箱：linking@udngroup.com

國家圖書館出版品預行編目資料

鑄幣三千年：50枚錢幣串聯的極簡中國史/王永生著．初版．
新北市．聯經．2020年9月．560面＋16面彩色．17×23公分（歷史大講堂）
ISBN 978-957-08-5597-5（平裝）

1.古錢　2.歷史　3.中國

793.4　　109011522